国家自然科学基金面上项目"上市公司自媒体信息披露及互动的影响因素及经济后果：基于微博、微信的研究"（项目号：71872121）资助
国家自然科学基金青年项目"投资者情绪、信贷融资与资源配置效率"（项目号：71402115）资助

投资者情绪、企业融资决策及其经济后果研究

Research on Investor Sentiment，Corporate Financing Decisions and Their Economic Consequences

黄宏斌　著

中国财经出版传媒集团

经济科学出版社
Economic Science Press

图书在版编目（CIP）数据

投资者情绪、企业融资决策及其经济后果研究/黄宏斌著.
—北京：经济科学出版社，2019.6
ISBN 978 – 7 –5218 –0649 –6

Ⅰ.①投…　Ⅱ.①黄…　Ⅲ.①投资者－情绪－影响－
企业融资－融资决策－研究　Ⅳ.①F275.1

中国版本图书馆 CIP 数据核字（2019）第 127891 号

责任编辑：程晓云　王金红
责任校对：王肖楠
版式设计：齐　杰
责任印制：王世伟

投资者情绪、企业融资决策及其经济后果研究
黄宏斌　著
经济科学出版社出版、发行　新华书店经销
社址：北京市海淀区阜成路甲 28 号　邮编：100142
总编部电话：010 – 88191217　发行部电话：010 – 88191522
网址：www. esp. com. cn
电子邮件：esp@ esp. com. cn
天猫网店：经济科学出版社旗舰店
网址：http：//jjkxcbs. tmall. com
北京季蜂印刷有限公司印装
710×1000　16 开　25.25 印张　480000 字
2019 年 8 月第 1 版　2019 年 8 月第 1 次印刷
ISBN 978 – 7 –5218 –0649 –6　定价：58.00 元
（图书出现印装问题，本社负责调换。电话：010 –88191510）
（版权所有　侵权必究　打击盗版　举报热线：010 –88191661
QQ：2242791300　营销中心电话：010 –88191537
电子邮箱：dbts@ esp. com. cn）

前　言

　　投资者情绪是资本市场上投资者对未来预期的系统性偏差。认知心理学和行为金融学的大量证据均表明，投资者是非理性的，由于这种群体性的非理性情绪而引起的偏差或误定价是系统性和无法相互抵消的，使得股票价格背离基础价值并大幅波动，更重要的是，投资者情绪会对上市公司的融资及投资策略产生重大影响。2008 年全球金融危机的爆发及其向经济危机的转化，2015 年中国短暂牛市过后千股跌停的股灾，市场恐慌及国家救市，均进一步加剧了投资者情绪的波动性，也使得研究投资者情绪对企业融资行为，实体经济、资源配置效率影响的重要性和紧迫性进一步凸显。

　　本书结合我国的特殊制度背景和融资环境，选取投资者情绪这一非理性视角，检验投资者情绪对企业各项融资决策的影响。进而，在企业进行了各种融资后，研究其融资约束状况、投资效率及后续经营绩效、市场绩效的波动性。研究发现：与"市场择时"理论相符，我国上市公司的股票发行、信贷融资、股权质押等决策均受到高涨或低落投资者情绪的影响，连带的融资约束状况改变也推动了公司投资规模的扩张与收缩。符合择时理论，利用高涨投资者情绪而进行的融资决策和适时的投资行为能够有效地提高公司的投资效率，进而提升后续的经营业绩和市场表现。同时，投资者情绪也是公司股价崩盘风险的重要影响因素，外部环境的变更在其中起到催化和调节的作用。媒体报道越多，关注度越大，越有助于投资者全面了解公司信息，从而降低非理性投资者情绪，最终降低股价崩盘风险，分析师预测可以显著调节投资者情绪对股价崩盘风险的影响。

　　本书基于资本市场与信贷市场、公司财务决策之间的联动性关系，对探寻我国资源配置效率的波动源泉具有理论价值，对于资本市场建设、监管层的制度完善和改革以及上市公司的决策制定均具有现实指导意义。

目　录

第1章

绪　　论

1.1　研究背景

自 20 世纪 90 年度中期开始，行为财务学的理论与观点逐步被学者们所接受。越来越多的市场异象无法被标准金融学所解释，而我国复杂的制度背景、经济环境和市场条件为研究投资者非理性对企业投融资及其效果的影响提供了天然的实验室。作为投资者对未来预期的系统性偏差，投资者情绪对企业融资决策的影响已经累积了丰富的研究成果。现有研究就投资者情绪对股权融资、债券融资和信贷融资的影响分别展开，并探索了投资者非理性情绪因为引起企业融资变化进而对投资决策和企业后续绩效所产生的影响。尽管成果丰富，但仍在以下几个方面有待补充：

第一，有关投资者情绪对各种融资决策，并最终到融资效率或投资效率的影响，大多将企业的各项融资方式割裂开来，分别独立研究投资者情绪对股权、对债券，或对信贷融资的影响，但将企业融资体系整合为一个大的体系，综合研究投资者情绪对企业所有融资行为的影响研究尚属空白。

第二，投资者情绪对企业融资直至资源配置效率，或者说经济后果的研究，基本延续着一个通用的范式，即采用大样本的实证研究方法，先考察投资者情绪对每种融资方式的回归结果是否显著，再考察企业融资后的市场反应、投资效率或经营绩效。实证研究的方法受到一致的青睐，但深入某个上市公司，综合考察投资者情绪对其融资行为，进而对投资及经营状况影响的案例研究文章尚未出现。

第三，股权融资、债券融资、信贷融资与商业信用是企业融资的四种可选方式。正如刘仁伍和盛文军（2011）所言，即便一个国家的社会信用环境和金融体系发展已经相当完善，由于企业和金融机构之间信息不对称的存在，仍会导致金融机构对企业的信贷配给不均，进而导致企业对商业信用的显著依赖。而现有研究在考证投资者情绪对融资方式选择的影响时，往往忽略了投资者情绪对商业信用的影响及其最终经济后果，本书力求弥补这一缺憾。

第四，2015年年中，资本市场时而出现千股停牌又千股复牌的场景，各方出力解救股权质押的强平危机使得股权质押的双面性暴露无遗。股权质押是指"股票持有人"将自己持有的股票当作抵押品向银行申请贷款或为第三者的贷款提供担保的行为，通常发生在股东急需流动资金而又无法变现股份的情况下。股权质押目前已成为上市公司控股股东的重要融资方式，银行或信托公司通过发行信托计划以获得投资人资金，随后将资金借给上市公司股东并收取利息，股东则把股权质押给信托公司作为担保。股权质押是资本市场投资者情绪造成的股价非理性波动影响企业及大股东融资的重要渠道，但这其中的风险管控是不可或缺的重要一环。如果股票价格持续暴跌，将触发股权质押的大面积清盘，作为出资方的银行或者信托风险也会被迫"变现"，而股票质押的连续爆仓甚至会导致上市公司迅速瓦解，在资本市场恐慌情绪之下投资者信心全无，跌停的股票无法卖出，银行或信托资金无法回流，最终导致坏账。因此，本书也将股权质押纳入投资者情绪影响企业融资的这一分析框架。

第五，投资者情绪的波动，无论是市场层面还是公司层面，都是公司稳定性的重要影响因素。甚至有些时候，稳定了投资者情绪，也就稳定了整个公司，提升了公司的市场绩效。加之外部经济、政治环境的不确定性，资本市场的其他参与方，如主流媒体、分析师的加入，可能进一步加剧甚至造成投资者情绪的波动而影响公司的稳定性，加大公司的股价崩盘风险。因此，在本书中，也将投资者情绪对公司股价崩盘风险，对公司稳定性的研究纳入其中，以使投资者情绪所带来的经济后果的研究更加深入和全面。

1.2　研究内容与方法

1.2.1　主要研究内容

本书结合我国的制度背景和融资环境，选取投资者情绪这一非理性视角，检验投资者情绪对企业融资决策的影响，以及各种融资决策所带来的经济后果。同时，也检验特殊制度背景下，投资者情绪对公司市场绩效所带来的影响。

本书主要分为四部分研究内容：

1. 投资者情绪的计量及其影响因素研究

投资者情绪的计量，特别是计量的准确性是一切后续研究的基础和前提。现有投资者情绪的计量研究，在历经了单一指标，多项指标，以及多因素主成分分析之后，已经开始使用"文本分析"的新方法对投资者情绪进行分门别类的计量。投资者是资本市场中极其众多与复杂的群体，作为投资者的每个个体本身又存在着非常大的个性差异。如机构投资者和个体投资者，成熟投资者和新进投资者等。按照现有文献，机构投资者一般具有较好的股票判断和识别能力（Ke & Ramalingegowda，2005），而个人投资者的非理性程度则相对更大（李广子、唐国正和刘力，2011）。他们的情绪是否相同，或即便同样是高涨或低落，程度也可能大小各异，因此，细化投资者分类，构建不同类别投资者的情绪指数，即将不同类型的投资者情绪分离计量，便于我们进行后续的细化研究。因此本书第一部分是对投资者情绪指标的计量进行总结、梳理与展望。

同时，结合投资者情绪的计量，本书也进一步探究了投资者情绪的影响因素，从前置因素上考察投资者情绪更精准的刻画。从市场层面研究了媒体情绪对投资者情绪的影响，探究媒体情绪在不同投资者情绪状态下所发挥的作用，以及不同的媒体类型对投资者情绪的影响。利用"爬虫"和"文本分析"进行技术处理是现有投资者情绪计量研究的新突破。

2. 投资者情绪对企业各种融资决策的影响

首先，投资者情绪影响企业融资决策的理论基础是"市场择时"，而基于现有的研究，投资者情绪对企业股权融资、债券融资、信贷融资的研究均已拥有了相对丰富的成果，但作为企业另一种融资方式——商业信用，却没有得到重视。陆正飞和杨德明（2011）认为，我国作为一个金融体系不太健全的发展中国家，商业信用对国民经济（尤其是非国有经济）的支持，甚至会超过银行贷款。现有研究考证了外部经济环境，特别是货币政策变更对商业信用的影响，但投资者情绪作为外部非理性因素，会影响到企业的各项融资决策，作为企业融资体系中的一部分，投资者情绪也会对商业信用带来重要的影响。

本书首先探讨投资者情绪对企业各种融资方式的影响，尤为重点地研究投资者情绪的变化对企业商业信用的影响，在投资者情绪高涨状态下，企业获取的各种融资资源均会增加，企业是否会增加对商业信用的供给减少对商业信用的享用，从而累积更多的商业信用以在融资紧缩的状态下使用？各种融资方式之间的互动关系是什么？企业所处的不同市场竞争环境，所处的不同生命周期在其中扮演何种角色呢？对这些问题的研究可以提供投资者情绪对企业融资决策的微观传导机制。

在很多情况下，现实经济中的企业，既是商业信用的提供者又是商业信用的享受者（见图1.1）。

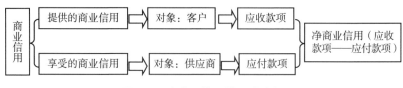

图1.1　净商业信用的形成分析

企业提供商业信用的对象和享受商业信用的对象是不同的，提供商业信用的对象是客户，在此前提下，提供商业信用的目的是为了维持与客户之间的关系，保持销路的畅通及销售量的稳定。已有研究发现，商业信用在较高的成本下仍被企业广泛采纳的原因就在于其是产品市场竞争的一项重要手段，且在竞争越激烈的环境下，企业越会较多地提供商业信用以避免客户选择可替代的供货源泉，越是商业信用投放能力强的企业，越会将商业信用作为一项重要的市场营销工具。如果企业持续为那些前景广阔资质良好的融资约束企业"雪中送炭"，将有助于稳固战略合作关系的建立；而与此同时，企业享受商业信用的对象却多是上游供应商，企业是否能享受到商业信用以及享受多少商业信用取决于供应商的商业信用投放能力以及与供应商之间的关系，在供应商能够以较低成本为企业提供商业信用的条件下，企业享受到的商业信用无异于获得了一项替代性的融资手段，缓解了企业资金需求与流动性周转的困境。因此，企业提供的商业信用的多寡反映出商业信用的营销价值或产品市场竞争程度，而企业享受商业信用的多寡则反映出商业信用作为替代性融资手段的使用状况及替代性融资的价值。

净商业信用反映出企业投放与享受商业信用之间的差额，如果净商业信用为正，则说明企业提供的商业信用更多一些，营销工具或竞争手段在商业信用的使用中起到主导作用。如果净商业信用为负，则说明企业享受的商业信用更多一些，企业更多利用商业信用作为替代性融资的一种手段。

商业信用作为上下游企业之间的正常交易安排，企业自身的使用具有较大的自主性，既是宏观经济政策无法直接调整的领域（石晓军和张顺明，2010），也是企业根据外界环境变化而进行的一种自发调节手段。如果投资者情绪十分高涨，企业的外部融资则相对容易，提供商业信用的成本将大幅降低，上市公司商业信用的供给意愿增强。另一方面，外部融资的相对容易也使下游客户使用商业信用融资的需求有所降低。那么外界投资者情绪所营造的融资环境变化，为我们研究商业信用的供给与需求，商业信用的使用动机提供了良好的平台。正如石晓军和张顺明（2010）所言：商业信用是从非正式融资渠道获得的融资，是正式金融市场的体外循环。

其次，相比较负债融资可以通过债权人的监督机制约束管理者过度投资行为，股权融资的道德风险问题会更为严重，企业募集权益资金的使用更可能是缺乏效率的（宋衍蘅，2008）。

通过选取上市公司的一个典型案例，研究投资者情绪对上市公司股权再融资作用的驱动作用，并结合该案例的股权再融资决策，考察再融资后企业的投资效率及经营绩效等问题，以为企业股权融资的"市场择时"及其经济后果研究提供经验证据。

我国的资本市场从计划经济向市场经济转轨的过程中建立并逐步发展起来。一方面，"集中型监管体制"使得"政策市"特征明显，市场监管制度的颁布与变迁引导着上市公司的财务行为；另一方面，缺乏投资经验的个人投资者是市场的主体，机构投资者占比不高①，投资者情绪可能在资产定价、公司财务行为中扮演着比西方国家更为重要的角色（见图1.2）。本部分案例立足于此，在"政策市"的基础上，探究我国上市公司在进行股权再融资的过程中，是否将投资者情绪（市场投资者情绪及公司投资者情绪）作为一个重要的考虑因素？通过选取国电电力历次股权再融资的案例，考证我国股权融资是否存在显著的"市场择时"行为？进一步，通过对国电电力历次股权再融资后的绩效分析对上市公司再融资决策的经济后果进行考评。对这些问题的探析无论对改善我国金融市场的监管，还是加强资本市场建设都有着重要的实践意义。同时，我国资本市场缺乏卖空机制，这导致有效市场理论中的套利机制并不存在，依靠套利来维持资本市场均衡难以实现，本案例也让我们进一步反思有效市场的存在性，以及如何在非有效市场上指导公司的融资实践等问题。

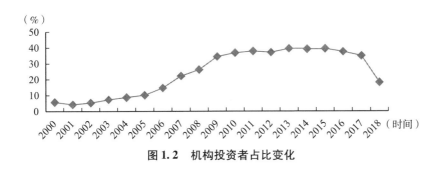

图1.2 机构投资者占比变化

最后，投资者情绪最直接影响资本市场中股票价格的波动，而股价波动连带

---

① 来自万德（WIND）数据库的统计资料，机构投资者持股比例逐年升高，但自2000～2015年，机构持股占流通A股的比例为30%左右。

的股权价值波动直接导致投资者情绪影响到企业的股权质押融资行为。股权质押已成为上市公司控股股东的重要融资方式。而现有投资者情绪对企业融资的影响体系中，缺少这一重要方式。本书将利用上市公司股权质押公告数据，基于投资者情绪视角，考察股权质押的时机选择及质押公告披露后的市场反应。同时，本书更关注 2013 年以来中国股权质押业务模式创新及渠道特征给资金流向和用途带来的潜在影响。将从控股股东的行为逻辑及股权质押业务渠道的特征出发，探讨控股股东股权质押之后正向市场反应的成因。不仅有助于从市场层面理解股权质押的影响因素及经济后果，也丰富了中小投资者利益保护的相关研究，从股权质押市场反应与渠道选择的视角，为监管部门制定新规以填补政策漏洞提供了新的启示。

因此，本书在第二部分，选取了上市公司股权再融资、信贷融资、商业信用供给和股权质押等多种企业融资手段，依次研究投资者情绪对其影响机理，并结合我国的制度背景和外部环境，辅以实证分析和案例研究方法，使得投资者情绪对企业融资决策的影响更加宏观和立体。

3. 投资者情绪影响企业融资行为后对资源配置效率带来的影响

资源配置是人们将各种资源通过不同渠道，分配到各个资源使用单位，以便获取经济收益的全过程。斯坦（Stein，2003）指出，一个完整的资源配置过程包括融资和投资两个阶段。融资是对资源的第一次配置，通过融资，社会资金整合，资金从低效的拥有者手中流向高效的使用者手中。而通过投资，高效的使用者将资金配置到高收益的项目上，获取比资金持有者自己经营更高的收益。资源配置效率[①]的高低决定了一个国家的社会价值创造及综合经济实力（茅于轼，2012），而企业作为微观行为主体，更以其融资后的投资效率（逯东、孙岩和杨丹，2012），以及最终的经营绩效（祝继高和陆正飞，2011），表征出资源配置效率的优劣。

投资者情绪是资本市场上投资者对未来预期的系统性偏差（Stein，1996）。认知心理学和行为金融学的大量证据均表明（Delong et al.，1990；Baker & Wurgler，2006），投资者是非理性的，由于这种群体性的非理性情绪而引起的偏差或误定价是系统性（Baker & Wurgler，2007）和无法相互抵消的，使得股票价格背

---

① 资源配置效率有宏观和微观两个层次，宏观的资源配置效率从全社会角度出发，认为如果生产要素由生产率低的企业、部门或地区流向生产率高的企业、部门或地区，则社会所有资源的配置状态具有经济效率，社会福利最大，资源配置实现帕累托最优（樊纲、王小鲁和马光荣，2011）。而微观层面的资源配置效率则从企业角度出发，认为如果企业融资并实现了投资效率的改善，则为资源配置效率的提高。本项目研究微观层面的资源配置效率。对此衡量，现有文献从两个方面展开，一是通过投资效率的改进或提高（逯东、孙岩和杨丹，2012）；二是通过企业未来经营绩效或财务业绩的提高，如未来平均总资产收益率，平均销售净利率等（祝继高和陆正飞，2011）。

离基础价值并大幅波动（陈彦斌，2005），更重要的，投资者情绪会对上市公司的融资及投资策略产生重大影响。在第三部分，我们将深入研究，伴随着投资者情绪高涨或低落而带来的投资意向或规模变动，到底是有效的还是无效的？由企业投资效率变化而带来的最终经营绩效如何？投资者情绪对资源配置效率将产生怎样的影响？

首先，本书将放松企业资金需求同质性假设，以企业不同生命周期的组织特征、融资需求、融资能力差异作为切入点，探讨不同生命周期企业融资约束及融资方式选择的差异，并融入投资者非理性情绪对企业外部融资环境的影响，动态考察投资者情绪变化对不同生命周期企业融资选择及融资约束缓解效应的影响。

其次，投资者情绪对企业融资、投资行为的研究虽然已经累积了丰硕的成果，然而系统性梳理企业在利用投资者情绪择时融资、适时投资后的经营绩效及市场表现的研究仍存在着部分空白。通过长安汽车两次基于市场择时的股权再融资行为，分析了其融资后的投资决策、投资效率，并结合该公司 2008～2014 年的财务及市场数据，从投资者情绪变化的视角对公司经营绩效及市场绩效的变化成因进行了分析，以解释基于投资者情绪而作出的投融资决策对上市公司的经营绩效及其市场表现的潜在影响及其联动关系。

再次，以企业营运资本管理水平的差异作为切入点，考察投资者情绪对企业投资规模和投资效率产生影响的过程中，营运资本管理所发挥的调节作用。本书探究科学的营运资本管理是否便于管理层灵活修正企业投资的外来扰动，平滑投资，更加自主地进行最优决策，以达到资源的优化配置。

最后，投资者情绪对投资效率的影响是一个古老的话题，由于投资者情绪导致的投资效率问题，大致分为"改善"效应和"恶化"效应。本书将采用投资——投资机会敏感性方法和 Richardson 模型，研究上市公司投资者情绪对企业投资效率的影响，并进一步分析投资者情绪对投资过度和投资不足两种非效率投资的影响，以及基于不同债务期限结构对投资效率影响的差异，从而为投资者情绪对投资效率的影响作出增量贡献。

4. 外部环境与投资者情绪对公司市场绩效的影响研究

上市公司的媒体报道，分析师预测，都为资本市场中的投资者提供决策有用的信息。尤其当上市公司面临突发事件时所进行的媒体报道如何引导投资者情绪，并通过稳定投资者情绪进而对公司股票价格、经营绩效及市场绩效而产生综合影响，这是本部分的研究重点。上市公司如何利用媒体进行有利于公司自身的真实报道，稳定公司投资者情绪进而稳定股价？同时，上市公司如何主动与媒体沟通，进行相关报道稳定投资者情绪，进而对企业后续绩效（包括经营绩效和市场绩效）产生影响？我们应该提出哪些政策建议，以帮助上市公司在面临突发事件时，更好地与媒体进行主动的沟通，利用媒体进行有利于自身的报道，进一步稳定公司的股价及其后续绩效。这是本书第四部分的研究重点。

首先，乐观或悲观的投资者情绪对股价崩盘风险究竟会有何种影响？媒体报道对投资者情绪有何直接影响？媒体报道将如何通过影响投资者情绪间接影响股价崩盘风险？为解决上述问题，本书把媒体报道、投资者情绪和股价崩盘风险纳入同一研究框架下，实证分析三者之间的关系，研究媒体报道究竟会对股价崩盘风险产生何种影响，将投资者情绪作为中介变量，探究媒体报道如何影响投资者情绪，进而影响股价崩盘风险。同时，按照股价崩盘风险的成因，信息不透明、不对称以及代理问题，是造成股价崩盘风险的重要原因，而媒体对企业的持续报道，一方面可以披露更多与企业有关的信息，增进外部投资者对企业的了解，降低信息不对称；另一方面也起到了对企业的监督作用，缓解了代理问题，但不同企业本身信息透明度差异很大，在信息透明度低的企业，管理层隐匿的负面消息可能更多，外部投资者由于获取信息不足更容易对股价误判，股价的有效性可能更低，那么是否在这些企业中媒体报道所起的作用更大呢？而且，当企业的所有权性质不同，即在"国企"和"非国企"中，媒体报道与股价崩盘风险的关系又有什么不同呢？当企业的机构投资者持股比例不同时，媒体报道与股价崩盘风险的相关性又会有何不同？本书按照企业的透明度，企业产权性质，机构投资者持股比例进行分组，进一步考察在机构持股比例不同、企业产权性质不同和企业透明度存在差异时媒体报道与股价崩盘风险的关系是否会改变。

其次，本书选取复星医药集团的典型案例，以上市公司在面临突发事件的情况下如何运用媒体报道将公司经营信息告知投资者，引导投资者情绪，继而影响股票价格和后续绩效为研究目的，通过对复星医药在面临公司突发事件时，运用媒体向投资者报道出公司对突发事件的应对情况及公司存在的优势，扭转投资者因突发事件而对公司产生的不良印象，引导投资者情绪，从而稳定股价及其后续经营变动。本书分析了复星医药应对此次事件的行为并结合其在此次不利事件发生前后两个阶段的股票价格、股票成交量、超额收益率以及 2015 年、2016 年两个年度经营绩效的对比数据，对于媒体报道如何通过引导投资情绪影响股票价格和公司后续绩效的机理进行了相关分析。本案例研究对于上市公司利用媒体进行正面、真实报道与公司在面临不利突发事件时如何运用媒体报道稳定外部投资者情绪进而稳定公司的股价与经营状况提供了参考和借鉴。

最后，作为资本市场的另一个重要参与方，分析师从专业视角对企业的财务状况、经营成果、成长性等发布研究报告，指导市场参与者做出决策。因此，投资者情绪与分析师预测影响着资本市场的稳定性。投资者情绪对股价崩盘风险产生何种影响？分析师预测又起到何种作用呢？本书将进一步区分析师预测准确度偏差和分析师预测方向偏差两个维度，来研究分析师预测偏差对投资者情绪影响股价崩盘风险的调节作用。

本部分研究可更为丰富地刻画投资者情绪对上市公司市场绩效的影响及其机理，以及资本市场其他参与方，包括媒体、分析师等在其中的角色和作用。

1.2.2　主要研究方法

本书拟采用理论论证、案例分析、实证分析、文本分析等多重研究方法，具体如下：

1. 理论论证。本书对国内外有关投资者情绪、企业投融资的相关研究文献进行了收集、整理和分析，全面地了解了这一领域的理论基础和研究现状。通过文献检索、阅读和分析，系统地对国内外有关"行为财务"理论、"信息不对称"理论、"代理理论"等进行梳理，并借助相关理论，从我国外部环境、上市公司特质等角度分析投资者情绪对企业融资行为、投资行为、企业财务绩效及市场绩效的影响，并融入了资本市场的第三方，如主流媒体，分析师等，搭建研究的理论框架。

2. 实证分析。本书采用因子分析法、门槛回归法、OLS 回归法等实证研究方法。特别说明，在开展实证研究时，大多数情况下都是考察变量之间的线性关系。然而事实上，变量之间的关系并非一成不变。为了考察不同情况下解释变量与被解释变量之间的异质性关系，传统的做法是根据分组变量对样本进行分组。然而，这种方法难免带有主观性，由此得出的实证结果自然有失偏颇。汉森（Hansen，1999）提供的门槛回归方法能够在科学计算的基础上对样本进行分组，并可检验分组后的回归结果是否存在显著差异，是检验变量之间门槛非线性关系的一种规范方法。因此，在结合使用逻辑回归，最小二乘回归、分位数回归等多种回归方法的同时，本书也将采用门槛回归这一实证研究方法。

3. 案例研究。案例研究法是针对一个或几个个案的研究，通过收集整理分析个案的具体情况，写出研究报告，得出研究结论。案例分析法是一种研究个体或者较小团体的方法。案例分析法的重点在于案例的选择，难点在于案例研究的角度切入。尽量做到案例典型，具有代表意义，而切入点尽量避免重复前人做过的研究。本书以具有代表性的"国电电力"、"复星医药"和"长安汽车"为例，在每一章均安排一节案例研究，意在通过案例分析投资者情绪在上市公司的投资行为、融资行为及其后续财务和市场绩效中所起到的作用，期望能为我国资本市场制度的完善以及上市公司融资时机的选择，投资决策的制定等提供参考与借鉴。

主要章节及研究方法如图 1.3 所示。

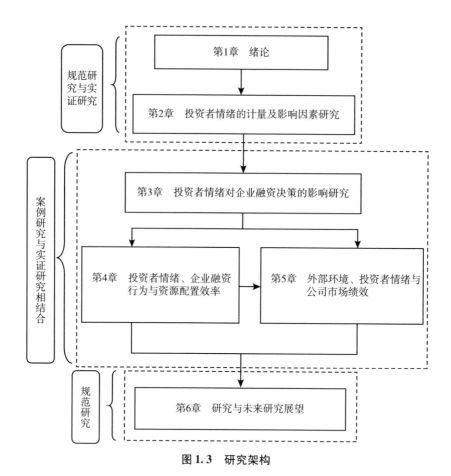

图 1.3   研究架构

第 *2* 章

投资者情绪的计量及影响因素研究

2.1 投资者情绪指数构建的述评与展望

2.1.1 引言

在有效市场中，上市公司的股票价格是外部投资者对公司市场价值的理性判断，然而根据行为金融学"有限理性"的假设，投资者的非理性和有限套利会使得股票价格在短期甚至更长时期内偏离股票的基本价值，已有的研究将"基于投资者非理性而形成的有偏的信念、预期或偏好"定义为"投资者情绪"（Delong et al.，1990；Shleifer，2003；Brown & Cliff，2004）。系统性的投资者情绪导致了股票定价的偏差，代表着投资者非理性的投资者情绪也几乎成为股票市场错误定价的代名词（黄宏斌，2010）。因为投资者情绪除了受投资者生理和心理等自身特征因素影响外，还会受到社会环境和宏观经济等因素的影响（易志高等，2010）。因此，有关投资者情绪的计量方法一直是学术界的一个大问题。

根据目前已有文献，投资者情绪的计量大体分为两类：第一类是单一指标的计量，进一步又可以细分为封闭式基金折价、IPO 发行量及首日收益、新增开户数、市场交易量等客观市场层面情绪指标，以及投资者智能指数、投资者信心指数、"央视看盘"指数、好淡指数等主观市场层面计量的投资者情绪；第二类是复合指数的构建。因为无论是单一的主观指标还是单一的客观指标都不能全面完整地展示市场投资者情绪的状态，而只是通过某个侧面进行反映，而且客观测量指标多是通过事后追溯得到，难于进行事前预测，因此使用主观指标和客观指标相结合的复合指标来构建投资者情绪指标体系才能更加客观、准确、全面地反映市场中投资者的非理性偏好。

2.1.2 投资者情绪指数构建的主要方法

1. 主成分分析法

贝克和沃格勒（Baker & Wurgler，2004）最先使用主成分分析法构造复合投资者情绪指数，选取封闭式基金折价、基金交易量、基金初始发行数目、基金初始发行收益率，以及基金新发行中股票所占基金投资的比例和基金分配红利后的降价情况为因子构造 BW 情绪指数，并实证发现投资者情绪对交易量小、波动幅度较大的股票的收益影响显著。国内学者伍燕然和韩立岩（2007）利用封闭式基金数据，新增开户数和股票收益数等指标提取主成分，构建了代表投资者情绪的综合指数。易志高和茅宁（2009）在贝克和沃格勒（2004）的基础上选取封闭式基金折价、交易量、新增 A 股开户数、消费者信心指数、IPO 发行量及首日收益构建了 CICSI 指数（股票市场投资者情绪月度复合指数），成为国内较为有代表性的投资者情绪综合指数。蒋玉梅和王明照（2010）在此基础上，添加了"市场换手率"这一反映国内股票市场投资者情绪的间接因子，利用主成分分析构造情绪复合指数。陈海强等（Haiqiang Chen et al.，2014）使用利率、汇率、工业产值变化、货币供应量变化等宏观经济因素和股票市场成交量、新增投资者开户数等市场因素构建投资者情绪指数，并根据实证结果将中国股市划分为高回报波动、低回报稳定和中性三个机制。王学超和陈伟忠等（2015）参考了贝克和沃格勒（2006）的主成分分析法，选取了四个独立的代理变量——消费者信心指数、IPO 发行首日平均回报率、新增开户数、市场换手率，构造了投资者情绪复合指数，从宏观角度选取三个指标即市盈率、宏观经济增长和流动性因素，并用前者与后两者进行回归后得到的残差（PER）作为非理性波动指数，实证结果证明投资者情绪和非理性波动两者之间存在不对称的格兰杰因果关系。同时马若微和张娜（2015）在此基础上将消费者信心指数替换为 IPO 总量，所有指标均使用上证 A 股月度数据，以此编制投资者情绪 SENT 指数，并实证证明 SENT 指数和上海 A 股 INDEX 指数互为格兰杰因果关系。而孟雪井和胡杨洋等（2016）从知网、百度以及新浪微博三大词库中确定与投资者相关的关键词，创新性地利用因子分析法构造出了预测性的投资者情绪指数。与之前研究有所不同的是，易洪波、蔡玉叶和董大勇（2017）在构造投资者情绪指数时除了选取了市场换手率、封闭式基金折价率和 A 股新增投资者开户增长率这 3 个客观代理指标外，还添加了股票论坛发帖量指标，并得出投资者情绪对交易市场指数价格变化有正向作用的结论。陆静和周媛（2018）认为市场情绪可以分为机构和个人投资者情绪，并参考贝克和沃格勒（2006）的方法，将市场情绪封闭式基金折价、分红溢价、股票发行融资占比等 6 个代理变量分别与工业增加值增长率、社会消费品总额增长率、就业增长率、经济周期等 4 个宏观变量正交化采用两步主成分方法构造市场情绪；参考了费尔德曼（Feldman，2010）和贝克（2012）的方法分别构造了机构投资者情绪指数 PSENT 和个人投资者情绪 ISENT。迟骏和杨春鹏（2018）基于我国证券市场日频度的基金指数数据，选用了相对强弱指标、多空指数、心理线指标和交易量 4 个时间序列条件变量构建了综合投资者情绪指标。刘学文（2019）认为在选取侧度指标时不应只凭主观分析，所以他采用了倒金字塔滤网模型对各维度的情绪指标进行了优选，构建除了优化综合投资者情绪指数 OISI，并实证证明经过优化后的投资者情绪指标能够更好地解释投资者情绪。

不论是贝克和沃格勒（2004）采用的第一主成分还是易志高和茅宁（2009）采用的加权平均主成分，其构建因子使用的代理变量都可能存在着与真实投资者情绪无关的近似偏差，而主成分分析法仅通过删除控制变量的方法，其得到的残差项很可能还存在着与投资者情绪无关的成分，即主成分分析法估计出来的投资者情绪指数不能消除"噪音"，由此我们对主成分分析法度量的情绪指数的精度存在疑虑。

2. 偏最小二乘法

为解决主成分分析法不能区分投资者情绪和公共噪音方面的缺点，黄大山等（Dashan Huang et al.，2014）运用最前沿的偏最小二乘法构造校准的投资者情绪指数，将观测到的情绪变量分解为投资者情绪、公共噪音、个体噪音三个不可观测的部分，给予对投资者情绪敏感、对股票收益预测能量强的变量更高的权重，这种方法较之主成分分析法更能有效提取变量中对股票收益预测有用的投资者情绪信息，并去除噪音的不利影响，实证结果表明，高投资者情绪能预测未来较低的投资收益。国内王镇和郝刚（2014）也使用偏最小二乘法进行了实证研究，通过同易志高和茅宁（2008）构建的指数进行比较，偏最小二乘法构建的指数在解释股票收益变动趋势时效果显著优于主成分分析法构建的指数。

3. LASSO 回归法

贺刚和朱淑珍等（2018）在构造投资者情绪指数时采取周频率情绪代理指标并选取了两种方法即偏最小二乘法和 LASSO 回归法，参考王镇等（2014）的检验方法，将整个研究期间划分为"牛市"期和"熊市"期，对比发现两种方法都更适合预测"熊市"行情，即在合理性和稳健性上差异不大，但 LASSO 回归法对中证流通指数收盘价的预测能力更强。

2.1.3　基于社交媒体的投资者情绪计量

1. 基于社交媒体计量投资者情绪的优势与可行性

随着 Web 2.0 技术的广泛普及和应用，以互动交流为主的社交媒体（Social Media）快速发展，为经济学、管理学和社会学等学科提供了海量的信息和数据。在以往的研究中，研究者通过使用历史数据和信息，构建模型进而对市场的发展趋势进行分析和预测，但是在传统的研究中，数据主要来源于政府及相关部门的统计数据，由于收集和公布需要大量时间，所以导致在数据使用中往往存在较长的滞后期，这极大地限制了预测的实时性和有效性。因此，在大数据时代，急需寻找一种新的数据来源来提高预测结果的准确性。社交媒体数以亿计的用户每天都在创造海量新数据，例如国外的 Twitter、Facebook 和国内的新浪微博、贴吧论坛，仅以新浪微博为例，截至 2014 年 12 月，我国新浪微博用户规模已达 2.49 亿人①。在互联网时代，如何有效利用社交媒体产生的信息和数据，逐渐成为国内外学者研究经济行为的热点。

随着互联网的发展，投资者不再简单被动地从媒体获取接收相关信息，与此同时，投资者可以通过社交媒体搜索和发布信息，不同渠道的信息在社交媒体中集合、汇聚、分享、传播，为投资者的行为决策提供了丰富的参考信息。投资者通过网络发表自身对上市公司及股市的评价信息，社交媒体以其自身凝聚信息的特点为投资者情绪的生长提供了有力的土壤。第一，与传统方式相比，社交媒体自由化的程度让投资者们在社交媒体上发表观点时更具主观性，投资者可以在不面对压力、不受限制的情况下表达自身的真实情感和看法，因而社交媒体更易传递出真实的投资者情绪。第二，社交媒体信息传播速度快，覆盖范围广，信息传播的规模和容量较传统媒体大得多，投资者在社交媒体上自由发表主观情绪的成本低，可以在任何时间、任何地点随时表达情绪，因而社交媒体更可能在第一时间传播投资者的真实情绪。第三，与传统媒体单向输出信息不同，社交媒体加强了信息输出和接受双方间的互动和沟通，投资者在社交媒体上表达的情绪通过网络渠道的传递可以为上市公司获得，上市公司通过投资者评论转发信息的反馈可以及时了解投资者的评价，因而社交媒体更可能体现出投资者对股票定价的预期和偏好。在互联网高速发展的时代，将社交媒体中蕴含的丰富的投资者主观情绪提取出来，将为学者们研究投资者情绪计量提供一种新的手段。

林振兴（2011）在研究投资者情绪和 IPO 抑价之间关系时通过对投资者网络

---

① CNNIC. 中国互联网络发展状况统计报告［R］. 北京：中国互联网络信息中心，2015.

信息的整理和分析，构建了投资者关注度、投资者乐观情绪和投资者意见分歧的三个指标综合反映了投资者情绪。毛等（Mao et al.，2011）通过 Facebook 等数据源利用文本分析等方法收集其中包含的情绪，与道·琼斯工业指数价格、交易量、市场波动率等进行比较，发现从社交媒体中提取的情绪能够预测证券市场的涨跌变化。崔亮（2013）基于国内某股票雷达软件，通过实时抓取互联网中微博、博客中的信息，找出投资者关于股票价格的观点和情绪，汇总成为看涨看跌比例，这也成为社交媒体对投资者情绪计量的实际应用。程琬芸和林杰（2013）以新浪微博为数据来源，利用文本分析技术，提取出投资者对未来市场走势的情绪倾向，从而构建了社交媒体的投资者涨跌情绪指数，研究结果表明，社交媒体涨跌情绪指数与证券市场成交量之间存在显著正相关关系。易洪波等（2015）使用东方财富网股吧内主题帖子内容进行统计分析，构建衡量投资者情绪的"多方情绪"与"空方情绪"的词典，并研究其和交易市场成交量、收益率之间的关系。智德、恩格尔伯格和高（Zhi D.，Engelberg & Gao，2015）利用投资者在互联网上的日搜索数据折射出股票市场的情绪变化。通过整理投资者关注的内容如破产、经济萧条和失业，创造出金融与经济倾向指数来反映投资者情绪。同样是对股吧信息进行归类分析构建投资者情绪，李岩和金德环（2018）利用社交媒体——东方财富网股吧的股票历史讨论数据，进行"正面""中立""负面"分类构建；而金秀和姜尚伟等（2018）则利用新浪财经股吧的数据从"关注水平""张贴程度""情绪基调"三个方面研究。石善冲和康凯立等（2019）在研究不同类型投资者情绪对 IPO 抑价的影响时，从微信文本数据中挖掘并构建了机构投资者和个体投资者情绪指标。

2. 基于社交媒体计量投资者情绪存在的主要问题

社交媒体为投资者情绪的计量提供大量的信息来源，但是需要指出的是，在运用社交媒体进行投资者情绪计量时仍有两个问题需要解决：

第一，网络噪音的干扰。利用社交媒体计量投资者情绪时需要考虑到"噪音"对指数构建的影响，即"网络水军"对信息的干扰程度。当今网络环境下，由于缺乏切实有效的监管措施，网络水军等造假现象屡见不鲜，不仅降低了投资者情绪的真实可信度，还造成投资者情绪的失真，在下一步的研究中，需要充分考虑噪音信息的干扰程度，同时利用其他技术和方法避免恶意评论和造势现象对投资者情绪计量的不利影响。

第二，"沉默的螺旋"。根据传播学的经典理论，大多数人会因避免与众不同受到孤立而保持沉默，从而造成大多数人的观点在逐渐累积的"意见环境"中不断加强，换言之，"主流意见"无法代表全体投资者的主观看法，真实情绪的表达易受到"意见领袖"的影响和干扰，从而造成投资者情绪计量的偏差。

2.1.4　研究结论与未来研究展望

投资者情绪的计量一直是相关研究中的一个热点，其形成较为复杂，受到很多社会环境和宏观经济因素的影响。本书仅就复合情绪指数的演进进行了系统的梳理和比较，分析了现有方法构建综合指数的现状，为后续的投资者情绪相关研究提供了文献参考。但我国目前投资者情绪的计量方法还不完善，未来还有很多亟待解决的问题，投资者情绪的计量也有着巨大的发展空间。

首先，构建主观、客观，市场、公司等多层面融合的综合投资者情绪指数。尽管不同层面的指标从不同侧面衡量了投资者情绪，但将公司和市场不同层面的情绪整合为综合情绪指标的文章在已检索的文献中尚未发现。毋庸置疑，市场层面的投资者情绪大多针对所有公司，而公司层面的投资者情绪则只代表某一个公司的投资者，这两者既有联系，又有区别。我们无法排除在整个市场情绪高涨的时候，也会存在个别公司的投资者情绪平稳抑或低落的情形，或与之相反。因此，综合考虑市场整体及公司个体情形，构建基于市场层面和公司层面共同整合的综合投资者情绪指数是极其重要的，更是对投资者情绪的进一步刻画与计量。

参照主观市场层面情绪指标，构建客观市场层面情绪指标，融合公司层面的情绪指标，整合出综合投资者情绪指标，是未来投资者情绪构建的重点。其构建思路见图2.1。

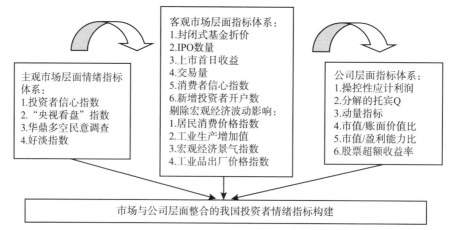

图 2.1　综合投资者情绪指标构建

其次，细化投资者分类，构建不同类别的投资者情绪指数。投资者是资本市场中极其众多与复杂的群体，作为每个投资者的个体本身又存在着非常大的个性差异。如机构投资者和个体投资者，成熟投资者和新进投资者等。按照现有文献，机构投资者一般具有较好的股票判断和识别能力（Ke & Ramalingegowda，2005），而个人投资者的非理性程度则相对更大（李广子、唐国正和刘力，2011）。施梅林（Schmeling，2007）发现，相对于个人投资者而言，机构投资者可以准确预测市场收益率，在分析股票等场外信息时更具有优势，而个人投资者则更多的是一种噪音交易者角色。他们的情绪是否相同，或即便同样是高涨或低落，程度也可能大小各异，因此，细化投资者分类，构建不同类别投资者的情绪指数，即将不同类型的投资者情绪分离计量，便于进行后续的细化研究，这也是投资者情绪指标构建的未来研究方向。

最后，基于社交媒体的投资者情绪计量。如今，社交媒体（网站、贴吧、微博等）已经成为探寻投资者情绪的策源地。通过对社交媒体上文本的语义分析和数据挖掘来度量资本市场投资者情绪也成为一种新的思路与手段。无论来自理论还是实践，基于网络媒体所抽取的投资者情绪指标均被证明与金融市场各变量（交易量、收益率等）存在着高度的相关性。因为资本市场的走势相当一部分由投资者情绪驱动，而投资者的搜索及发表的言论正是其情绪的直接反应，因此，基于网络论坛、贴吧、财经网站搜索的大数据，只要过滤掉扰动，便能最直接且真实地反映出投资者对于市场的预期，从而与各项市场指标具有高度的相关性。

2.2　媒体情绪对投资者情绪的影响研究

2.2.1　引言

媒体报道的作用是当前我国资本市场研究领域的热点话题，媒体所发挥的积极信息中介（汪昌云等，2015）和公共监督作用（Zyglidopoulos et al.，2012）以及消极的蓄意合谋（孔东民等，2013）和失实报道（才国伟等，2015）作用已逐一被学者们证实。但是，目前的这类研究绝大部分限于微观层面，即媒体对个别企业的报道、监督及治理。然而，媒体作为一种独特的治理机制，其对资本市场整体以及投资者群体的引导效应却鲜有研究。本节聚焦于一个新的视角——媒体情绪，即新闻媒体在进行报道时，所传递出的对整个资本市场悲观或乐观的预期。[①] 本节通过

---

① 游家兴和吴静（2012）首次提出"媒体情绪"这一概念，认为"当媒体在对公司进行新闻报道时，往往会同时传递对该公司经营现状、未来发展、盈余预期以及股票投资建议或乐观或悲观的观点"。正如投资者情绪被划分为市场层面和公司层面，媒体情绪也应根据是针对某家公司或某只股票还是针对整个市场而划分为公司和市场两个层面。本节所研究的媒体情绪为新闻媒体在进行报道时，所传递出的对整个市场悲观或乐观的预期，即市场层面媒体情绪。

划分不同的投资者情绪区间和不同的媒体类型，分别探究媒体情绪对投资者情绪的影响，以判别媒体对整个资本市场投资者信心的疏导作用及效果分析。

自 2015 年初，中国股票市场持续上扬，随着街头巷尾持续增加的入场者，投资者情绪也一路飙升。3 月 18 日，金融界发文"做多大军散户入市热情高涨、后市或有极端拉升异象"。同天，中国证券报发文"'改革牛'踏上新征程"。随后的 4 月 16 日，中国证券报又发文"颠簸无碍牛市征途"。此刻，高涨的投资者情绪与媒体报道所传递出的乐观媒体情绪交相呼应，齐进高升。进入 2015 年 6 月，中国股票市场快速、大幅下跌，甚至出现一天之内"千股跌停"的场景，伴随着市场恐慌情绪的蔓延，证监会、21 家券商、证金公司等一系列救市措施逐步出台。6 月 28 日，证券市场周刊发文"牛市会持续到 2017 年"。7 月 7 日，中国证券报发文："'转型牛'未变，慢牛更健康"。再随后，7 月 16 日，四大证券报再度头版发文："政府维稳股市决心信心没变"。8 月 8 日，中国证券报发文："市场进入震荡期、耐心等待是关键"。而此刻，任媒体如何报道仿佛也难以平抑投资者的恐慌，乐观的媒体情绪与低落的投资者情绪形成了鲜明的对比。这不禁引起我们的思考，投资者情绪与媒体情绪时而高度一致，时而完全背离，这背后的作用机理是什么？媒体情绪能够影响投资者情绪吗？不同类型的媒体情绪对投资者情绪会带来不同的影响吗？我国的媒体对资本市场整体的投资者信心引导作用如何？效果怎样？

格里芬等（Griffin et al.，2011）发现，在新兴市场的特殊制度背景下，新闻媒体在很大程度上没有为资本市场投资者提供更多持续稳定的价值相关信息，而更多的却是在追捧市场热点，迎合投资者情绪，或是出于特定目的而刻意提高或降低自身的情绪，呈现出时冷时热、此消彼长的特征。李培功和徐淑美（2013）指出：当媒体进入市场经济环境，便同时具备了"社会公器"和"盈利主体"的双重身份，媒体报道的动机和效果也变得更加复杂。那么媒体情绪在"乐观"与"悲观"之间的切换会改变投资者情绪吗？媒体在报道中所传导的情绪能够成为引导投资者信心的有效手段吗？这正是本书要研究的主要问题。

我国资本市场信息披露要求不完善、法制和规则等尚不成熟、个人投资者的高占比[①]及其不成熟的投资理念使得投资者对信息的加工和处理依赖情绪，决策的过程也往往受到情绪的干扰。一方面，投资者情绪会在投资者之间相互影响与感染，"羊群效应"显著；另一方面，投资者情绪也时而会受到媒体情绪的带动，最终通过投资者行为引起资本市场的价格涨跌变化，并最终改变资源的配置效率。现有研究以媒体报道或媒体关注为起点，研究其通过对投资者情绪的带动而

---

① 来自万德（WIND）数据库的统计资料，机构投资者持股比例逐年升高，但自 2000 ~ 2015 年，机构持股占流通 A 股的比例平均仅为 30% 左右。

对股票收益、交易量、资产误定价等产生的影响（Barber & Odean，2008）。这类研究的通用模式是将媒体作为"意见领袖"，以媒体情绪为发源地研究其在投资者之间的传染与积累效应。但是，这类研究绝大部分限于微观层面，一方面，并未揭示出媒体情绪对资本市场整体投资者情绪的影响效应；另一方面，并未揭示出在投资者不同情绪状态下，媒体能否及如何影响投资者情绪的深层原因和内在机理。实际上，媒体、投资者之间相互制约、关系紧密，媒体情绪通过对资本市场整体投资者情绪的感染而对资本市场带来一系列的影响。媒体能否发挥公共治理的作用而对投资者情绪及信心进行成功的引导？这是现有研究所缺乏的。

　　本节在以下几个方面进行了有益的尝试：第一，通过对媒体及不同类型媒体影响市场层面投资者情绪的探索性研究，突破了公司层面的媒体治理（孔东民等，2013）和微观媒体情绪，以进一步反思新兴制度环境下媒体在整个资本市场建设和投资者情绪引导中所发挥的非正式制度角色；第二，泰洛克（Tetlock，2007）曾针对媒体报道对投资者情绪的影响做了开创性的研究，但该文研究基于成熟资本市场，且只研究了悲观媒体报道的作用，对于更倾向进行正面媒体报道的新兴资本市场缺少借鉴意义。对于我国，即便是在投资者情绪极为低落的时段，媒体依然以正向的激励性报道为主，如 2007 年 2 月 5 日，《证券日报》发文："以牛市思维看待急跌"；2009 年 3 月 26 日，《中国证券报》发文："未定的股市是信心的表现"。那么，当处于投资者情绪低落期，存在着媒体干预的框架预期之下，考察媒体情绪如何有效疏导投资者情绪，便成为我国新兴加转轨的现实情境下亟待解决的问题，本节预期对此作出增量贡献；第三，本节分析媒体情绪对投资者情绪影响的门槛非线性关系，并梳理不同投资者情绪状态下媒体情绪对其产生影响的具体作用机制，这将有助于我国媒体以更加公正无偏的文字加以报道，从而对于加强信息的发布源——媒体及其情绪的控制，以达到正本清源的目的具有实践意义。

2.2.2　文献综述

1. "媒体"的功能及作用

　　媒体作为信息传播的中介，应真实地反映市场中的各种现象，保持不偏不倚的态度。然而，在由众多自利个体和逐利群体共同构成的资本市场中，媒体的功能及角色却远不止于信息中介。现有研究基于企业的微观层面，从积极及消极两个方面论证了媒体的作用。

　　积极方面，媒体可以充分发挥信息中介（汪昌云等，2015）和公共监督作用（Zyglidopoulos et al.，2012）。现有研究发现，新闻媒体可以通过三种机制对微观企业发挥治理作用。第一，通过被报道者的自律（对名誉、商誉的在乎），形成对被报道者的约束（Liu & McConnell，2012）；第二，通过报道让消费者和投资者更好地判别产品或证券的质量和价值，使市场不再浑浊（Dyck et al.，2013）；第三，通过行政机构的介入（李培功和沈艺峰，2010）。与法律与行政处罚相比，媒体的很多监督治理作用都是"事中"，甚至是"事前"的，这种机制的社会成本较低，也远比司法与行政监管更广泛。①

消极方面，媒体可能存在着与公司的蓄意合谋（孔东民等，2013）和失实报道（才国伟等，2015）。这一作用在新股发行期表现尤为明显。IPO 公司通过上市前媒体对投资者的狂轰滥炸将 IPO 首日的股价推得更高，通过新闻媒体的持续曝光和包装等途径帮助企业塑造良好的形象（Pollock & Rindova，2003）。库克等（Cook et al.，2006）实证发现，为了吸引投资者参与新股交易，公司常利用媒体新闻对新股进行宣传推销，从而推高发行价和溢价率，为新股造势。类似的，刘（Liu，2011）也发现 IPO 公司上市前的媒体报道量与 IPO 折价正相关。媒体在IPO 过程中扮演着重要的角色，媒体报道通过引发投资者情绪增加了 IPO 折价。肯尼斯和丹尼斯（Kenneth & Denis，2014）以并购研究为主线，发现金融媒体进行报道的时机和内容会因公司操纵股价的动机而出现偏差，企业因战略利益需要会干预媒体报道，而媒体的报道语气也会显著受到上市公司的影响。只要投资者无法精确预期媒体管理的程度，上市公司对媒体的管理便能显著影响股票价格，即媒体会被公司所利用以满足其私利。

2. "媒体"对投资者行为的影响

媒体报道也会对资本市场投资者行为带来一系列的影响。德隆（DeLong，1990）通过《华尔街日报》上的荐股栏目构建模型，描述了噪音交易者错误地将媒体的荐股信息当作真实信息并形成强烈情绪的过程。胡伯曼和雷格夫（Huberman & Regev，2001）以 EMND 公司为案例研究发现，正是《纽约时报》热情洋溢的报道宣传煽动了投资者纷纷投身股市。在对美国著名的"因特网泡沫"事件进行的分析中，媒体过度高涨、乐观的情绪在泡沫的形成中起到推波助澜的作用，最终导致因特网股票的疯狂上涨。泰洛克（2007）通过《华尔街日报》上"与市场同步"（Abreast of the Market）栏目每天的用词发现，该栏目较悲观的报道带动了投资者的低落情绪，并预测了市场价格下行的压力，极高的悲观报道能预测市场的交易量，且媒体的悲观语气（Media Pessimism）与次日道·琼斯收益率显著负相关。巴塔查里亚（Bhattacharya，2009）也针对美国股市的"互联网

---

① 陈志武（2005）认为，对上市公司的监管与监督可以大致分为五个层次：第一层是董事会，第二层是证券市场参与者，第三层是媒体，第四层是行政监管，第五层是司法诉讼。这五层缺一不可，但监管效率和成本却差别很大。

泡沫事件"进行分析,发现媒体报道和股票收益正相关,媒体报道越多,股票收益越高。科塔里等(Kothari et al.,2009)发现,报刊媒体的负面报道会增加公司的收益波动,反之积极报道会降低公司的收益波动。加西亚(Garcia,2013)将研究集中在经济衰退期,发现媒体报道可预测股票收益。由此可知,媒体报道对资本市场股票价格构成买入和卖出压力,通过对投资者行为施加影响,从而影响股票的定价效率。游家兴和吴静(2012)以传播学中"沉默的螺旋"理论为切入点,认为媒体所扮演的角色绝不仅仅是中性的传声筒,其在新闻报道过程中会同时表达对事物乐观或悲观的观点和预期,明确提出了"媒体情绪"这一概念。并且认为,在媒体情绪的推动下,投资者将与之共舞,加剧了决策行为的非理性倾向,使得股票价格偏离其内在价值,产生资产误定价。

3. 媒体情绪对投资者情绪的影响

传统媒体不可能是中性的交流渠道,不可能只是单纯地传播信息而没有自己的任何加工,媒体在进行报道时可能存在偏见,而这种偏见可能会导致媒体传递出的信息带有明显的倾向。陈等(Chen et al.,2009)发现,媒体的异常报道使投资者产生了强烈的情绪波动,并称之为媒体引致的情绪(Media Induced Sentiment)。由此可知,新闻报道不仅通过媒体自身的影响力吸引投资者的注意,而且会在思想层面影响投资者的主观判断和行为决策。谭松涛等(2014)沿袭泰洛克(2007)等文献的方法,用媒体报道内容中正面和负面词汇占总词汇的比例来度量媒体情绪,研究了媒体积极与消极报道对机构与个体投资者交易行为进而对市场波动性所带来的影响。

现有文献虽然没有明确提出媒体情绪对投资者情绪的引导作用,但基于媒体报道的内容所传递出的情绪对投资者情绪产生影响的文章已经较为丰富。媒体不仅是信息的载体,也是改变投资者信念和情绪的重要因素之一。从企业微观层面,在我国创业板资本市场的初期,媒体报道更符合"情绪功能"而非"信息功能",即通过煽动投资者情绪而引起股价的反应。媒体报道通过影响投资者的预期而最终引起资产价格的波动。针对媒体如何影响投资者情绪,即媒体对投资者情绪的作用机理,现有文献延续着两条分支:

第一条分支,媒体报道无意识地引导投资者情绪。即媒体报道会带来"羊群效应",通过不断扩大盲从投资者的群体从而改变理性交易者和噪音交易者的比例,使市场的理性结构发生变化。我国资本市场中散户等个体投资者居多,获取信息的途径渠道比较单一,媒体信息可以通过增加投资者的信息覆盖面和投资者的认知水平来改变市场中的信息分布状况(杨继东,2007),投资者在没有其他更好获取信息途径的时候只能依赖媒体传播出的各种信息,媒体仅因其信息中介的身份就"自然而然"成为投资者的主要信息来源。在媒体没有出于任何自身利益考虑、单纯输出信息的时候就"无意识"地引导了投资者。同时，我国证券市场与成熟证券市场仍然存在一定的差距。由于市场的信息不对称，我国股市体现出了"消息市"的特征，投资者普遍缺乏投资意识，而对于小投资者来说，媒体因其广泛的影响力和权威性成为其获取信息的最便利途径，在他们的投资决策中起到重要的作用（Nofsinger，2001）。媒体可以有效减轻中小投资者对于公司的不确定性（Tetlock，2010），降低投资者收集和处理信息时的个人成本（Dyck et al.，2008），因此他们在信息获取上比机构投资者更加依赖媒体，对于媒体这一信息来源也越发敏感，他们只买入那些出现在新闻里并伴有较高交易量或异常日收益的股票（Barber & Odean，2008）。他们模仿市场上大多数人的投资策略，投资者之间跟风投资，相互传染，最终表现出行动一致的"羊群效应"。罗马和伊丽莎白（Roman & Elizaveta，2015）认为，媒体是投资者情绪的引导者，因为他们传播了信息和思想，因此可以引发投资者的"羊群行为"并引起资本市场上的价格共振。

第二条分支，媒体报道有意识地引导投资者情绪。个人投资者通常被认为是情绪投资者，情绪投资者接收到的媒体信息越多，其对发行新股的需求就越高，新闻媒体在提高投资者对新股关注度的同时，也在有意引导着投资者，投资者由于自身认知的局限性，对新股的认识和判断易受媒体报道的左右，媒体或高涨或低落的情绪会推动投资者做出非理性决策。新闻媒体在证券发行中的宣传推介功能与其公司外部治理人的身份存在着明显的冲突。企业媒体公关可以通过增加正面报道数量而引发投资者乐观情绪，进而影响 IPO 企业定价及发行量。

尽管媒体报道及其所传递的情绪对投资者情绪及投资者行为的影响研究已经较为成熟，但这类研究大部分基于企业微观层面。媒体作为一种独特的治理机制，其对资本市场整体以及投资者群体的引导或疏导效应却鲜有研究。媒体情绪何时能够影响投资者情绪？怎样影响？在不同的投资者情绪区间影响一致吗？不同的媒体类型在媒体情绪对投资者情绪的影响中是否存有差异？媒体对整个资本市场投资者信心的引导作用及效果如何？本书力图弥补上述缺陷。

2.2.3 理论分析与假设提出

1. 媒体情绪对不同状态投资者情绪的影响

新闻媒体每天面对的是瞬息万变的复杂世界，在有限认知前提下，新闻报道在采编和生成的过程中必然带有一定的自身主观性，尤其在对资本市场进行报道时，不仅会报道媒体发现了什么，更会报道媒体预期了什么，即新闻媒体是金融市场变化的预测者，而预测就必然夹杂着媒体的主观预期和倾向性（Gurun &

Butler，2012）。① 从新闻需求者的角度，受众希望他们获得的资源，不仅仅是告知，同时还需要解释、说明、说服和预测。为了满足这些需求，媒体不可能提供没有任何掺杂主观预期的信息（Mullainathan & Shleifer，2005），这便导致了媒体情绪的生成。

媒体情绪能够影响投资者情绪吗？传播学中的议程设置理论（Agenda-setting Theory）对此提供了理论依据。依据该理论，新闻媒体虽然不能直接决定投资者对某一事件的具体观点和看法，却可以通过提供信息和调整议题来有效改变投资者对一些事实的关注次序，进而间接改变投资者的观念和预期。新闻媒体的独特优势在于：通过融入自身预期的报道可以将受众的观念和看法引向特定方向，有意或无意地使投资者的思想发生变化，从而影响投资者对事物的判断和决策过程。公众对重要问题的认识及判断与媒体的报道之间存在着高度的一致性。心理学的相关研究也表明，情感与信息在人类的认知与决策过程中均扮演了十分重要的角色。尤其当决策者面临的信息极其庞杂或不确定性时，外界情绪状态对于其决策过程的制定将产生强烈的影响。新闻媒体情绪与投资者情绪通过社会交互影响，将使普遍的积极（乐观）或消极（悲观）情绪得到传递，并进而影响个人投资者及机构投资者等在内的各类决策者。因此，媒体情绪作为股市涨跌的一种信号，可以通过"议程设置"的功能，改变投资者对资本市场的预期以及对特定股票的买卖决策，即新闻媒体所传导出的情绪足以影响外界投资者情绪。

游家兴和吴静（2012）依据"沉默的螺旋"理论，认为媒体作为舆论的主导者，可以其广泛的影响力和权威性，被投资者当作"多数意见"来认知。当"优势意见"不断得到加强时，劣势意见则进一步被压制。媒体情绪所营造的强大"意见环境"进一步推动了市场非理性情绪。从社会心理学角度，生活在社会环境中的任何组织或个人均会或多或少地感知（Perceive）到外界情绪，进而受到他人情绪或其他外界情绪的影响，并逐步"泛化"到自己后续的行为决策中。越是在情绪的高涨期，投资者贪图盈利的心理倾向越明显，新闻框架越容易刺激并鼓励投资者特定的想法，导致听众到达预期的结论，且在新闻积极情绪不断曝光后，投资者不断入场，察觉到预期前景更加乐观，从而在投资时冒更大的风险，这种心理的传播会在投资者之间不断蔓延（Roman & Elizaveta，2015）。

投资者在阅读媒体报道的信息时，会产生两个阶段的影响：第一，其会依据当前自身的先验信念或预期而获得相关的反馈；第二，投资者会基于媒体的报道而修正自身的先验预期。当投资者处于相对理性的情绪区间时，对先验预期的修

---

① 同样基于一个事实的报道，会形成多个报道角度，而报道角度恰恰是新闻框架的主要构成要素，不仅影响报道事实的归因指向，更是舆论引导的重要指标。新闻组织的规训手段包括培训、编辑对稿件的批改、内部会议讨论、对记者的奖惩、升迁晋级、直接下达指令、薪酬考核制度等（夏倩芳和王艳，2012）。通过潜移默化的浸染和强制性手段，最终形成的新闻报道必将符合组织利益的要求。

正更多地基于基本面信息，媒体情绪对投资者情绪的煽动或影响将会减弱。米安和桑卡拉古鲁斯瓦米（Mian & Sankaraguruswamy，2012）发现，投资者情绪高涨期的股价与利好盈余消息敏感性显著高于投资者情绪低落期，而投资者情绪高涨期股价与利空盈余消息的敏感性却显著低于投资者情绪低落期。也就是，投资者对信息的反映存在着心理因素的偏差，存在着非对称性，情绪高涨期对利好消息更敏感而情绪低落期对利空消息更敏感，对利好消息更不敏感。这会使投资者情绪高涨期，媒体的乐观情绪对投资者情绪的拉动效应增强，而投资者情绪低落期，媒体的积极报道对投资者情绪的拉动效应减弱。

同时，按照传媒学的一般观点，读者需求，媒体供应，传达关于政治和经济市场的真实信息，从而促进消费者和投资者进行更好的选择。然而，因为意识形态的原因，新闻媒体会以一个特定方向来影响人们想法。投资者过低的情绪会带来股价崩盘的风险，严重影响着资本市场的平稳健康发展，投资者情绪明显过低时，具有"社会公器"职能的媒体一定会代表国家或政府而扭转外界投资者情绪。因而，在存在媒体干预的预期框架下，低落情绪的投资者在损失厌恶的主导下，会更加反感媒体的积极报道，仅仅选择与他们意见一致的信息，并且只相信这些媒体报道才是真实准确的。虽然新闻媒体是其获取信息的重要来源，投资者会利用财经媒体消息估计资产的基本价值（Griffin et al.，2011）并修正先验预期。而在我国，受到行政监管的媒体环境反而使得投资者在面临媒体的大规模正向报道时更加丧失信心，更加恐慌。因此，在投资者情绪较为低落的状态下，媒体情绪越高涨，投资者情绪越恐慌。

基于此，提出假设1：

H1a：在投资者情绪高涨期，媒体情绪越高涨，投资者情绪越高涨；

H1b：在投资者情绪理性期，媒体情绪对投资者情绪的影响微弱；

H1c：在投资者情绪低落期，媒体情绪越高涨，投资者情绪越低落；

媒体情绪对不同区间投资者情绪的影响见图2.2。

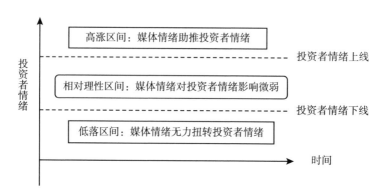

图2.2　媒体情绪对不同区间投资者情绪的影响关系

2. 不同类型媒体情绪对投资者情绪的影响

逯东等（2015）认为，媒体的作用机制会受到政府干预的影响，政府控制和市场导向媒体的作用可能存在差异。报刊新闻媒体的信息除受到版面、经费、发行量及利益集团的压力外，还必然受到政治导向等因素的影响。媒体与政府之间的关系是媒体所面临的众多外部环境中最为重要的一环。作为承担着多重任务的行政和市场的混合体，媒体本身的功能定位也有帮助政府进行舆论引导的职能。政府可以通过所有权和行政权对媒体报道施加影响，促使媒体做出特定类型的报道或者压制媒体回避特定类型的报道。信息化时代的背景下，政府对新闻媒体的监管和调控也必然越来越重视。新闻报道的内容密集地展现了各种权力的交集和博弈，也必然代表着部分的意识形态。在我国证券市场，从宏观层面来看，政府借助媒体直接干预股市的情况时有发生。孔东民等（2013）认为，媒体公司在信息披露中往往受到政治与社会因素的影响，绝大部分媒体很难报道与监管者态度不一致信息，且在政府控制型媒体上体现得尤为明显。

相对而言，市场导向媒体具有更大的自由度和更强的原创性。而政府控制型的媒体可能会因政府对媒体的干预而加剧媒体的有偏性。翟胜宝等（2015）认为，尽管报道我国资本市场的媒体以国有产权为主，但媒体之间的竞争不断加剧却是不争的事实，其对媒体监督治理功能的发挥也起到了积极的推动作用。休斯敦等（Houston et al.，2011）利用公司层面的数据，研究了媒体所有权和集中度对银行腐败的影响，其发现具有私人性质且充满行业竞争的媒体在减少银行贷款腐败中扮演着更加重要的角色。

在我国投资者情绪非常高涨的 2007 年 7 月，政府控制型的财经媒体《证券时报》和《中国证券报》分别发文："牛市需要预期明朗和信心呵护""扩大消费成效显现，上涨势头有望延续"，而市场导向的《21 世纪经济报道》和《中国经营报》却论调相对谨慎，其分别发文："两个轮子"均需防范资本市场风险以及升值旋律下的"危"与"机"，意为冷却过热的投资者情绪。而在我国投资者情绪非常低落的 2013 年 5 月，政府控制型的《中国证券报》和《证券日报》依旧发文"经济强劲推动东南亚股市走牛""三阳开泰牛头初显，九大机构论剑反弹高度"，而市场导向的财经媒体却大多选择了沉默，只有《中国经营报》在2013 年 5 月 27 日含蓄发文"红五月值得期待"。

这意味着，在投资者情绪的高涨时期，狂热的投资者更喜欢乐观积极的媒体报道，代表着政府政策倾向的报纸更容易引起投资者的关注，拉动投资者情绪继续上扬；而在投资者情绪低落期，具有更大自由度和原创性的市场导向媒体则更容易引致投资者的信任，对投资者情绪带来更大的影响，不同类型的媒体在投资者情绪的高涨和低落区间发挥着不同的作用。

H2：不同类型的媒体情绪对投资者情绪的影响存在差异，政府控制型媒体在投资者情绪高涨期影响更大，但市场导向型媒体在投资者情绪的低落期影响更大。

2.2.4 研究设计

1. 投资者情绪与媒体情绪指标的构建

（1）投资者情绪的计量（INVESTORSENT）。正如拉蒙特和斯坦（Lamont & Stein，2006）所认为的，投资者情绪大部分都是系统性的、社会性的，而不是公司特定或独有的。因此，本研究构建市场整体层面投资者情绪，来考察市场层面媒体情绪对其影响。投资者情绪的构建思路效仿贝克和沃格勒（2004）文章中 BW 投资者情绪综合指数的构建过程。首先本研究按照月度手工搜取从 2005 年 1 月~2015 年 6 月的封闭式基金折价（FENG）、市场交易量（TURN）、IPO 数量（LNIPON）、上市首日收益（IPOR）、消费者信心指数（CCON）和新增投资者开户数（LNNEW）6 个变量相关数据，该 6 个变量从不同侧面反映出中国股票市场投资者情绪变化，接着，本研究运用主成分分析方法构建了能较好测度中国股票市场投资者情绪的综合指数 INVESTORSENT，在此过程中，剔除了相关宏观经济因素（包括居民消费价格指数、工业增加值和宏观经济景气指数等变量）对 INVESTORSENT 的影响。投资者情绪指标 INVESTORSENT 的表达式为：

$$\text{INVESTORSENT}_t = 0.244 \times \text{FENGrsid}_t + 0.586 \times \text{TURNrsid}_{t-1} + 0.279$$
$$\times \text{LNIPONrsid}_{t-1} + 0.132 \times \text{IPORrsid}_{t-1} + 0.489$$
$$\times \text{LNNEWrsid}_{t-1} + 0.201 \times \text{CCONrsid}_t \qquad (2-1)$$

投资者情绪与上证综指的走势对见图 2.3。

（2）媒体情绪的计量（MEDIASENT）。报纸、广播、电视、互联网是四大媒体类型，为研究的便利性，在计量媒体情绪时主要使用报刊媒体的情绪。原因有三：第一，报纸、广播、电视这三种类型的媒体在很大程度上具有高度的相似性和重合性，报纸媒体的情绪足以代表主流媒体的观点和预期，即代表主流媒体的情绪；第二，相比较利益表达多元化的互联网媒体，报纸媒体的信息发布需要经过更多的筛选和过滤，所发布的信息更加严肃可靠；第三，报纸媒体以文本性质发布，通过描述性的、公开的信息和内容呈现给阅读者，相比较广播和电视，便于通过关键词抓取词汇的方式识别媒体情绪。因此，本书借鉴房和普雷斯（Fang & Press，2009）及逯东等（2015）的做法，选取 CNKI 数据库中被证监会所指定的较具权威性和受众面广的六份报纸，分别是《中国证券报》《证券日报》《证券时报》《中国经营报》《经济观察报》《21 世纪经济报道》。我们将这六份报纸

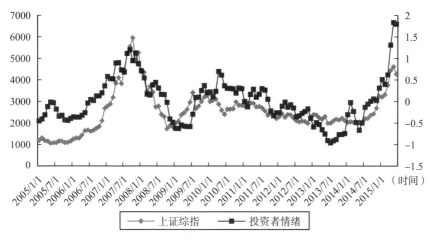

图 2.3　投资者情绪指数与上证综指走势对比

所发布的主流媒体对资本市场的相关报道作为主要的媒体以构建媒体情绪指数。这其中，《中国证券报》《证券日报》《证券时报》均为国有性质的终极控制人所掌控，为政府控制型媒体，我们将单独依据此三份报纸而构建的媒体情绪定义为官方媒体情绪。《中国经营报》《经济观察报》《21 世纪经济报道》在市场影响力和受众覆盖方面位于财经类报纸的龙头，被称为市场导向型媒体（李培功和沈艺峰，2010），我们将单独依据此三份报纸而构建的媒体情绪定义为市场媒体情绪。媒体情绪的计量过程见图 2.4。

图 2.4　媒体情绪构建过程

　　我们将媒体情绪的计量过程归纳为数据收集、情感词典构建、媒体情绪指数计算三个部分，其中情感词典的构建依赖于数据收集部分所产生的数据集，媒体情绪指数的计算依赖于情感词典构建部分得出的情感词典以及数据收集部分所产生的数据集。

　　在本书研究中，媒体情绪指数包含了两个维度：一是报道信息的情感倾向；二是报道信息的强度和频率。报道信息的情感倾向是指媒体在报道过程中所用不同词汇的感情色彩，同样呈报一项事实，媒体的写作手法和用词状况能够反映其自身的预期。借鉴罗马和伊丽莎白（2015）的研究，以"词典"的方式设定积极词汇集和消极词汇集，并针对资本市场层面报道中所出现的积极和消极报道数量进行分类加总，具体过程如下：

　　①数据收集。我们以月度为限，选取自 2005 年 1 月～2015 年 6 月共 10 年

126 个月的上述报纸发表的新闻报道，将以"资本市场""股市"为关键词进行检索后所得到的相关新闻作为构建媒体情绪指数的素材，最终得到的数据集约包含 82300 篇新闻。

②情感词典构建。考虑构建情感词典的需要，首先对数据集中的所有新闻进行了分词，中文分词工具采用了 Jieba 分词工具，该工具基于前缀词典实现词图扫描，生成句子中汉字所有可能成词情况所构成的有向无环图；采用了动态规划查找最大概率路径，找出基于词频的最大切分组合；对于未登录词，采用了基于汉字成词能力的 HMM 模型，使用了 Viterbi 算法。对数据集进行分词后，一共产生了 287632 个词，这些词是进行词典标注的基础，下面称之为基础词库。

通常情况下，词可以分类为非情感词和情感词，情感词又可以分类为中性情感词，褒义情感词，贬义情感词。由于许多词所在类别较为模糊，为了防止标注过程中的主观差异性，提高标注的准确性，我们请四位被试者（四名硕士研究生）同时、分别、独立对基础词库进行标注。对于四位被试者标注过的基础词库，定义词属于褒义情感词的概率 =（词被标记为褒义情感词的次数）/词被标记过的次数，词属于贬义情感词的概率 =（词被标记为贬义情感词的次数）/词被标记过的次数。选取词属于褒义情感词的概率大于等于 50% 的词构成褒义词词典，选取词属于贬义情感词的概率大于等于 50% 的词构成贬义情感词。最终，情感词典由 5460 个褒义情感词，3969 个贬义情感词构成。

③媒体情绪指数的计算。对于媒体情绪，每一条新闻都具有不一样的情感倾向，我们将其分类为积极类新闻以及消极类的新闻。而每条新闻数据由两部分组成，包括新闻标题和新闻内容。不论是月度媒体情绪指数还是日度媒体情绪指数，都需要得到每一条新闻的情绪类别。我们定义每篇新闻积极性指标以及消极性指标如下：

$$d_p = \lambda \left(\frac{tw_p + 1}{tw_p + tw_n + 2} \right) + (1 - \lambda) \left(\frac{cw_p + 1}{cw_p + cw_n + 2} \right) \qquad (2-2)$$

$$d_n = 1 - d_p \qquad (2-3)$$

其中，d_p 表示新闻积极性指标，d_n 表示新闻消极性指标，tw_p 表示新闻标题中积极情感词的个数，tw_n 表示新闻标题中消极情感词的个数，cw_p 表示新闻内容中积极情感词的个数，cw_n 表示新闻内容中消极情感词的个数，γ 为可调参数值为 [0，1]。为了防止新闻标题或者新闻内容中并没有出现情感词，故对公式 d_p 采用了加法平滑来解决这一问题。

由于情感词典中对于褒义情感词和贬义情感词所占比例不同，对于 d_p 的度量可改进为如下形式：

$$d_p = \lambda \left(\frac{tw_p + 1}{tw_p + tw_n \times \left(\frac{n_{tp}}{n_{tn}} \right) + 2} \right) + (1 - \lambda) \left(\frac{cw_p + 1}{cw_p + cw_n \times \left(\frac{n_{cp}}{n_{cn}} \right) + 2} \right) \qquad (2-4)$$

其中，n_{tp}、n_{tn}、n_{cp}、n_{cn} 分别表示在给定时间跨度内的所有新闻的新闻标题中积极情感词、新闻标题中消极情感词、新闻内容中积极情感词、新闻内容中消极情感词的个数。无论日度媒体情绪指标或者月度媒体情绪指标，都可以理解为一定时间跨度内的媒体情绪指标，计算某一给定时间跨度内的媒体情绪指标如（2-5）所示：

$$\text{MEDLASENT} = \frac{\sum_{d \in D} f_\alpha(d_p)}{\sum_{d \in D} f_\beta(d_n)} \qquad (2-5)$$

其中，D 代表给定时间跨度内的新闻集，d 表示一篇新闻，d_p、d_n 表示新闻的积极性指标和消极性指标，f_α、f_β 为给定的下列分段函数：

$$f_\alpha(x) = \begin{cases} 1 & \text{if} \quad x \geqslant \alpha \\ 0 & \text{if} \quad x < \alpha \end{cases} \quad f_\beta(x) = \begin{cases} 1 & \text{if} \quad x \geqslant \beta \\ 0 & \text{if} \quad x < \beta \end{cases} \qquad (2-6)$$

最后，选定的参数 γ、α、β 分别为 0.3、0.7、0.7。[①]

媒体情绪与投资者情绪的时间序列趋势见图 2.5。

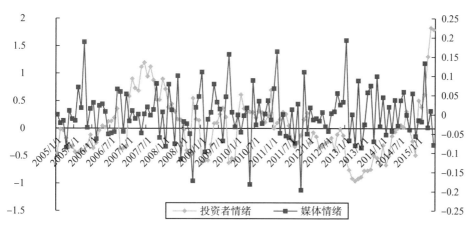

图 2.5　媒体情绪与投资者情绪的时间序列走势

由图 2.5 可见，在某些时段，投资者情绪与媒体情绪保持着同涨同跌的态势。但是在投资者情绪某些较高或较低的时段，如 2005 年 11 月、2007 年 7 月、2010 年 1 月、2013 年 5 月和 2015 年 6 月等时段，投资者情绪与媒体情绪有着明显反向的波动趋势，如在投资者情绪较低落的 2005 年 11 月、2010 年 1 月、2013 年 5 月、2015 年 1 月，媒体曾出现大量乐观积极的报道，媒体情绪也不断攀升，

---

① 当 γ 取 0.3 的时候，更加注重对于新闻内容的分析，由于标题中词汇较少，导致统计结果的波动性会较大，所以只给予 0.3 的取值。α 和 β 分别取 0.7，相当于在数轴区间上，认为 [0.3，-0.7] 这个区间内的新闻被看成了中性的新闻，这种做法可以有效地避免模型上以及辞典标注过程中产生的偏差以及主观因素的干扰。

一路上涨。《证券日报》于 2005 年 11 月 16 日和 18 日分别撰文"资本市场下一步发展动力充沛""资本涌动烘托暖冬";《中国证券报》于 2010 年 1 月 5 日发表名为"区域经济全面发力,资本市场多点开花"的报道,且在 2013 年 5 月 16 日发文"经济强劲推动东南亚股市走牛"。随后,《证券日报》在 5 月 20 日、21 日接连发文"三阳开泰牛头初显"和"A 股吸引力凸显";2015 年 1 月 10 日和 24 日,《证券日报》《中国证券报》分别发文"A 股华丽转身,力挺牛市格局"和"强震不改'牛心'险资淡定逐波踏浪",从图 2.5 可见,此刻的媒体情绪显著提振了投资者信心。相反,在投资者情绪较高涨的 2007 年 7 月和 2015 年 6 月等,媒体没有盲目跟风,客观冷静分析市场,《证券时报》于 2007 年 7 月 3 日和 30 日连续发文"中国资本市场理性繁荣之路""升值旋律下的股市'危'与'机'"。2015 年 6 月 24 日《21 世纪经济报道》发文"股市正在从快牛向慢牛过渡",《中国经营报》2015 年 6 月 29 日发文"从股疯到股灾?",《中国证券报》2015 年 6 月 30 日也发文"市场走势不明,股民维持谨慎",媒体情绪在明显冷却高涨的投资者情绪。

投资者情绪与媒体情绪也会出现明显的同向波动趋势。如 2007 年 2 月投资者情绪处于较低落水平,此时的媒体情绪也随之下降,出现同跌现象。《证券时报》《中国证券报》在 2007 年 2 月 7 日同时以"成思危"为题发文:"成思危:谨慎对待当前股市""成思危:牛市需谨慎"。在 2008 年 5 月~10 月这一段期间内,媒体情绪则出现剧烈地大起大落现象,2008 年 5 月 26 日《证券日报》发文"中国经济抗震强,未来股市钱景好",而在 6 月 24 日的报道中则出现"提振股市信心十分必要"的评论文章,《中国证券报》在 2008 年 6 月 30 日也发文"要对资本市场前景充满信心"。2008 年 8 月 5 日,《证券日报》发文"利用通胀机遇,股市大有可为",媒体情绪时高时低,起伏明显。这样的现象在 2011 年 10 月~2012 年 3 月再次出现。2011 年 12 月 12 日,《中国证券报》发文"愿望股市春天,静待投资机会",2012 年 2 月 6 日《中国证券报》发文"多空逆转,牛熊转变在即"。

从构建的媒体情绪波动趋势与媒体典型发文的对照可见,媒体情绪指标较客观地反映出各个时点我国媒体的报道基调,媒体报道所传递出的情绪也确实对投资者情绪产生了影响,更详细的分析还需要借助后续的门槛回归进行。

2. 模型设计

在开展实证研究时,大多数情况下都是考察变量之间的线性关系。然而事实上,变量之间的关系并非一成不变。为了考察不同情况下解释变量与被解释变量之间的异质性关系,传统的做法是根据分组变量对样本进行分组。然而,这种方法难免带有主观性,由此得出的实证结果自然有失偏颇。汉森(Hansen,1999)提供的门槛回归方法能够在科学计算的基础上对样本进行分组,并可检验分组后的回归结果是否存在显著差异，是检验变量之间门槛非线性关系的一种规范方法。因此，为了科学地考察在不同投资者情绪状态下，媒体情绪对投资者情绪的影响关系，本书采用这一方法。

本书建立的媒体情绪影响投资者情绪的门槛回归模型如模型（2-7）所示：

$$\text{INVESTORSENT}_t = \alpha + \beta_1 \text{INVESTORSENT}_{t-1} + \beta_2 \text{PMI}_t + \beta_3 \text{RATE}_t$$
$$+ \beta_4 \text{MEDIASENT}_t \times I(\text{INVESTORSENT}_t \leq \gamma_1)$$
$$+ \beta_5 \text{MEDIASENT}_t \times I(\gamma_1 < \text{INVESTORSENT}_t \leq \gamma_2)$$
$$+ \beta_6 \text{MEDIASENT}_t \times I(\text{INVESTORSENT}_t > \gamma_2) + u_t \qquad (2-7)$$

在模型（2-7）中，INVESTORSENT 表示投资者情绪，MEDIASENT 表示媒体情绪。同时控制了采购经理指数 PMI、6 个月短期贷款利率 RATE 对投资者情绪的影响。延续本书逻辑，将投资者情绪作为门槛变量，门槛的预期设定数量为两个。当投资者情绪低于或者等于下限时，归入"低落"区间；当投资情绪高于上限时，归入"高涨"区间；当投资者情绪高于下限并且小于或者等于上限时，归入"理性"区间。通过门槛回归，可以考察在不同的投资者情绪状态下，媒体情绪对投资者情绪的影响作用。

汉森（1999）方法的思想是根据分组变量（门槛变量）对样本进行分组，并计算分组后回归模型的残差平方和，残差平方和最小时对应的分组变量的取值便是所要寻找的门槛值。为了获知分组后回归效果有无实质性改进，需要检验分组后回归模型残差平方和的降低程度是否显著。以单门槛为例，为了检验门槛效应的显著性，需要构造统计量：

$$F_1 = \frac{S_0 - S_1}{\hat{\sigma}_1^2} \qquad (2-8)$$

模型（2-8）中，F_1 为待检验的统计量，S_0 为零门槛模型对应的回归残差平方和，S_1 和 $\hat{\sigma}_1^2$ 分别表示单门槛回归模型的残差平方和以及残差方差的估计值。通过残差自举法，可以得到 F_1 的经验分布。于是，便可根据计算出的 F_1 值来检验单门槛效应是否显著。如果门槛效应显著，则进行门槛回归便具有了实质意义。

2.2.5　实证结果与分析

1. 投资者情绪与媒体情绪时间序列的平稳性检验

在运用回归方法考察两个时间序列之间的关系时，需要保证时间序列的平稳性。原因在于，非平稳时间序列存在时间上的变动趋势，这种趋势会造成虚假回归。本书对投资者情绪 INVESTORSENT 和媒体情绪 MEDIASENT（包括整体、官方和市场）4 个变量的平稳性作出检验，使用的方法为扩展的 Dickey-Fuller 单位根检验。

由表 2.1 的检验结果可知，所用到的 4 个时间序列变量均是平稳的。这就说明，变量之间不存在虚假回归，可以使用 OLS 方法对这些变量之间的关系加以考察。

表 2.1   时间序列的平稳性检验

被检验变量	INVESTORSENT	MEDIASENT		
		全部	官方	市场
1% 临界值	− 2.584	− 4.034	− 4.034	− 4.034
5% 临界值	− 1.943	− 3.446	− 3.446	− 3.446
10% 临界值	− 1.615	− 3.148	− 3.148	− 3.148
t 值	− 2.323	− 10.618	− 10.888	− 9.548
P 值	0.020	0.000	0.000	0.000

2. 门槛效应的检验

基于门槛回归模型残差平方和最小的原则，搜索第一个门槛和第二个门槛，并分别计算出单门槛模型和双门槛模型对应的 F1 值和 F2 值。采用残差自举法，生成新的样本，并得到新的 F_1 值和 F_2 值。经过 1000 次自举后，可得到检验第一个门槛以及第二个门槛显著性的统计量 F_1 和 F_2 的经验分布，并可计算出各分布 1%、5% 和 10% 临界值。对门槛回归模型对应的 F 值进行检验，得到的门槛效应检验结果见表 2.2。

表 2.2   门槛效应检验结果

变量	统计量	临界值 （1%，5%，10%）	F 值	P 值
INVESTORSENT	F_1	(10.828, 9.719, 8.873)	16.432	0.000
	F_2	(14.186, 9.960, 9.048)	12.031	0.021
	F_3	(18.579, 10.033, 8.148)	7.324	0.175

由表 2.2 中的 P 值可知，第一个门槛和第二个门槛的检验结果均为显著，而第三个门槛的检验结果为不显著。据此，可以合理确定存在两个有效的门槛。也即，可将投资者情绪适当地划分为"低落""理性""高涨"三个区间，而在不同的区间，媒体情绪对投资者情绪的影响作用存在明显差异。

3. 媒体情绪对投资者情绪影响的门槛回归结果

根据得到的两个门槛值可对样本进行分组。基于分组后的样本，对模型（7）进行回归，所得到的结果见表 2.3。

表 2.3　媒体情绪影响投资者情绪的门槛回归结果

INVESTORSENT	全部媒体			官方媒体			市场媒体		
Cons	-0.155 ** (-1.311)	-0.094 (-1.043)	0.147 (0.442)	-0.063 (-0.566)	-0.083 (-0.972)	0.055 (0.166)	-0.097 (-1.551)	-0.018 (-0.403)	0.400 (0.918)
$INVESTORSENT_{-1}$		0.394 *** (9.344)	0.398 *** (9.472)		0.402 *** (9.511)	0.404 *** (9.597)		0.565 *** (10.869)	0.570 *** (10.956)
PMI			0.002 (0.406)			0.004 (0.802)			-0.001 (-0.184)
RATE			-0.059 * (-1.898)			-0.060 * (-1.947)			-0.062 (-1.487)
MEDIASENT × I ($INVESTORSENT \leq \gamma_1$)	-0.762 *** (-2.663)	-0.558 ** (-2.538)	-0.610 *** (-2.775)	-0.998 *** (-3.610)	-0.583 *** (-2.722)	-0.623 *** (-2.926)	-0.881 *** (-4.491)	-0.622 *** (-4.380)	-0.640 *** (-4.485)
MEDIASENT × I ($\gamma_1 < INVESTORSENT \leq \gamma_2$)	0.624 ** (2.285)	0.411 * (1.958)	0.345 (1.632)	0.432 (1.588)	0.392 * (1.901)	0.336 (1.631)	0.528 *** (2.884)	0.247 * (1.857)	0.218 (1.599)
MEDIASENT × I ($INVESTORSENT > \gamma_2$)	2.190 *** (8.415)	1.531 *** (7.257)	1.500 *** (7.121)	2.136 *** (7.967)	1.608 *** (7.628)	1.588 *** (7.601)	1.774 *** (10.116)	0.924 *** (6.265)	0.938 *** (6.250)
N	125	125	125	125	125	125	125	125	125
Adj. R^2	0.831	0.901	0.903	0.826	0.900	0.902	0.651	0.823	0.823

注：*、**、***分别表示在 10%、5%、1% 水平上显著，括号内为 t 值。

由表 2.3 回归结果可见，媒体情绪（MEDIASENT）对投资者情绪（INVESTORSENT）的影响呈现出门槛非线性关系。在没有加入投资者情绪滞后项，没有加入 PMI 和 RATE 等控制变量的时候，媒体情绪在投资者情绪的"低落"区间表现出显著的负向影响，但在"理性"区间和"高涨"区间却都表现出显著的正向影响。加入控制变量后，当投资者情绪低于较低的门槛，也即投资者情绪处于"低落"状态时，媒体情绪对投资者情绪产生了显著的负向影响。即当投资者情绪过度低落时，媒体情绪越乐观，越高涨，越希望提振投资者情绪，却越得到适得其反的效果，投资者情绪反而更加低落和恐慌，从而支持了假设1c。而当投资者情绪处于"理性"（$\gamma_1 \leqslant$ INVESTORSENT $< \gamma_2$）状态时，媒体情绪未对投资者情绪产生显著影响。原因在于，投资者在较为理性的状态下，即处于理性区间时，其投资决策大部分会基于公司的基本面，对外界的信息刺激关注较少，不会受到媒体报道及媒体情绪的重大影响。同时，由于投资者情绪在一个合理范围内，媒体不存在刻意影响投资者情绪的动机，因此在这一区间，媒体情绪对投资者情绪没有影响，假设1b 得证。而当投资者情绪处于"高涨"（INVESTORSENT $> \gamma_2$）状态时，媒体情绪对投资者情绪的回归系数显著为正，即媒体情绪对投资者情绪起到了显著的推动作用，从而支持了假设1a。这说明，在情绪高涨的情况下，投资者更加容易认同外界事物，更容易相信来自媒体的有关报道及受到媒体情绪的感染，媒体情绪的提升显著带动投资者情绪的提升，而媒体在这一阶段也可通过谨慎和悲观报道起到冷却高涨投资者情绪的效果，即媒体情绪对投资者情绪产生正向影响。陈等（2009）的研究发现，投资者本身有限理性的制约是其容易受到媒体报道引导产生行为偏差的主要原因。媒体报道中语言和措辞所传递出的基调和情绪会加剧二级市场投资者非理性程度。本书研究结论与其一致。

同时，根据假设 2，分组检验的结果表明，不论是官方媒体，还是市场媒体，在投资者情绪高涨时都起到了正向作用，在投资者情绪低落时都起到显著的负向作用。从回归系数上看，在投资者情绪高涨时，官方媒体对投资者情绪的助推效应更强，这可能源于政府控制型媒体更具权威性，在投资者情绪亢奋状态下，更关注于来自官方媒体的声音，官方媒体情绪对投资者情绪的影响作用也更大；而在投资者情绪低落区间，无论官方媒体还是市场媒体都对投资者情绪产生了显著的负向影响，且效果几乎等同。这可能源于两个方面：第一，投资者在情绪低落状态下，对媒体所释放的一切信号都持抵触态度，两类媒体的刻意提振均会加剧投资者的恐慌情绪。第二，我国政府对于媒体监督和控制的力度较大，为了防止资本市场崩盘而冲击到实体经济，在投资者情绪低落时政府将会进一步加强对于市场媒体的管控，以达成一致性的表述，由此遭遇来自投资者的同等抵制。假设 2 部分得证。

我国财经媒体报道具有较强的选择性，绝对以正面报道为主，常顺应市场的反应，对利好情景往往"锦上添花"，而对利空情景却没有过多地"落井下石"。也正是此缘故，使得在投资者情绪低落期，媒体的刻意反转和拉升均显得苍白无力。邦纳等（Bonner et al. , 2007）曾指出，投资者对媒体报道的反应是非对称的，即对好消息反应过度，而对坏消息反应不足。而笔者发现，在新兴市场上，媒体情绪对投资者情绪的影响会因投资者情绪状态的不同而呈现非对称性，即高涨期的投资者情绪对媒体情绪呈现出过度正向反应，而低落期的投资者情绪对媒体情绪呈现出过度负向反应。

4. 进一步的检验——日度数据的再检验

在之前的回归中，本节使用月度媒体情绪与投资者情绪的数据进行了检验。为排除掉媒体情绪与投资者情绪在月度之内时涨时跌的扰动，更精确地探讨媒体情绪对投资者情绪的影响，本书研究按照上述门槛回归中计算出的投资者情绪门槛值，使用上限门槛 0.3923 和下线门槛 -0.1803，分别挑选出本文样本期间内，门槛下限之下的 971 天和门槛上限之上的 459 天，以市场平均日换手率作为日度投资者情绪，并按照上述构建媒体情绪指数相同的方法，缩短新闻集的时间跨度为一天，生成日度媒体情绪，以研究特殊时段内，日度媒体情绪与投资者情绪之间的关系。①

（1）日度数据的时间序列平稳性检验。由表 2.4 可见，日度媒体情绪和投资者情绪也均为平稳数据，可以进行后续检验。

表 2.4　　　　　　　　时间序列的平稳性检验（日度数据）

被检验变量	INVESTORSENT	MEDIASENT		
		全部	官方	市场
1% 临界值	-3.433	-3.433	-3.433	-3.433
5% 临界值	-2.862	-2.862	-2.862	-2.862
10% 临界值	-2.567	-2.567	-2.567	-2.567
t 值	-6.130	-5.926	-48.626	-5.291
P 值	0.000	0.000	0.000	0.000

（2）门槛上限及下限的日度数据检验结果。日度数据的 Granger 因果关系检验结果显示，媒体情绪为投资者情绪变化的格兰杰因，且在滞后长度为 4 时，AIC 的值最小，残差不存在一阶自相关，因此选择滞后阶数为 4，并据此建立媒

---

① 来自 WIND 数据库中，市场换手率（算术平均值）。

体情绪影响投资者情绪的模型。

$$Investorment_t = \sum_{i=1}^{4} \alpha_i Investorment_{t-i} + \sum_{i=1}^{4} \beta_i Mediasent_{t-i} + u_t \qquad (2-9)$$

投资者情绪门槛高涨期和低落期的日度数据回归结果见表2.5。

表2.5   投资者情绪高涨期及低落期媒体情绪影响投资者情绪的回归结果（日数据）

变量	投资者情绪门槛高涨期			投资者情绪门槛低落期		
INVESTORSENT	全部媒体	官方媒体	市场媒体	全部媒体	官方媒体	市场媒体
$INVESTORSENT_{-1}$	0.798 *** (12.501)	0.798 *** (12.493)	0.807 *** (12.690)	0.816 *** (12.340)	0.818 *** (0.000)	0.815 *** (12.447)
$INVESTORSENT_{-2}$	0.056 (0.685)	0.055 (0.664)	0.053 (0.642)	0.076 (0.895)	0.098 (0.251)	0.097 (1.138)
$INVESTORSENT_{-3}$	−0.094 (−1.136)	−0.081 (−0.984)	−0.083 (−0.999)	−0.035 (−0.409)	−0.021 (0.809)	−0.010 (−0.117)
$INVESTORSENT_{-4}$	0.210 *** (3.258)	0.206 *** (3.232)	0.218 *** (3.369)	0.079 (1.181)	0.073 (0.274)	0.083 (1.263)
$MEDIASENT_{-1}$	0.440 (1.151)	0.069 (0.779)	0.066 (0.577)	−0.160 (−0.547)	−0.133 (0.146)	0.124 (1.313)
$MEDIASENT_{-2}$	−0.426 (−1.052)	−0.046 (−0.515)	−0.113 (−0.995)	0.391 (1.275)	0.097 (0.284)	0.089 (0.957)
$MEDIASENT_{-3}$	0.012 (0.030)	0.062 (0.697)	0.012 (0.112)	0.540 * (1.762)	0.161 * (0.079)	0.062 (0.667)
$MEDIASENT_{-4}$	0.090 ** (2.236)	0.035 ** (2.391)	0.114 ** (2.030)	−0.499 * (−1.713)	0.037 (0.685)	−0.172 * (−1.830)
N	244	244	244	238	238	238
Adj. R^2	0.983	0.983	0.983	0.971	0.971	0.971

注：*、**、***分别表示在10%、5%、1%水平上显著，括号内为t值。

由表2.5可见，在投资者情绪的门槛高涨期，滞后四期的媒体情绪对投资者情绪产生了显著的正向影响，这可能源于投资者对媒体发布的信息需要几天的"消化期"；而在投资者情绪的门槛低落期，媒体情绪对投资者情绪的影响却很复杂。滞后三天的媒体情绪对投资者情绪产生了显著的正向影响，即媒体的提振在三天内能够短暂拉升投资者情绪，但是滞后四天的媒体情绪却对投资者情绪产生了显著的负向影响，即短暂拉升后，投资者继续对媒体乐观报道情绪产生抵触，媒体的扭转或提振作用反而适得其反，即短暂的波动无法扭转大局。

（3）不同类型媒体情绪的再分析。表 2.6 为投资者情绪上下限内不同类型媒体情绪的描述性统计结果，发现无论在投资者情绪的高涨期还是低落期，官方媒体情绪的均值、最小值、中值和最大值均大于市场媒体情绪，也即相比较市场媒体，官方媒体的报道更加乐观，更加高昂。从样本期内，在投资者情绪极为高涨的 459 天，市场媒体有 287 天并无确定情绪基调的报道，而在投资者情绪极为低落的 972 天，市场媒体有 679 天并无确定情绪基调的报道，这组描述性统计结果可在一定程度上说明，市场媒体相对更加谨慎，更加保守，当市场过冷或过热的时段，其更多选择了"沉默"。

表 2.6　　　　　投资者情绪上下限内不同类型媒体情绪描述性统计

情绪状态	媒体类型	均值	标准差	最小值	中值	最大值	样本数	为 0 个数
投资者 情绪上限	全部媒体	0.723	0.104	0.464	0.903	0.998	459	0
	官方媒体	0.896	0.106	0.417	0.913	0.997	459	0
	市场媒体	0.289	0.153	−0.732	0	0.656	459	287
投资者 情绪下限	全部媒体	0.403	0.144	0.124	0.390	0.871	971	0
	官方媒体	0.448	0.158	0.047	0.440	0.885	971	0
	市场媒体	0.121	0.391	−0.938	0	0.694	972	679

进一步的验证，随机抽取了在投资者情绪上下限样本期间内，官方媒体和市场媒体报道，确实发现了相同的规律，如在投资者情绪极为高涨的 2010 年 11 月，《证券日报》发文"股市发展势头不可阻挡"，而同天《21 世纪经济报道》发文"股市如浮云"。在投资者情绪极为低落的 2007 年 2 月，《证券日报》发文"以牛市思维看待急跌"，《证券时报》发文"三大因素有利后市"，而《21 世纪经济报道》发文"2007 年大忧虑：流动性亢奋下的资产价格失控"。由此可见，我国的财经媒体并非全部"只颂高歌"，尽管回归结果的差异并不显著，但市场媒体相比官方媒体，媒体报道情绪更加平和谨慎。

2.2.6　稳健性检验

基于媒体情绪对投资者情绪的影响进行了稳健性检验。第一，去除新闻标题的干扰，更改了媒体情绪的计量。将媒体情绪计量过程中的选定参数 γ、α、β

分别设为 0、0.5、0.5，重新回归后的结果未发生显著变化。①

　　第二，增加媒体情绪的滞后项。在之前的回归中，未考虑解释变量的滞后项对于被解释变量的影响，从而容易产生内生性问题。即滞后一期的媒体情绪（$MEDIASENT_{t-1}$）不仅可能会影响当期的媒体情绪（$MEDIASENT_t$），而且可能会影响当期的投资者情绪（$INVESTORSENT_t$）。鉴于此，加入了媒体情绪的滞后项。回归结果见表 2.7。

表 2.7　　加入媒体情绪滞后项后媒体情绪影响投资者情绪的门槛回归结果

INVESTORSENT	全部媒体	官方媒体	市场媒体
Cons	0.602 * (1.670)	0.687 *** (1.751)	0.721 * (1.938)
$INVESTORSENT_{-1}$	0.476 *** (10.750)	0.498 *** (10.764)	0.451 *** (10.491)
$MEDIASENT_{-1}$	0.479 (1.304)	− 0.027 (− 0.081)	− 0.327 (− 1.373)
PMI	0.002 (0.305)	0.005 (0.649)	0.005 (0.802)
RATE	− 0.127 *** (− 3.488)	− 0.147 *** (− 3.951)	− 0.132 *** (− 3.655)
MEDIASENT × H（$INVESTORSENT \leqslant \gamma_1$）	− 1.403 *** (− 3.822)	− 1.091 *** (− 3.188)	− 0.457 ** (− 2.020)
MEDIASENT × H（$\gamma_1 < INVESTORSENT \leqslant \gamma_2$）	− 0.426 (− 1.163)	− 0.217 (− 0.657)	0.044 (0.198)
MEDIASENT × H（$INVESTORSENT > \gamma_2$）	0.777 ** (2.100)	0.897 *** (2.667)	0.758 *** (3.431)
N	125	125	125
Adj. R^2	0.881	0.868	0.890

　　注：* 、** 、*** 分别表示在 10%、5%、1% 水平上显著，括号内为 t 值。

　　由表 2.7 的回归结果可见，解释变量系数的符号、显著性没有发生改变。实证结果是稳健的，可为得出的结论提供有力的经验支持。

———————————

　　① 在稳健性检验的过程中，选择了 γ 为 0，这样完全去除新闻标题所带来的干扰，同时把 α、β 设置成 0.5，这样可以减轻模型设定的主观因素以及标注过程中产生的变差，使得结果更具有可信度。

　　第三，根据我国的新闻管理规则，媒体所代表的社会舆论观点会受到政府监管部门的影响，可能导致观点的非独立性，以及相互观点的内生性问题，因此本书在研究媒体情绪对投资者情绪的影响时也对当时证监会等监管机构的相关观点进行了控制，同时更控制了国家宏观经济政策可能带来的影响。政策变量分别为当期利好政策的数量（Good），当期利空政策的数量（Bad）以及当期中性政策的数量（Norm）。为消除大盘指数波动对投资者情绪的影响，也在控制了宏观政策变量的基础上进一步控制了上证综指（INDEX）的影响。经过调整后对式（2）进行重新回归，所得结果见表 2.8。

表 2.8　　　　　　　　　媒体情绪影响投资者情绪的稳健性检验结果

INVESTORSENT	全部媒体		官方媒体		市场媒体	
Cons	0.037 (0.101)	0.080 (0.213)	0.605 (1.512)	0.605 (1.492)	0.617 (1.607)	0.617 (1.589)
$INVESTORSENT_{-1}$	0.425*** (8.759)	0.409*** (7.669)	0.503*** (10.675)	0.503*** (9.337)	0.455*** (10.349)	0.455*** (9.191)
$MEDIASENT_{-1}$	0.418 (1.117)	0.426 (1.136)	−0.005 (−0.013)	−0.004 (−0.013)	−0.366 (−1.503)	−0.366 (−1.486)
PMI	0.000 (0.058)	0.000 (−0.028)	0.005 (0.700)	0.005 (0.670)	0.007 (1.029)	0.007 (1.012)
RATE	−0.046 (−1.254)	−0.056 (−1.428)	−0.146*** (−3.824)	−0.146*** (−3.669)	−0.131*** (−3.511)	−0.131*** (−3.345)
Good	−0.000 (−0.079)	0.000 (0.080)	−0.005 (−0.855)	−0.005 (−0.830)	−0.006 (−1.189)	−0.006 (−1.156)
Bad	−0.030 (−1.059)	−0.026 (−0.914)	0.003 (0.108)	0.003 (0.107)	0.001 (0.039)	0.001 (0.037)
Norm	0.002 (1.193)	0.002 (0.984)	0.003 (1.350)	0.003 (1.320)	0.003 (1.452)	0.003 (1.400)
INDEX		0.000 (0.718)		0.000 (0.002)		−0.000 (−0.008)
$MEDIASENT \times H$ $(INVESTORSENT \leqslant \gamma_1)$	−0.758** (−2.055)	−0.770** (−2.082)	−1.006*** (−2.805)	−1.006*** (−2.780)	−0.418* (−1.792)	−0.418* (−1.776)
$MEDIASENT \times H$ $(\gamma_1 < INVESTORSENT \leqslant \gamma_2)$	0.298 (0.782)	0.284 (0.744)	−0.139 (−0.398)	−0.138 (−0.393)	0.077 (0.333)	0.077 (0.331)

续表

INVESTORSENT	全部媒体		官方媒体		市场媒体	
MEDIASENT × H (INVESTORSENT > γ_2)	1.374 *** (3.531)	1.329 *** (3.365)	0.967 *** (2.758)	0.967 *** (2.738)	0.787 *** (3.471)	0.787 *** (3.383)
N	125	125	125	125	125	125
Adj. R^2	0.878	0.877	0.866	0.865	0.890	0.889

注：*、**、*** 分别表示在 10%、5%、1% 水平上显著，括号内为 t 值。

由表 2.8 的回归结果可知，在投资者情绪较 "低落" 时，媒体情绪对投资者情绪产生了显著的负向影响，即媒体情绪越高涨，投资者情绪越低落，在这一区间，媒体已经丧失了对投资者情绪的疏导能力和引导能力，刻意地拉高投资者情绪反而会得到适得其反的后果；而在投资者情绪较 "高涨" 时，媒体情绪对投资者情绪产生了显著的正向影响，对投资者情绪的助推效应显著。这一结果与表 2.3 的主回归结果一致。可见，本书的实证结果是稳健的，可为得出的结论提供有力的经验支持。

2.2.7　研究结论及政策建议

1. 研究结论

媒体是资本市场中十分重要的信息中介。尽管财经媒体的重要性被学术界所公认，但是量化其重要性或理解其对资本市场投资者整体引导作用的研究仍存在着部分空白。信息传播技术的发展及普遍应用，将媒体及社会舆论对投资者保护的研究推向高潮。但媒体如何保护投资者？投资者作为一个群体是否能得益于媒体所报道的信息？媒体情绪能够影响投资者情绪吗？何时影响？怎样影响？成为至关重要且亟待解决的研究问题。

本书选取了较为独特的一个视角——媒体情绪，研究了在投资者情绪不同状态下，媒体情绪对投资者情绪的影响，以及不同类型的媒体情绪对投资者情绪的影响。研究发现，当投资者情绪处于高涨区间时，媒体情绪与投资者情绪显著正相关，媒体情绪的助推效果显著，媒体情绪的 "降温" 效果也明显；在投资者情绪的理性区间，媒体情绪没有对投资者情绪产生影响；而当投资者情绪处于低落区间时，媒体情绪的反向调整却显得苍白无力。尽管媒体可能会刻意高涨以扭转投资者情绪，平抑低落情绪，但却加剧了投资者的恐慌，使其情绪更加低落。不同类型的媒体在高涨区间对投资者情绪的影响存在着显著差异，官方媒体情绪对投资者情绪的拉动效果更加明显。本书结论与我国新兴市场的特征相符，一方面，我国财经媒体大多进行对资本市场的正面选择性报道，使得牛市中的投资者过度乐观，投资者情绪继续高涨，从而使投资者忽视风险，助长了资本市场的价格泡沫；另一方面，投资者非理性结构而导致的羊群效应及在低落期的恐慌，使得媒体的乐观报道并未带来对投资者情绪的提振效应，当媒体以积极报道和乐观情绪给熊市中的投资者信心，避免其情绪过度低落时，效果却反而南辕北辙。在对投资者信心和情绪引导的过程中，我国的财经媒体部分地加剧了投资者情绪的高涨和低落，并未完全达到引领投资者回归理性的效果。

2. 政策建议

本书的政策建议在于：第一，既然媒体情绪是投资者情绪的一个重要影响因素，那么监管部门必须增加对新闻报道的监管。不仅要有效防止信息操纵者通过媒体有意的影响投资者，达到操纵市场的目的，更要防范媒体对投资者情绪无意识的引导甚至误导。第二，财经媒体的独立性和社会责任感均需要加强。监管当局也应该更加关注财经媒体的舆论导向和情绪状态，避免大的"羊群效应"所引发的市场异常波动，尽力稳定市场预期。对于监管层，既要避免媒体受到外界因素的干扰，为其提供良好的报道环境，同时也应控制媒体情绪，减少媒体渲染或夸张所带来的不利影响。第三，推进新闻媒体产业化、市场化改革，促进新闻媒体的健康发展，更加着力发展市场导向的媒体，从而在舆情的引导中更好地发挥财经媒体引导投资者信心和稳定市场预期的作用，是提升资本市场运行效率的有效手段。

3. 研究展望及不足

第一，如同其他新兴市场国家一样，我国法律对投资者的保护并不充分，而依靠法律法规来完善并改进资本市场的环境尚需要一个漫长的过程，而基于本书的研究，如果媒体能够成为引导市场投资者情绪的一种新的手段，则会比法律法规更加完善高效。投资者情绪会对资本市场的价格波动带来巨大影响，情绪化投资者是资本市场中的噪音交易者，其比例越高，越不利于资本市场的健康发展。因此，如何加强对投资者的教育和疏导，尽量引领投资者回归理性将是未来重要的研究议题。

第二，李培功和沈艺峰（2010）认为，媒体可以扮演外部治理机制的角色，通过舆论监督以解决公司治理社会化的问题。而本书结论冲破了微观的公司治理层面问题，发现媒体的舆论导向及媒体情绪能够在某些情况下加剧市场投资者情绪的波动。因此，如何加强投资者情绪和财经媒体舆论导向的双重管控以更好地平抑非理性因素对资本市场造成的影响将成为本书后续研究方向。

第三，媒体作为法律外的治理机制，对我国上市公司治理乃至资本市场的建设具有重要的意义。如何通过市场化改革的深化，进一步强化媒体的"第四方权力"，推动其社会功能的完善具有重要的战略价值。而既然在投资者情绪的高涨期，媒体情绪正向影响投资者情绪，那么媒体应该在此阶段更加谨慎保守地进行报道，稳定并冷却投资者情绪；同时，既然在投资者情绪的低落期，媒体的刻意提振适得其反，那么媒体应避免在投资者情绪低落期的反向调节，坚持在熊市时进行更加真实无偏的报道以为投资者注入信心。

随着互联网的普及，本书没有将媒体再进一步细分为纸质媒体与网络媒体。如何细化媒体对投资者的不同影响，也将是未来的研究方向。

第 *3* 章

投资者情绪对企业融资决策的影响研究

3.1 制度变迁、投资者情绪与企业股权再融资
——基于国电电力历次增发配股的案例研究

3.1.1 引言

我国特殊的金融市场结构和制度及股票市场的发展路径和格局，对上市公司融资方式和时机的选择具有重要的影响和作用，甚至在一定意义上可以说，我国金融市场的供给状况很大程度上影响了上市公司的融资决策。也就是说我国上市公司进行融资时，实际上是在选择有限的金融市场供给状况中进行有限的选择。金融市场包括银行信贷市场、企业债券市场以及股票市场。本节从股票市场的供给面角度入手，分析制度环境和投资者情绪对上市公司股权融资决策的影响。从金融市场基本功能角度来讲，金融市场供给是指金融交易中的资金短缺方向市场提供各种各样的金融产品，以获取资金剩余方的资金。本节则从上市公司进行融资的需要来界定，当上市公司有融资需要时，现实中的金融市场能否提供可供选择的金融工具供其进行融资，以及当上市公司选择某种融资工具进行融资时，市场能否提供其所需要的资金。本节中金融市场供给包括制度供给，即我国上市公司是在什么样的制度环境中作出融资决策的；同时也包括投资者情绪。

资本资产定价模型（CAPM）和有效市场假说（EMH）是传统财务理论的两大基石。有效市场假说包括两方面内容：一是众多投资者理性，且追求效用最大化；二是市场上证券价格能够完全反映所有信息，市场参与者不会因此获得额外收益。在有效市场假说下，理性投资者会依据信息对市场走势作出无偏的估计。

　　然而，理论与现实存有很大差距，资本市场作为一个复杂的系统远不像有效市场假说所描述的那样和谐有序。当资本市场中诸多异象无法用传统财务理论进行解释的时候，"行为财务"引起学者们的关注，建立在"投资者非理性"与"有限套利"基础上的"投资者情绪"也渐渐被人们接受并认可。斯坦（1996）将投资者情绪定义为资本市场上投资者对未来预期的系统性偏差。其发现，投资者基于外部信息和环境反馈的股价主观预期往往带有持续性偏差，并且由这种群体性的非理性情绪而引起的偏差或误定价无法相互抵消（Baker & Wurgler，2007），其使得股票价格背离基础价值并大幅波动（Delong et al. 1990）；张宗新和王海亮，2013），更重要的，投资者情绪对上市公司的融资及投资策略产生了重大影响。正如何平等（2014）所证实，如果资本市场是由理性投资者所主导，那么套利行为会驱使非理性投资者在较长时期内不会对股价产生影响，但事实上，投资者情绪却对股价的波动产生了显著的影响，这足以证明投资者情绪及非理性定价行为的稳定存在。情绪高涨期，投资者忽略负面消息或过度相信正面消息，导致股价高估；反之则反。投资者情绪的存在，影响了股票发行的市场时机，使企业进行外部融资的相对成本变化，也驱动了上市公司的某些投资、融资选择（Shleifer，2001）。尹海员和华亦朴（2018）研究发现，投资者情绪正向促进了股票市场的流动性，而且将融资债券制度加入股票市场交易机制中更会促进这种影响。陈其安和雷小燕（2017）得到投资者情绪与股票市场的波动性呈正相关，并且其在一定程度上弱化了货币政策对股票市场波动性的调控作用。

　　我国资本市场从计划经济向市场经济转轨的过程中建立并发展起来。一方面，"集中型监管体制"变迁与逐步完善，使得"政策市"特征明显，市场监管制度的颁布与完善引导着上市公司财务行为（陈建青等，2014）；另一方面，缺乏投资经验的个人投资者是市场的主体，机构投资者占比不多，投资者情绪可能在资产定价、公司财务行为中扮演着比西方国家更为重要的角色。孙谦和石松（2015）通过度量管理者固定效应，发现管理者的个人偏好是影响企业资本结构的重要因素。尚煜（2019）提出投资者情绪的高涨或低迷会对企业的投资活动产生不同程度的影响。立足于此，在"政策市"的基础上，探究我国上市公司在进行股权再融资的过程中，是否将投资者情绪作为一个重要的参考因素？通过选取国电电力历次股权再融资的案例，考证我国股权融资是否存在显著的市场择时行为？对这些问题的解答无论对改善我国金融市场监管，还是加强资本市场建设都有着重要的实践意义。同时，汪强（2013）认为，我国资本市场缺乏卖空机制，这导致有效市场理论中的套利机制并不存在，依靠套利来维持资本市场均衡难以实现，本书也让我们进一步反思有效市场的存在性，以及如何在非有效市场上指导公司融资实践等理论问题。

3.1.2　文献综述

在上轮经济周期，由于经济的高增长带动了其他行业的需求快速增长，学者们热衷于需求面的分析。在经济转型的大背景下，需求增长分析依旧重要，但是供给面分析的重要性快速上升，因为供给面改善带来的投资机会比重大为上升。2008 年，美国次贷危机引爆国际金融危机；如今美国经济一枝独秀，率先走向复苏，而其他经济体则仍在经济复苏进程中面临重重阻碍。复杂的竞争关系使当前世界上的主要经济体处于相互博弈的状态，而这种混乱状态最终如何重回有序则取决于世界范围内的供给面再分配结果。在经历了美国次贷危机后，为了使中国经济进一步平稳复苏以及持续增长，并缓解国内外经济实体的矛盾，需要依靠经济转型和供给面改革。

1. 制度因素与上市公司股权再融资

上市公司股权再融资的影响因素很多。从公司内部考虑，融资成本（黄少安和张岗，2001）、融资需求（Bayless & Jay，2013）和公司特定的成长机会（Firm-specific Growth Opportunities）（Hong Qian，2014）、股权结构（倪中新和武凯文，2015）是其主导因素。从公司外部考虑，总体经济的增长（Aggregate Economic Growth）和制度因素是中国上市公司股权再融资的重要影响因素。苏冬蔚（2011）研究发现，宏观经济因素会影响上市公司融资方式和时机的选择。当股市发展趋势较好时，上市公司更倾向于股权融资，这也符合市场择时理论。钱虹（Hong Qian，2014）通过将上市公司的再融资（SEO）分为首次再融资（First SEOs）和后续再融资（Follow-on SEOs），发现首次再融资的时候，公司管理者会基于市场择时理论，并根据股票价格的高低来进行决策；而后续再融资则受市场择时假说和股价的影响较小，它受到总体经济增长和公司特定成长机会的驱动。文婕（2014）发现市场时机的选择对上市公司的资本结构是有长期效应的，上市公司的股权再融资行为，可以将公司的偿债能力显著提高，并且这种影响是持续性的。

制度影响公司的再融资决策是通过制定政策和改变经济的发展方向实现的，对于正处在经济转型期的国家，这种影响会更加明显，因为这些国家的政策更不稳定，公司面临的外部环境更具有不确定性，所以公司需要更加关注制度变迁对公司的再融资行为、经营决策以及融资成本等的影响，进而从中寻求发展机遇（肖作平，2009）。王正位、朱武祥和赵冬青（2007）基于 A 股市场再融资管制环境发现，再融资中存在市场时机选择，但由于存在发行价格和规模限制，市场时机对资本结构的影响短暂。刘端、陈收和陈健（2006）在对中国资本市场的实际研究中，发现上市公司会依赖股票价格进行股权决策，其中存在着市场择时行为。周业安（2011）发现，政府会采取制度性约束的手段影响上市公司选择市场再融资的时机，如果监管当局对再融资条件进行限制，那么部分上市公司很可能会因为不满足相关条件而无法进行权益融资，即使某些上市公司符合再融资的相关条件，也会错过择时发行的最优时间点。郭杰和张英博（2012）认为，贝克和沃格勒（2002）发现的企业择时与杠杆率的显著负相关在我国市场中并不存在，政府管制是造成我国实际状况与西方市场时机理论产生偏差的主要原因。巴拉科瑞斯南等（Balakrishnan et al.，2014）采用1996～2006年31个国家的数据，研究发现权益市场自由化能够降低权益融资成本，能很好地解释上市公司股权再融资的现象。牛彦秀和吉玖男（2014）对上市公司进行股权再融资的市场时机选择行为和政策监管影响进行实证研究，发现我国证券市场的政府管制行为是极为关键的，政府相关政策的制约限制了公司融资行为。股权再融资的市场择机行为，是股价的时机选择与基于融资监管政策的时机选择双重作用的结果。

2. 投资者情绪与上市公司股权再融资

20世纪70年代末，行为财务进入人们视野。基于完美资本市场与现实的差距和传统财务理论对现实的有限解释力，学者们开始放宽有效市场假设，从市场参与者非理性的视角对资本市场展开研究。"市场择时"（Market Timing）理论即是这一研究的产物。斯坦（1996）首先明确提出了"市场时机"模型，根据该模型，当公司股票的市场价值被高估时会倾向股权融资，在股价被低估时则回购股票，择时效应对股票市场存在长期影响。投资者情绪会驱动公司股票的发行或回购，进一步加剧管理者眼光的短浅或长远程度，发现眼光长远的管理者会及时发现股价高估时发行股票和股票低估时回购股票的好时机。市场择时理论可以用来研究理性的公司管理层如何利用股票市场窗口机会（Windows of Opportunity）选择融资工具。其突破了传统理论的完全理性假设，立足于管理层理性和投资者非理性，认为管理层在非理性市场上进行融资决策时肯定会考虑市场时机的选择以实现有效的资源配置，投资者高涨的情绪能够提高股权发行的价格，降低公司的融资成本，实现原股东的价值最大化。市场择时理论现已成为继权衡理论、优序融资理论之后的第三大融资理论，且对上市公司的融资行为有较强的解释力。

贝克和沃格勒（2002）使用市值账面比（M/B）来衡量管理者觉察到的股票发行时机，发现企业资本结构实际反映了以往权益市场时机的历史累积，权益发行的机会窗口非常明显。发行股票会导致出现较低的长期收益，而回购股票会带来较高的长期收益，该结论为错误定价理论提供了支持，也意味着经理人的择时行为是成功的。亨德森等（Henderson et al.，2006）通过研究1990～2001年全球资本市场企业筹集到的资金的来源，发现市场时机是公司发行证券时的重要考虑因素，且在股票收益率较高时更倾向通过股权进行融资。里马和基姆（Rim & Kim，2008）使用美国 1993～2006 年度的上市公司数据，发现公司会在股价被高估时发行权益，即使此时并没有迫切的资金需求，这一发现再次证实了市场择时的理论和观点。同时，对于权益的回购，公司更多是基于目标资本结构的考虑而非市场择时，因为相比较于发行决策，公司对回购决策拥有更多的自主裁量权（Discretion），这是对先前有关股票发行及回购行为的有益补充。哈里迪安杰洛等（Harry DeAngelo et al.，2010）认为拥有"市场择时"优势的企业一般不去利用即将关闭的"开放的融资窗口"，这一观点与前人的观点相违背，即市场时机驱使企业作出发行股票的决定，正如洛夫兰和里特（Loughran & Ritter，1995）与贝克和沃格勒（2002）错误定价的择时理论。总体而言，其结果与贝克和沃格勒的信息不对称或有效市场的理论一致，即企业进行 SEO 的主要原因是满足近期现金需求，而利用时机在一个较高的价格出售股票和生命周期阶段均是其次考虑的因素。董明等（Ming Dong et al.，2012）发现权益价值越被高估，管理层就越有动机迎合外界乐观投资者情绪。此时，上市公司权益发行与债务融资均相应增加，但股权融资的增加会多于债权融资。克拉拉等（Clara et al.，2014）发现，公司在股票价格上升时会考虑市场择时效应，以降低公司资产负债率。而在高度规避不确定性以及中央集权程度低的国家，公司的资产负债率更低，文化方面的因素可以减少市场择时对公司资产负债率的累积影响。

国内学者朱武祥（2002）最早对国外资本市场的市场择时理论作了较为全面的介绍。刘端和陈收（2006）通过上市公司采用增发、配股的方式进行融资的企业数量与我国股市发展的对比分析发现，我国股市发展良好时，更多的公司愿意进行股权融资，由此可见市场择时理论确实影响了我国上市公司股权融资决策。况学文和彭迪云（2008）提出，上市公司过去市场择时行为的累积会对公司的现金持有量产生影响，而且股权结构集中的公司更具有通过市场择时行为囤积现金持有量的倾向。吴水亭和徐扬（2010）在对双重上市公司在发行管制条件下择时行为的研究中发现，在 H 股上市的公司回归 A 股市场存在显著的择时行为，表现为对市场条件和政策的择机行为显著。罗琦和付世俊（2014）在对控股股东的择时行为进行研究时发现，国有控股股东有强烈动机操纵盈余并进行市场择时，从而在股权再融资过程中获取利益。黄宏斌等（2014）以投资现金流敏感性视角，证实了上市公司利用高涨投资者情绪择时进行股权融资的存在性。但是，马松（2012）基于 1999～2009 年我国上市公司的实证检验，发现在这一时期内市场择时理论并不适用于我国上市公司。从长期来看（5 年以上），市场择时效应对我国上市公司的资本结构的影响不具有持续性。仇晓洁（2014）也得到类似结论：与我国市场现在仍属于弱势有效市场有关，我国股市确实存在明显的市场择机行为并影响资本结构，但这一影响只在短期内是显著的，从长期来看并不成立。

3. 文献述评

综上，市场择时理论已经得到了国内外学者的证明，尽管结论并不完全一致，但基于市场择时理论的投资者情绪对企业股权再融资决策的影响研究已经积累了一定的成果。但是，在我国资本市场上，除了市场参与者普遍存在的非理性行为会导致市场时机的产生之外，政府监管也成为引发市场时机的一个重要因素。结合我国的监管环境和制度变迁，在较长时期内研究制度因素、投资者情绪综合影响对我国上市公司股权融资驱动作用的研究仍有待进一步的完善，同时，深入企业实际，以上市公司长期以来历次股权融资的个案来考察其对制度因素和投资者情绪综合考量的研究也尚属空白，本研究力求填补这一缺憾。

3.1.3 制度变迁、投资者情绪与股权再融资

公司日常经营活动，投资活动都需要资金，任何发展壮大的过程都需要从筹集资金开始。选择适当的融资方式是上市公司在进行融资决策时必须考虑的因素之一。上市公司的融资方式主要有股权融资、债务融资和留存收益，其中股权融资和债务融资被称为外源融资方式，留存收益被称为内源融资。上市公司股权融资是指通过发行股票、增加权益来募集资金，包括首次公开募股（IPO）以及上市公司股权再融资（SEO），而股权再融资又有两种方式：一是向原有股东配售股份，即配股；二是向不特定对象公开募集股份，即增发。

我国资本市场是从计划经济向市场经济转轨的过程中建立并发展起来的，市场机制、法律制度、诚信水平和监管体系与成熟市场相比还存在着较大的差距。尽管投融资主体都在不断成熟，但发展水平仍然有待提高。投资者心理因素、情绪因素等使股票价格不能完全反映基本面的信息。本节结合我国上市公司股权融资的现状，选取 2000~2014 年较长的时间段考察市场层面投资者情绪对企业股权融资的影响。

市场层面投资者情绪是指从整个市场而非个体公司获得的投资者集体情绪指数。根据现有研究，市场整体层面的投资者情绪，包括有封闭式基金折价（刘力等，2010）、IPO 发行量（Ljungqvist et al.，2006）、市场交易量（Baker & Stein，2004；徐浩萍和杨国超，2013）等，其特点是将市场在某段时期的情绪作为一个整体，每个公司在某一时段分享着同样的市场投资者情绪。黄宏斌和刘志远（2013）选取封闭式基金折价、IPO 数量及上市首日收益、交易量、消费者信心指数和新增投资者开户数等 6 个指标，采用主成分分析法构建了市场层面投资者情绪指数，本节选取该指标作为市场投资者情绪的替代。

1. 我国上市公司近年来股权再融资现状

从表 3.1 和图 3.1 可以看出，配股是我国 A 股上市公司从 2000~2003 年在

资本市场上主要的股权融资方式。自 2004 年起，利用增发方式筹集资本上市公司的数量开始超过配股，增发逐渐取代配股在我国资本市场上的重要地位。2000年选择增发方式进行融资的企业仅有 6 家，而到 2014 年增长到 811 家，是 2000年的 135 倍。而且，随着时间的推移，以增发方式进行融资的企业数量明显多于配股，差值也逐年增大。从利用增发方式融资的企业占比的相对值来看，2000年为 2.5%，2014 年为 84.13%。这表明：2005 年以来，在股权融资的方式选择上，平均有 64.26% 的上市公司都倾向采用增发方式，2013 年选择增发的上市公司数在观测期间历年股权融资总数中占比最高，达到 96.77%，而且从绝对值来看增发融资的公司数量近年来大体呈现增长趋势。

表 3.1　　　　　2000～2018 年沪深两市股票 A 股历年发行家数　　　　单位：家

年份	SEO		股票发行总数	上证 A 股指数	深证 A 股指数
	增发	配股			
2000	6	99	105	1998.04	5320.34
2001	116	112	228	2046.31	4701.28
2002	39	99	138	1635.76	3495.47
2003	24	54	78	1536.19	3465.43
2004	36	29	65	1555.55	3698.83
2005	25	18	43	1211.60	3074.32
2006	188	3	191	1712.25	4381.06
2007	258	22	280	4448.40	14126.62
2008	163	22	185	3181.85	11292.09
2009	292	18	310	2902.37	11723.72
2010	234	26	260	2967.18	12652.36
2011	260	14	274	2793.07	12543.22
2012	263	12	275	2324.22	10194.57
2013	423	15	438	2294.04	9733.6
2014	1009	10	1019	2343.43	9113.91
2015	4111	16	4127	3898.45	14821.32
2016	1128	12	1140	3144.09	12212.08
2017	308	29	337	3403.15	12599.27
2018	281	19	300	3082.32	11301.69
合计	9164	629	9793	—	—

注：增发、配股家数来自 RESSET 金融研究数据库，上证 A 股指数、深证 A 股指数来自 WIND 数据库，按决议公告日统计。

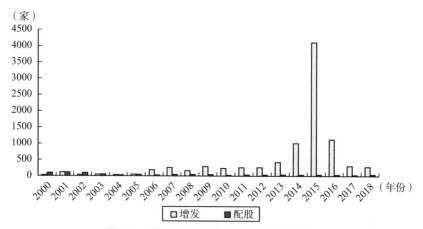

图 3.1 沪深两市股票 A 股历年发行家数

资料来源：RESSET 金融研究数据库，图为作者整理。

图 3.2 显示，2001～2005 年这一阶段沪深 A 股指数逐年下降，同时发行股票的企业数量也逐年减少且呈下降趋势；2005 年是股市的低迷期（这与政府出台了停止发行新股、实行股权分置改革等政策相关），此时上市公司股票发行的数量降到了观测期间的最低点；2006 年起股市发展良好，沪深 A 股指数逐渐升高，股权融资的上市公司数量也稳步上升，截至 2007 年到达了新高点，股权再融资总数达到 280 家。2008 年受国际金融危机的影响，市场动荡加剧，沪深股指和股权融资的上市公司数量再次下跌。2010～2018 年，股市迎来了震荡期，进入发行的旺期，在 2015 年又创新高，较 2007 年增长了 13.74 倍。

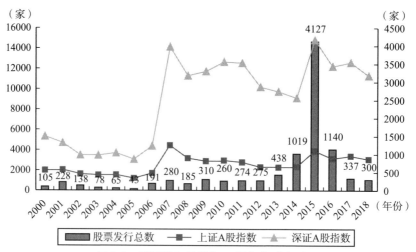

图 3.2 股票发行总数与 A 股指数时序对比

资料来源：股票发行总数来自 RESSET 金融研究数据库，上证 A 股指数、深证 A 股指数来自 WIND 数据库，图为作者整理。

2. 上市公司股权融资与市场投资者情绪的对比分析

为了更深入地证明投资者情绪对我国整体上市公司股权融资的驱动作用，我们进一步将年度股权融资数据细化到月度，并与市场层面月度投资者情绪指标进行比较。投资者情绪与上市公司增发数量、配股数量及合计数据的对比，分别见图 3.3、图 3.4、图 3.5。

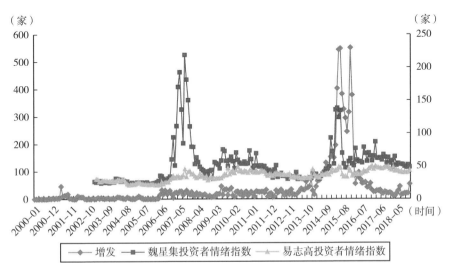

图 3.3　增发数量与投资者情绪指数时序对比

资料来源：增发数量来自 RESSET 金融研究数据库，投资者情绪指数来自国泰安数据库，图为作者整理。

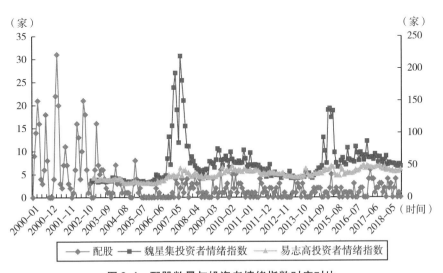

图 3.4　配股数量与投资者情绪指数时序对比

资料来源：配股数量来自 RESSET 金融研究数据库，投资者情绪指数来自国泰安数据库。图为作者整理。

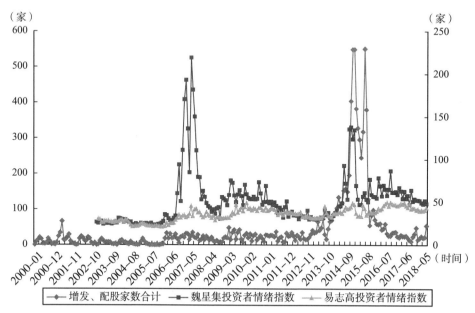

图3.5　上市公司股权再融资合计数与投资者情绪指数时序对比

资料来源：增发、配股家数来自 RESSET 金融研究数据库，投资者情绪指数来自国泰安数据库。图为作者整理。

　　由图 3.5 可以明显地看出上市公司股权再融资数量呈周期性变化，且与投资者情绪存在显著的正相关关系，即投资者情绪普遍高涨的时期，进行股权再融资的上市公司较多；投资者情绪普遍低落的时期，进行股权再融资的上市公司也就相对较少。另一方面，投资者情绪对股权再融资上市公司数量有很强的正向预测能力。这是因为，当市场上投资者表现出过度乐观的情绪时，发行人和承销商会趁机提高发行价格，可以增加上市公司的融资收入，相对降低了上市公司的融资成本。因此，更多的上市公司选择增发或配股的方式来募集资金，由此形成发行市场旺季，也是市场择时理论的有力证明。上市公司的融资决策是市场状态与公司自身融资需求共同作用的结果。而将投资者情绪指标与上市公司增发数量、配股数量以及股权再融资合计均绘图比较后，可以发现明显的联动形态，即上市公司的股权再融资决策在考虑公司内部融资需求，融资成本和外部宏观经济状况等因素的同时，很大程度上受到了投资者情绪的驱动，存在着较为明显的市场择时行为。

3. 我国上市公司股权再融资制度变迁

上市公司无论是增发还是配股，都要满足一般条件和附加条件。增发和配股的一般条件的政策演进见图 3.6；其附加条件的政策演进分别见图 3.7、图 3.8。

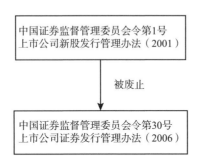

图 3.6　增发、配股的一般条件政策演进

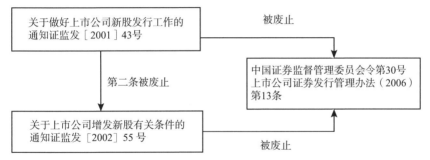

图 3.7　增发的附加条件政策演进

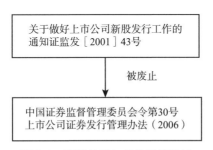

图 3.8　配股的附加条件政策演进

根据政策条件总结的具体股权再融资要求见表 3.2。

表 3.2　上市公司股权再融资制度变迁汇总

年份	相关法律	公司治理要求	再融资要求			
			财务要求	融资金额及用途	发行要求	法定障碍
2001	《公司法》《证券法》《上市公司新股发行管理办法》	完善的治理结构，公司章程合法有效	增发 & 配股：ROA ≥ 6%	募集资金不超过公司股东大会批准的拟投资项目的资金需要量；融资用途符合国家产业政策的规定	配股：发行时间间隔不少于 1 个会计年度	①最近 3 年内有重大违法违规行为 ②粉饰会计信息、招股文件等 ③存在为股东及股东附属公司或者个人提供担保的行为
				配股：拟配售股份数量不超过本次配售股份前股本总额的 30%		
2002	《上市公司新股发行管理办法》		增发：ROA ≥ 10%（配股无此限制）	①增发新股募集资金量不超过公司上一年度末经审计的净资产值 ②前次募集资金投资项目的完工进度不低于 70%		
2006	《证券法》《公司法》	组织机构健全，运行良好；高管人员能有效履行职责；内部控制健全有效	①财务状况良好，盈利能力具有可持续性 ②累计分配的利润不少于最近 3 年实现的年均可分配利润的 20% ③营业利润不得下降 50% 以上	①募集资金数额不超过项目需要量 ②募集资金用途符合国家产业政策、环境保护等法律规定 ③除金融类企业外，募集金融资产和项目不得为持有交易性金融资产和供出售的金融资产等 ④建立募集资金专项存储制度，募集资金必须存放于公司董事会决定的专项账户	增发：发行价格应不低于公告招股意向书前 20 个交易日公司股票均价或前 1 个交易日的均价	①本次发行申请文件有虚假记载、误导性陈述或者重大遗漏 ②擅自改变募集资金用途未作纠正 ③上市公司最近 12 个月内受到过证券交易所的公开谴责 ④上市公司及其控股股东或实际控制人未履行公开承诺 ⑤高级管理人员涉嫌犯罪
			增发：ROA ≥ 6%（配股无此限制）	配股：拟配售股份数量不超过本次配售股份前股本总额的 30%	配股：采用代销方式发行	

资料来源：作者根据证监会文件整理。

从表 3.2 可以看出,当 2002 年政府将增发对于最近 3 个会计年度加权平均净资产收益率平均不低于 6% 的要求调整为 10%,同时取消对配股的限制后,2002 年增发和配股的企业数量较 2001 年显著增加。经国务院批准,中国证监会于 2005 年 4 月 29 日出台了《关于上市公司股权分置改革试点有关问题的通知》,由此拉开了股权分置改革的大幕。2005 年受政策影响较大,使得进行再融资的上市公司数量处于 2000~2014 年的波谷位置。2006 年《上市公司证券发行管理办法》取消了融资时间间隔,这在一定程度上鼓励了上市公司进行再融资。2007~2014 年上市公司进行再融资的数量较 2006 年普遍增加也说明了制度变迁对上市公司再融资选择有着一定程度的影响。

3.1.4　案例研究设计

1. 研究方法

选择合适的研究方法并选取适当的样本是本章首先要考虑的问题。本书的主要目的在于探讨上市公司管理层在做出融资决策之前是否在很大程度上考虑了制度环境、投资者情绪、市场择时行为的因素。之所以采用案例研究方法是因为本章要研究的问题,国内外目前尚缺乏深入的研究。艾森哈特(Einsenhardt,1989)和尹(Yin,1994)都指出案例研究基于发现问题、解释说明等作用,适用于具有创新性的研究领域或仍待学者积极探索与讨论的领域,适用于解释回答"如何"或"为什么"的课题。案例研究有助于理解某一特定现象背后的动态复杂机制,提供了对现象及其情景的完整描述,尤其适合用于观察和总结同一上市公司在不同的历史时期的纵向发展历程。

本书采取由整体到局部的研究方法,总结出制度变迁、投资者情绪对市场整体股权融资的影响机制,同时采用单案例的研究方法加强结论的准确性与可靠性。希望通过对国电电力发展股份有限公司历年来股权再融资案例的深入研究,从理论角度窥探制度因素、投资者情绪的作用机理,同时深入剖析投资者情绪对上市公司股权融资决策的驱动作用,从而梳理出有利于我国上市公司发展壮大的经验。

2. 案例企业的选择

本书最终选择电力工业作为我们的研究母本。其原因如下:第一,电力工业具有行业代表性。谭显东、胡兆光(2010)通过测算影响力系数以及感应度系数,分别证明该行业对国民经济增长的带动作用以及推动作用。带动作用略高于全国平均水平,在 42 个行业中位于第 16 位;推动作用明显高于全国平均水平,在 42 个行业中位于第 3 位。也就是说，电力工业的发展对国民经济的推动作用高于除化学工业、金属冶炼及压延加工业在外的其他行业。因此，分析电力企业融资的驱动因素可以促进该行业的发展，从而带动其他行业的发展并推动国民经济的大幅增长，该研究具有一定的实际意义。第二，电力工业的融资特点突出，具有典型性。该行业在我国的计划经济体制时期主要的融资途径是政府资金支持以及向国有银行借款。而随着经济的发展，同时基于电力工业投资规模大、回报期长、风险较低的融资特点，传统的融资方式已经无法满足该行业的资金需求，此时需要引进股权融资，进而调整融资结构。因此，对股权融资次数较多的行业进行分析会增强研究结论的准确性。第三，电力工业在国民经济中的重要性。电力工业是我国宏观经济中具有举足轻重地位的一项产业，也是国民经济发展的支柱产业，其发展往往关系到国家的方方面面。作为资金和技术密集的公共事业，电力是现代经济社会必不可少的要素，直接决定了国民生活水平。因此，基于电力工业的重要地位以及各国政府对电力工业经营与发展的高度重视，对我国电力企业的融资决策进行再认识具有重要的理论和实际意义。

国电电力 1997 年于上海证券交易所成功上市后，自 2000 年起，多次进行再融资，见表 3.4。因此，基于上述标准，本书采用描述性单案例研究方法，以国电电力作为案例企业。通过分析投资者对未来带有系统性偏差的预期对其进行融资决策的影响，总结出案例企业对我国上市公司股权融资的相关启发，对我国上市公司选择再融资的时机和方式具有一定的借鉴意义。

3.1.5　案例描述及讨论

电力行业是关系到国计民生的基础性产业，支撑着我国国民经济和社会的发展。由于多年来受到国家和政府政策的扶持和高度重视，目前在上海、深圳两地股票市场共有 50 余家电力类上市公司，形成了一个初具规模的电力股板块，在证券市场上有着良好的发展前景。

1. 国电电力概况

国电电力发展股份有限公司是 1992 年经辽宁省经济体制改革委员会批准正式成立的全国性上市发电公司。国电电力设立时名称为大连东北热电发展股份有限公司，于 1997 年 3 月 18 日在上海证券交易所挂牌上市，股本总额为 5100 万股，面值为 1 元/股，按 1∶1.4 溢价发行，共募集资金 4145.1 万元，其中 3000 万元用于偿还热电厂建设所负债务，将余下的 1145.1 万元投入国电电力流动资金。1999 年 11 月 8 日，原国家电力公司、辽宁电力、龙源电力瓜分了东北电力所持的国电电力的全部股份，持股比例依次是 34%、31%、9.9%。2002 年底，中国国电集团公司经国务院批准组建成立，国家电力公司原持有的国电电力的股份全部划归中国国电持有，国电电力随即成为由中国国电集团控股的全国性上市发电公司，是其在资本市场的直接融资窗口和实施整体改制的平台。中国国电集团在 2010 年，自成立时起仅 8 年，就成功跻身世界 500 强，2013 年更是大幅度提升至 299 名。国电电力初设时主要经营范围是人力发电、蒸汽、热水的生产和供应等业务。但近年来国电电力大力推进风电、水电、太阳能发电等清洁环保能源的发展和建设，积极探索改革创新之路，在不断加快结构调整和企业转型步伐的进程中，逐渐形成以火力发电为主的架构。国电电力在形成电力、金融、煤炭等相关多产业协同发展的同时，也担负起国有资产保值增值的重任，更承担了环境与经济和谐发展的社会责任。作为国内具有控制力、发挥主导作用的大型国有电力企业，国电电力在中国国电集团的发展战略中占据极重要的地位。多年来国电电力以其优良的业绩、规范的运作以及强烈的社会责任感，成为最具潜力的上市公司之一，在资本市场树立了良好的形象，一直保持着我国的领先地位。

　　表 3.3 和图 3.9 阐述了截至 2014 年 9 月，拥有国电电力股份的前十大股东。其中，中国国电集团因持有其 52% 的股份而成为国电电力的第一大股东，拥有控制权。

表 3.3　　　　　　　　　　**国电电力 2014 年度股东情况**

股东名称	持股数（万股）	持股比例（%）	股份性质
中国国电集团公司	903370.96	47.99	流通 A 股
全国社会保障基金理事会	91743.12	4.87	流通受限股份
哈尔滨电气股份有限公司	14200.00	0.75	流通 A 股
北京能源投资（集团）有限公司	10097.58	0.54	流通 A 股
太平人寿保险有限公司——分红—团险分红	5900.00	0.31	流通 A 股
中国银行股份有限公司——嘉实沪深 300 交易型开放式指数证券投资基金	5132.26	0.27	流通 A 股
上海电气（集团）总公司	4608.40	0.24	流通 A 股
全国社保基金——七组合	4405.29	0.23	流通 A 股
挪威中央银行——自有资金	3808.60	0.20	流通 A 股
中国工商银行股份有限公司—华泰柏瑞沪深 300 交易型开放式指数证券投资基金	3673.64	0.20	流通 A 股

　　资料来源：和讯网行情中心：http://stockdata.stock.hexun.com/2009_sdgd_600795.shtml。

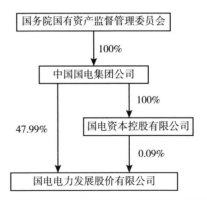

图3.9　国电电力与实际控制人的产权与控制关系

资料来源：证监会网站国电电力2014年年度报告。

2. 国电电力历年股权再融资概况及募集资金详细用途

国电电力继2010年11月26日中国证券监督管理委员会核准了《国电电力发展股份有限公司关于公开增发A股股票的请示》后，于2010年12月15日发布《国电电力发展股份有限公司增发A股网上发行公告》。为了促进公司清洁可再生新能源创新转型的绿色发展战略的快速实施，国电电力发行了境内上市人民币普通股（A股）30亿股，面值为1元/股，发行价为3.19元/股（不低于招股意向书刊登日2010年12月15日前20个交易日国电电力A股股票均价）。国电电力此次非定向增发共募集到资金总额95.7亿元人民币，发行费用总额约2.6亿元，由此可知增发新股募集资金净额有93.1亿元。本次发行网上有效申购总量为444359000股，本次发行向公司原股东优先配售，优先配售比例为0.24，网上优先配售股数为905268182股。

根据国电电力的大力发展火电、煤炭、太阳能等相关产业，促进深化改革创新的发展思路，此次募集资金中72.07亿元拟用于向控股股东中国国电收购资产，包括国电浙江北仑第三发电有限公司50%的股权、国电新疆电力100%的股权、国电江苏谏壁发电100%的股权以及国电江苏电力有限公司20%股权。募集资金剩余部分，拟用于投资四川大渡河瀑布沟水电站等5个国电电力自建电源项目。

首先，在此次收购资产的选择上，国电电力将未来的持续发展性放到战略部署的首要位置。其次，国电电力出于对相关产业的上下游一体化的战略考虑，募集资金用途还包括收购部分水电类资产。水电属于生活必需品，需求和供给的价格弹性较小，收购相关资产后可以进一步优化国电电力的产业结构，提高了未来承受燃料价格风险的能力，也顺应了国家大力发展清洁可再生能源的战略方向。这些项目虽为小水电项目，但其利润率高，具有很强的市场竞争力。

为了实现中国国电集团的整体上市，继国电电力采用配股方式发行 A 股股份收购江苏电力有限公司的部分股权后，仅 5 个月再次将一些非上市公司纳入国电电力的控制范围。国电电力在获得集团优质资产的同时也增强了同业竞争能力，并大幅提升国电电力的长期价值（见表 3.4～表 3.6）。

表 3.4　　　　　　　　　　　　国电电力历次再融资情况　　　　　　　　单位：亿元

序号	年份	再融资方式	募集资金净额（亿元）	融资用途	是否变更项目	实际融资用途及金额
1	2000	配股	32.42	收购龚嘴水力发电总厂的部分经营性资产，并以该部分资产出资组建国电大渡河流域开发有限公司	否	32.42
2	2003	发行可转债	19.8	①投资大同第二发电厂二期项目	否	①5.95
				②投资上海外高桥电厂二期工程项目（见表 3.5）	否	②13.29 ③补充流动资金0.56
3	2007	公开增发	30.41	①收购国电石嘴山第一发电有限公司60%股权 ②收购国电浙江北仑第一发电有限公司70%股权 ③收购国电大渡河流域水电开发有限公司18%股权	否	①3.41 ②16.83 ③8.37
4	2008	发行可转债	39.30	偿还短期融资券及替换公司其他贷款	否	（见表 3.6）
5	2010	定向增发	49.61	收购集团公司持有的江苏公司80%股份	否	49.61
6	2010	公开增发	93.09	①收购中国国电持有的四家公司的部分股权 ②投资于五项固定资产自建项目	否	①72.07 ②13 ③补充流动资金8
7	2011	发行可转债	54.36	投资于四川大渡河大岗山水电站等项目	否	49.15

资料来源：RESSET 金融研究数据库、证监会网站国电电力历年年度报告，表为作者整理。

表 3.5 　　　　　　　　　　2003～2005 年募集资金用途明细 　　　　　　　　　单位：亿元

序号	承诺项目	拟投入金额	2003 年实际投入金额	2004 年追加投入金额	2005 年追加投入金额
1	上海外高桥电厂二期工程项目	13.3	13.29	—	—
2	大同第二发电厂二期项目	6.32	2.66	2.4	0.89
3	补充流动资金	—	—	—	0.56
合计		19.62	15.95	2.4	1.45
		19.62	19.8		

资料来源：数据来自证监会网站国电电力历年年度报告，表为作者整理。

表 3.6 　　　　　　　　　　2008～2010 年募集资金用途明细 　　　　　　　　　单位：万元

序号	年份	承诺项目	拟投入金额	2008 年实际投入金额	2009 年追加投资金额	2010 年实际投入金额
1	2008	偿还金融机构贷款	290000	290000	—	—
2		国电内蒙古东胜热电项目	17054	14254	—	—
3		国电电力大同有限责任公司大同三期项目	62900	54600	—	—
4		国电兴城风力发电有限公司海滨风电场项目	8468	7868	—	—
5		国电兴城风力发电有限公司刘台子项目	6300	6300	—	—
6		国电凌海风力发电有限公司南小柳风电场项目	9604	9604	—	—
7		吉林碧水水电站项目（现改名为吉林磨盘山水电项目）	7735	4000	3735	—
8		国电大渡河流域水电开发有限公司瀑布沟项目	212100	—	—	—
9		国电大渡河深溪沟水电开发项目	74400	—	—	21600.59
10		国电大渡河大岗山水电开发项目	240000	—	—	—

续表

序号	年份	承诺项目	拟投入金额	2008 年实际投入金额	2009 年追加投资金额	2010 年实际投入金额
11		大连开发区热电联产项目	120000	—	—	—
12		甘肃酒泉热电联产项目	70000	—	—	—
13		吉林延边州大兴川水电站项目	30000	—	—	—
14		收购中国国电集团公司持有的国电江苏公司 80% 股权	496899.64	—	—	496899.64
15		收购中国国电集团公司持有的国电江苏公司 20% 股权	127081.57	—	—	127081.57
16	2010	收购中国国电集团公司持有的国电浙江北仑第三发电有限公司 50% 股权	276023.49	—	—	276023.49
17		收购中国国电集团公司持有的国电新疆公司 100% 股权	226033.65	—	—	226033.65
18		收购中国国电集团公司持有的国电江苏谏壁发电有限公司 100% 股权	91540.84	—	—	91540.84
19		四川大渡河瀑布沟水电站项目	80000	—	—	80000
20		江苏公司谏壁发电厂扩建项目	80000	—	—	50000
		合计	2526140.19	386626	3735	1369179.78
		2008 年、2009 年、2010 年合计	2526140.19		1759540.78	
备注		1. 序号为 8、9、10 的项目为公司权证募集资金投向项目，权证将于 2010 年 5 月行权				
		2. 2008 年尚未使用的募集资金用途及去向：将继续投入募投项目				
		3. 截至 2009 年 12 月 31 日，公司尚未使用募集资金余额为 0.26 亿元。经公司 2010 年第 1 次总经理办公会审议，确认分离交易可转债募投项目承诺的投资已基本完成，如在竣工决算中发生补充投资，将由公司以自有资金补足，剩余募集资金及利息共计 31071471.68 元（其中募集资金余额 26365828.00 元，利息 4705643.68 元），全部作为节余募集资金处理，用于补充公司流动资金，并于 2010 年 1 月 20 日完成				

资料来源：证监会网站国电电力历年年度报告，表为作者整理。

3. 国电电力融资决策的驱动力考虑

（1）制度因素及市场投资者情绪分析。在发行 A 股合计数与市场投资者情绪指数时序对比图（见图 3.5）中，发现市场投资者情绪与所有上市公司增发数量、配股数量以及股权融资合计均有明显的联动性，而结合表 3.4，国电电力的历次增发配股等股权融资行为，也均选择在市场投资者情绪的高点，见图 3.10。综合国电力历次股权再融资的点位，基本均选了市场投资者情绪历年来的高点进行的，市场投资者情绪可能是该公司股权融资决策中的一个重要考虑因素。

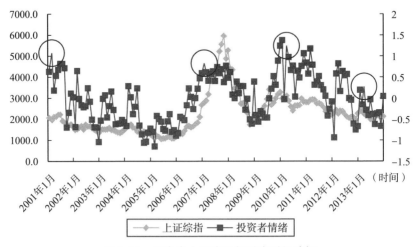

图 3.10 国电电力历次股权融资时机选择

图 3.10 的投资者情绪走势与我国股市的实际状况基本一致。2001 年前半年，我国股市整体呈现上升态势，投资者情绪也处于高位震荡过程；2001 年 7 月急剧下降，此后投资者情绪呈剧烈波动状态，直至 2005 年底。这也与我国股市在2002~2005 年包括股权分置改革等一系列的政策调整与结构演变相关联；从2006 年初开始，投资者情绪一路高涨，一直持续到 2008 年初，这也与我国股市在此期间公认的牛市状态相契合；自 2008 年底次贷危机、欧债危机及金融危机等一系列事件的发生，股市整体走低，投资者情绪也相应下滑，并持续震荡。2008 年 11 月，我国政府推出了进一步扩大内需、促进经济平稳较快增长的十项措施。初步测算，实施这十大措施，到 2010 年底约需投资 4 万亿元。因此，2010 年，随着"四万亿"计划的逐步实施，市场逐步调整，股市也相对活跃，投资者情绪一路高涨。而 2011 年，随着"抗通胀"、欧债危机带来的冲击和贯彻全年的地产调控，下跌成为市场行情的主旋律，投资者情绪也直线下滑。2012年，新股发行制度改革的放缓以及创业板和中小板"大小非"解禁后的疯狂抛售，正如股市的大 N 型，投资者情绪也经历了一场"过山车"，直至 2012 年 12月 8 日中央经济工作会议的召开，一些政策日渐明朗，数据回暖，市场才终于迎来了大反转，成交量大幅放大，投资者情绪又开始上升。而 2013 年，股指的探底又带动着投资者情绪在低位徘徊。

2010 年市场投资者情绪处于 2001～2014 年整个阶段的最高点，投资者情绪最为高涨，是进行股权融资的较佳时点。国电电力准确的预测出股票市场的淡旺季，选择在 2010 年进行增发。国电电力此次非定向增发的决策符合市场择时理论，即在市场走势较好、投资者情绪较高的 2010 年进行股权融资，从而满足国电电力对资金的大量需求。

（2）制度因素及公司投资者情绪分析。市场层面的投资者情绪大多针对所有公司，而公司层面投资者情绪则只代表某一个公司的投资者。股票换手率指一定时期内某只股票在市场中被交易的频率，一般用来衡量股票市场的流动性程度，换手率高的股票，流动性也越强。一般情况下，投资者可以根据换手率对股票价格作出一定的预期。当换手率在某一时期保持增长时，说明某只股票在市场上被大量买入或卖出，股票价格会随之上升或下降。贝克和斯坦（Baker & Stein，2004）认为，非理性投资者会用更加频繁的交易来表达其认为股价还将上涨的乐观情绪，平均换手率代表了公司投资者情绪。雷光勇、王文和金鑫（2011）认为，换手率的高低反映出投资者对股票的追逐程度，与投资者情绪成正比。借鉴杨国超和徐浩萍（2013）的研究，本节选取国电电力平均换手率来衡量其公司层面投资者情绪。

由表 3.7 和图 3.11 可以看出，国电电力年换手率与市场整体年换手率大体趋同，说明国电电力的发展规律大致符合股票市场的走势。

表 3.7　　　　　　　2000～2014 年市场整体与国电电力历年平均换手率

年份	A 股总市值加权市场年换手率		国电电力年换手率	
	上海	深圳	总股数	流通股数
2000	151.2236	167.0731	40.6202	168.7671
2001	69.3065	69.2174	19.8622	79.1384
2002	59.4926	72.4487	16.5356	65.884
2003	74.7277	83.0696	62.7265	249.9258
2004	85.5248	120.3237	51.6657	202.9848
2005	83.5368	135.4682	38.8915	149.8807
2006	181.2949	304.1549	145.8106	462.5000
2007	225.1812	441.7227	364.3088	826.1541
2008	115.6686	250.7515	211.8801	323.8703
2009	233.5416	463.4155	234.8524	292.1853
2010	180.6956	360.9161	155.9146	166.9411

续表

年份	A股总市值加权市场年换手率		国电电力年换手率	
	上海	深圳	总股数	流通股数
2011	135.6285	230.4118	118.2588	130.4648
2012	107.8660	215.8266	69.2817	76.4325
2013	149.8924	299.5935	53.3253	59.6809
2014	217.2405	371.8738	177.7543	198.2810

资料来源：RESSET 金融研究数据库，经整理而得。

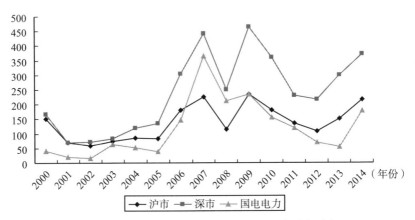

图 3.11　市场整体与国电电力平均换手率时序对比

资料来源：RESSET 金融研究数据库，图为作者整理。

由图 3.11 可见，国电电力平均换手率在 2009 年到达巅峰，随后逐渐下滑，这也在一定程度上说明市场的预期逐步稳定。一方面，公司层面的投资者情绪是公司进行股权融资的先行指标，国电电力选择在 2010 年进行再融资是基于 2009 年较高换手率的考虑，公司层面投资者情绪在一定程度上起到了积极的推动作用。另一方面，上市公司无论选择增发还是配股，都要严格满足《证券法》和《公司法》的相关规定，如组织机构健全、财务状况及盈利能力良好等，其间的筹备时段大概持续半年时间，因此国电电力此次非定向增发的决策符合市场择时理论，即在市场走势较好、投资者情绪较高的 2010 年进行股权融资，捕捉低成本融资的时机，为原股东创造财富。

（3）宏观环境分析。2008 年受次贷危机的影响，世界各国经济形势维持低速增长，我国经济也陷入困境。经济高速增长已成为历史，GDP 将保持中低速的增长速度。国家宏观经济发展与电力能源行业发展密切相关，相互促进，共同发展。电力工业是我国经济的基础行业，支撑着其他行业的发展进步，是我国宏观经济的先行者。近年来政府也不断制定有利的优惠政策以鼓励电力企业快速发展。总之，电力行业在国民经济发展中具有举足轻重的地位，因此其规模和发展速度受国家宏观经济发展战略的影响。

国内学者苏冬蔚（2011）研究发现，宏观经济因素会影响上市公司融资方式和时机的选择。当股市发展趋势较好时，上市公司更倾向于股权融资，这也符合市场择时理论。根据表 3.1，2010 年上证 A 股指数和深证 A 股指数分别较 2009 年增长了 2.2% 和 23.5%，随后又继续下跌。这表明 2010 年的股市处于相对繁荣期。因此，宏观环境因素也影响了国电电力选择再融资的方式和时机。

4. 案例企业融资前后财务状况分析

根据斯坦（1996），管理层在非理性市场上进行融资决策时会考虑市场时机的选择以实现有效的资源配置。因此，通过对国电电力 2000～2014 年间历次融资前后的财务状况对比分析，可以验证国电电力在投资者情绪较高的时点做出的融资选择是正确的、是有利于其自身发展的。

国电电力公司规模庞大，业务繁杂，对于其财务状况的研究可以从公司的关键财务数据入手，然后从盈利能力、营运能力、偿债能力以及发展能力这四个方面分析股权再融资对企业财务状况的影响。

如图 3.12 所示，自 2000 年完成配股后，经营活动产生的现金流量净额实现了近两倍的增长，由 3.52 亿元增加至 2001 年的 10.44 亿元，增长率为 196.58%；平均总资产也有明显的增加，由 46.64 亿元增加至 2001 年的 86.98 亿元，增长率为 86.50%；2010 年完成两次增发后，经营活动产生的现金流量净额增加了 37.73 亿元，增长率为 56.96%；平均总资产增加了 312.42 亿元，增长率为 22.85%。全部资产现金回收率在 2001 年和 2011 年的增长率分别为 12% 和 6.19%，在融资后均有显著提高。同时总资产报酬率也在稳定增长。这说明国电电力在盈利能力保持稳定的同时，盈利质量有了较大改善。

总资产收入率反映了企业总资产与总收入之间的对比关系。该指标数值越大，说明企业总资产营运能力越强。如图 3.13 所示，2001 年总资产收入率由 30.34% 增加至 33.84%；2011 年较 2010 年也有小幅度增长。此外，从资产质量状况角度分析，国电电力的总资产周转率和固定资产周转率都有小幅度的提高，这说明该企业的全部资产、固定资产的利用效率在增发或配股后提高了，企业的运营能力增强。

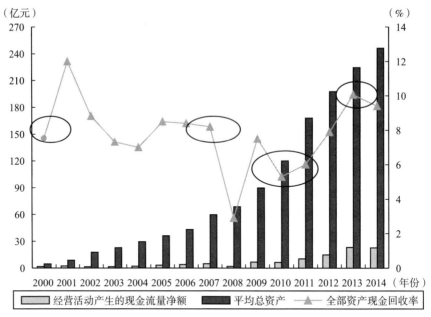

图 3.12　国电电力历次再融资后盈利能力变化

资料来源：RESSET 数据库，经整理而得。

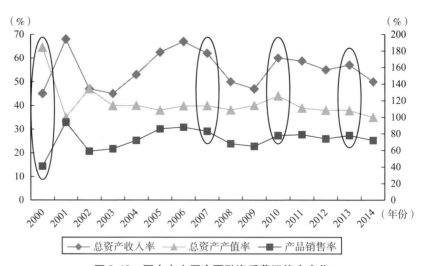

图 3.13　国电电力历次再融资后营运能力变化

资料来源：RESSET 数据库，经整理而得。

现金债务总额比率可以衡量企业的负债总额用经营活动所产生的现金来支付的程度。该指标越高，企业的偿债能力越强。如图 3.14 所示，2000 年配股完成后，现金债务总额比率由 17.86% 增长至 2001 年的 28.36%；利息现金流量保证倍数有了明显下降，但 2001 年的经营活动现金流量净额是利息费用的 9.05 倍，这一比率对企业来说是非常安全的。2010 年配股完成后，现金债务总额比率由 6.47% 增长至 2011 年的 8.05%；利息现金流量保证倍数也有小幅度增长。由此可见，国电电力在增发或配股后，偿债能力更加乐观。

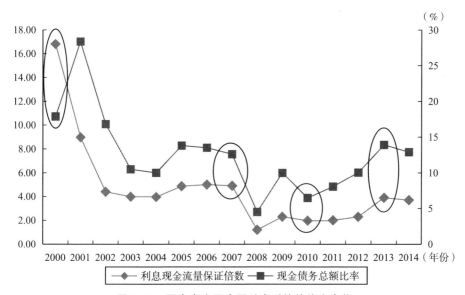

图 3.14　国电电力历次再融资后偿债能力变化

资料来源：RESSET 数据库，经整理而得。

　　如图 3.15 所示，自 2000 年以来，营业收入稳定增加，至 2014 年达 614.75 亿元，是 2000 年的 42 倍。而且营业收入在 2001 年和 2011 年的增长率分别为 108.01% 和 24.07%，均比融资前有明显增长。总体来看，国电电力有较好的销售增长能力。

　　另外，从上述财务数据来看，2008 年的各项指标较 2007 年有了大幅度下降。出现此种现象的原因与当年的国际金融危机、严峻的宏观经济形势密不可分。经国电电力 2008 年年度财务报告披露，电力行业受年初南方冰雪凝冻灾害等多重困难因素的影响，全行业盈利能力大幅降低，火电企业呈现普遍亏损局面。由于 2008 年的财务指标受宏观经济形势的影响而波动较大，因此 2007 年公开增发后的财务状况不作为我们的研究对象。

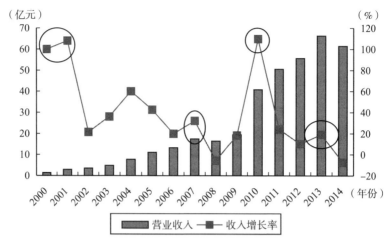

图3.15　国电电力历次再融资后发展能力变化

资料来源：RESSET数据库，经整理而得。

综上，即使在制度变迁的大背景下，基于投资者非理性情绪而进行的融资选择也可以是正确且高效的融资决策，理性管理者除了考虑企业的财务状况、宏观形势等相关因素外，也可将"投资者情绪"作为股权融资选择的另一驱动因素，这也是"市场择时"理论存在和发展的价值。随着我国资本市场的不断发展，管理者在融资选择时可以考虑投资者情绪因素，并为企业后续发展提供资金源泉。

5. 案例启示及政策建议

行为财务学拓展了分析的视野，使财务学的发展获得了新的支撑，但行为财务学作为一个新的学派仍不够成熟，没有整合成一个系统的理论体系。对投资者情绪的认可和接受使我们在分析公司财务决策时更贴近了实际，也让我们更进一步地正确认识证券市场行为，在新兴市场中，投资者行为是对价格的重要的影响因素，我们不能像传统的财务理论那样，认为证券市场上的交易者都是理性的和风险回避的。同时，监管部门通过对证券市场投资者（包括机构投资者与个人投资者）的行为分析，也更易于掌握投资者的心态与行为动向，制定相关政策并预防可能出现的偏差。

基于资本市场运行的复杂性和人的有限理性，非理性经理人同非理性投资者一样，可能并未认识到自身的非理性行为。因此，本书提出如下政策建议：

第一，上市公司管理者应在制度指引下更加遵从审慎原则进行相关融资及投资决策。从内部环境看，我国企业经常面临着融资约束、如何借助投资者情绪择时融资，并提升自身投资效率和经营绩效是管理层决策的核心问题。从外部环境看，转轨经济时期多变的宏观政策环境和资本市场投资者情绪波动也会对企业的投融资选择带来重大影响。上市公司管理层应更加关注外部资本市场的投资者情绪，既可以在适时的条件下把握投资者情绪进行相关的融资投资决策，又应保有冷静的分析，遵从审慎原则，对上市公司的融资及投资风险进行准确的预期，以提高公司投资效率，并保证后续经营绩效的上升和稳定。

第二，资本市场监管机构的制度设计应关注引导投资者理性预期。来源于资本市场的投资者情绪与公司财务决策之间存在着广泛的联动性。资本市场在为企业提供融资并实现资源配置功能的同时，也因其固有的非有效性导致了市场定价的错误，从而连带着对公司自身财务决策造成影响。投资者情绪使我们以新的角度认识与反思资本市场的作用。我国资本市场缺乏卖空机制，这导致有效市场理论中的套利机制不存在，并且我国股票市场很多是缺乏投资经验的个人投资者，非理性程度较高。引导投资者的理性预期是加强资本市场建设的关键。对于监管部门而言，还应平稳投资者情绪，控制股票价格围绕经济基本面状况合理波动，以使资本市场资源配置的功能得以完善发挥。

3.1.6　展望与结语

国电电力作为一家关系到国计民生的大型国有企业，不仅时刻牢记企业的政治责任、社会责任，努力做到安全发展、绿色发展，而且积极承担企业经济责任，致力于国有资产保值增值，是电力行业上市公司的榜样。本书选取国电电力研究制度变迁、投资者情绪对企业股权融资决策的影响，对我国电力行业上市公司及所有上市公司选择股权融资的时机和方式具有重要的参考价值。

本书从市场择时理论基础入手，回顾了制度因素、投资者情绪对上市公司股权再融资的影响。以我国上市公司股权发行的实际数据，证实了在我国的制度环境下，投资者情绪依然会驱动上市公司股权融资的结论。同时，本文以国电电力历年来的股权再融资行为为研究案例，分析了国电电力所处的外部环境，竞争能力，发现投资者情绪是国电电力股权再融资选择的重要驱动力。再对比了股权再融资前后相关财务数据后，发现国电电力的盈利能力、营运能力、偿债能力以及发展能力在增发后持续提高，这说明基于投资者情绪而做出的再融资决策也是有利于企业发展的。这对其他上市公司择时进行股权再融资具有一定的借鉴意义。

本书的局限性在于：首先，投资者情绪指标的选取可能存在偏误。市场层面的投资者情绪大多针对所有公司，而公司层面的投资者情绪则只代表某一个公司的投资者，这两者既有联系，又有区别，我们无法排除在整个市场情绪高涨的时候，也会存在个别公司的投资者情绪平稳抑或低落的情形，或与之相反。因此综合考虑市场整体及公司个体情形是十分必要的。但是，将上述两类指标整合，在技术上存在较大困难。如何抽离个体公司的情绪，并与反映市场整体情绪的指标相融，如果相融，该如何赋予不同层面的情绪指数不同的权重，是目前尚待开发的新领域；其次，本书所选取的时间段涵盖时间较长，案例公司融资决策可能会受到企业规模、内部治理环境、甚至政府的相关产业政策以及所处行业周期的影响，而错综复杂的影响因素在融资决策分析中难以剔除，这在一定程度上影响了结论的纯洁度；另外，金融市场的供给面涵盖了多方面因素，如资金供给分析，供求状况分析等，因此以制度环境和投资者情绪为代表分析金融市场的供给面难免有失偏颇。最后，在今后研究中可以尝试采用多案例的研究方法，将案例企业与同行业、相似行业的可比公司或上下游企业进行横向比较，进而研究同一制度环境以及同一投资者情绪水平下，对不同企业融资决策的影响，也可以以实证研究的方法加强结论的可靠性。

3.2 投资者情绪对企业信贷融资的非对称性影响研究

3.2.1 引言

2008 年美国次贷危机向全球蔓延并渗透成全面的金融危机，重创了世界经济，中国企业也在频发的危机中切身体会到了恐慌与无助。这场危机的根源之一便是虚拟经济的过度膨胀。2015 年中国短暂牛市过后的股灾，市场恐慌以及国家救市，使得投资者情绪对市场震荡、股价波动以及微观企业投融资影响的研究继续推向高潮，投资者情绪所引致的资产价格剧烈波动，不仅影响了微观企业的直接融资，也对间接融资产生了深远影响。贝克等（2012）发现，情绪会在经理人之间、经理人与投资者之间以及上市公司与金融机构之间扩散并在资本市场中产生溢出效应。乐观情绪会导致预期的歪曲与公司的过度风险承担，正是由于螺旋式下跌的资产价格，才造成市场恐慌，在投资者中滋生"羊群效应"，使得金融危机愈演愈烈（Shiller，2015）。

艾伦和盖尔（Allen and Gale，2000）认为，银行信贷行为的顺周期性是金融危机爆发到经济危机的重要原因，其对经济系统的正向反馈会放大系统对外部冲击的反应，加剧金融体系的波动和不稳定性。现有顺周期机制的探讨中，公允价值会计、信用评级、巴塞尔新资本协议的内部评级法和贷款损失拨备一并被认为是银行体系外部的顺周期机制，放大了金融危机（李文泓，2009）。刘红忠等（2011）就资本市场价格的正向冲击和逆向冲击对银行系统性风险的非对称性展开研究，发现与正向冲击相比，逆向冲击显著放大了银行系统性风险。而作为资产价格波动的强大影响源——投资者情绪，其波动状况是否也会带来企业信贷融资的非对称性影响？随着投资者情绪的高涨，企业外部经营环境提升，弱化了银行管理层的风险防范意识，刺激银行进一步扩大信贷投放，从而在非理性繁荣和资产泡沫制造中起到推波助澜的作用（黄世忠，2009）。而作为企业资金供给源的银行机构，本应在企业急需资金时雪中送炭，却可能由于信贷投放的顺周期效应，产生比推波助澜更可怕的影响，即在投资者情绪极端低落状态下，银行会出于资本金限制或风险防范动机使本已处于融资困境的公司更加雪上加霜。在顺周期效应下，正是由于投资者情绪、上市公司与银行机构的交互作用，才进一步促成了金融危机向经济危机的转化。

本节试图通过投资者情绪对企业信贷融资的非对称性影响来印证投资者情绪所带来的信贷顺周期效应，并为政府机构如何减少投资者情绪波动及合理引导投资者预期以减少信贷融资而引致的周期波动提供参考依据。研究发现，在顺周期效应中，投资者情绪扮演着重要的角色。投资者情绪与上市公司信贷融资同向变动；在投资者情绪低落期，情绪对企业信贷融资的下行拉动力更强，且与高涨期的上行拉动存在显著差异；将企业信贷融资规模大小划分为十分位并进行分位数回归，发现在投资者情绪低落期，分位越大，信贷融资对投资者情绪的敏感性越强，且在低落期与高涨期存在显著差异；产权性质加剧了非对称性的影响，在情绪低落期，民营企业，且已有贷款规模越高的民营企业，低落的投资者情绪对其信贷融资的下行拉动作用越明显。

本书在以下几个方面对现有文献进行了有益的补充：第一，伯南克和格特勒（Bernank & Gertler，1990）提出的"资产负债表渠道"阐明了资产价格的波动通过信贷市场和信贷状态的改变被传导和加剧，在厘清了"资产价格下跌—信用成本上升—真实产出下降"的微观机理后，"金融加速器"理论产生并发展。该理论的核心是金融系统的顺周期行为放大了经济体的外生冲击。学者们基于该理论从宏观层面解释了现代金融危机以及经济周期等诸多现象，而本书从企业信贷融资角度为该理论在宏观层面的研究提供了微观的全景过程，是金融加速器理论的微观细化和延伸。第二，刘红忠等（2011）研究了资本市场价格的正向冲击和逆向冲击对银行系统性风险的非对称性影响，但信贷融资是企业和银行互动协商后的结果，本书从微观企业层面深入了非理性预期带来的情绪波动对金融体系的影响，不仅从时间维度上考察了不同状态投资者情绪对企业信贷融资的非对称性影响，也从企业信贷融资规模和产权性质的截面跨度上，考察了不同信贷规模下，不同状态投资者情绪的非对称性影响，为企业的贷款决策及监管层的信贷资源配置监管提供参考依据。第三，"信贷歧视"经济后果是中外学者热议的话题（苟琴等，2014；Huang et al.，2012），尽管差异化贷款的原因众说不一，但学者们均发现，越是银根紧缩时，银行信贷资源越会倾向于国有企业（罗荣华等，2014）。本书基于行为金融视角，发现在低落或下行的投资者情绪状态下，银行同样会调整贷款人结构，大力缩减对民营企业的信贷投放，丰富了所有权差异所带来的信贷歧视经济后果研究。

3.2.2 文献综述

现有研究发现，处在复杂而多变资本市场中的投资者并非完全理性，投资者非理性预期会造成资产价格急剧波动，从而影响整个资本市场。早期的研究关注投资者情绪对企业股权融资的影响，并累积了丰硕的研究成果。随后，学者们从股权融资突破到债权融资，但成果仍不及前者。其实，早在 19 世纪末 20 世纪初，学者们就关注于资产价格波动对企业信贷融资的影响，只是在当时尚未区分资产价格的波动到底来源于情绪还是基本面。康和斯图斯（Kang & Stulz，1997）研究了日本 1990～1993 年间股价的波动，发现这一期间在东京证交所最具代表性的公司市值损失过半时，银行业也遭受了严重的负面冲击，尤其持有较高银行贷款额度的企业在这段时间遭受的损失更为严重。艾肯格林等（Eichengreen et al.，2001）发现信贷市场的准入受到了投资者情绪急剧转变的影响。戈亚尔和山田（Goyal & Yamada，2004）认为，当银行的信贷决策依赖于股票等抵押品价值的时候，公司的资本配置也将受到非基本面因素（分解托宾 Q）波动的影响。随着研究的深入，投资者情绪区别于基本面从资产价格波动中剥离出来，产生与信贷融资更为直接的联系。伊瓦希纳和郑（Ivashina & Zheng，2011）指出，在 2004～2007 年的信贷繁荣期间，贷款利差的下降部分是由机构投资者的积极情绪所带来的。施莱弗和维斯尼（Shleifer & Vishny，2010）认为，当银行参与金融市场时，他们会迎合投资者情绪，这种迎合会影响银行借款发行。尽管该文所提到的许多资产证券化行为在我国并不适用，却将投资者情绪与银行信贷连接起来，并将此类研究推向高潮。而后，克里斯蒂等（Kristle et al.，2016）以地区日照作为情绪的代理变量，研究了情绪对银行工作人员贷款审批的影响，发现情绪明显改变了银行管理层的风险容忍度及其主观判断，高情绪带来了较高的贷款审批。特别在对低收入和中等收入人群的放贷决策中，在对小规模、地方企业的贷款批准中，情绪效应更为明显。

在我国，徐浩萍和杨国超（2013）研究了投资者情绪对股票与债券的跨市联动影响。潘敏、朱迪星和熊文静（2011）认为投资者非理性行为导致的市场价格偏差不仅会影响经理人的股权融资行为，也会影响其债务融资行为。两种行为相互影响的结果可能是导致市场时机选择仅对资本结构产生短期影响的原因之一。黄宏斌和刘志远（2013）检验了投资者情绪与企业信贷融资规模之间的关系，发现伴随着投资者情绪的高涨，企业信贷融资规模显著增加，即支持了信贷融资同样也存在着"择时"效应。

就投资者情绪研究的另一分支，许多学者发现，投资者情绪对资本市场所带来的影响具有非对称性，其原理类似于洪等（Hong et al.，2000）所发现的，负面消息相比积极的消息对股市回报率有更强的冲击力。如：投资者情绪对企业投资决策（潘敏和朱迪星，2011）、股票横截面收益（陆江川和陈军，2012）以及股价指数（陆江川和陈军，2013）均存在非对称性影响，但投资者情绪是否会对企业信贷融资也产生非对称性影响现有文献尚未提及。

综上，现有文献在就投资者情绪对企业信贷融资的影响研究上远不及对股权融资的成果丰硕。这一方面源于情绪主要来自股权投资者，因而对信贷融资的影响较为间接，传导的路径也更长更复杂；另一方面，信贷融资是企业与银行双方权衡博弈后的结果，在投资者情绪传导的过程中必然对双方均产生传染效应。企业与银行的预期共同改变信贷额度的大小，但现有文献对此研究尚不深入。特别地，投资者情绪的高涨或低落或许对企业的信贷融资存在着非对称性的影响，企业现有的信贷规模及我国特殊制度背景下的所有权性质差异也可能是银行对相同投资者情绪做出不同反应的重要权变变量，但现有研究均未涉及，本书力图弥补这一空白。

3.2.3　理论分析与研究假设

1. 投资者情绪状态对企业信贷融资的非对称性影响

"市场择时"（Market Timing）是投资者情绪影响企业融资的理论基础。该理论认为，投资者情绪引起股票的误定价，在股价被高估时，公司倾向于发行权益进行融资，而在股价被低估时，公司则更有动机回购权益（Stein，1996）。黄等（Huang et al.，2016）认为，投资者情绪可通过银行和企业两方面影响企业信贷融资决策，高涨情绪改变了银行的风险承担意愿。在高涨情绪状态下，银行会表现出更高的风险容忍度，并作出大量的风险贷款审批（Bassi et al.，2013）。如同在公司层面，情绪会改变经理人对投资项目的评估（Graham et al.，2015），高涨（低落）的情绪使银行产生了向上（向下）的贷款申请质量的主观评估偏见（Kristle et al.，2016），投资者情绪与企业信贷融资规模显著正相关。

然而，信贷市场是一个因普遍存在信息不对称性而不完善的市场。商业银行以风险资产的价值作为抵押或质押，当资产的价格波动时，会通过两种途径影响银行信贷的供给：一是通过直接影响企业抵押物或质押物的价值，二是通过对银行的资产质量和银行资本金产生影响，进而影响到银行的贷款供给能力。在股票等风险资产价格上涨时，银行愿意提供更多的抵押质押贷款，从而导致信贷扩张。伯南克（1995）认为，在"金融加速器"模型中，股票和房地产两类资产作为借款企业的质押抵押品，其市场价格和资金借贷双方的代理成本负相关，资产价格越高，借款企业的资产负债表状况越好，越容易以较低的利率成本获得贷款，而如果资产价格下跌，则由于借款企业的资产负债表状况不佳，借款企业将面临很高的筹资成本，甚至难以获得贷款。"金融加速器"模型在费雪的"债务—紧缩"理论框架基础之上，通过强调信贷机制在持续而严重的资产价格逆转下跌过程中关键性的传导与扩散作用，开创性地形成了宏观货币金融领域的信贷观点。

借鉴到本领域，在投资者情绪高涨状况下的股票价格上升与低落状态下的股价下跌，将会导致银行放贷与惜贷意愿的非对称性。在投资者情绪高涨期，企业用作质押的股权价格上升，代理成本下降，企业可以获得相对利率较低的借款。而在投资者情绪低落期，企业用作质押的股权价格下降，代理成本升高，企业借款利率提高，甚至根本无法获得借款。资本市场中投资者情绪的极度低迷对信贷收缩的影响会更为巨大，甚至在极端情况下，企业用作抵押或质押的资产价格上升到超过借款金额，并不会引致更多的借款，而企业用作抵押或质押的资产价格下降幅度过大时，却会使银行不断减少贷款直至拒绝向企业提供借款。因此，情绪高涨资产价格上升时对企业银行借款的扩张作用有限，而情绪低落资产价格下跌时对信贷收缩的作用更为明显。坎培罗等（Campello et al.，2010）和波岛等（Bird et al.，2011）的研究均发现，在金融危机阶段或低迷的市场中，经理人会更加明显地感觉到银行等债权人以及上下游企业的信用支持减弱，进而影响其实际经营决策。即当投资者情绪处于低落状态或下行周期时，银行对资本市场中的错误定价会更为敏感，对企业的贷款收缩量也更高，企业的信贷融资规模更小。基于以上分析，提出假设1。

假设1：投资者情绪与企业信贷融资规模显著正相关。相对于高涨的投资者情绪，低落的投资者情绪更容易导致企业信贷规模的变动，即低落的投资者情绪对企业信贷规模的收缩调整程度更高。

2. 投资者情绪对不同贷款规模企业信贷融资的非对称性影响

卡尼曼和特弗斯基（Kahneman & Tversky，1979）提出一种替代的风险决策框架，即"前景理论"。该理论的核心思想包括两点：第一，参考点依赖。即价值效用取决于结果和参照点的比较，更加看重财富的变化量而不是最终量。第二，损失厌恶或损失回避。即决策者面对损失比面对盈利更加敏感，个体因损失而减少的效用要大于因收益而增加的效用。

银行最为关心的是企业的偿债能力，企业资产价格的波动连带着偿债能力的波动，而既有已获贷款规模也是银行在放贷业务中的重要参考因素。张丞等（2014）发现，投资者情绪与银行风险承担显著负相关，其认为从银行管理者角度看，由于其具有风险回避的特征（May，1995），因此当投资者情绪较高、银行评估的有效性受到影响时，银行的风险承担水平会随之降低。事实上，银行风险承担水平的降低不仅仅在于投资者情绪的升高，同时在于企业已经拥有的贷款水平。在不同的已有贷款规模和不同的投资者情绪状态下，银行放贷的风险承受能力均不同。首先，由于损失厌恶，银行在投资者情绪由高涨转为低落时，会迅速调整其风险偏好，收缩对上市公司的贷款规模；其次，企业已有的信贷水平成为银行是否继续对其放贷的参照点。基于银行的自身特点，对于那些本身信贷规模就已经很高的企业，银行会出现过度风险规避，即使投资者情绪持续高涨，对其放贷意愿也会逐渐降低，而投资者情绪的微小下降，将使银行大量收缩对其贷款，即趋于风险回避的银行管理者会在此期间对投资者情绪保持足够的警惕，导致这些企业在投资者情绪低落期对银行信贷融资带来的影响远远超过了投资者情绪的高涨期，呈现出不同状态不同规模的双重非对称性特征。因此，根据前景理论，不同的投资者情绪状态下，银行会根据申请信贷企业的已有贷款规模水平相应地调整其继续放贷的参照点及权重，呈现出不同的风险偏好。基于以上分析，提出假设 2。

假设 2：现有贷款规模越高的企业，高涨的投资者情绪对其信贷融资规模的影响越小，低落的投资者情绪对企业信贷规模的影响越大。

3. 投资者情绪对不同所有制、不同贷款规模企业信贷融资的非对称性影响

结合我国的制度背景，尽管经过一系列的金融体制改革，银行的商业化特征不断加强，且信贷资源配置效率逐步提高，然而，我国政府依然保持着对金融体系的控制，信贷歧视和政府干预并未根除（Bailey et al.，2011），且越是在央行收紧银根的阶段，信贷歧视问题就越为严重（叶康涛和祝继高，2009）。无论源于对民营企业的所有制歧视，或是对民营企业提供贷款的信息成本过高（陆正飞等，2009），还是源于禀赋的差异，银行对不同所有制的企业仍然存在着差别化的贷款，且政府干预的存在降低了信贷资金配置差异中的合理部分（白俊和连立帅，2012），越是银根紧缩时，银行信贷资源越会倾向于国有企业（罗荣华等，2014）。

在投资者情绪高涨期，面临更为严重融资约束的民营企业会对情绪所带来的融资宽松给予更高的关注，其对投资者情绪带来的信贷融资约束缓解效应也会更为敏感（黄宏斌等，2016），因此，高涨或上行的投资者情绪状态将对民营企业产生更强的贷款拉动，更大程度上缓解民营企业的融资约束，增加其信贷融资规模。而在投资者情绪低落期，银行缩减对企业的信贷规模，也会因所有权不同而出现差异。国有企业因承担更多政策性负担而产生的"预算软约束"问题必然会削弱低落情绪对其的下行拉动。而民营企业，一方面，因其天然的所有权属性会

面临比国有企业更严格的监管；另一方面，民营企业自身更高的风险和更弱的禀赋会引致商业银行更多的关注和风险规避行为，因此，其会在投资者情绪的低落期产生更强更显著的下行拉动，带来信贷规模的大幅缩减，且越是在信贷规模已经较高的企业，这种低落投资者情绪所带来的信贷收缩作用就更明显。正如银根紧缩条件下，银行更可能调整放款结构，将信贷资源投放给国有企业，在投资者情绪低落期，银行也不会减少对国有企业的贷款。基于以上分析，提出假设3。

假设3：投资者情绪对民营企业信贷融资产生更强的影响，且现有贷款规模越高的民营企业，高涨的投资者情绪对其信贷融资规模的影响越小，低落的投资者情绪对其信贷融资规模的影响越大。

3.2.4 实证设计、假设检验与实证结果分析

1. 数据来源与样本选取

选取2004~2015年我国沪深两市非金融类A股上市公司为样本，并做如下筛选和剔除：第一，剔除金融类上市公司；第二，剔除ST和PT的上市公司；第三，剔除所有总资产及净资产为负的上市公司；第四，不考虑当年进行IPO的公司；第五，剔除数据缺失或异常取值样本。最终获得12年18555个样本的非平衡面板数据。各年度样本分布量见表3.8。公司治理数据来自CCER数据库，公司财务数据均来自CSMAR国泰安数据库。为去除离群值对回归结果的影响，我们将所有的连续变量进行了0~1%以及99%~100%的WINSORIZE标准化处理。

表3.8　　　　　　　　　　公司样本的年度分布　　　　　　　　　单位：个

年度	2004	2005	2006	2007	2008	2009	2010	2011	2012	2013	2014	2015	合计
公司年度样本量	1082	1134	1198	1140	1214	1369	1436	1583	1872	2129	2190	2208	18555

2. 变量的设定与计量

（1）投资者情绪。市场层面投资者情绪的构建思路效仿贝克和沃格勒（2006）文章中BW投资者情绪综合指数，手工搜取2001年1月~2015年6月的封闭式基金折价（FENG）、市场交易量（TURN）、IPO数量（LNIPON）、上市首日收益（IPOR）、消费者信心指数（CCON）和新增投资者开户数（LNNEW）6个变量相关数据，运用主成分分析方法构建测度中国股票市场投资者情绪的综合指数Sentiment，在此过程中，剔除了相关宏观经济因素（包括居民消费价格指

数、工业增加值和宏观经济景气指数等变量）对 Sentiment 的影响。投资者情绪
指标 Sentiment 的表达式为：

$$Sentiment_t = 0.224 \times FENGrsid_t + 0.586 \times TURNrsid_{t-1} + 0.279 \times LNIPONrsid_{t-1}$$
$$+ 0.132 \times IPORrsid_{t-1} + 0.489 \times LNNEWrsid_{t-1} + 0.201 \times CCONrsid_t$$

$$(3-1)$$

其中，∗rsid 是各变量剔除宏观经济因素后的残差取值。由于 Sentiment 按照
月度构建，因此，将每半年的投资者情绪指数加权平均作为投资者情绪的数值，
并使用滞后一期的投资者情绪进行回归，即上年度后期的情绪更可能对企业本年
度的决策产生影响。投资者情绪与上证综指的走势对比见图 3.16。

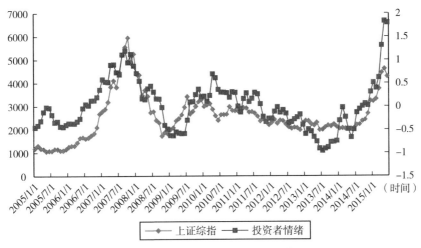

图 3.16　投资者情绪指数与上证综指走势对比

（2）其他主要变量设定及参考文献。本书其他主要变量设定见表 3.9。

表 3.9　　　　　　　　　　　　　　主要变量设定

变量类型	变量符号	变量名	变量含义
因变量	TLOAN	总借款	借款收到的现金/年度初总资产
	LLOAN	长期借款	长期银行借款/年初总资产
	ΔLLOAN	长期借款变化	（本期长期银行借款 – 上期长期银行借款）/年初总资产
	SLOAN	短期借款	短期银行借款/年度初总资产
	ΔSLOAN	短期借款变化	（本期短期银行借款 – 上期短期银行借款）/年初总资产

变量类型	变量符号	变量名	变量含义
自变量	Sentiment	投资者情绪	本文构建的情绪指标按半年进行的加权平均值
	ΔSentiment	投资者情绪变化	本期投资者情绪 – 上期投资者情绪
	D	低落情绪哑变量	如果投资者情绪小于 0，则赋值为 1，否则为 0
公司层面控制变量	Ownership	所有权性质	国有为 0，民营为 1
	CF	净现金流	经营活动产生的现金净流量/年初总资产
	Growth	投资机会	（本年主营业务收入 – 上年主营业务收入）/年初主营业务收入
	Cash	现金及等价物持有率	（货币资金 + 短期投资或交易性金融资产）/年初总资产
	Size	公司规模	总资产账面值的自然对数
	COLLATERAL	抵押能力	（存货净值 + 固定资产净值）/年初总资产
	ROE	净资产收益率	净利润/年初所有者权益
	Age	上市年龄	截至 t – 1 期末上市公司的年度数
	SEO	增发或配股哑变量	若上市公司进行增发或配股的再融资活动，则赋值为 1，否则为 0
宏观层面控制变量	Top1	股权集中度	持股比例最大的第一大股东持有的股票数量占总股本的比例
	NDTS	非债务税盾	销售及管理费用/年初销售收入
	Demand	贷款需求指数	来自"全国银行家问卷调查报告"，可从中国人民银行网站下载得到
	Monetary	广义货币供给量 M_2 增长率	截至本年度末的 M_2 相对于上年末的 M_2 的变化率
	YEAR	年度哑变量	本文共 12 个年度，11 个年度哑变量
	ID	行业哑变量	共涉及 12 个行业，11 个行业哑变量

3. 模型设定与检验程序

模型（3－2）用于检验投资者情绪与总体上市公司银行借款之间的关系以及投资者情绪对各个分位上不同信贷融资规模企业的影响。

$$LOAN_{i,t} = a_i + a_t + \beta_1 \times Sentiment_{t-1} + \sum \beta \times CONTROL_{i,t-1} + \varepsilon \qquad (3-2)$$

根据假设 1，我们推测模型（3－2）中 β_1 的符号会显著为正。

对于非对称性影响，设置了投资者情绪低落期的哑变量 D，并加入了投资者情绪与该哑变量的交乘项，交乘项的符号和显著性水平用于说明相比较高涨期，低落期投资者情绪对企业信贷规模的增量影响，用以衡量非对称效应，即模型（3-3）所示。同时，为使结果更加稳健，也采用先按照投资者情绪的高涨和低落分组，再在高涨和低落组中细化上行组和下行组，使用模型（3-2）进行回归，并进行 CHOW-TEST 检验四个组别中投资者情绪系数是否有显著性差异的方法来进行非对称性的检验。

$$\text{LOAN}_{i,t} = \alpha_i + \alpha_t + \beta_1 \times \text{Sentiment}_{t-1} + \beta_2 \times D + \beta_3 \times \text{Sentiment}_{t-1} \times D$$
$$+ \sum \beta_4 \times \text{CONTROL}_{i,t-1} + \varepsilon \qquad (3-3)$$

根据假设 1，我们推测模型（3-3）中 β_3 的符号会显著为正，即投资者情绪低落期时，投资者情绪对企业信贷融资的影响更大更明显。在分组回归中，投资者情绪低落期中下行组的回归系数应该显著大于投资者情绪高涨期的上行组。

对于假设 2，先使用全样本用模型（3-2）采用分位数回归法（Quantile Regression）回归。采用分位数回归主要是为解决传统线性回归中结果的非稳健性，以及更准确地刻画投资者情绪对企业信贷融资在不同规模水平下的影响。同时，两两比较分位数回归中的各分位回归系数间的差异，以及按照投资者情绪的高涨和低落分组，并进行 CHOW-TEST 检验两个组别中各个分位数回归系数是否有显著性差异的方法来进行非对称性的检验。

根据假设 2，我们预期在全样本的分位数回归中，越高的分位，投资者情绪对信贷融资的影响越小；同时，在高涨期，高分位组将不再显著，即使企业仍想获得贷款，在风险规避的驱使下，银行会谨慎放贷。相反，在低落期，高分位组对投资者情绪的反应系数较大，会对投资者情绪十分敏感，且回归系数在高涨和低落组存在着显著性的差异。

对于假设 3，先按照国有和民营进行分组，使用模型（3-2）和模型（3-3）分别分组进行检验，考察不同组别中系数的差异。其次，用模型（3-2）分组进行分位数回归，考察不同组别中，高涨与低落投资者情绪对不同贷款规模下企业的信贷融资是否存在显著性差异。根据预期，民营企业应该对投资者情绪更加敏感，且在低落期产生更大的下行拉动力。已有贷款分位数越高的民营企业，低落投资者情绪对其向下的影响越大。

4. 主要变量描述性统计及分组检验

表 3.10 为因变量描述性统计及分组检验结果。从表 3.10 可见，短期借款是我国企业银行负债的主要构成。在投资者情绪低落期，来自现金流量表的总借款、长期借款、短期借款、长期借款变化和短期借款变化等各项借款指标的均值和中位数均低于投资者情绪高涨期的数值，且 5 个因变量的分组 T 检验和中位数

秩和检验结果都有显著差异，初步证明假设1。进一步将投资者情绪划分为上行期和下行期，发现上行周期的长期借款明显高于下行期，但短期借款与之相反。从变化量上看，投资者情绪上行周期内，长期借款变化的均值和中位数都明显低于下行周期，也初步证明了假设1，更严格的推断还有待回归分析的结果进一步验证。

表3.10   因变量描述性统计及分组检验

因变量	投资者情绪高涨期（投资者情绪加权平均值大于0）		投资者情绪低落期（投资者情绪加权平均值小于0）		高涨—低落	
	均值	中位数	均值	中位数	T 检验	秩和检验
TLOAN	0.2637	0.2248	0.2408	0.1991	6.3560 ***	6.725 ***
LLOAN	0.0760	0.0196	0.0620	0.0094	8.0644 ***	7.329 ***
SLOAN	0.1587	0.1302	0.1455	0.1160	5.8604 ***	6.115 ***
ΔLLOAN	0.0102	0.00	0.0078	0.00	2.8707 ***	1.875 *
ΔSLOAN	0.0197	0.00	0.0109	0.00	7.6922 ***	6.752 ***
因变量	投资者情绪上行期（本期投资者情绪大于上一期）		投资者情绪下行期（本期投资者情绪小于上一期）		上行—下行	
	均值	中位数	均值	中位数	均值	中位数
TLOAN	0.2500	0.2064	0.2457	0.2059	1.291	1.328
LLOAN	0.0694	0.0140	0.0638	0.0106	3.507 ***	3.375 ***
SLOAN	0.1464	0.1150	0.1513	0.1238	− 2.384 **	− 2.245 **
ΔLLOAN	0.0072	0	− 0.0094	0	2.834 ***	1.844 *
ΔSLOAN	0.0140	0	0.0131	0	0.8488	0.033

资料来源：*** 、** 、* 分别表示显著性水平为1%、5%、10%。

其他主要变量的描述性统计结果见表3.11，所有连续性变量按照1%以及99%分位数进行了 Winsorize 标准化处理。投资者情绪中值和均值均为负值，表明我国资本市场投资者情绪低落期长于高涨期。其余变量描述性统计也与前有研究大体相似。

表3.11   主要变量描述性统计

变量	均值	标准差	最小值	中值	最大值	样本数
Sentiment	− 0.0769	0.4185	− 0.8393	− 0.0349	0.9901	18555
CF	0.0515	0.0919	− 0.246	0.0489	0.339	18555

续表

变量	均值	标准差	最小值	中值	最大值	样本数
Growth	0.188	0.5	− 0.659	0.112	3.348	18555
COLLATERAL	0.485	0.214	0.0432	0.476	1.097	18555
NDTS	0.0975	0.0792	0.00642	0.077	0.445	18555
ROE	0.0548	0.169	− 0.982	0.0659	0.455	18555
Cash	0.195	0.157	0.00482	0.151	0.816	18555
Size	21.82	1.248	19.1	21.68	25.62	18555
Age	15.29	5.703	3	16	26	18555
Ownership	0.45	0.497	0	0	1	18555
Top1	0.1736	0.2124	0	0.006	0.8642	18555
SEO	0.117	0.321	0	0	1	18555
Demand	69.13	4.695	64.1	67	79.9	18555
Monetary	1.938	0.4476	1.478	1.782	3.18	18555

5. 多元回归结果

由于模型（3-2）中解释变量 Sentiment 和被解释变量 LOAN 之间可能会出现相互影响的内生性问题，因此，公式中所有解释变量均使用滞后一期进行回归。考虑到不同企业的特异性误差可能存在异方差性，显著性检验采用面板异方差稳健标准误（Panel-heteros-kedasticity-robust Standard Error），为了控制回归残差的自相关问题，我们在公司层面进行聚类回归。实证结果见表 3.12。

表 3.12 模型（3-2）全样本回归结果

变量	TLOAN	LLOAN	SLOAN	ΔLLOAN	ΔSLOAN
Sentiment	0.0115 *** (3.17)	0.0241 * (1.93)	0.0092 (0.40)	—	—
ΔSentiment	—	—	—	0.0024 *** (2.60)	0.0029 ** (2.04)
NDTS	− 0.169 *** (− 4.21)	− 0.278 *** (− 15.09)	− 0.0331 (− 1.35)	− 0.0378 *** (− 8.58)	− 0.0213 *** (− 3.10)
COLLATERAL	0.195 *** (13.41)	0.0993 *** (12.38)	0.0742 *** (7.47)	0.0147 *** (6.07)	0.0324 *** (10.85)

续表

变量	TLOAN	LLOAN	SLOAN	ΔLLOAN	ΔSLOAN
ROE	0.0227 * (1.65)	0.0051 (0.76)	0.0767 *** (7.80)	0.0153 *** (5.52)	0.0330 *** (7.56)
Ownership	− 0.0227 *** (− 3.19)	0.0160 (0.55)	− 0.0151 *** (− 3.28)	− 0.0485 (− 0.53)	− 0.0325 (− 0.27)
Age	0.0664 (1.07)	0.0145 *** (5.60)	0.0147 *** (3.66)	0.0669 (1.01)	− 0.0911 *** (− 9.00)
Growth	0.0172 *** (4.35)	0.0695 *** (3.71)	0.0603 ** (2.35)	0.0245 (0.26)	0.0475 *** (4.05)
CF	− 0.340 *** (− 12.70)	− 0.0301 ** (− 2.30)	− 0.201 *** (− 11.84)	− 0.0128 ** (− 2.45)	− 0.0287 *** (− 4.29)
Size	0.0260 *** (8.30)	0.0201 *** (13.43)	− 0.0272 (− 1.47)	0.0269 *** (7.55)	0.0325 (0.69)
Top1	0.0738 *** (4.60)	0.0403 (0.52)	0.0584 *** (5.94)	0.0123 *** (4.20)	0.0247 *** (6.42)
Cash	− 0.0527 *** (− 2.59)	− 0.0939 (− 1.12)	− 0.0984 *** (− 7.44)	0.0148 *** (5.05)	0.0425 *** (8.94)
SEO	0.0451 *** (8.01)	0.0151 *** (6.05)	0.0205 *** (6.03)	− 0.0107 (− 0.91)	− 0.0798 *** (− 4.65)
Demand	0.0210 (0.66)	0.0879 (0.62)	0.0131 *** (6.47)	0.0003 *** (3.67)	0.0005 *** (4.29)
Monetary	0.0286 *** (6.28)	0.0182 *** (7.91)	0.0249 (0.91)	0.0935 *** (7.15)	− 0.0533 *** (− 3.21)
YEAR	controlled	controlled	controlled	controlled	controlled
N	18555	18555	18555	18555	18555
adj. R^2	0.125	0.214	0.102	0.092	0.094

资料来源：＊、＊＊、＊＊＊分别代表在1%、5%、10%的水平下显著。

从回归结果可见，企业总借款、长期借款均与投资者情绪显著正相关，说明伴随着市场层面投资者情绪的高涨，企业银行借款指标也显著增加；从增量上，进一步考察投资者情绪变化与企业信贷融资规模变化之间的关系，发现投资者情绪变化均与企业信贷融资变化存在显著正相关关系，说明投资者情绪的变动正向带动企业信贷融资规模的变动。

模型（3－3）用于检验投资者情绪状态对企业信贷融资规模的非对称性。首先，用全样本回归，查看模型（3－3）中 β_3 的符号及显著性水平。其次，按照投资者情绪大于 0 小于 0 划分为高涨低落组，再按照投资者情绪的变化值划分为上行期与下行期，使用模型（3－2）进行分组回归，查看高涨组中上行期和低落组下行期中 β_1 的符号及显著性水平，并进行系数的差异检验。在此，只选取最具有代表性的总借款 TLOAN 作为因变量进行回归，最终的回归结果见表 3.13。

表 3.13　　模型（3－3）全样本回归结果及模型（3－2）分组回归结果

变量	模型（3－3）		投资者情绪高涨期		投资者情绪低落期	
			上行期	下行期	上行期	下行期
	TLOAN	LLOAN	TLOAN	TLOAN	TLOAN	TLOAN
Sentiment	0.0107 *** (2.62)	0.0145 *** (2.63)	0.0444 *** (3.92)	0.0012 (0.63)	0.0035 (0.86)	0.0895 *** (6.57)
D	− 0.0072 ** (− 2.35)	− 0.0057 *** (− 3.64)	—	—	—	—
Sentiment × D	0.0010 ** (2.35)	0.0012 *** (5.02)	—	—	—	—
NDTS	− 0.169 *** (− 4.22)	− 0.278 *** (− 15.09)	− 0.182 *** (− 3.78)	− 0.196 *** (− 4.84)	− 0.182 *** (− 3.81)	− 0.182 *** (− 4.21)
COLLATERAL	0.195 *** (13.37)	0.0986 *** (12.26)	0.183 *** (10.35)	0.213 *** (7.35)	0.234 *** (11.09)	0.163 *** (9.84)
ROE	0.0218 (1.59)	0.0458 (0.69)	0.0160 (0.74)	0.0892 ** (2.01)	0.0462 (1.19)	0.0299 * (1.75)
Ownership	− 0.0227 *** (− 3.19)	0.0128 (0.04)	− 0.0229 *** (− 2.84)	− 0.0211 * (− 1.76)	− 0.0300 *** (− 3.45)	− 0.0160 ** (− 2.12)
Age	0.0673 (1.08)	0.0143 *** (5.52)	− 0.0149 ** (− 2.04)	− 0.0550 (− 0.50)	0.0116 (1.57)	− 0.0099 (− 0.14)
Growth	0.0174 *** (4.42)	0.0687 *** (3.68)	0.0159 (1.27)	0.0288 ** (2.25)	0.0196 ** (2.11)	0.0270 *** (4.14)
CF	− 0.342 *** (− 12.74)	− 0.0307 ** (− 2.35)	− 0.392 *** (− 10.46)	− 0.462 *** (− 7.81)	− 0.342 *** (− 6.55)	− 0.272 *** (− 7.88)

续表

变量	模型 (3-3)		投资者情绪高涨期		投资者情绪低落期	
			上行期	下行期	上行期	下行期
	TLOAN	LLOAN	TLOAN	TLOAN	TLOAN	TLOAN
Size	0.0260 *** (8.30)	0.0201 *** (13.46)	0.0303 *** (8.41)	0.0250 *** (5.10)	0.0311 *** (8.35)	0.0309 *** (9.00)
Top1	0.0740 *** (4.62)	0.0383 (0.50)	0.0146 (0.47)	0.0180 (0.89)	0.0273 (0.66)	0.0215 (0.72)
Cash	−0.0526 *** (−2.59)	−0.0102 (−1.21)	0.0069 (0.29)	−0.0629 (−1.47)	−0.0720 ** (−2.53)	−0.0805 *** (−3.17)
SEO	0.0447 *** (7.97)	0.0154 *** (6.15)	0.0515 *** (5.91)	0.0700 *** (3.97)	0.0440 *** (3.62)	0.0485 *** (5.55)
Demand	0.0284 *** (2.91)	0.0163 (1.15)	0.120 *** (6.70)	0.0857 *** (7.03)	0.0841 *** (3.54)	0.0533 *** (4.48)
Monetary	0.0287 *** (6.35)	0.0179 *** (7.79)	0.0164 *** (5.28)	0.0352 *** (3.38)	0.0725 (0.42)	0.0191 (0.34)
YEAR	controlled	controlled	controlled	controlled	controlled	controlled
N	18555	18555	5998	1583	3327	7647
adj. R^2	0.125	0.215	0.128	0.109	0.153	0.122
Chow Test			40.86 ***			40.86 ***

资料来源：* 、** 、*** 分别代表在 1% 、5% 、10% 的水平下显著。

　　从模型（3-3）的回归结果可见，投资者情绪仍与信贷融资显著正相关，而低落期的投资者情绪，即哑变量与总借款、长期借款均为显著负相关，说明投资者情绪低落期企业确实获得更少的信贷融资，这一结果也与表3.12 的回归相呼应，即投资者情绪与企业信贷融资规模显著正相关。交乘项的回归系数为正，说明在投资者情绪低落期，投资者情绪与企业借款的正相关关系更明显，低落期对信贷融资的影响更大。继续按照投资者情绪大于或小于零，将投资者情绪分为高涨和低落两组，高涨期样本数为7581，低落期为10974，再继续按照投资者情绪变化分为上行或下行组，高涨期7581 个总样本中，上行组样本为5998 个，下行组为1583 个，低落期10974 个样本中，上行样本为3327 个，下行为7647 个，从样本的分布上看，情绪高涨期以上行样本为主，情绪低落期以下行样本为主。

　　由表3.13 可见，在投资者情绪高涨期的上行期与投资者情绪低落期的下行期，情绪对企业总借款均有显著为正的影响，但在投资者情绪高涨期的下行期和低落期的上行期中，回归系数虽然为正，但是不仅很小而且不显著，说明投资者情绪高涨或低落的大趋势对企业的信贷融资产生主导性影响，在大的趋势下，小幅的逆行上扬或下降不会对信贷融资增加或缩减的大势产生影响。并且，投资者情绪高涨期上行组回归系数小于低落期下行组，且 Chow-Test 检验结果显示两组回归系数在 1% 水平下存在着显著性差异。这充分说明，在投资者情绪低落期，情绪对信贷融资的下行拉动力更大，投资者情绪的高涨与低落对企业信贷融资存在着非对称的影响，假设 1 得证。

对于假设 2，使用分位数对模型（3-2）进行回归。首先，用全样本进行分位数回归，查看模型（3-2）中 β_1 的符号及显著性水平是否在不同的分位数水平下存在着差异，需要特别说明的是，此处的回归，投资者情绪不再使用滞后期，而是使用当期的投资者情绪对当期的总借款的影响，以便考察企业在现有的不同贷款规模下，所受到的投资者情绪影响。其次，按照投资者情绪大于 0 小于 0 划分为高涨低落组，使用模型（3-2）再进行分组分位数回归，查看不同信贷融资规模下，高涨组和低落组中 β_1 的符号及显著性水平[①]。最终的回归结果见表 3.14。

表 3.14　　模型（3-2）全样本分位数回归及分组后分位数回归结果

因变量	TLOAN		高涨—低落	
Quantile	全样本	高涨期	低落期	Chow Test
0.10	0.0051 *** (3.04)	0.0082 (1.51)	0.0006 (0.31)	—
0.20	0.0124 *** (3.44)	0.0108 (1.06)	0.0041 (0.54)	—
0.30	0.0150 *** (2.96)	0.0296 *** (2.76)	0.0042 (0.69)	差异显著
0.40	0.0163 ** (2.68)	0.0341 ** (2.79)	0.0442 *** (2.99)	4.55 ***
0.50	0.0175 *** (2.91)	0.0308 ** (2.32)	0.0312 ** (2.39)	5.55 ***
0.60	0.0147 ** (2.43)	0.0293 ** (1.97)	0.0392 ** (1.79)	5.58 ***

① 因分位数样本过小，此处的回归无法再区分高涨上行组下行组和低落上行组下行组。

续表

因变量	TLOAN		高涨—低落	
Quantile	全样本	高涨期	低落期	Chow Test
0.70	0.0123 * (1.69)	0.0287 * (1.92)	0.0398 *** (5.12)	5.39 ***
0.80	0.0132 (1.39)	0.0174 (0.17)	0.0474 *** (6.17)	差异显著
0.90	0.0086 (0.78)	0.0034 (0.22)	0.0492 *** (6.92)	差异显著
Q(0.10) = Q(0.60)	6.83 ***	3.92 **	4.24 **	
Q(0.20) = Q(0.70)	3.46 *	4.09 **	5.01 **	
Q(0.30) = Q(0.80)	0.05	0.30	0.23	
Q(0.40) = Q(0.90)	0.49	0.16	0.56	

资料来源：*、**、*** 分别代表在1%、5%、10%的水平下显著（双尾）。

从表3.14可见，在全样本的回归中，投资者情绪对企业总借款的回归系数在0.10~0.70分位数中，均为显著正相关，但是到0.8分位和0.9分位数上则不再显著，这说明由投资者情绪引致的错误定价会改变银行债权人预期，但当价格被持续高估，同时企业的信贷规模已经较大时，银行会产生保守心理，不再对企业盲目提高预期水平并降低债务成本，最终导致总借款规模与投资者情绪不相关。从分组回归的样本看，在投资者情绪高涨期，0.30~0.70分位数上，投资者情绪均与企业总借款显著正相关，而在0.8和0.9分位数上则不再显著，印证本书前有预期。投资者情绪低落期呈现出与高涨期截然相反的特征，0.10~0.30分位数上均不显著，而从0.40~0.90分位数，回归系数不仅显著，而且越来越大，这说明，当投资者情绪处于低落期时，企业信贷的收缩作用更加明显，并且，越是信贷规模较大的公司，越会受到投资者情绪的冲击，这不仅证明的银行的风险规避特征，这也充分说明了投资者情绪对企业信贷融资的非对称性影响。低落期投资者情绪对贷款规模较大企业的影响显著大于高涨期，本节假设2得证。

对于假设3，本节首先按照所有权性质对全样本进行分组，进而使用模型（3-2）和模型（3-3）考察在不同所有权性质下，不同投资者情绪状态对企业信贷规模的影响。回归结果见表3.15和表3.16。

表 3.15   模型（3-2）分所有权样本回归结果及模型（3-3）分组回归结果

变量	模型（3-3）		模型（3-2）			
	TLOAN		投资者情绪上行期		投资者情绪下行期	
			国有企业	民营企业	国有企业	民营企业
	国有企业	民营企业	TLOAN	TLOAN	TLOAN	TLOAN
Sentiment	0.0145 ** (2.23)	0.0337 *** (5.48)	0.0221 ** (2.43)	0.0333 *** (2.84)	0.0040 (0.44)	0.0608 *** (5.25)
D	−0.0016 ** (−2.07)	−0.0137 *** (−4.57)	—	—	—	—
Sentiment × D	0.0034 * (1.73)	0.0056 *** (6.04)	—	—	—	—
NDTS	−0.169 *** (−4.22)	−0.1395 *** (−3.28)	−0.2063 *** (−3.08)	−0.1659 *** (−3.16)	−0.1695 *** (−3.54)	−0.1766 *** (−2.90)
COLLATERAL	0.2163 *** (11.22)	0.1652 *** (7.92)	0.1453 *** (6.27)	0.2267 *** (10.26)	0.1996 *** (10.08)	0.1897 *** (8.06)
ROE	0.0298 * (1.72)	0.0176 (0.84)	0.0088 (0.38)	0.0699 ** (1.95)	0.0231 (1.05)	0.0267 (0.92)
Age	−0.0007 (−0.94)	0.0022 ** (2.24)	0.0017 (1.51)	−0.0058 *** (−3.83)	0.0007 (0.90)	0.0029 (2.89)
Growth	0.0158 *** (2.97)	0.0172 *** (3.15)	0.0194 ** (2.44)	0.0181 ** (2.40)	0.0158 ** (2.02)	0.0186 ** (2.28)
CF	−0.2921 *** (−8.57)	−0.4041 ** (−9.79)	−0.3645 *** (−7.55)	−0.3203 *** (−7.45)	−0.3209 *** (−6.93)	−0.4381 *** (−8.75)
Size	0.0355 *** (8.13)	0.0200 *** (4.70)	0.0208 *** (4.43)	0.0365 *** (5.69)	0.0306 *** (7.86)	0.0175 *** (4.07)
Top1	0.0697 *** (2.68)	0.0327 (1.43)	0.0679 ** (2.43)	0.1078 *** (3.58)	−0.0414 (−0.88)	0.0334 (1.25)
Cash	−0.0148 (−0.58)	−0.1089 *** (−3.51)	−0.0982 *** (−2.65)	−0.1072 *** (−3.50)	−0.0333 (−1.56)	−0.1217 *** (−3.60)
SEO	0.0445 *** (6.26)	0.0466 *** (5.06)	0.0279 ** (2.15)	0.0512 *** (5.53)	0.0376 *** (3.20)	0.0549 *** (4.65)

变量	模型 (3-3)		模型 (3-2)			
	TLOAN		投资者情绪上行期		投资者情绪下行期	
			国有企业	民营企业	国有企业	民营企业
	国有企业	民营企业	TLOAN	TLOAN	TLOAN	TLOAN
Demand	0.0023 ***	0.0021 ***	0.0026	0.0057 **	0.0151 ***	0.0038 ***
	(3.18)	(2.89)	(0.52)	(2.03)	(4.99)	(4.02)
Monetary	0.0172 ***	0.0236 ***	0.0358 ***	0.0141	0.0189 **	0.0372 **
	(2.66)	(3.47)	(2.74)	(1.47)	(2.23)	(1.99)
YEAR	controlled	controlled	controlled	controlled	controlled	controlled
N	10208	8347	4675	4650	5533	3697
adj. R^2	0.145	0.196	0.125	0.209	0.153	0.201

资料来源：＊、＊＊、＊＊＊分别代表在1%、5%、10%的水平下显著。

由表 3.15 的回归结果，在模型 (3-3) 中，投资者情绪与低落期的交乘项虽然均显著为正，但是民营企业组的回归结果更大更显著，说明相比较国有企业，低落期投资者情绪对民营企业的信贷融资产生更大的正向影响。而模型 (3-2) 的回归结果也与模型 (3-3) 相对应。在投资者情绪的上行期，民营企业的信贷融资增加多于国有企业，其对投资者情绪更加关注并敏感。而在下行期，投资者情绪对民营企业的下行拉动力很强，但对国有企业并不显著。陆正飞等 (2009) 发现，在银根紧缩的情况下，民营上市公司的负债增长率明显放缓，而同期国有上市公司的长期借款依然保持较快增长。一旦银根紧缩，民营上市公司将会遭受"信贷歧视"。本节从行为财务的视角，验证了不仅在银根紧缩阶段，在投资者情绪低落状态下，国有企业也依然能够获得贷款。

表 3.16 显示，用分位数回归后，国有企业贷款规模的四分位之前会对高涨投资者情绪较为敏感，而民营企业从 0.1 分位到 0.7 分位均与投资者情绪显著正相关。但是在投资者情绪低落期，发现了一个非常有趣的现象，国有企业各个分位的贷款规模，均与投资者情绪不相关，这说明低落期的投资者情绪并没有影响到各贷款规模下国有企业的信贷融资。而在民营企业，却对 0.5 分位数后的信贷规模企业产生了明显，且递增的向下拉动效应。投资者情绪，尤其是低落下行的投资者情绪，对贷款规模较大民营企业的信贷融资影响显著大于国有企业，假设 3 得证。

表 3.16　　　　　　　　模型（3－2）分组后分位数回归结果

因变量	TLOAN			TLOAN		
	国有企业		Chow Test 高涨—低落	民营企业		Chow Test 高涨—低落
Quantile	高涨期	低落期		高涨期	低落期	
0.10	0.0115 (1.28)	0.0011 (0.31)	—	0.0433 ** (1.99)	0.0049 (0.73)	差异显著
0.20	0.0230 * (1.91)	0.0069 (1.59)	差异显著	0.0239 * (1.77)	0.0023 (0.23)	差异显著
0.30	0.0380 *** (2.82)	0.0052 (0.73)	差异显著	0.0382 * (1.87)	0.0011 (0.28)	差异显著
0.40	0.0357 *** (2.73)	0.0050 (0.44)	差异显著	0.0335 ** (2.34)	0.0115 (0.76)	差异显著
0.50	0.0204 (1.23)	0.0039 (0.32)	—	0.0469 *** (2.88)	0.0167 * (1.72)	3.15 ***
0.60	0.0189 (0.80)	0.0042 (0.30)	—	0.0406 *** (2.81)	0.0182 *** (2.68)	3.30 ***
0.70	0.0256 (1.00)	0.0082 (0.54)	—	0.0145 ** (2.33)	0.0191 *** (2.78)	3.12 ***
0.80	0.0241 (0.85)	0.0078 (0.39)	—	0.0051 (0.22)	0.0269 *** (3.16)	差异显著
0.90	0.0353 (0.92)	0.0242 (0.89)	—	0.0049 (0.13)	0.0676 *** (3.95)	差异显著
Q(0.10)=Q(0.60)	0.29	0.16		3.51 *	5.05 **	
Q(0.20)=Q(0.70)	2.91 *	0.11		6.28 **	5.33 **	
Q(0.30)=Q(0.80)	3.18 *	0.12		7.47 ***	4.54 **	
Q(0.40)=Q(0.90)	3.00 *	0.54		6.11 **	2.76 *	

资料来源：* 、** 、*** 分别代表在1%、5%、10%的水平下显著（双尾）。

3.2.5 稳健性检验

1. 更改投资者情绪的计量

为保证回归结果的可靠性，借鉴已有文献（Goyal & Yamada，2004；花贵如等，2010），使用分解 Tobin' Q 方法来计量公司层面的投资者情绪。该方法的理论基础是 Tobin' Q 不仅包含了未来的投资机会，也包含着由于投资者情绪引致的股票错误定价。因此，我们将 Tobin' Q 对描述公司基本面的四个变量（股东权益净利率、主营业务收入增长率、资产负债率、规模）进行回归，同时控制行业和年度效应，最终以拟合值作为反映投资机会的基本 Q 的度量，并以该回归残差作为公司层面投资者情绪（SENT）的代理变量。变量定义同表 3.9。实证模型如下：

$$Q_{i,t} = \gamma_0 + \gamma_1 ROE_{i,t} + \gamma_2 Growth_{i,t} + \gamma_3 LEV_{i,t} + \gamma_4 Size_{i,t}$$
$$+ \sum INDUSTRY + \sum YEAR + \varepsilon_{i,t} \tag{3-4}$$

其中，残差项衡量投资者情绪 SENT。更改投资者情绪计量后的回归结果见表 3.17。

表 3.17 模型（3-2）全样本及分组后回归结果

变量	TLOAN	LLOAN	SLOAN	ΔLLOAN	ΔSLOAN
SENT	0.0072 ***	0.0041 ***	0.0027	0.0002 *	0.0006
	(4.52)	(4.31)	(1.40)	(1.83)	(1.35)
	投资者情绪高涨期				
SENT	0.0023 **	0.0011 *	0.0018	0.0016	0.0065
	(2.37)	(1.73)	(0.86)	(0.83)	(0.53)
	投资者情绪低落期				
SENT	0.0098 *	0.0062 **	0.0046 ***	0.0001	0.0002 ***
	(1.93)	(2.34)	(4.02)	(0.45)	(4.13)
Chow Test	5.27 **	4.22 **	差异显著	—	差异显著

由表 3.17 可见，稳健性检验结果与主回归基本一致，本节的结论是稳健的。

2. 更改投资者情绪高涨与低落组别的划分标准

使用公司层面投资者情绪，按照投资者情绪大于或小于中位数划分为高涨与低落组，重新进行分位数回归，回归后的结果见表 3.18。

表 3.18　　　　　模型（3−2）分位数回归重新分组后分位数回归结果

因变量	TLOAN		高涨—低落
Quantile	高涨期	低落期	Chow Test
0.10	0.0140 *** (2.73)	0.0046 (0.69)	差异显著
0.20	0.0338 *** (3.31)	0.0108 * (1.80)	1.83 *
0.30	0.0506 *** (5.26)	0.0263 ** (2.24)	3.51 ***
0.40	0.0609 *** (5.32)	0.0335 *** (2.62)	2.13 **
0.50	0.0503 *** (4.34)	0.0607 *** (3.29)	2.16 **
0.60	0.0569 *** (4.24)	0.0644 *** (2.93)	2.60 ***
0.70	0.0631 *** (4.06)	0.0755 *** (3.59)	2.64 ***
0.80	0.0425 * (2.15)	0.0905 *** (3.16)	3.75 ***
0.90	0.0319 (1.35)	0.1435 *** (3.23)	差异显著
Q(0.10) = Q(0.60)	11.70 ***	7.53 ***	
Q(0.20) = Q(0.70)	2.52	10.39 ***	
Q(0.30) = Q(0.80)	0.26	6.79 ***	
Q(0.40) = Q(0.90)	1.54	5.83 **	

资料来源：*、**、*** 分别代表在 1%、5%、10% 的水平下显著。

由表 3.18 的回归结果可见，与前述结果相同，在企业总借款的各个分位数上，投资者情绪高涨期和低落期对其均存在着较大的差异，低落期的回归系数更大，影响也明显更强。本节结论稳健。

3.2.6 研究结论、不足及政策建议

本节通过投资者情绪对企业信贷融资的非对称性影响来探究投资者情绪所带来的信贷顺周期效应。研究发现，高涨的投资者情绪增加了企业信贷融资，低落的投资者情绪抑制了企业的信贷融资，但低落情绪对信贷融资的抑制作用更强；从纵向上，按照2004~2015年12年的时间周期，将投资者情绪划分为高涨期和低落期，再分别将高涨期和低落期划分为上行组和下行组，发现在投资者情绪低落期下行组中，信贷融资与投资者情绪的正相关关系更加显著，回归系数更大，且与高涨期上行组存在显著性差异，投资者情绪的低落与下行对企业信贷融资的收缩拉动力更强；从横向上，按照企业信贷规模的大小划分为十分位，并进行分位数回归，发现在投资者情绪的低落期，分位越大，信贷融资对投资者情绪的敏感性越强，且系数与高涨期存在显著性差异，已有贷款规模越高的企业，高涨的投资者情绪对其信贷融资规模的影响越小，低落的投资者情绪对企业信贷规模的影响越大。充分证明了投资者情绪不同期间对企业信贷融资总额及不同规模信贷融资企业的非对称性影响。以所有权截面差异继续细分为国有组和民营组，发现投资者情绪对民营企业信贷融资的影响更为显著，尤其是投资者情绪低落或下行状态引起民营企业更大规模的信贷缩减，且已有贷款规模越大的民营企业，越会受到投资者情绪下行拉动力的影响。本节结论说明，投资者情绪的变化可通过影响微观企业信贷融资行为进而影响实体经济，并通过非对称效应影响信贷资源的配置，这些结论可为投资者非理性及公允价值会计所产生的顺周期效应以及维护资本市场的健康与稳定提供参考与借鉴。

本书也存在一些不足，特别的，投资者情绪与企业信贷融资之间可能存在着双向关系，考虑了相关内生性问题，并用自变量滞后一期进行了处理。同时，构建及使用的投资者情绪指标为市场层面整体的投资者情绪，在一定程度上屏蔽了微观上市公司资本结构变化对投资者情绪的影响。但更加系统清晰的二者因果关系研究是本书后续首要研究方向。

我国资本市场存在着相当一部分缺乏投资经验的个人投资者，非理性程度较高。针对本节结论，我们提出以下政策建议：第一，政府及相关部门应该加强对投资者理性预期的引导，避免投资者情绪在经济过热时期助长经济的虚假繁荣，而在经济低迷时期对本身资金匮乏的企业产生剧烈冲击，加剧市场整体经济状况的恶化和金融波动性。因低落情绪对信贷规模的拉动力更强，引导的力度也应有所侧重。该预期的引导是加强资本市场建设的关键，也是合理配置信贷资源，提升信贷配置效率的关键所在。第二，当投资者情绪高涨，贷款规模较大的企业可能很难通过信贷融资改变现有的融资规模，然而情绪低落期，贷款规模较大的企

业反而会受低落情绪更为显著的影响使之信贷规模更大程度的减少而变得更为困顿，因此该类企业应积极储备除银行信贷外的合理有效的筹资方案以应对资金需求的变化。第三，银行应建立完善科学的风险评价体系，增加逆周期资本缓冲、提高资本充足率，有效克服现有资本监管框架中的顺周期效应。同时，应充分利用信息优势和地位优势，综合分析上市公司股票价格波动的源泉，合理进行对企业的授信决策，发挥对企业的债务治理作用。最后，既然在投资者情绪的低落或下行周期中，民营企业受到的冲击更为明显，那么民营企业为缓解融资窘境就应该选择更多的替代性融资方式，如商业信用。同时，民营企业也应采取更为灵活的财务结构，以防范外部市场情绪波动风险的冲击。

3.3 投资者情绪、市场竞争与商业信用供给

3.3.1 引言

自 20 世纪 90 年度中期开始，行为财务学的理论与观点逐步被学者们所接受。越来越多的市场异象无法被标准金融学所解释，而我国复杂的制度背景、经济环境和市场条件为研究投资者非理性对企业投融资及其效果的影响提供了天然的实验室。基于"市场择时"理论，投资者情绪对企业股权融资、债券融资、信贷融资的影响均已积累了相对丰富的研究成果，但作为企业另一种融资方式——商业信用，却始终没有得到重视。陆正飞和杨德明（2011）认为，我国作为一个金融体系不太健全的发展中国家，商业信用对国民经济的支持，其至会超过银行贷款。现有研究考证了外部经济环境，特别是货币政策变更对商业信用的影响，但投资者情绪作为外部非理性因素，会影响到企业的各项融资决策。作为企业融资体系中的一部分，投资者情绪也会对商业信用产生重要的影响。

企业提供商业信用的对象和享受商业信用的对象是不同的，提供商业信用的对象是客户，商业信用供给的主要目的是为了维持与客户之间的关系，保持销路的畅通及销售量的稳定。已有研究发现，商业信用在较高的成本下仍被企业广泛采纳的原因就在于其是产品市场竞争的一项重要手段，且在竞争越激烈的环境下，企业越会较多地提供商业信用以避免客户选择可替代的供货源泉，越是商业信用投放能力很强的企业，越会将商业信用供给作为一项重要的市场营销工具。在投资者情绪高涨状态下，企业获取的各种融资资源均会增加，其是否也会随之增加对商业信用的供给呢？此外，企业想要在激烈的市场中生存并得以健康发展，就必须拥有自身的竞争优势。但目前我国不少企业管理与创新能力欠缺，产

业集中度过低，同行业竞争较强，与客户的谈判能力相对较弱。当企业面临不同市场竞争时，投资者情绪对商业信用供给的作用是否因其使用动机及能力的不同而产生差异呢？对这些问题的研究可以进一步解读投资者情绪对企业融资决策的微观传导机理。

本节在如下两个方面对现有文献进行了有益的补充：第一，股权融资、债券融资、信贷融资与商业信用是企业融资的四种可选方式。正如刘仁伍和盛文军（2011）所言，即便一个国家的社会信用环境和金融体系发展已经相当完善，由于企业和金融机构之间信息不对称的存在，仍会导致金融机构对企业的信贷配给不均，进而导致企业对商业信用的显著依赖。而现有研究在考察投资者情绪对融资方式选择的影响时，往往忽略了对商业信用的影响及其作用机理，本节力求为此作出增量贡献。第二，商业信用虽然是企业重要的经营性融资来源，但并非所有企业，在任何时点都可以根据自身的经营资金需求灵活地调整与运用商业信用。企业利用商业信用推动其经营活动的能力差异巨大。企业是主动地提供商业信用，将流动性让渡给客户？还是被动地不得不提供商业信用？即商业信用供给是否为对方企业恶意拖欠货款而获得的强制性信用会因市场竞争环境的不同而有所差异，本节不仅研究了投资者情绪对商业信用供给的作用机理，也加入了市场竞争这一调节因素，更深刻地阐述了其影响差异。

3.3.2 文献综述

1. 投资者情绪对企业融资行为的影响研究

贝克和斯坦（2004）将投资者情绪界定为资产价格的预期与资产实际价值的差或资产预期价格的系统性偏差。本节中，投资者情绪被界定为因投资者非理性行为而导致的股票价格长期和系统地偏离基本面价值，进而产生对资产价格的高估或低估。

早期成果不乏投资者情绪对融资的影响，按其作用渠道可分为：股权融资、债券融资和信贷融资。"利率择时"（Warusawitharana，2014）、"市场择时"等理论研究中均发现股权或债券融资情况与资产价格波动存在着密切关系，而投资者情绪便是造成资产价格偏离基本价值的波动源头。许多国家都选择在市值处于峰值时期进行首次公开发行（IPO），股权价值的高估伴随着债券价值的高估，企业便会利用市值被高估的股票或债券开展融资活动（Bradshaw et al.，2006）。股权分置改革后，股票的定向增发也成为企业重要的融资方式，马晓逵等（2012）以A股公司为样本，从投资者情绪角度采用事件研究法研究股票定向增发的宣告效应，发现当投资者情绪较高时，投资者情绪与增发累计的超额收益呈正相关关系。债券融资方面，朱迪星和潘敏（2012）发现理性经理人会考虑债务融资的择时，原因在于面对资产价值的升值，债权人对公司未来收益增长的预期也会随之提升。黄宏斌和刘志远（2013）将投资者情绪对融资的影响拓展到信贷渠道，发现企业信贷规模也会随着投资者情绪的增加而有所增加。崔丰慧等（2016）研究发现，宏观经济周期的波动影响企业的融资约束和规模，经济周期的变化引发投资者对经济前景信心的变化，投资者情绪的波动最终影响企业的融资行为。

2. 商业信用

20 世纪末期，货币政策执行效果不佳，引发诸多学者对商业信用宏观领域的关注，随后商业信用的微观动因研究逐渐盛行。微观研究领域形成了两条路径：

一是经营性动机（Business Movtivation）研究，该领域认为商业信用因能降低交易成本，实施价格歧视与提供产品质量保证被企业用作降低经营性成本的工具（Schwartz，1974；Ferris，1981；Lee & Stowe，1993）或是提升市场竞争力而作为市场竞争的工具（Fisman & Raturi，2004；Fabbri & Menichini，2010）。即经营性动机强调企业会出于节约经营性成本、实施价格歧视战略、提供质量担保、促进销售获取竞争优势等经营性目的而使用商业信用。屈耀辉和黄连琴（2012）在解答赊销战略萎缩之谜时对经营性动机作了检验。

二是融资性动机（Finacial Movtivation）研究，从融资渠道角度探索商业信用存在的理由，主要将商业信用与以银行为代表的正式融资渠道相比较，存在替代效应与互补效应两种主流观点。替代效应以融资比较优势理论、信贷配给理论为支撑：彼得森和拉詹（Petersen & Rajan，1997）认为，企业信用在信息获取、对下游企业的控制能力和资产挽回方面优于金融机构，意味着商业信用对于企业来说是融资成本较低的融资渠道。但也有学者指出，企业遭受信贷配给时可使用成本较高的商业信用（Stiglitz & Weiss，1981）。互补效应则以融资再分配、信号传递理论为基础：洛维等（Love et al.，2007）研究发现，上游企业银行信贷受限，下游的客户信用也随之减少。类似地，我国学者吴昊旻等（2017）也发现银行借款与商业信用供给呈显著的正向影响。且当货币紧缩时，融资更为便利的国有企业会以商业信用将资金转移到私有部门（李四海等，2015）。另一方面，马克西莫维奇和德米尔古昆特（Maksimovic & Demirguckunt，2016）发现，与金融机构相比，商业信用拥有显著的信息获取优势，借贷双方逆向选择的风险更小，信用的提供还能为获得更多银行贷款传递信号。江伟和曾业勤（2013）利用中国工业企业数据研究表示企业所获得的银行信贷随其提供的商业信用净额增长而增长，因为面对信贷歧视，企业向下游提供更多的商业信用是该企业销售紧俏和预计现金流充裕的体现，为银行信贷传递了良好的信号，同时，于博（2017）也比较了信号传递效应在产权性质之间的差异。

3. 文献述评

基于市场择时理论的投资者情绪对企业融资决策的影响研究得到了许多国内外学者的证明，也积累了一定的成果。但结合我国实际，在较长时期内，考察投资者情绪对上市公司商业信用供给的影响仍有待进一步的证明。同时，结合市场竞争环境，考察外部非理性因素，即投资者情绪对商业信用供给的影响也尚属空白，本书力求填补这一缺憾。

3.3.3 理论分析与研究假设

商业信用供给主要产生于企业之间的赊销活动，是商品和货币的流通在时间与地理空间上的分割，这种信用形式的提供有利有弊。违约率、现金折扣、后期收款成本等均体现为商业信用供给的成本，但支持企业经营、战略实施等优势往往会推动决策者去提供商业信用。企业在制定商业信用供给这项重要的财务决策时，均会考虑到使用的动机、供给意愿和资金能力三个要素。以往的研究主要集中于动机研究（包括经营性动机和融资性动机）和资金能力研究（包括金融市场发展状况、经济环境状况或金融危机等情形下对商业供给的影响），却忽略了对供给意愿的考察。而任何要素考虑的缺失所研究的行为过程都是不完整的。

本书认为，企业在制定商业信用供给决策时，均会考虑使用的动机、供给意愿和资金能力三个要素。即：出于什么目的使用商业信用？就现有客户的资信状况和将面临的商业信用风险是否愿意向其供应商业信用？是否有足够的资金支持商业信用的供给？原因在于：第一，企业可以为节约经营性成本以实现合理的资金安排、实施价格歧视战略、维系客户关系、促进销售、保持或扩大市场份额等动机而提供商业信用；第二，无论决策者出于何种动机提供商业信用，作为一种赊销活动都必定会关注应收账款的回收，因此在决策时会强调对客户过去和现在的资信及未来发展能力进行评价；第三，企业现有的财力资源必须予以支持。商业信用供给行为实质构成企业资金流动性的让渡，不仅失去资金的时间价值，还可能挤占资金影响正常经营，甚至有些研究证实商业信用的价格高于银行信贷，考虑到机会成本等因素，企业更愿意在有充足的现金流和较强的外部融资能力时才能更多地考虑商业信用的供给。因此，意愿和能力直接关系着决策的可行性。三个因素的共同作用才能引起商业信用供给行为的最终实施，本书后续即将分析投资者情绪如何通过决策的三要素对商业信用供给发挥相应的效应。

1. 投资者情绪对商业信用供给的影响——动机

无论是管理者对股东投资意向的理性迎合，还是自身非理性的乐观主义，还是各渠道的投资者在证券市场中形成的羊群效应，均会带来同一结果——随着投资者情绪的上升，企业的实体投资随之增加（Arif & Lee，2014；花贵如等，2011）。大量的资金通过资本市场或实体投资进入实体经济，拉动市场需求。而投资又在一定程度上提高社会生产能力，上中下游企业的生产与交易得以扩大，基于交易的商业信用也会产生相应的变化。随着企业之间买卖的越发频繁与交易规模的扩大，因商业信用能促进企业合理安排短期资金、为尚待树立形象或业务规模较小的企业产品提供担保，减少双方信息的不匹配以避免较多的逆向选择，亦能为有较多信息优势的企业提供价格歧视的平台等优势（Fisman & Raturi，2004；Fabbri & Menichini，2010），在市场需求普遍上涨的情况下，管理者有更强的动机将商业信用供给作为节约经营性成本的一种手段。

与此同时，一些较有实力的上游企业会扮演救世主的角色为维持价值链的运转而向下游企业以商业信用形式提供资金。相对劣势的卖方因缺少谈判能力和遭受行业竞争压力，即使融资成本较高，也只能无奈地向客户进行赊销，维持或提高市场份额（Fabbri & Klapper，2008）。然而，伴随着高涨情绪，旺盛需求的市场成为企业提供了保持或开拓市场的天然时机，商业信用也随之成为大多企业用于建立和维护新老客户关系并抢占和扩大市场份额的竞争战略手段。综上，投资者情绪会以各类投资渠道影响市场需求，触发企业产生更强烈的商业信用供给动机。

2. 投资者情绪对商业信用供给的影响——意愿

无论是已被证实的结论还是实际的信用决策管理过程，那些资信评价结果良好的客户均能获得较多的商业信用供给。客观地，顾客能否如愿获得供应商的信用授权很大程度上依赖其资信状态的评价制度和评价结果。较常用的"5C"信用评价系统（殷建红，2014）和现代信用评价制度都是较客观的信用评价方法。"5C"信用评价系统对企业以下几个方面进行考评，分别为客户品格（Character）、抵押担保能力（Collateral）、资产状况（Capital）、债务偿还能力（Capacity）和经营环境（Condition）。投资者情绪的上升带动股票价格上升，抵押资产和企业净财富价值升水，资产质量的状况、债务偿还能力与抵押担保以挽回损失的能力也相应有所加强。另一方面，公允价值计量方法引入我国会计准则，计量准则规定将金融资产变动部分计入当期收益或所有者权益。公允价值计量会与盈余管理联合使用（李文耀和许新霞，2015），各项指标无论在客观上还是管理者的主观迎合调整上，都会将投资者情绪对资产价格造成的波动放大于财务报表中，客户的资信考评就会在较大程度依赖于财务信息评价的信用审核制度中得以改善。

现代信用监测模型（Credit Monitor）原理是将公司的股权价格看作欧式看涨期权，以股权的市场价值、股票收益波动率、债务，对公司资产市场价值和资产的变动进行评估，进而计算违约概率。当资产预期的市值低于负债的面值，企业便存在失信的可能性（黄智杰，2013）。根据信用风险监测的原理，主要依赖于权益资产的市值及其波动等因素而计算违约率，而投资者情绪的波动致使资产价格变动，那么随着投资者情绪的高涨，受影响的资产、股票价格对企业资信评价、商业信用风险的预测产生的影响便更为直接。过度自信的上市公司高管随外界投资者情绪而使自信程度更加明显和突出（姜付秀等，2009），高涨的投资者情绪加强了高管的乐观与自信，使其高估未来的经营和盈利能力，低估信用风险，普遍看好客户的发展前景。

因此，随着投资者情绪的高涨，客户财务报表优化、各项相关指标得以改善。加上乐观情绪的上涨，供应商无论关注账款的回收、维系彼此长久的合作还是谋求预期的发展均能得到一定的满足，向下游供应商业信用的意愿也会随之增强。

3. 投资者情绪对商业信用供给的影响——资金能力

企业资金主要来源于内部积累和外部融资，除短期经营资金，即使普遍证实长期资金成本较高，商业信用所带来的优势仍会促使企业在融资约束得以缓解或资金更为富裕时提供更多商业信用。经投资者情绪成果的梳理，投资者情绪可通过以下三个渠道实现对企业资金能力的影响。（1）股权融资渠道，随投资者情绪上涨，股票价格普遍被高估，企业更偏向权益筹资，融资方都能以较低的成本、高溢价获取权益资金（Li et al.，2015，Baker & Wurgler，2006）。（2）债权融资渠道。当投资者情绪上涨，股票价格上升，担保品价值和净财富升水，企业资信改善，银行贷款意愿增强，信贷规模增加（黄宏斌和刘志远，2013）。类似地，随着投资者情绪的上涨，金融部门看好市场发展态势，经理人对贷款者评价更为乐观（kristle et al.，2016），管理者更愿意将受信企业视为理想的投资项目。同理，鲍希等（Bassi et al.，2013）已通过实证研究证实了处于乐观情绪的投资者具有更高的风险承受能力，愿意持有更多股票并降低投资回报期许。（3）管理者乐观渠道。当投资者情绪改善客户成长性，对客户的预期改观时，上游企业也乐于通过企业间长短期信贷等方式提供更多财务便利（朱迪星和潘敏，2012）。因此，经投资者情绪作用而优化的财务报表，改变企业成长性和收益性的预期，放贷者风险容忍度提升等，均能使企业从资本市场多渠道获得更多援助以满足自我资金需求，财务约束也得以宽松，保证商业信用供给的可行性（方明月，2014）。

综上，首先，随投资者情绪的上涨，对实体经济的投入改变市场供求，企业出于节约经营性成本、获取竞争优势而使用商业信用的动机增强；其次，企业资信评价机制也受相应影响，受信方资信状况和预期发展能力改善，供给意愿增强；最后，通过权益和负债等多条融资途径丰富了商业信用供应方的资金实力。投资者情绪分别通过动机、意愿和能力三要素共同刺激商业信用供给的增加。其作用机理见图3.17。

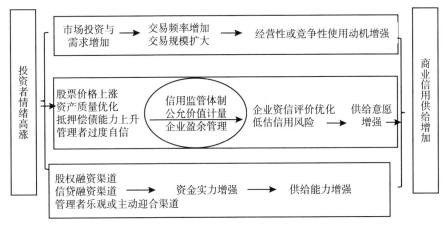

图 3.17 投资者情绪对商业信用供给的影响机理分析

基于此，提出假设 1：投资者情绪越高涨，企业商业信用供给越多。

商业信用的提供主要决定于供给方的态度，不管自身现金流是否充裕，只要供应商愿意供应，客户便会使用，商业信用成为下游企业最可能的低成本筹资渠道（石晓军等，2010），其中一种合理解释便是供给方将商业信用当作市场竞争的工具，即遵循市场竞争假说。商业信用成为市场竞争手段主要有以下两个方面因素：第一，主观因素。商业信用具有节约交易成本、实现价格歧视、提供质量保障等利于双方交易的优势，还有利于处于较强市场竞争的企业稳定客户关系、维系市场份额。第二，客观因素。我国大多数企业创新不足，产品差异较小，面临较强竞争的企业替代风险较高，议价能力较弱，如果不提供赊销，将会遭受客户转向其他供应商从而造成客户流失的风险，因此该类企业有更强的动机使用信用来挽留客户（Van Horen，2005），甚至抢占市场。反之，当供应商处于较弱的竞争市场，或者供应商集中度越高，议价能力较强，能与客户签订现销或回收期较短的合同，客户更换供货商的成本较高且选择较少，客户流失的可能性就较小，提供商业信用的动机会明显弱于面临强市场竞争的企业，总体上放贷规模更小，期限更短（马黎珺，2016）。从商业信用供给意愿上讲，市场竞争的强度和企业所处的地位必然对企业资信评价产生影响，相比较弱市场竞争环境，企业所处的市场竞争环境越激烈越残酷，越在乎自己的商业地位，越愿意使用商业信用的方式维护客户关系并抢占市场份额，企业商业信用的供给意愿就会越强烈；从商业信用供给能力上讲，市场竞争必然会影响企业对资金的使用，相比较弱市场竞争环境，企业所处的市场竞争环境越激烈越残酷，商业信用供给作为一种竞争手段就越会被加倍利用，企业会对此投入更大量的资金，以更多的商业信用供给作为市场竞争的强有力手段，从而增大商业信用的供给能力。

因此，随着投资者情绪的高涨，商业信用供给也随之增加，即使投资者情绪普遍改善了商业信用供给的动机、意愿和能力，但对于有着不同市场集中度的企业而言，因应对不同的竞争态势，使用商业信用的动机、意愿和能力均不同，导致商业信用供给增长的程度存在明显的差异。其逻辑推理见图3.18。

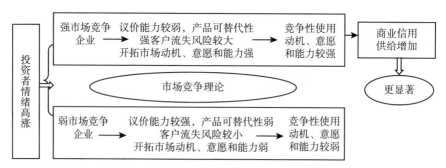

图 3.18 不同市场竞争下投资者情绪对商业信用供给的影响机理分析

基于此，提出假设2：同等条件下，与处于弱市场竞争的企业相比，投资者情绪上涨，强市场竞争企业的商业信用供给增长更显著。

3.3.4 实证设计与假设检验

1. 数据来源与处理

本节选取沪深两市 A 股上市公司 2008～2017 年相关数据进行研究。为获得更为准确和可靠的研究结果，对数据进行了以下处理：（1）剔除 ∗ST 和金融类上市公司；（2）剔除缺失数据和异常样本。最终得到上述上市公司近 10 年的面板数据，共 16906 个样本。以上数据均源自 CSMAR 及 WIND 等数据库并由 EX-CEL、STATA 等软件整理计算而得。为避免明显异常的样本值对实证产生影响，在回归前对所有连续变量进行缩尾（Winsorize，0～1%，99%～100%）。各年样本量统计见表 3.19。

表 3.19　　　　　　　　　　　　公司样本的年度分布

年度	2008	2009	2010	2011	2012	2013	2014	2015	2016	2017	合计
样本量（个）	1410	1463	1552	1766	1769	1771	1773	1772	1855	1775	16906

2. 变量定义

（1）投资者情绪。正如拉蒙特和斯坦（Lamont & Stein，2006）、易志高和茅宁（2009）都指出的，投资者情绪大部分都是系统性的、社会性的，而不是公司特定或独有的。因此，本书构建市场整体层面的投资者情绪来验证其对企业商业信用供给的影响。市场层面投资者情绪的构建思路效仿贝克和沃格勒（2006）文章中 BW 投资者情绪综合指数以及黄等（Huang et al.，2016）数据的构建过程，手工搜取从 2007 年 1 月 ~ 2017 年 12 月的封闭式基金折价（FENG）、市场交易量（TURN）、IPO 数量（LNIPON）、上市首日收益（IPOR）、消费者信心指数（CCON）和新增投资者开户数（LNNEW）6 个变量相关数据，该 6 个变量从不同侧面反映出中国股票市场投资者情绪变化。再运用主成分分析方法构建测度中国股票市场投资者情绪的综合指数 Sentiment，在此过程中，剔除了相关宏观经济因素（包括居民消费价格指数、工业增加值和宏观经济景气指数等变量）对 Sentiment 的影响。投资者情绪指标 Sentiment 的表达式为：

$$Sentiment_t = 0.224 \times FENGrsid_t + 0.586 \times TURNrsid_{t-1} + 0.279 \times LNIPONrsid_{t-1}$$
$$+ 0.132 \times IPORrsid_{t-1} + 0.489 \times LNNEWrsid_{t-1} + 0.201 \times CCONrsid_t$$

$$(3-5)$$

其中，* rsid 是各变量剔除宏观经济因素后的残差取值。由于 Sentiment 按照月度构建，因此，将每半年的投资者情绪指数加权平均作为投资者情绪的数值，并使用滞后一期的投资者情绪进行回归，即上年度后期的情绪更可能对企业本年度的商业信用供给决策产生影响。

稳健性检验部分采用 ISI 综合投资者情绪指数（魏星集等，2014）。ISI 综合情绪指数基于 BW 模型选取上市首日收益率、市场换手率等 6 项指标，在考虑了各指标对投资者情绪的反映的"提前"或"滞后"关系的基础上，利用主成分分析法构建的月度单位的中国市场投资者情绪。构建的模型为：

$$ISI = 0.64NA + 0.521TURN + 0.229CCI + 0.351DCEF + 0.227NIPO + 0.463RIPO$$

$$(3-6)$$

其中 NA、TURN、CCI、DCEF、NIPO、RIPO 分别表示新增开户数、市场换手率、消费者信心指数、封闭式基金折价率、新股发行数量和新股上市首日收益率。该数据来源于国泰安数据库。

（2）商业信用。遵循以往研究常用的衡量方法，利用（应收账款 + 应收票据 + 预付账款）/总资产的比值进行衡量。

（3）市场竞争。借鉴现有研究的做法，采用赫芬达尔指数（Herfindahl-Hirschman Index，HHI）来度量企业产品市场竞争，HHI 的计算公式为：$\sum (X_{i,t}/X)^2$，其中 X_i 代表某一企业某一年的销售收入；$X = \sum X_t$ 则为某一企业所处行业当年销售收入总额，而在此采用证监会 2012 版行业分类标准对样本所处行业进行划分。赫芬达尔指数能较好地测量产业市场集中度，数值越大表示企业所处行业集中度越高，市场竞争越小，反之数值越小，市场竞争越大。

稳健性检验中，参考菲斯曼和拉图里（Fisman & Raturi，2004）做法，利用当年同业企业数量的自然对数从另一角度对市场竞争程度进行衡量，值越大表示市场竞争越大，反之竞争越小。

（4）主要变量及其他变量设定见表 3.20。

表 3.20   变量定义

变量名	变量符号定义	变量名定义	计量方法
解释变量与被解释变量	Sentiment	投资者情绪	后半年月度情绪指数加权平均数
	ISI（稳健性）	投资者情绪	取自国泰安数据库并取自然对数
	AR	商业信用供给	（应收账款 + 应收票据 + 预付账款）/资产总额
	Ar（稳健性）	商业信用供给	应收账款/销售收入
分组变量	HHI	赫芬达尔指数	见上述公式
	Competition	市场竞争	本年度同行业企业数量总和的对数
控制变量（公司层面）	Tloan	银行信贷	长短期信贷总和/总资产
	Liq	流动性	流动资产/总资产
	Growth	成长能力	（本年营业收入 − 上年营业收入）/上年营业收入
	Ap	应付账款	应付账款/总资产
	Lev	资产负债率	年末账面总负债/年末账面总资产
	Roa	总资产报酬率	净利润/本年总资产
	Zf	配股或增发	当年参与配股或增发为 1，否则为 0
	Size	公司规模	总资产账面价值的自然对数
	Age	公司成立年限	截至本期末公司成立的年份数
	FD	地区金融发展水平	金融业市场化指数（参见王小鲁等，2016）
	Owner	所有权性质	国有为 1，民营为 0
控制变量（宏观层面）	Year	年度哑变量	共 10 个年度，9 个年度哑变量
	Id	行业哑变量	共 18 个行业，17 个行业哑变量①

① 本书中，行业是按照中国证监会《上市公司行业分类指引》（2012 年修订）的规定，去除金融行业 J 后，共有 18 个行业，因此 17 个行业哑变量。

3. 模型设计

由于公司商业信用供给可能会受到一些不随时间改变但在不同公司之间存在差异的不可观察因素的影响，以及对所有公司影响相同，但是随着时间变化的宏观经济冲击以及制度环境变化的影响，因此，在如下模型中分别控制了公司固定效应（γ_i）和时间固定效应（γ_t）。

$$AR_{i,t} = \gamma_i + \gamma_t + \alpha_1 \times Sentiment_{t-1} + \sum \alpha \times CONTROL_{i,t} + \varepsilon_{i,t} \qquad (3-7)$$

根据假设 1 的理论推导，可预测模型（3-5）中 α_1 的符号显著为正，即随投资者情绪的高涨，企业商业信用供给显著增加。但据以往研究成果，模型中部分控制变量系数符号存在不确定性，如企业规模（Size），规模较小的企业为给产品提供担保，树立品牌形象，开拓或维持市场份额，会出于竞争目的使用商业信用；相反，规模较大的企业因资金来源广阔、财务实力雄厚、管理能力较强周转快而有更强的能力向客户提供商业信用，该因素的回归系数符号无法准确判断。又如企业年龄（Age），在信息不对称的环境中，新成立的公司为开发客户或为自身产品品质释放信号时也乐于进行赊销（Van Horen，2005），但也有企业基于信用评价进行决策，而在信用体制不健全的背景下，供应商同客户长久的合作关系构成该制度重要考评标准，因此创立越久的企业赊销的可能性越大（Wilson & Summer，2002）。除外，其他控制变量符号同其他研究成果，预测银行贷款、成长机会、企业流动性等变量回归系数均为正，产权性质回归系数为负。

假设 2 验证上市公司所处行业的竞争程度对投资者情绪与商业信用供给的影响，验证不同市场竞争的主体，投资者情绪对商业信用供给的作用强度是否存在显著差异。按照赫芬达尔指数（HHI）的中位数将总样本划分为强和弱两个市场竞争组，然后采用模型（3-5）对两组样本分别实施回归分析。根据假设 2 的理论推导，预测强市场竞争组中投资者情绪对商业信用供给的促进作用显著强于弱市场竞争组，即 α_1 符号为正，且强市场竞争组系数显著大于弱市场竞争组，其他变量与上述估计一致。

3.3.5　实证结果分析

1. 描述性统计

表 3.21 为主要变量的描述性统计。首先，商业信用供给（AR）均值为15.5%，可见作为短期资产之一的应收账款占总资产的比重仍是较大的。因行业特性，商业信用最大值（0.531）与最小值（0.001）之间存在的较大差异是具

有一定可能性的，标准差为 0.120，结合均值中值来看，体现了商业信用在我国上市公司广泛的使用。投资者情绪（Sentiment）均值为 0.084，中值为 0.242，说明投资者情绪在 2008 ~ 2017 年期间高涨时期高于低落时期，与我国股市走势在一定程度上趋同，标准差为 0.463，说明投资者情绪具有一定的波动性。银行信贷与总资产的比（Tloan）均值为 17.3%，说明银行借款仍是企业重要的融资来源；最小值接近 0，最大值为 60.7%，标准差为 0.149，企业所获的信贷规模有着较大差异。赫芬达尔指数（HHI）均值为 0.067，标准差为 0.109，说明市场竞争状况差异较大，也为后续市场竞争分组的研究奠定相应的基础。

表 3.21　　　　　　　　　　　　　　主要变量描述性统计

变量	均值	标准差	最小值	中值	最大值	样本数
AR	0.155	0.120	0.001	0.130	0.531	16906
Sentiment	0.084	0.463	− 0.866	0.242	0.549	16906
Tloan	0.173	0.149	0.000	0.151	0.607	16906
Growth	0.214	0.652	− 0.646	0.102	4.670	16847
Liq	0.545	0.221	0.078	0.555	0.968	16906
AP	0.093	0.072	0.001	0.076	0.344	16906
Lev	0.489	0.216	0.051	0.491	1.065	16906
Age	2.759	0.374	1.386	2.833	3.367	16906
Size	22.142	1.352	19.087	22.018	25.951	16906
Zf	0.136	0.343	0	0	1	16906
Owner	0.523	0.499	0	1	1	16906
FD	7.555	1.778	− 0.300	7.730	10.290	16906
HHI	0.067	0.109	0.009	0.011	0.489	16906
Competition	5.821	1.465	2.079	6.697	7.365	16906

由皮尔森相关系数表 3.22 可见，投资者情绪（Sentiment）与企业商业信用供给在 5% 显著性水平上显著正相关，符合本节假设预期。但更精准的分析还需要借助多元回归来完成。除企业总贷款（Tloan）与企业资产负债率（Lev）之间的相关系数为 0.639，相关系数较高之外，其余变量之间的相关系数均小于 0.2，相关性较低，说明多元回归中不存在严重的自相关问题。而加入企业总贷款的原因在于控制贷款规模或信贷融资的方式对企业商业信用供给的影响。

2. 单变量检验

表 3.22

主要变量皮尔森相关系数

变量	AR	Sentiment	Tloan	Growth	liq	ap	lev	Size	Age	Zf	FD	Owner
AR	1											
Sentiment	0.015**	1										
Tloan	0.001	−0.055***	1									
Growth	−0.002	0.054***	−0.003	1								
liq	0.016**	0.029***	−0.247***	0.081***	1							
AP	0.041***	−0.006	−0.096***	0.018**	0.284***	1						
lev	0.022***	−0.037**	0.639***	0.033***	0.029***	0.332***	1					
Size	0.027***	0.091***	0.212***	0.044***	−0.078***	0.083***	0.305***	1				
Age	0.016**	0.105***	0.054***	0.018**	−0.083***	−0.029***	0.170***	0.131***	1			
Zf	0.003	0.004	−0.008	0.238***	0.014*	0	−0.039***	0.140***	0.015*	1		
FD	0.016**	0.058	−0.146***	−0.0100	0.128***	0.031***	−0.105***	0.114***	0.097***	0.033***	1	
Owner	−0.001	−0.025	0.106***	−0.052***	−0.152***	0.103***	0.180***	0.263***	0.146***	−0.039***	−0.188***	1

注：*、**、*** 分别代表在 1%、5%、10% 的水平下显著。

3. 多元回归及其结果分析

表 3.23 中，回归结果（1）、（2）分别表示在普通最小二乘和固定效应回归下，在全样本中，投资者情绪（Sentiment）对商业信用供给（AR）的影响。回归结果（1）中显示在控制了企业年龄、规模、盈利性、成长性和偿债能力等多方面因素后，投资者情绪对商业信用供给呈正向影响，相应系数为 0.468，并在 1% 水平上显著，验证了假设 1。该回归中，银行借款（Tloan）值为 0.070，结果显著，说明随着企业所获借款的增长，商业信用供应也随之增加，对商业信用与银行借款的互补性假说进行了佐证。应付账款与商业信用的供给呈显著的正向关系，说明企业融获的商业信用越多，提供的也越多，与法扎里和克拉珀（Fabbri & Klapper，2008）研究一致。同样，在固定效应回归中，投资者情绪（Sentiment）与商业信用供给（AR）也在 10% 显著性水平下显著正相关，假设 1 得证。

表 3.23　　　　　　　　　　　多元回归结果

变量	模型（3-5）						
	回归结果（1）	回归结果（2）	回归结果（3）				
	全样本 OLS	全样本固定效应	强市场竞争组 OLS	强市场竞争组固定效应	弱市场竞争组 OLS	弱市场竞争组固定效应	强—弱 Chow-Test
Sentiment	0.468 *** (5.184)	0.235 * (1.73)	0.499 *** (4.334)	0.142 ** (2.05)	0.397 *** (2.789)	0.350 (1.21)	8.64 *** (P = 0.0033)
Tloan	0.070 *** (5.210)	0.0634 (0.14)	0.068 *** (3.803)	-0.0551 (-0.22)	0.077 *** (4.310)	0.270 (0.31)	差异显著
Growth	0.006 *** (4.730)	-0.00507 (-0.09)	0.008 *** (4.128)	-0.00132 (-0.34)	0.004 *** (2.690)	-0.00789 (-0.09)	
Liq	0.189 *** (17.683)	0.208 (0.68)	0.234 *** (16.191)	0.902 *** (4.41)	0.163 *** (11.859)	-0.146 (-0.28)	
AP	0.439 *** (14.035)	4.174 *** (5.18)	0.467 *** (10.892)	0.451 (0.87)	0.441 *** (10.847)	6.554 *** (4.60)	
Lev	-0.052 *** (-4.474)	0.00573 (0.13)	-0.046 *** (-2.909)	-0.00550 (-0.10)	-0.055 *** (-3.569)	0.00920 (0.14)	

续表

变量	模型 (3-5)						
	回归结果 (1)	回归结果 (2)	回归结果 (3)				
	全样本 OLS	全样本固定效应	强市场竞争组 OLS	强市场竞争组固定效应	弱市场竞争组 OLS	弱市场竞争组固定效应	强—弱 Chow-Test
Size	−0.001 (−0.502)	0.157*** (3.21)	−0.002 (−0.894)	0.152*** (5.27)	−0.000 (−0.096)	0.170* (1.85)	
Age	−0.003 (−0.537)	0.304* (1.90)	−0.004 (−0.524)	0.334*** (3.61)	−0.013* (−1.922)	0.348 (1.14)	
Zf	−0.008*** (−5.735)	−0.0239 (−0.13)	−0.011*** (−6.077)	−0.0189 (−0.20)	−0.003 (−1.557)	−0.0368 (−0.10)	
FD	0.001 (1.285)	0.0436 (1.18)	0.002 (1.064)	0.0162 (0.83)	0.002 (1.448)	0.0681 (0.88)	
Owner	−0.010** (−2.466)	−0.188 (−1.39)	−0.009* (−1.723)	−0.238*** (−3.23)	−0.009* (−1.903)	−0.118 (−0.43)	
Ind	控制		控制		控制		
Year	控制		控制		控制		
个体固定		YES		YES		YES	
年份固定		YES		YES		YES	
N	16847	16832	8063	8879	8784	7953	
R^2	0.4348	0.039	0.4643	0.037	0.4352	0.032	

注：*、**、*** 分别代表在 1%、5%、10% 的水平下显著。

　　在回归结果（3）中，在控制其他影响因素后的 OLS 回归中，投资者情绪（Sentiment）对强和弱市场竞争企业的商业信用供给（AR）均在 1% 水平上产生显著影响，系数分别为 0.499 和 0.397，但通过邹至庄检验（Chow-Test），发现两组样本回归系数存在显著差异。这说明在其他同等条件下，企业因面临强烈的市场竞争环境，更有动机利用赊销作为市场竞争的工具。随投资者情绪的上涨，承受较大竞争压力的企业相应地对商业信用供给的刺激性更强，假设 2 得证。另外企业成长性（Grwoth）在强弱市场竞争下系数分别是 0.008 和 0.004，且显著，根据企业生命周期组织特征，处于成长期的企业通常面临着较大的市场竞争和较小的市场份额，因此将商业信用作为竞争手段的可能性也更大，该结论是对假设2做了进一步的支持。而强弱市场竞争组固定效应回归结果更进一步验证了本章假设2。在强市场竞争组，回归系数显著为正，但在弱市场竞争组却不再显著，足见投资者情绪对商业信用供给的影响受到市场竞争强弱的调节。

4. 进一步的分析

（1）企业截面特征的调节影响。因投资者情绪可以看作是宏观外部环境对企业使用和供给商业信用的影响，那么怎样的企业受到的影响更大呢？为考察企业的截面特征会对其产生的调节效应，选取两个重要的截面特征变量，即企业规模和负债水平，并分组进行了回归，回归结果见表3.24。

表3.24   企业截面特征调节效应

变量	大规模企业 AR	小规模企业 AR	负债少企业 AR	负债多企业 AR
Sentiment	0.638 * （1.92）	−0.0680 （−1.47）	0.159 * （1.94）	0.372 （1.29）
Tloan	1.053 （0.72）	0.202 （1.31）	0.169 （0.25）	−0.247 （−0.20）
Growth	−0.00789 （−0.10）	−0.00601 （−0.04）	−0.00588 （−0.02）	−0.00518 （−0.07）
Liq	−0.270 （−0.41）	0.478 *** （4.23）	0.760 *** （3.86）	−0.336 （−0.56）
AP	10.15 *** （4.83）	0.545 ** （2.10）	0.695 （1.52）	11.02 *** （5.71）
Lev	−0.234 （−0.19）	−0.00581 （−0.52）	0.00358 （0.15）	−0.0115 （−0.11）
Size	0.388 *** （2.67）	−0.0943 *** （−3.22）	0.126 *** （4.14）	0.243 ** （2.35）
Age	0.810 ** （2.22）	−0.00590 （−0.11）	0.162 * （1.77）	0.484 （1.30）
Zf	−0.0425 （−0.12）	0.0605 （0.83）	0.156 （1.40）	−0.240 （−0.62）

续表

变量	大规模企业 AR	小规模企业 AR	负债少企业 AR	负债多企业 AR
FD	0.118 (1.48)	-0.00784 (-0.62)	0.00150 (0.07)	0.0925 (1.20)
Owner	-0.306 (-1.04)	-0.0866 * (-1.90)	-0.238 *** (-2.87)	-0.0968 (-0.34)
cons	-12.48 *** (-3.57)	2.000 *** (3.17)	-3.317 *** (-4.80)	-7.728 *** (-3.22)
个体固定	控制	控制	控制	控制
年份固定	控制	控制	控制	控制
N	7734	9098	9254	7578
adj. R^2	0.035	0.034	0.035	0.034

由表 3.24 可见，相比较小规模的企业，大规模企业的商业信用供给受投资者情绪的影响更为显著。因为大规模企业的资金实力更强，普遍社会地位更高，更有动机、意愿和能力利用商业信用供给巩固自身的核心地位。同时，负债规模越少的企业，商业信用供给受投资者情绪的影响更为显著，这也从侧面证实了负债越少的企业，资金实力越雄厚，越有能力和意愿进行更多的商业信用供给。

（2）典型行业的单独考察——制造业。我国始终为制造业大国，制造业作为典型行业，耗费的生产资源和人力资本最多，生产工艺最为复杂，核心竞争力也最强。且制造业从采购、生产到销售，流程全面，对财务和库存等要求较高，极具代表性。制造业的生产工艺管理精细，研发工程管理繁琐，行业内竞争也较为激烈。因此，本节选取典型制造业来单独研究。

通过选取典型的行业——制造业，并采用相同的方法进行分析，发现制造业的商业信用供给受到投资者情绪的影响更为明显。同时，表 3.25 结果表明在该行业中，市场竞争较强企业的商业信用供给，在投资者情绪变化时表现出更为明显的波动。

表 3.25		制造业回归结果		
变量	全部制造业	全制造业固定效应	市场竞争弱	市场竞争强
Sentiment	0.138 ** (2.09)	0.181 *** (2.64)	0.001 (0.022)	0.141 ** (2.04)
Tloan	-0.00218 (-0.01)	0.0510 (0.17)	0.0799 * (1.77)	-0.0302 (-0.12)

续表

变量	全部制造业	全制造业固定效应	市场竞争弱	市场竞争强
Growth	-0.00346 (-0.24)	-0.00327 (-0.02)	0.00594 (0.79)	-0.00133 (-0.34)
Liq	0.870 *** (4.69)	0.536 (1.54)	0.268 *** (7.87)	0.908 *** (4.49)
AP	0.391 (0.82)	0.979 (1.13)	0.0696 (0.91)	0.450 (0.86)
Lev	0.00385 (0.06)	0.0101 (0.12)	-0.0235 * (-1.95)	-0.00269 (-0.04)
Size	0.138 *** (5.26)	0.367 *** (4.80)	-0.0354 *** (-7.23)	0.151 *** (5.29)
Age	0.308 *** (3.67)	0.569 ** (1.96)	0.0126 (0.84)	0.333 *** (3.60)
Zf	-0.0187 (-0.21)	-0.119 (-1.23)	-0.0111 (-0.61)	-0.0186 (-0.20)
FD	0.0173 (0.96)	-0.0485 (-0.61)	-0.00670 (-1.60)	0.0165 (0.85)
Owner	-0.219 *** (-3.26)	0.002 (0.035)	-0.0273 ** (-2.43)	-0.238 *** (-3.23)
cons	-4.098 *** (-6.83)	-9.325 *** (-6.63)	0.795 *** (7.14)	-4.457 *** (-6.73)
N	9649	9649	770	8879
adj. R^2	0.047	0.116	0.169	0.037

3.3.6 稳健性检验

1. 替换投资者情绪、商业信用供给和市场竞争三个指标

为检验回归结果的稳健性，我们对商业信用供给（AR）、投资者情绪（Sentiment）、市场竞争（HHI）3 个指标进行替代。回归结果（1）中同时将因变量、自变量替换为 ISI 综合指数及 Ar（应收账款/销售收入）。回归结果（2）中，同菲斯曼和拉图里（Fisman & Raturi, 2004）研究，以同行业企业个数的自然对数

来呈现行业的竞争态势以替代赫芬达尔指数，对数越大说明企业所处的行业竞争越激烈，反之越缓和。最后仍用模型（3－5）进行回归，对各变量系数符号的判断同主回归部分的预测，稳健性检验结果见表 3.26。

表 3.26　　　　　　　　　　　　　稳健性检验回归结果

变量	模型（3－5）（Ar）						
	（1）		（2）				
	全样本 OLS	全样本固定效应	强市场竞争组 OLS	强市场竞争组固定效应	弱市场竞争组 OLS	弱市场竞争组固定效应	强—弱 Chow-Test
ISI	0.021 *** (14.185)	0.00363 (1.53)	0.0145 *** (5.21)	0.0132 *** (4.51)	0.00234 (0.61)	0.00638 (1.13)	
Tloan	0.124 *** (3.292)	0.115 (0.41)	0.0128 (0.05)	0.113 (0.33)	0.186 (0.41)	2.628 ** (2.03)	
Growth	− 0.027 *** (− 5.855)	− 0.00488 (− 0.08)	− 0.00147 (− 0.37)	− 0.00190 (− 0.45)	− 0.00788 (− 0.09)	− 0.00125 (− 0.13)	
Liq	0.202 *** (9.170)	0.233 (0.77)	0.872 *** (4.32)	0.492 (1.26)	− 0.138 (− 0.26)	0.487 (0.36)	
AP	0.612 *** (6.956)	4.165 *** (5.17)	0.529 (1.01)	1.320 (1.33)	6.514 *** (4.57)	9.752 *** (3.90)	
Lev	− 0.023 (− 0.844)	− 0.00648 (− 0.12)	− 0.00959 (− 0.14)	0.0133 (0.15)	− 0.00558 (− 0.07)	0.0134 (0.15)	
Size	0.015 *** (3.227)	0.159 *** (3.30)	0.141 *** (4.96)	0.381 *** (4.37)	0.175 * (1.93)	0.445 * (1.69)	
Age	− 0.021 ** (− 1.994)	0.314 * (1.95)	0.285 *** (3.09)	0.434 (1.24)	0.359 (1.15)	1.565 (1.11)	
Zf	0.023 *** (3.568)	− 0.0216 (− 0.12)	− 0.0187 (− 0.20)	− 0.117 (− 1.12)	− 0.0374 (− 0.10)	− 0.0586 (− 0.13)	
FD	− 0.000 (− 0.111)	0.0443 (1.20)	0.0160 (0.83)	− 0.0226 (− 0.25)	0.0644 (0.83)	− 0.166 (− 0.49)	
Owner	− 0.076 *** (− 8.369)	− 0.192 (− 1.41)	− 0.229 *** (− 3.12)	0.003 (0.022)	− 0.118 (− 0.42)	0.002 (0.023)	

续表

变量	模型（3-5）（Ar）						
	（1）		（2）				
	全样本OLS	全样本固定效应	强市场竞争组OLS	强市场竞争组固定效应	弱市场竞争组OLS	弱市场竞争组固定效应	强—弱Chow-Test
Ind	控制		控制		控制		
Year	控制		控制		控制		
个体固定		YES		YES		YES	
年份固定		YES		YES		YES	
N	16832	16832	7965	7965	8882	8882	
adj. R^2	0.1678	0.003	0.010	0.002	0.053	0.238	

资料来源：*、**、***分别代表在10%、5%、1%的水平下显著。

稳健性检验的回归结果基本与主回归一致，说明本节的结论是稳健的。

2. 以公司商业信用供给差额 ΔAR 作为商业信用供给替代指标

由于商业信用供给具有黏性，在稳健性检验中，采用商业信用的年度变化 ΔAR 衡量商业信用供给，即公司本年度商业信用与上年商业信用之差。所得结果见表3.27。

表3.27　　　　　以 ΔAR 作为商业信用供给变量的回归结果

变量	模型（3-5）（ΔAR）						
	（1）	（2）	（3）				
	全样本OLS	全样本固定效应	强市场竞争OLS	强市场竞争固定效应	弱市场竞争OLS	弱市场竞争固定效应	强—弱Chow-Test
Sentiment	0.0161 *** (3.49)	0.0274 *** (5.74)	0.0235 *** (4.26)	0.0303 *** (5.27)	0.00758 (0.98)	0.0256 *** (3.25)	8.01 *** (P=0.0033)
Tloan	0.070 *** (5.210)	0.129 (0.32)	0.068 *** (3.803)	−0.0671 (−0.26)	0.077 *** (4.310)	0.520 (0.56)	差异显著

续表

变量	模型（3-5）（ΔAR）						
	（1）	（2）	（3）				
	全样本 OLS	全样本固定效应	强市场竞争 OLS	强市场竞争固定效应	弱市场竞争 OLS	弱市场竞争固定效应	强—弱 Chow-Test
Growth	0.006 *** （4.730）	-0.00292 （-0.46）	0.008 *** （4.128）	-0.00213 （-0.52）	0.004 *** （2.690）	-0.00317 （-0.34）	
Liq	0.189 *** （17.683）	-0.109 （-0.32）	0.234 *** （16.191）	0.617 *** （2.86）	0.163 *** （11.859）	-0.505 （-0.80）	
AP	0.439 *** （14.035）	4.311 *** （4.74）	0.467 *** （10.892）	0.149 （0.27）	0.441 *** （10.847）	7.134 *** （4.22）	
Lev	-0.052 *** （-4.474）	0.00975 （0.23）	-0.046 *** （-2.909）	0.0127 （0.17）	-0.055 *** （-3.569）	0.0173 （0.28）	
Size	-0.001 （-0.502）	0.189 *** （3.49）	-0.002 （-0.894）	0.168 *** （5.58）	-0.000 （-0.096）	0.211 * （1.95）	
Age	-0.003 （-0.537）	0.387 ** （1.99）	-0.004 （-0.524）	0.413 *** （3.97）	-0.013 * （-1.922）	0.451 （1.14）	
Zf	-0.008 *** （-5.735）	-0.0780 （-0.38）	-0.011 *** （-6.077）	-0.0451 （-0.45）	-0.003 （-1.557）	-0.134 （-0.29）	
FD	0.001 （1.285）	0.0566 （1.37）	0.002 （1.064）	0.0126 （0.62）	0.002 （1.448）	0.100 （1.09）	
Owner	-0.010 ** （-2.466）	-0.134 （-0.87）	-0.009 * （-1.723）	-0.199 ** （-2.56）	-0.009 * （-1.903）	-0.0289 （-0.09）	
Ind	控制		控制		控制		
Year	控制		控制		控制		
个体固定		YES		YES		YES	
年份固定		YES		YES		YES	
N	16847	15020	8063	8373	8784	6647	
R^2	0.4348	0.032	0.4643	0.036	0.4352	0.033	

注：* 、** 、*** 分别代表在 10%、5%、1% 的水平下显著。

由表 3.27 可见，以 ΔAR 作为商业信用供给变量，投资者情绪依然对其产生正向影响，说明本书结论是稳健的。

3. 以经公司营业收入标准化后的商业信用供给指标作为替代指标，并新增控制变量

以经公司营业收入标准化后的商业信用供给指标作为替代指标，即（应收账款＋应收票据＋预付账款）/营业收入（TAR）作为商业信用供给。同时控制企业的自由现金流 FCF，新增总贷款 ΔTLOAN，并控制国民生产总值增长率 ΔGDP 与宏观经济景气指数 MBCI，所得结果见表 3.28。

表 3.28　　　　　　更换商业信用供给指标及添加控制变量后的回归结果

变量	模型（3-5）（TAR）					
	（1）		（2）			
	全样本 OLS	全样本固定效应	强市场竞争组 OLS	强市场竞争组固定效应	弱市场竞争组 OLS	弱市场竞争组固定效应
ISI	0.0496 ** (2.17)	0.436 *** (3.35)	0.0794 ** (2.20)	0.434 ** (2.34)	0.0301 (0.91)	0.332 (1.64)
Tloan	0.425 * (1.82)	−0.278 (−0.34)	0.0183 (0.04)	−0.651 (−0.49)	1.070 *** (2.74)	−0.0587 (−0.06)
Growth	−0.00125 (−0.04)	−0.0199 (−0.54)	−0.0181 (−0.30)	−0.0332 (−0.52)	−0.0184 (−0.05)	−0.0182 (−0.49)
Liq	1.219 *** (6.19)	1.052 ** (2.41)	1.400 *** (4.27)	1.294 * (1.94)	1.165 *** (4.66)	1.009 * (1.67)
AP	0.990 * (1.93)	1.673 * (1.94)	0.118 (0.13)	1.563 (0.93)	1.344 ** (2.03)	1.667 (1.59)
Lev	0.00724 (0.22)	0.0419 (1.19)	0.0353 (0.21)	0.0651 (0.41)	0.00213 (0.06)	0.0330 (0.90)
Size	0.131 *** (4.14)	0.324 *** (3.55)	0.227 *** (4.81)	0.593 *** (4.02)	0.0370 (0.83)	0.185 (1.50)
Age	0.232 ** (2.01)	2.078 *** (4.02)	0.406 ** (2.43)	1.553 * (1.83)	0.0124 (0.08)	3.040 *** (3.73)
Zf	−0.00262 (−0.02)	−0.0568 (−0.46)	−0.0726 (−0.48)	−0.186 (−1.12)	0.0870 (0.48)	0.123 (0.64)

续表

变量	模型（3-5）（TAR）					
	（1）		（2）			
	全样本 OLS	全样本固定效应	强市场竞争组 OLS	强市场竞争组固定效应	弱市场竞争组 OLS	弱市场竞争组固定效应
FD	-0.0154 （-0.63）	0.135 （1.11）	-0.0211 （-0.66）	-0.105 （-0.59）	0.00526 （0.14）	0.506 *** （2.82）
Owner	-0.267 *** （-3.07）	0.001 （0.10）	-0.335 *** （-2.88）	0.001 （0.10）	-0.157 （-1.17）	0.001 （0.10）
△GDP	-0.0766 （-1.09）	0.0658 （0.73）	-0.0206 （-0.20）	-0.0923 （-0.76）	-0.0978 （-0.93）	0.257 * （1.89）
MBCI	-0.00898 （-0.02）	0.0151 ** （2.43）	-0.00558 （-0.70）	0.0133 （1.23）	0.00450 （0.55）	0.0273 *** （2.88）
△LOAN	0.236 （1.06）	0.221 （0.90）	0.127 （0.32）	0.0544 （0.12）	0.0734 （0.14）	0.771 （1.48）
FCF	$2.90e-11$ *** （2.94）	$3.15e-11$ *** （2.87）	$3.50e-11$ （1.58）	$3.76e-11$ （1.44）	$2.73e-11$ ** （2.35）	$2.84e-11$ ** （2.34）
Ind	控制		控制		控制	
Year	控制		控制		控制	
个体固定		YES		YES		YES
年份固定		YES		YES		YES
N	14383	14383	8043	8043	6340	6340
adj. R^2	0.126	0.131	0.128	0.137	0.125	0.165

注：*、**、*** 分别代表在 10%、5%、1% 的水平下显著。

由以上回归结果可见，以经公司营业收入标准化后的商业信用供给指标作为替代指标，即（应收账款+应收票据+预付账款）/营业收入（TAR）作为商业信用供给。同时控制企业的自由现金流 FCF，新增总贷款 ΔTLOAN，并控制国民生产总值增长率 ΔGDP 与宏观经济景气指数 MBCI 后，文章结论依然没有发生变化。投资者情绪正向影响企业商业信用供给，并且在强市场竞争组，这一效应更加显著。本节的结论是稳健的。

3.3.7 研究结论及政策建议

本节以 2008～2017 共 10 年沪深 A 股公司相关数据为支撑，验证了中国证券市场的投资者情绪对企业商业信用供给产生的影响，研究发现：投资者情绪通过作用于商业信用决策的三方面——使用动机、供给意愿和资金能力，从而对商业信用供给产生影响，随着投资者情绪的高涨，企业商业信用供给增加。同时，与处于弱市场竞争的企业相比，投资者情绪上涨，强市场竞争企业的商业信用供给增长更显著。在本节研究结论的基础上，我们会延续本节结论，进一步考察投资者情绪、市场竞争如何影响企业股权融资、债券融资、信贷融资和商业信用之间的替代关系，以使结论更加丰满。

根据本节研究结论，提出以下政策建议：

1. 政府对市场投资者情绪的引导有利于发挥商业信用正向激励作用并规避信用风险

作为企业信用管理手段，商业信用所带来的经营性优势已不用赘述，而作为融资手段，充分地发挥着弥补非正规金融制度、缓解企业融资约束、提高信贷资源配置效率、促进企业投资增长（黄兴李等，2016）等优势。但是，商业信用也可能成为企业恶俗性的竞争工具，积累潜在的信用风险，助长企业的过度投资，造成经济运行的扭曲和国家宏观经济调控的弱化。因此，研究投资者情绪与商业信用供给的关系，有利于寻找商业信用管理的突破口，发挥扬长避短的作用。中国资本市场起步较晚，政府对资本市场干预较为频繁，而投资者尚未建立成熟的投资理念，羊群效应程度较高，投资者情绪波动频繁。在本节结论下，商业信用供给波动自然也较大。融资融券（巴曙松和朱虹，2016）、媒体情绪、政策不确定性（靳光辉等，2016）等因素均会对投资情绪产生引导作用，因此政府都应引导中国资本市场向理性化、健康化的方向发展，在发挥投资者情绪正向作用的同时，避免投资者的过度自信，过分助长信用供给的增加，顺应经济波动的周期性，加大市场泡沫。同时，在政府部门为抑制过热的经济而采取政策进行调控时，也应顾忌投资者情绪与商业信用的正向促进作用而对政策效率产生的影响，避免事倍功半。

2. 企业应树立良性的竞争理念，政府职能部门应改善市场竞争的环境

相对国外市场，中国资本市场起步较晚，大多传统行业缺乏创新，核心竞争力不足，同质化产品生产占主流，少量的创新又受到市场替代品的威胁，一些起步较晚，规模较小、从事传统行业的企业仍遭受着较激烈的同业竞争。加上经济全球化理念的深入及我国的对外开放政策，外资的投入以及较为成熟的技术或工艺的引进，仍对国内企业产生较大的冲击。张新民等（2012）发现，正规金融的信贷与商业信用两种融资来源的"替代"在市场地位低的主体中不明显甚至不存在，反映了市场地位低的中小企业的融资困境。即使面临着融资困难，为缓解竞争态势，保持或是扩大销售份额，很多企业仍以商业信用作为竞争手段。若带来的收益能覆盖商业信用提供的成本，则能实现目的，否则会使企业再次陷入困境。因此，面临较强市场竞争的企业应从根源解决竞争局面，应以顾客需求为导向，深挖企业优势加强创新，注重经营管理理念和方针的调整。政府也应注重对市场竞争较为激烈行业的管理，加强对行业结构的调整，避免资源过分集聚，造成效率的低下。

3.4　基于投资者情绪视角的企业股权质押的时机选择与市场反应研究

3.4.1　引言

股权质押（Pledge of Stock Rights）是债务人或者第三人以其股权作为标的物移交给债权人，将其作为债权的担保，当债务人不履行债务时，债权人有权依法就该股权变价所得的价款中优先获得补偿的一种担保方式，其通常发生在股东急需流动资金而又无法变现股份的情况下。在实务中，银行或信托公司通过发行信托计划以获得投资人资金，随后将资金借给上市公司股东并收取利息，股东则把股权质押给银行及信托公司作为担保。股权质押最大的优势在于，可以在不丧失公司控制权的前提下，借助股权增加控股股东可使用的债务资源，将"经济存量"转化为"经济能量"，发挥其动用财务资源的杠杆性（王斌等，2013）。

2015 年年中，随着我国股市日渐升温，股权质押融资行为日益火爆。仅2015 年 5 月，就发生了 535 次股权质押，涉及上市公司 339 家，总共有 160.31亿股被质押，市值高达 3794.46 亿元（见图 3.9）①。

---

① 来自 WIND 数据库的资料显示，自 2009 年起，我国上市公司股权质押的交易次数突破千位，逐年上涨，并于 2015 年达到了 6787 次，被股权质押的上市公司数量也逐年增加。

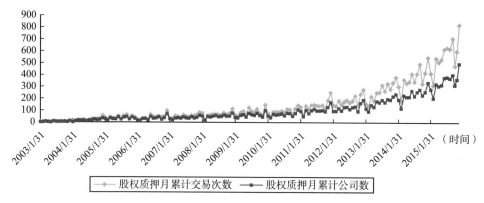

图 3.19　上市公司股权质押月度累计公司数及月累计交易次数

资料来源：作者绘制。

前有研究发现，由于股权质押传递出控股股东资金紧张等负面信息，恶化了投资者对控股股东财务状况的联想空间（艾大力、王斌，2012），很可能给企业带来不利影响，因此控股股东在选择股权质押融资时会非常谨慎；同时，股权质押一旦向社会投资者公告，很可能导致上市公司股价跳水，甚至恐慌性抛售股票等极端行为（郑国坚等，2014），引起二级市场的急剧反应。然而，与以往研究相悖的是，2013 年后，股权质押的数量和规模均急剧上升，且 2015 年进行股权质押的公司，股价走势明显强于大盘，进行股权质押的上市公司整体股价均有所上涨，通鼎互联和康强电子作为 2015 年 5 月涨幅最大的股权质押概念股，竟然分别上涨了 245.4% 和 201.39%[①]。为何原本应该谨慎为之的股权质押却连年增长并备受青睐？又为何股权被质押后，上市公司的股价急剧上涨？其背后有何推动力量？控股股东是否已经识别出这种力量以进行股权质押融资？

以往有关股权质押的研究大多集中于公司内部，基于公司治理的角度，以代理理论为核心，着重讨论控股股东股权质押对公司业绩及价值的影响，而对股权质押融资的时机选择，及其对二级市场反应的研究却存在着部分空缺。一方面，股权质押融资的质押物与上市公司股价密切相关，使得投资者情绪引起的价格涨跌牵动着控股股东质押融资的意愿；另一方面，对股权质押所融资金监管的模糊，对质押资金具体用途的隐蔽不披露，使得二级市场中的投资者无法辨别控股股东股权质押背后的真正动机，其市场反应也交织着更多的猜测与主观判断，从而使"投资者情绪"的作用在这个过程中得以充分体现。

本节在以下几个方面进行了有益的尝试：首先，结合外部投资者情绪状态及

①　数据来源：http://www.cs.com.cn/xwzx/zq/201506/t20150611_4733035.html。"跑赢创业板的神秘力量股权质押股 5 月平均涨幅 44%"。

公司治理特征差异，从市场反应的视角检验了投资者，特别是中小投资者对控股股东股权质押融资的市场反应，为股权质押的经济后果研究提供了新的证据。其次，投资者行为偏差是否影响股票市场对公司特定消息的反应是一个长期争议的问题（蒋玉梅、王明照，2010），在有效市场框架下，投资者心理因素不会影响公司行为的市场反应，而本章结论再一次证明了投资者情绪作为投资者的心理偏差对上市公司股权质押公告所带来的影响。同时，通过结合投资者情绪与上市公司治理特征，也证实了投资者的有限理性。最后，徐寿福等（2016）发现，大股东融资决策具有股票市场和信贷市场的双重择时，利用市场层面投资者情绪从时间序列角度对其提供了进一步的解释，为股权质押的影响因素及市场反应研究作出增量贡献。

本章余下的部分内容如下：3.4.2 是文献综述，交代现阶段的研究现状及不足；3.4.3 是理论分析及研究假设；3.4.4 是实证设计与假设检验；3.4.5 为实证结果分析；3.4.6 为稳健性检验；3.4.7 为研究结论、不足及政策建议。

3.4.2　文献综述

现有关于股权质押的研究，主要围绕两个层面展开：第一，股权质押融资大部分属于控股股东行为，因此常与股东"掏空"或"套现"相联系，考察其对上市公司业绩与价值的负面影响（Yeh & Ko，2003；郝项超和梁琪，2009；申璐，2015）；第二，因为股权质押引入了质权人这一外部治理角色（谭燕、吴静，2013），强化了对上市公司的外部监督，因此会激励控股股东努力改善公司业绩，形成了股权质押的正面影响。

早期，基于委托代理理论，绝大部分学者认为股权质押融资会降低企业价值，因为委托代理理论中存在两类代理问题，第一类来自股东和高管层，第二类则来自大股东与中小股东（Lemmon et al.，2003）。基于第二类代理问题，大股东凭借着较小的现金流权即可拥有较大的控制权，两权分离程度越高，大股东与中小股东的利益越不一致，大股东越有动机侵害中小股东的利益，损害公司价值（Fan & Wong，2002）。而后的很多文献均从第二类代理问题出发，延续着两权分离的思路，认为股权质押是大股东"掏空"上市公司的极佳手段（黎来芳，2005），形成了股权质押消极派的观点。

叶和考（Yeh & Ko，2003）用控股股东表决权与现金流权偏离程度的大小和股权质押比例的高低来衡量控股股东对中小股东的财富剥夺倾向，发现大股东股权质押比例越高，控制权偏离现金流权的程度越大，对公司价值的侵占效应越强，公司的价值也就越低。李和叶（Lee & Yeh，2004）以大股东股权质押的比例来衡量公司治理的风险，发现控制权与现金流权的分离程度越大，大股东质押股权的比例越高，公司治理的风险越大，公司越有可能面临财务困境，导致价值降低。

在我国，郝项超和梁琪（2009）从最终控制人的角度出发，分析了股权质押影响公司价值的弱化激励效应和强化侵占效应，最终使企业价值下降。艾大力和王斌（2012）提出大股东进行股权质押如果未能按时还款，可能会面临失去控股权的风险，从而使得上市公司发展不稳定，引起了上市公司价值的变化，而且股权质押后资产负债率增加，增大了企业财务风险，控制权转移风险和财务风险都会对市场产生消极影响，只是程度的大小有待检验。

基于股权质押对企业价值的影响机理，郑国坚等（2014）从大股东占款角度阐述了股权质押与企业价值之间的关系，其发现股权质押会使大股东的财务状况受到约束，驱使大股东占用上市公司的资金，最终导致企业价值降低。但是当存在内外部监管的情形下，占款行为的发生将会减少。而李旎和郑国坚（2015）则引入了市值管理的概念，分析了在"市值管理"动机下，公司股价波动平稳，债权人更易于接受股东进行股权质押融资，且市值管理可以有效避免大股东进行利益侵占，这种效应随着大股东拥有股权比例的增大而显著增强。

然而，也有少部分的股权质押积极派认为，股权质押会改善公司的业绩，尤其民营大股东在质押股权后，因担心控制权转移风险，有更强激励来改善公司经营及业绩，所以股权质押对于企业绩效及价值的影响也有积极的一面。谢金贤（2001）研究了股权质押比例与公司绩效的关系，发现股权质押比率越大，经营绩效就会越低，但当控股股东质押股权时，其会努力改善自己的经营业绩，从而提升公司的价值。王斌等（2013）着重于从大股东自身行为出发也得出了股权质押积极派的结论，其认为股权质押引发的控制权风险转移可能会激励股东通过一系列的公司治理机制改善公司业绩，而不全是掏空，大股东（尤其是民营大股东）的财务行为可能日趋理性，即股权质押也会鞭策大股东改善公司业绩，提升公司价值。

综上，现有关于股权质押的研究还相对匮乏，围绕股权质押对公司绩效及企业价值的影响，其研究结论均未达成共识。同时，有关股权质押的研究存在三点有待完善之处。第一，大多文献在公司治理框架下，围绕股权质押之后是否会造成现金流权与表决权的分离，得出两种相反的观点：一种是股权质押后两权分离的状态促使大股东对中小股东的利益侵占而有损公司价值，另一种是股权质押后大股东在控制权转移风险约束下，努力经营，对公司绩效及价值产生正向影响。在此过程中，尚未出现将内外部治理环境相结合以检验股权质押经济后果的文献。第二，有关股权质押的目的，高兰芬（2002）总结有三个：投资目的（有投资机会）、投机目的（护盘或炒作股票）以及现金增资（质押股权取得资金买新股避免股权被稀释）。但股权质押融资到底是何目的必须根据质押融资后资金的用途以确定，但遗憾的是，由于现有制度未要求对股权质押融资后的资金用途进行披露，我们无从获知，因此限制了对股权质押背后真正动机的讨论。第三，正如艾大力和王斌（2012）所言，"股权质押对于市场来讲，到底是好消息还是坏消息，仍是个有待检验的命题"。而事实上，监管的模糊，大股东对股权质押资金的具体用途隐蔽不披露，均使得二级市场中的投资者无法辨别大股东股权质押背后的真正动机，其市场反应也交织着更多的猜测、遐想、主观判断，从而使"投资者情绪"的作用在这个过程中得以充分体现。正如股权质押对上市公司的业绩或价值影响并不能简单地归结为提升或降低，需要综合考虑股东性质、公司长期发展前景、所处市场环境等多方面因素，股权质押后的股价影响也是公司内外部因素交织后的综合反映，而通过市场反应的视角，通过考察二级市场投资者的集体判断和意向，则能够相对完整地检验股权质押的影响因素、时机选择及其经济后果，弥补现有研究的不足。

3.4.3　理论分析与研究假设

1. 投资者情绪与股权质押的时机选择

首先，正如"市场择时"理论所强调的，在股票市场非理性导致公司股价被过分高估时，理性的管理者应该发行更多的股票以利用投资者的过度热情；反之，当股票价格被过分低估时，管理者应该回购股票（Stein，1996）。上市公司可以选择在投资者情绪的高涨期，利用由情绪而带来的价格高估进行股权融资以增加股权融资规模或降低股权融资成本。股权质押融资虽属于从银行或金融机构等债权人处获得资金，带有债务融资的特征，但其质押物却为上市公司的股权，因此，其与股权融资一样受到资本市场非理性因素，即投资者情绪而带来的股价波动影响，同样存在着股票价格上涨后的时机选择。质押股权的价格高低直接决定了控股股东质押融资的意愿及能够从银行等金融机构融得的资金规模。在投资者情绪的高涨期，股票价格上涨，控股股东能够获得更多的质押融资。

其次，对于我国上市公司，控股股东往往能够通过股权质押融到以当时股价为计算基准的股权市值30%～50%的资金。当股价下跌时，控股股东必须通过增加质押股票数量、注入现金进行补仓等方式维持最低保证金比例，或者直接赎回（闻岳春、夏婷，2016）。如果控股股东不能满足保证金要求，质权方就会在二级市场抛售股票强制平仓以收回贷款。控股股东选择股权质押的判断依据包括股东是否有融资需求、股票的价格是否存在高估或低估以及当前的市场是否处于牛市或熊市等。而投资者情绪本身在一定程度上代表着股票价格的高估或低估。根据行为金融理论，投资者的非理性和有限套利会使得股票价格短期甚至长期偏离其基本价值，即系统性的投资者情绪导致了股票价格的偏差。也正是基于此，代表着投资者非理性的投资者情绪几乎成为股票市场错误定价的代名词，贝克和斯坦（2004）甚至直接将投资者情绪定义为投资者对资产的错误估值。正因为资本市场中存在着错误估值的情形，因此，控股股东在投资者情绪高涨期，资本市场股价高企时进行股权质押融资，相比在投资者情绪低落期，即股价被低估时用同样的股权数额进行的股权质押融资能够获得相对更大的融资规模。即使控股股东基于投资者情绪在高涨时择时质押，面临着投资者情绪回落，股价降低所带来的较高平仓风险，也可通过对未被质押的股权进行补给或将未质押股权变现注资而规避平仓风险。因此，在股价被高估时，择时进行股权质押融资，成为控股股东的理性选择。

最后，已有研究发现，上市公司控股股东股权质押行为会向投资者传递出资金短缺的信号，带来企业资金周转困难，财务状况恶化的负面现象，很可能给企业带来不利影响，因此，控股股东在选择股权质押融资时会较为慎重。而吴秉恩（2001）认为：控股股东如果对公司前景乐观，也会将股权质押来募集资金，以进行投资。因此，控股股东质押融资行为传递出对公司前景乐观的信心与信号。根据认知心理学理论，在情绪乐观时投资者对于消息的反应更积极，其对事物的评价会更加乐观，而在悲观时却更消极，表现出更多的担忧与顾虑（Cooper et al.，2005）。同样，行为金融理论也发现，情绪高涨期投资者的估计偏向乐观而低迷期却偏向悲观（Mian & Sankaraguruswamy，2012）。因此，同样是股权质押行为，却更容易在投资者情绪的高涨期被解读为控股股东对公司前景乐观的积极信号。基于此，提出本节假设1。

假设1：投资者情绪与股权质押行为显著正相关。

2. 投资者情绪与股权质押的市场反应

就目前上市公司公布的股权质押公告看，披露的内容大部分涉及质权人、质押起止日、质押股数、累计质押比率等基本信息，而质押资金的具体金额、用途却不得而知，这不仅限制了投资者，特别是中小投资者对上市公司股权被质押后果的判断，而且为投资者提供了更大的"联想空间"，使得投资者的非理性因素，即投资者情绪在股权质押公告后的股价走势中发挥着重要的作用。投资者对股权质押公告的市场反应既包括理性分析，也涵盖了非理性情绪的干扰。理性分析与非理性情绪干扰共同决定了股权质押公告发布后上市公司的股票价格。

认知心理学理论认为，在情绪乐观时股票价格对于消息的反应更积极，其对事物的评价会较为乐观，而在悲观时却更消极，表现出更多的担忧与顾虑（Cooper et al.，2005）。同样，行为金融理论也认为，情绪高涨期投资者的估计偏向乐观而低迷期偏向悲观（Mian & Sankaraguruswamy, 2012）。现有研究发现，因市场反应的行为主体是二级市场投资者，投资者的情绪状态会直接导致不同的市场反应结果。如：孔东民和付克华（2005）发现，在不同的投资者情绪下，上市公司增发的市场反应会有所差异。基姆和比云（Kim & Byun, 2009）发现，投资者情绪与股票分割公告所引致的市场反应正相关，而与股票拆分的长期表现负相关。童盼和王旭芳（2010）认为，不同市场环境下公开增发市场反应的差异主要源于投资者情绪。因此，投资者情绪高涨期的乐观估计和低落期的悲观估计将导致股权质押公告在不同的投资者情绪状态下也形成不同的市场反应。

控股股东的股权质押传递了公司估值和未来前景的重要信息，投资者对股权质押信息的认知与感受，必然反馈于被质押公司的股票价格中，形成不同的市场反应。然而，同样的股权质押行为，却可能释放出截然相反的两种信号：第一，大股东对上市公司的预期乐观，以自身股权质押融得资金支持上市公司发展的积极信号；第二，大股东妄图侵占中小股东利益、以股权质押融资进行套现，损害上市公司价值的消极信号。投资者情绪高涨期，在投资者乐观预期的带动下，股权质押公告所释放的积极信号将成为主导，使得投资者忽略股权质押为上市公司带来的代理成本。而在投资者情绪的低落期，当投资者无法通过报表看到控股股东的财务信息时，股权质押公告更可能引起投资者对控股股东资金紧迫的负面遐想，带来消极的市场反应。

与此同时，股权质押所融资金的用途也是其市场反应的决定性因素。根据股权质押公告披露的有限信息，其可大致分为两类：用于上市公司经营或用于控股股东个人融资需求。然而，考等（2004）针对台湾股权质押的研究表明，很多控股股东基于自身需求而进行股权质押融资，用质押的资金购买上市公司股票以增强其自身控制权。控制权的稳固对上市公司战略的稳定、经营的有序无疑带来了积极的影响。因此，即使以个人融资需求为用途的股权质押融资，也可能在投资者情绪的高涨期产生积极的宣告效应。情绪高涨状态下的投资者更愿意对上市公司或控股股东的股权质押行为给予更乐观的评价和预期，对质押贷款的使用效益给予更乐观的估计，并将股权质押认定为控股股东的积极经营行为，促使股票价格上涨，形成更高的超额收益率。而当投资者情绪低落，悲观情绪较浓厚时，投资者会关注股权质押公告传递的消极信号和负面影响，从而形成较低的超额收益率。基于此，提出本节假设 2 和本节假设 3。

假设 2：股权质押公告的超额收益率与投资者情绪显著正相关。

假设 3：投资者对上市公司股权质押公告的反应在投资者情绪高涨期和低落期存在显著差异。

3.4.4 实证设计与假设检验

1. 样本选择

由图 3.19 可知，股权质押业务在 2013 年之前，一直保持着较平稳的发展趋势，但在此之后，则出现了显著增长。因此，本节以 WIND 金融数据库中 2013 年 1 月 1 日～2015 年 12 月 31 日之间发布股权质押公告的上市公司为研究对象，手工收集股权质押公告日的数据，并进行如下筛选：（1）由于股权质押公告日和业务发生日之间存在一定的时间差，为避免过多的噪音干扰，剔除股权质押业务发生日与业务公告日间隔超过 30 天的事件样本；（2）剔除采用市场模型估计时估计期交易天数不足 90 天的事件样本；（3）剔除 ST 及 ST＊类公司，以及公告日期前 30 天发生增发、大股东增持和减持、重组、兼并收购及股权变更等重大事项的事件样本。最终得到可供计算超额收益率的事件样本共 6291 个，回归检验中，剔除控制变量缺失的样本后，得到季度平均累计超额收益率的样本为 3787 个。本书所用财务数据和公司治理数据均来自国泰安数据库。

2. 研究设计

（1）股权质押行为的时机选择。为检验假设一，本节设定模型（3－8）、（3－9）和（3－10）从市场投资者情绪层面检验股权质押的择时行为。在模型（3－8）和（3－9）中，以月度质押总市值和月度质押总股数作为市场层面股权质押行为的代理变量，市场层面投资者情绪（SENT）为自变量，同时也控制了 6 个月～一年期短期贷款基准利率（LOAN）、采购经理指数（PMI）和"中经网"宏观经济景气指数（MACRO）等宏观经济变量的影响（徐寿福等，2016）。同时，为保证时间序列变量的平稳性，避免伪回归，以各变量的变化值进行回归。

$$\Delta MV_t = \beta_1 \Delta SENT_t + \beta_2 \Delta LOAN_t + \beta_3 \Delta PMI_t + \beta_4 \Delta Macro_t + u_t \quad (3-8)$$

$$\Delta NUM_t = \beta_1 \Delta SENT_t + \beta_2 \Delta LOAN_t + \beta_3 \Delta PMI_t + \beta_4 \Delta Macro_t + u_t \quad (3-9)$$

市场层面投资者情绪（SENT）的构建思路效仿贝克和沃格勒（2006）文章中 BW 投资者情绪综合指数以及易志高和茅宁（2009）CICSI 的构建过程，手工搜取从 2001 年 1 月～2015 年 12 月的封闭式基金折价（FENG）、市场交易量（TURN）、IPO 数量（LNIPON）、上市首日收益（IPOR）、消费者信心指数（CCON）和新增投资者开户数（LNNEW）6 个变量相关数据，再运用主成分分析方法构建测度中国股票市场投资者情绪的综合指数 SENT，在此过程中，剔除了相关宏观经济因素（包括居民消费价格指数、工业增加值和宏观经济景气指数等变量）对 SENT 的影响。月度投资者情绪与上证综指的走势对比见图 3.20。

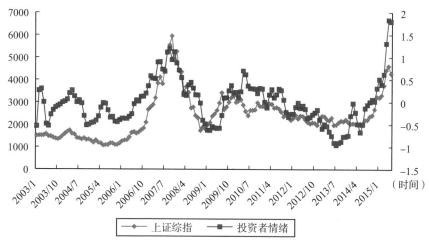

图 3.20 投资者情绪指数与上证综指走势对比

　　同时，本节以公司层面季度新增质押股数占总股数的千分比（CUMplg）和当季新增质押市值占公司总市值的千分比（MVplg）分别作为因变量，以市场层面的投资者情绪作为自变量，设定模型（3-10）

$$CUM_plg_{it}/MV_plg_{it} = \beta_1 SENT_t + \beta_2 CUM_plg_{it} + \beta_3 SIZE_{it} + \beta_4 LEV_{it} + \beta_5 GROW_{it}$$
$$+ \beta_6 SEPE_{it} + \beta_7 Shrcr1_{it} + \beta_8 TUNN_{it} + \beta_9 SOE_{it} + u_{it} \qquad (3-10)$$

　　根据假设1，预期模型（3-8）至模型（3-10）中 β_1 的系数均显著为正。

　　（2）股权质押行为的市场反应。累计超额收益率（CAR）的变量设定：借鉴麦克威廉姆斯（Mcwilliams，2011）、吴溪和张俊生（2014）的研究，采用市场风险调整法度量公司股权质押公告日附近的累计超额收益率，将股权质押公告日设定为事件日（t=0），公告日前一天至公告日后第五天设定为事件窗口期，公告日前120天至公告日前30天设定为估计期，见图3.21。超额收益率为实际收益率与期望收益率之差，计算公式为：$AR_{it} = R_{it} - (\hat{a}_{it} + \hat{\beta}_{it} R_{mt})$，其中，$AR_{it}$ 代表股票 i 在 t 时期的超额收益率，R_{it} 和 R_{mt} 分别是股票 i 和市场证券投资组合在 t 期的回报率（均考虑现金股利投资），R_{mt} 为股票 i 所属交易板块在 t 期基于流通市值加权平均计算的回报率。计算过程如下：①利用估计期的收益率估计出股票 i 的 α 和 β 值，计算出事件窗口期内的期望收益率；②依据上述公式计算出股票 i 的超额收益率 AR_{it}，再经由公式 $CAR(-1, 5) = \sum AR_{it}$ 计算出事件窗口（-1，5）内的累计超额收益率。描述性统计部分的 CAR 值代表公司 i 在样本期内发生的历次股权质押公告事件的累计超额收益率，而由于回归检验的各变量均采用季度数据，因此，累计超额收益率也采用季度平均值 ACAR，即当公司 i 在单个季度出现 N 次股权质押公告事件时，$ACR_{it} = \sum CAR_{it}/N$。

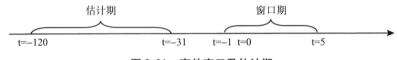

图 3.21　事件窗口及估计期

资料来源：作者绘制。

公司层面投资者情绪的变量设定：由于公司层面投资者情绪度量上的困难，参考罗德·克罗夫和维斯瓦纳坦（Rhodes-Kropf & Viswanathan，2004）、花贵如等（2010）的研究，分别以分解市值账面比（SENT_mb）和分解托宾 Q（SENT_q）作为公司层面投资者情绪的代理变量。①分解的市值账面比（SENT_mb）可由模型（3−11）来估计：MV_{it} 为公司 i 在 t 期末对数化处理的市场价值，SIZE 为对数化处理的总资产账面价值，$EARN_{it}$ 为公司 i 在 t 期的净利润绝对值，$I(I < 0)$ 为公司净利润为负时的示性函数，公司 t 期净利润为负时取 1，否则取 0。LEV 为公司负债率，通过模型（3−11）分行业分季度逐步估计出各公司的基础价值 BV_{it}，最终定义公司层面投资者情绪 $SENT\_mb_{it}$ 为 MV_{it} 和 BV_{it} 之差。②分解的托宾 Q（SENT_q）可由模型（3−12）来估计：Q_{it} 为公司 i 在 t 期的托宾 Q 值，分别对净资产收益率（ROE）、主营业务收入增长率（GROW）、资产负债率（LEV）和总资产规模（SIZE）这四个描述基本面的变量进行回归，该回归残差即为公司层面投资者情绪：$SENT\_q_{it} = Q_{it} - \hat{Q}_{it}$。

$$MV_{it} = \beta_1 SIZE_{it} + \beta_2 EARN_{it} + \beta_3 I_{(I<0)} EARN_{it} + \beta_4 LEV_{it} + u_{it} \qquad (3-11)$$

$$Q_{it} = \beta_1 ROE_{it} + \beta_2 GROW_{it} + \beta_3 LEV_{it} + \beta_4 SIZE_{it}$$
$$+ INDUSTRY + QUARTER + u_{it} \qquad (3-12)$$

为检验本节假设 2 和本节假设 3，设定模型（3−13），检验公司层面投资者情绪对上市公司股权质押市场反应的影响。在此过程中，控制了第一大股东累计未解除质押股份比例（CUMplg）以考虑控股股东相对质押程度的影响，同时也控制了两权分离度、大股东持股比例、大股东占款、最终控制人性质、公司资产规模及负债率等变量。各主要变量的定义见表 3.29。

$$ACAR_{it} = \beta_1 SENT - mb_{it}/SENT - q_{it} + \beta_2 CUMplg_{it} + \beta_3 SIZE_{it} + \beta_4 LEV_{it} + \beta_5 GROW_{it}$$
$$+ \beta_6 SEPE_{it} + \beta_7 Shrcrl_{it} + \beta_8 TUNN_{it} + \beta_9 SOE_{it} + u_{it} \qquad (3-13)$$

表 3.29　　　　　　　　　　　　变量定义

变量类别	变量符号	变量定义
被解释变量	ΔMV	市场层面月度新增股权质押市值增长率，$(MV_t - MV_{t-1})/MV_{t-1}$
	ΔNUM	市场层面月度新增股权质押股数增长率，$(NUM_t - NUM_{t-1})/NUM_{t-1}$
	CUMplg	公司层面季度新增质押股数占总股数的千分比
	MVplg	当季新增质押市值占公司总市值的千分比
	ACAR	公司层面股权质押公告超额收益率的季度平均值

续表

变量类别	变量符号	变量定义
解释变量	SENT	市场层面月度投资者情绪
	SENT_mb	基于分解市值账面比的公司层面投资者情绪
	SENT_q	基于分解托宾 Q 的公司层面投资者情绪
控制变量	SOE	虚拟变量，最终控制人性质为国有时取 1，反之为 0
	SIZE	公司资产规模，即公司资产总额取对数
	LEV	公司资产负债率
	GROW	营业收入增长率，（当前营业收入－上期营业收入）/上期营业收入
	SEPE	两权分离度，公司最终控制人的所有权与现金流权之差
	Shrcr1	公司第一大股东持股比例
	TUNN	大股东占款动机，其他应收款/上年末总资产

资料来源：作者整理。

3.4.5　实证结果分析

1. 主要变量描述性统计及分组检验

由表 3.30 可知，ΔMV 和 ΔNUM 的均值和中位数为正，表明样本期内上市公司控股股东在越来越多地进行股权质押。投资者情绪中值和均值均为负值，表明我国资本市场牛短熊长，投资者情绪低落期长于高涨期，这与已有研究一致。季度平均累计超额收益率均值为正，说明股权质押的市场反应总体为积极的。上市公司第一大股东平均将所持股份的 1/3 进行了股权质押，与徐寿福等（2016）的结果接近，同时，也发现个别公司大股东的质押比例已接近 100%。SENT_q 与 SENT_mb 的均值均为正，与样本期内剧烈波动的股市行情一致，其余各变量的描述性统计与现有研究相似。

表 3.30　　　　　　　　　　　主要变量描述性统计

变量	mean	p50	sd	max	p25	p75	min	N
ΔMV	0.002	0.036	0.400	0.972	−0.333	0.283	−0.643	36
ΔNUM	0.011	0.094	0.352	0.988	−0.233	0.232	−0.627	36
$\Delta SENT$	0.016	−0.005	0.084	0.221	−0.004	0.008	−0.026	36
SENT	−0.1516	−0.3981	0.7566	1.8335	−0.7257	0.0479	−0.9599	36

续表

变量	mean	p50	sd	max	p25	p75	min	N
MVplg	6.12	4.13	0.139	10.88	2.64	8.41	0.00	3630
CUMplg	324.72	294.10	223.28	944.02	181.37	482.55	144.24	3787
ACAR	0.010	0.000	0.080	0.427	-0.034	0.043	-0.305	3787
SENT_q	0.048	-0.180	1.391	6.380	-0.805	0.624	-3.700	3787
SENT_mb	0.043	-0.017	0.475	1.649	-0.299	0.330	-1.074	3787
SIZE	21.810	21.700	1.082	25.580	21.020	22.400	19.380	3787
LEV	0.420	0.401	0.214	0.944	0.249	0.580	0.029	3787
GROW	0.762	0.148	6.286	82.980	-0.286	0.662	-27.140	3787
SEPE	0.052	0.001	0.074	0.312	0.000	0.093	0.000	3787
Shrcr1	0.339	0.323	0.137	0.764	0.233	0.430	0.084	3787
TUNN	0.017	0.010	0.023	0.210	0.004	0.020	0.000	3787
SOE	0.087	0.000	0.282	1.000	0.000	0.000	0.000	3787

资料来源：作者计算。

由表 3.31 和图 3.22 可见，股权质押的超额收益在公告日（t=0）附近明显高于其他交易日，并且股权质押公告日后，超额收益率为正的样本显著增多。表 3.32 报告了累计超额收益率的描述性统计结果，在不同的事件窗口内，CAR 均显著为正，表明股权质押事件公告带来普遍正向的市场反应。进一步地（见表 3.33），以市场层面投资者情绪中位数对样本划分为高涨期与低落期，情绪高涨期的 CAR 在事件窗（-1，1）、（-1，3）、（-1，5）及（-1，7）中均显著高于低落期。描述性统计的结果已初步证明本节假设 2 和假设 3，更进一步的分析有待回归研究的检验。

表 3.31 　　　　　　　　**股权质押超额收益率描述性——按事件日**

事件日	N	Mean	T-test	正向超额收益率占比
-5	6192	0.0013	1.23	36.93
-4	6192	0.0008	1.98 **	39.33
-3	6192	0.0013	1.38	34.61
-2	6192	0.0017	2.55 ***	41.25
-1	6192	0.0023	2.28 **	44.87
0	6192	0.0026	2.03 **	45.95

续表

事件日	N	Mean	T-test	正向超额收益率占比
1	6192	0.0021	2.66 ***	46.28
2	6192	0.0022	4.03 ***	52.07
3	6192	0.0018	3.48 ***	54.15
4	6192	0.0020	4.25 ***	51.21
5	6192	0.0016	4.12 ***	50.69

注：＊、＊＊、＊＊＊分别表示在1%、5%和10%水平上显著。
资料来源：作者计算。

表 3.32　　　　　　股权质押超额收益率描述性统计——按窗口期

窗口期	N	Mean	T-test	正向超额收益率占比
（-1，1）	6192	0.0039	8.76 ***	48.80
（-1，3）	6192	0.0095	9.11 ***	49.55
（-1，5）	6192	0.0140	11.37 ***	50.61
（-1，7）	6192	0.0171	12.12 ***	51.09
（-1，10）	6192	0.0216	13.16 ***	51.63
（-1，20）	6192	0.0349	16.09 ***	53.62

注：＊、＊＊、＊＊＊分别表示在1%、5%和10%水平上显著。
资料来源：作者计算。

表 3.33　股权质押超额收益率描述性统计——投资者情绪高涨与低落期的对比

窗口期	情绪高涨期		情绪低落期		高涨—低落 T 检验
	mean	N	mean	N	
（-1，1）	0.0117	3560	0.0086	2731	0.0031 **
（-1，3）	0.0181	3560	0.0128	2731	0.0053 ***
（-1，5）	0.0255	3560	0.0198	2731	0.0057 **
（-1，7）	0.0273	3560	0.0203	2731	0.0070 **
（-1，10）	0.0297	3560	0.0274	2731	0.0023
（-1，20）	0.0374	3560	0.0335	2731	0.0039

注：＊、＊＊、＊＊＊分别表示在1%、5%和10%水平上显著。
资料来源：作者计算。

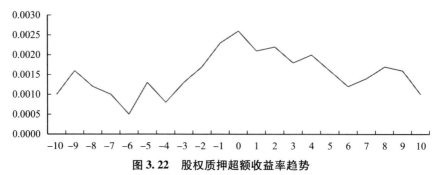

图 3.22　股权质押超额收益率趋势

资料来源：作者绘制。

2. 多元回归结果

（1）对假设 1 的实证检验结果。在采用最小二乘法对模型进行回归的过程中，由于采用的是时间序列数据，可能存在着未知形式的异方差和回归残差序列相关问题。为此，与采用经纽威和韦斯特（Newey & West，1987）异方差和自相关调整后的标准误来检验回归系数的显著性，通过设定纽威和韦斯特（1987）检验中的滞后期数为 1，得到的实证结果见表 3.34。

表 3.34　　　　　　　　　模型（3 – 8）和模型（3 – 9）的检验结果

系数	（1）	（2）	（3）	（4）
	ΔMV	ΔMV	ΔNUM	ΔNUM
ΔSENT	0. 004 *** (4. 11)	0. 010 *** (5. 09)	0. 008 *** (3. 88)	0. 012 *** (7. 26)
ΔLOAN		− 0. 775 (− 1. 30)		− 0. 314 (− 0. 79)
ΔPMI		0. 622 ** (2. 17)		0. 460 ** (2. 12)
ΔMacro		− 0. 123 (− 0. 44)		− 0. 052 (− 0. 81)
N	36	36	36	36
Adj – R^2	0. 008	0. 209	0. 081	0. 214

注：*、**、*** 分别表示在 1%、5% 和 10% 水平上显著。
资料来源：作者计算。

　　由表 3.34 市场层面投资者情绪与股权质押行为的回归结果表明，在控制了宏观经济变量后，股权质押行为与投资者情绪显著正相关，上市公司控股股东的股权质押行为表现出明显的择时倾向，支持本节假设 1。

　　同时，以公司层面季度新增质押股数占总股数（CUMplg）的千分比和当季新增质押市值占公司总市值的千分比（MVplg）分别作为因变量，以市场层面的投资者情绪作为自变量，用模型（3 - 10）进行回归，得到的回归结果见表 3. 35。

表 3. 35　　　　　　　　　公司层面股权质押与投资者情绪回归分析结果

系数	（1）	（2）
	CUMplg	MVplg
SENT	1. 072 ** （2. 07）	0. 355 *** （2. 98）
SIZE	- 0. 160 （ - 0. 61）	- 0. 286 （ - 0. 85）
LEV	1. 791 *** （5. 51）	0. 724 （0. 93）
GROW	0. 376 （1. 42）	0. 297 （0. 99）
SEPE	- 0. 369 （ - 0. 73）	- 0. 620 （ - 0. 75）
Shrcr1	- 5. 509 * （ - 1. 86）	- 5. 168 （ - 1. 36）
TUNN	2. 072 *** （4. 07）	- 0. 555 （ - 0. 51）
SOE	- 0. 160 （ - 0. 61）	- 0. 286 （ - 0. 85）
季度	控制	控制
行业	控制	控制
N	3685	3630
Adj - R^2	0. 126	0. 138

注：＊、＊＊、＊＊＊分别表示在 1%、5% 和 10% 水平上显著。
资料来源：作者计算。

　　实证结果表明：投资者情绪波动与上市公司控股股东的当季新增质押股数及当季新增质押股票市值均显著正相关，表明投资者情绪高涨时，控股股东倾向于更多的股权质押行为，从微观层面进一步证实了投资者情绪是控股股东质押行为的重要驱动因素，支持本节假设 1。

（2）对假设 2、假设 3 的实证检验结果。为验证假设 2 和假设 3，我们在公司层面进行了两阶段回归处理内生性问题，以 heckman 两阶段进行回归：第一步，以 SENT_mb、SENT_q、SENT 作为被解释变量，对各控制变量进行回归；第二步，将计算的逆米尔斯比率作为工具变量 IV，重新放入原模型中检验，研究结果（见表 3.36）发现，工具变量 IV 在各个模型中均与 ACAR 显著正相关，无论市场层面还是公司层面的投资者情绪均与股权质押公告的市场反应显著正相关，假设 2 得证。

表 3.36　　　　　　　　　　　　模型（3 - 13）的检验结果

变量	(1) SENT_mb	(2) ACAR	(3) SENT_q	(4) ACAR	(5) SENT	(6) ACAR
IV		0.093 ** (2.28)		0.182 * (1.92)		0.230 ** (2.05)
CUMplg	0.004 (0.42)	0.006 (0.82)	0.003 (0.28)	0.041 ** (2.10)	0.004 (0.46)	2.605 *** (2.71)
SIZE	0.438 (1.60)	0.213 (1.37)	- 0.198 (- 0.79)	0.039 (0.21)	- 0.218 (- 1.02)	- 0.265 * (- 1.78)
LEV	- 2.579 ** (- 2.15)	- 1.268 * (- 1.85)	- 0.519 (- 0.41)	- 0.110 (- 0.64)	- 0.639 (- 0.55)	0.509 *** (4.34)
GROW	0.003 (0.61)	0.007 * (1.91)	0.004 (0.74)	- 4.559 *** (- 5.78)	0.003 (0.44)	- 3.324 *** (- 3.65)
SEPE	0.454 (0.21)	0.714 (0.64)	0.304 (0.14)	0.279 *** (0.09)	0.620 (0.30)	0.171 *** (7.04)
Shrer1	- 0.973 (- 0.62)	- 0.822 (- 0.47)	- 0.743 (- 0.46)	- 0.957 (- 0.51)	- 0.316 (- 0.21)	0.245 *** (3.25)
TUNN	- 0.793 (- 0.73)	- 0.309 (- 0.42)	- 1.111 (- 0.94)	0.931 (1.07)	- 0.789 (- 0.71)	0.243 *** (4.59)
SOE	- 0.595 (- 1.18)	- 0.417 (- 0.95)	- 0.819 (- 1.55)	0.750 *** (3.72)	- 0.803 (- 1.47)	0.499 ** (2.48)
季度	控制	控制	控制	控制	控制	控制
行业	控制	控制	控制	控制	控制	控制
N	3787	3787	3782	3782	3787	3787
Adj - R^2	0.021	0.026	0.020	0.022	0.018	0.018

注：*、**、*** 分别表示在 1%、5% 和 10% 水平上显著，并在季度和公司层面进行了聚类处理。
资料来源：作者计算。

进一步地，我们将样本按照市场层面投资者情绪的中位数进行了分组，将高于中位数的时期定义为情绪高涨组，将低于中位数的时期定义为情绪低落组，将分组后的样本分别采用公司层面的投资者情绪进行回归。回归结果见表 3.37。

表 3.37　　　　　　　模型（3–13）在不同投资者情绪阶段的检验结果

变量	（1）	（2）	（3）	（4）
	高涨期	低落期	高涨期	低落期
	ACAR	ACAR	ACAR	ACAR
SENT_mb	2.245 *** (5.53)	0.434 (1.30)		
SENT_q			0.456 *** (3.41)	0.119 (0.83)
CUMplg	0.001 (0.08)	0.015 * (1.73)	0.001 (0.06)	0.015 * (1.73)
SIZE	0.696 *** (2.61)	−0.059 (−0.23)	−0.071 (−0.24)	−0.173 (−0.98)
LEV	−2.648 * (−1.69)	−0.436 (−0.95)	−0.223 (−0.12)	−0.078 (−0.38)
GROW	0.001 (0.20)	−0.000 (−0.02)	0.003 (0.72)	0.000 (0.25)
SEPE	0.962 (0.33)	0.007 (0.00)	0.944 (0.32)	−0.111 (−0.08)
Shrcr1	−2.775 (−1.53)	1.457 *** (3.18)	−2.447 (−1.28)	1.475 *** (3.50)
TUNN	−1.496 (−0.93)	0.218 (0.50)	−1.488 (−0.95)	−0.179 (−0.95)
SOE	−0.775 (−0.84)	−0.305 (−0.61)	−1.026 (−1.06)	−0.350 (−0.69)
季度	控制	控制	控制	控制
行业	控制	控制	控制	控制
N	2551	1236	2547	1235
Adj − R^2	0.028	0.033	0.027	0.032

注：* 、** 、*** 分别表示在 1%、5% 和 10% 水平上显著，并在季度和公司层面进行了聚类处理。
资料来源：作者计算。

表 3.37 中，第（1）、（2）列为以分解市账比（SENT_mb）为投资者情绪的检验结果，其显示在低落期，投资者情绪与 ACAR 正相关但不显著，但在高涨

期，投资者情绪与 ACAR 显著正相关。在第（3）、（4）列基于分解托宾 Q 为投资者情绪（SENT_q）的检验中，结果依然未发生变化，支持本节假设3，投资者对上市公司股权质押公告的市场反应在投资者情绪高涨期和低落期存在显著差异。

3. 基于公司治理特征的进一步讨论

现有股权质押的研究，大部分从第二类代理问题出发，延续着控制权与现金流权两权分离的思路，认为股权质押是大股东"掏空"上市公司的极佳手段（Lee & Yeh，2004；李旎、郑国坚，2015）。特别地，股权质押会使控股股东与上市公司的利益联合效应被弱化，而利益冲突被强化，驱使控股股东占用上市公司的资金，但是，当存在内外部监管的情形下，控股股东占款行为的发生将会减少（郑国坚等，2014）。那么，外部投资者是否能够甄别出上市公司的公司治理差异，以为不同治理水平下上市公司控股股东股权质押行为给予差异化的市场反应呢？基于此，本节以上市公司是否发生重大违规和控股股东掏空程度作为上市公司治理的代理变量，结合外部投资者情绪状态，分别检验上市公司公司治理水平的差异对股权质押公告发布后市场反应的影响。

对于有无违规的样本划分，本节借鉴周开国等（2016）的研究，若上市公司在样本期内最早的股权质押公告日之前3年内发生重大违规行为（不包括一般会计处理不当的情形），则将该公司划分为有违规样本，反之为无违规样本。表3.38结果表明，在有违规行为的样本中，投资者情绪对平均累计超额收益率的影响显著弱于无违规行为的样本。两组样本在全时间段（1）和（4）列、情绪高涨期（2）和（5）列的投资者情绪系数之间均存在显著差异，其 CHOW - TEST 的 Chi2 分别为 6.05 和 4.16，且至少在5%的水平上显著。这意味着，上市公司越无重大违规行为，公司治理水平越高，投资者越倾向于对股权质押行为给予正向的回馈，虽然股权质押公告的市场反应受到投资者情绪的影响，但其反应程度依然基于公司治理水平的好坏，验证了投资者行为的有限理性。

表 3.38　　　　　　　　对模型（3 – 13）基于是否违规的分组检验结果

变量	无违规样本			有违规样本		
	（1）	（2）	（3）	（4）	（5）	（6）
	全时间段	高涨期	低落期	全时间段	高涨期	低落期
	ACAR	ACAR	ACAR	ACAR	ACAR	ACAR
SENT_mb	2. 877 ***	3. 158 ***	0. 383	1. 185 **	1. 299 *	0. 229
	(6. 27)	(5. 50)	(0. 69)	(2. 31)	(1. 70)	(1. 31)
CUMplg	− 0. 000	0. 002	0. 015 **	0. 008	0. 001	0. 019
	(− 0. 01)	(0. 12)	(2. 19)	(0. 60)	(0. 03)	(1. 22)

续表

变量	无违规样本			有违规样本		
	（1）	（2）	（3）	（4）	（5）	（6）
	全时间段	高涨期	低落期	全时间段	高涨期	低落期
	ACAR	ACAR	ACAR	ACAR	ACAR	ACAR
SIZE	0.470 ** (2.39)	0.692 *** (6.64)	−0.133 (−0.28)	0.480 (0.98)	0.680 (1.04)	0.012 (0.20)
LEV	−3.700 *** (−2.93)	−3.440 (−1.60)	−0.277 (−0.21)	−2.640 * (−1.69)	−3.021 (−1.47)	−1.116 (−1.03)
GROW	−0.015 (−1.05)	−0.013 (−0.96)	−0.025 (−1.23)	0.005 (0.82)	0.007 (0.86)	0.000 (0.56)
SEPE	3.505 (1.30)	6.081 * (1.66)	−0.209 (−0.17)	−2.429 (−0.64)	−5.253 (−1.11)	1.420 (0.54)
Shrcr1	−1.142 (−1.02)	−2.440 * (−1.89)	2.555 ** (2.32)	−1.231 (−0.49)	−3.011 (−0.92)	1.073 ** (2.28)
TUNN	−1.444 (−1.00)	−1.596 (−1.01)	0.485 (1.20)	0.103 (0.17)	−1.318 (−1.33)	0.195 (0.40)
SOE	−0.324 (−0.50)	−0.358 (−0.38)	−0.039 (−0.07)	−0.438 (−0.56)	−0.987 (−0.57)	−0.765 (−0.99)
季度	控制	控制	控制	控制	控制	控制
行业	控制	控制	控制	控制	控制	控制
N	1704	1141	563	1587	1040	547
Adj − R^2	0.039	0.052	0.047	0.033	0.047	0.074

注：* 、** 、*** 分别表示在1%、5%和10%水平上显著，并在季度和公司层面进行了聚类处理。
资料来源：作者计算。

　　对于控股股东掏空程度的样本划分，本节借鉴姜付秀等（2015）的研究，利用上市公司与控股股东及其关联方进行的关联交易程度衡量，当关联交易总额占期初总资产的比例高于各年度行业均值时，将样本定义为控股股东掏空程度较高组，反之为控股股东掏空程度较低组。实证结果（见表3.39）表明，当控股股东的掏空程度较低时，股权质押公告所带来的异常收益率与投资者情绪显著正相关，但在掏空程度较高组，两者相关性较弱。投资者情绪的系数在全时间段（1）和（4）列、高涨期（2）和（5）列均存在显著差异，其 CHOW − TEST 的 Chi2 分别为4.88和7.05，至少在5%的水平上显著。这充分说明，尽管投资者情绪代表了投资者的非理性预期，会影响公司特定公告的市场反应，但投资者仍然能够识别出控股股东的股权质押行为是否以掏空上市公司为意图，进一步证明了投资者的有限理性。

表 3. 39　　　对模型（3-13）基于控股股东掏空程度的分组检验结果

变量	控股股东掏空程度较高组			控股股东掏空程度较低组		
	（1）	（2）	（3）	（4）	（5）	（6）
	全时间段	高涨期	低落期	全时间段	高涨期	低落期
	ACAR	ACAR	ACAR	ACAR	ACAR	ACAR
SENT_mb	0.016 * （1.70）	0.018 * （1.89）	0.011 （1.31）	0.020 *** （2.83）	0.025 *** （4.03）	0.016 * （1.71）
CUMplg	0.005 * （1.80）	0.006 * （1.66）	0.003 （1.07）	0.002 （0.69）	0.005 （1.42）	-0.003 （-1.21）
SIZE	-0.018 ** （-2.07）	-0.019 （-1.47）	-0.015 （-1.33）	-0.029 ** （-2.20）	-0.044 ** （-2.35）	-0.006 （-1.07）
LEV	0.000 （0.06）	0.000 （0.28）	-0.000 （-1.04）	-0.000 （-0.29）	-0.000 （-0.87）	0.000 （1.19）
GROW	0.005 （0.19）	0.016 （0.40）	-0.025 *** （-4.81）	-0.021 （-1.09）	-0.025 （-1.08）	-0.019 （-0.50）
SEPE	-0.012 （-0.94）	-0.014 （-0.91）	-0.007 （-0.25）	0.000 （0.02）	-0.014 （-0.89）	0.020 （0.75）
Shrcr1	0.042 （0.71）	0.049 （0.67）	0.014 （0.17）	0.074 *** （2.95）	0.087 *** （3.77）	0.100 ** （2.09）
TUNN	-0.004 （-0.80）	-0.006 （-0.80）	-0.004 （-1.07）	-0.008 （-1.35）	-0.003 （-0.35）	-0.015 *** （-4.92）
SOE	-0.055 （-0.51）	-0.348 （-0.41）	-0.033 （-0.07）	-0.438 （-0.56）	-0.987 （-0.57）	-0.765 （-0.99）
季度	控制	控制	控制	控制	控制	控制
行业	控制	控制	控制	控制	控制	控制
N	2106	1531	575	1586	980	606
$Adj-R^2$	0.028	0.035	0.044	0.044	0.064	0.070

注：*、**、*** 分别表示在1%、5%和10%水平上显著，并在季度和公司层面进行了聚类处理。
资料来源：作者计算。

3.4.6　稳健性检验

1. 更改累计超额收益率的计量——窗口和方法

考虑到市场风险调整法估计的超额收益率易受到估计窗口期和市场收益波动的影响，为保证结果的稳健性，将累计超额收益率的计算过程做如下调整：（1）将事件窗口定义为（-1, 3），重复上述检验，结果未发生变化；（2）将估计期调整为（-180, -31），基于不考虑现金分红再投资的个股和市场收益率计算超额收益率，重新检验，虽然若干变量的系数显著性降低，但依然支持本节结论；（3）采用市场指数法计算超额收益率，即直接将事件窗口期内的股票收益率减去所属市场的日收益率（均考虑现金分红再投资），重复上述检验后，结果基本保持不变。

稳健性检验结果之一：将事件窗口定义为（-1, 3），重复上述检验，结果未发生变化。

表 3.40 表明，不论是市场层面还是公司层面的投资者情绪，均同以窗口期（-1, 3）计算的 ACAR 显著正相关，与前面检验结果一致。

表 3.40　　　　　　对假设 2 的稳健性检验——事件窗口为（-1, 3）

变量	(1)	(2)	(3)
	ACAR	ACAR	ACAR
SENT_mb	1.927 *** (6.07)		
SENT_q		0.398 *** (3.78)	
ΔSENT			0.089 ** (2.13)
CUMplg	0.005 (0.61)	0.004 (0.47)	0.005 (0.70)
SIZE	0.454 * (1.83)	-0.167 (-0.71)	-0.186 (-0.94)
LEV	-2.221 ** (-2.21)	-0.212 (-0.19)	-0.330 (-0.32)

变量	(1)	(2)	(3)
	ACAR	ACAR	ACAR
GROW	0.001 (0.55)	0.002 (0.79)	0.002 (0.57)
SEPE	0.710 (0.32)	0.572 (0.26)	0.893 (0.42)
Shrcr1	−1.284 (−0.91)	−1.048 (−0.72)	−0.633 (−0.47)
TUNN	−0.611 (−0.64)	−0.885 (−0.86)	−0.608 (−0.61)
SOE	−0.553 (−0.98)	−0.777 (−1.32)	−0.765 (−1.26)
季度	控制	控制	控制
行业	控制	控制	控制
N	3787	3782	3787
Adj – R^2	0.021	0.020	0.018

注：*、**、*** 分别表示在 1%、5% 和 10% 水平上显著，并在季度和公司层面进行了聚类处理。
资料来源：作者计算。

表 3.41 显示，依据投资者情绪分组的检验中，两个公司层面的投资者情绪变量与累计超额收益率在情绪高涨期均显著正相关，而在低落期则不显著。

表 3.41　　　　　　对假设 3 的稳健性检验——事件窗口为（−1，3）

变量	(1)	(2)	(3)	(4)
	高涨期	低落期	高涨期	低落期
	ACAR	ACAR	ACAR	ACAR
SENT_mb	2.068 *** (5.94)	1.843 (1.16)		
SENT_q			0.330 *** (3.02)	0.714 (1.58)

续表

变量	(1) 高涨期 ACAR	(2) 低落期 ACAR	(3) 高涨期 ACAR	(4) 低落期 ACAR
CUMplg	0.000 (0.03)	0.013 ** (2.25)	− 0.001 (− 0.06)	0.013 ** (2.18)
SIZE	0.673 ** (2.46)	0.070 (0.30)	− 0.055 (− 0.19)	− 0.446 (− 1.50)
LEV	− 2.597 * (− 1.65)	− 1.441 *** (− 3.26)	− 0.294 (− 0.16)	0.190 (0.22)
GROW	0.000 (0.06)	0.006 (0.56)	0.001 (0.44)	0.007 (0.57)
SEPE	1.828 (0.56)	− 0.804 (− 0.23)	1.705 (0.52)	− 1.137 (− 0.31)
Shrcr1	− 2.513 (− 1.46)	1.032 (0.54)	− 2.232 (− 1.22)	1.394 (0.82)
TUNN	− 0.714 (− 0.51)	− 0.247 (− 1.30)	− 1.283 (− 0.82)	− 0.037 (− 0.16)
SOE	− 0.687 (− 0.74)	− 0.552 (− 1.45)	− 0.987 (− 1.02)	− 0.678 * (− 1.92)
季度	控制	控制	控制	控制
行业	控制	控制	控制	控制
N	2551	1236	2547	1235
Adj − R^2	0.028	0.033	0.027	0.032

注：*、**、***分别表示在1%、5%和10%水平上显著，并在季度和公司层面进行了聚类处理。
资料来源：作者计算。

表3.42依据是否违规进行的分组检验中，投资者情绪在无违规分组的影响系数显著高于有违规组样本，结论与前面基本一致。

表 3.42　对模型（3－13）基于是否违规的分组稳健性检验结果——事件窗口（－1，3）

变量	无违规样本			有违规样本		
	（1）	（2）	（3）	（4）	（5）	（6）
	全时间段	高涨期	低落期	全时间段	高涨期	低落期
	ACAR	ACAR	ACAR	ACAR	ACAR	ACAR
SENT_mb	2.827 ***	3.227 ***	2.021 *	1.141 ***	1.140 **	1.302 *
	(6.11)	(8.31)	(1.82)	(2.69)	(1.98)	(1.67)
CUMplg	0.003	0.000	0.004	0.007	－0.001	0.023 **
	(0.30)	(0.02)	(0.52)	(0.53)	（－0.04）	(2.23)
SIZE	0.463 **	0.750 ***	0.103	0.527	0.800	－0.024
	(2.27)	(3.97)	(0.65)	(1.21)	(1.29)	（－0.09）
LEV	－3.100 ***	－3.804 **	－1.701 **	－2.507 *	－3.229	－0.861
	（－2.77）	（－2.15）	（－2.09）	（－1.92）	（－1.59）	（－1.26）
GROW	－0.015	－0.017	－0.016	0.003	0.002	0.006
	（－1.27）	（－1.23）	（－1.37）	(0.91)	(0.88)	(0.51)
SEPE	3.752	5.287	－0.160	－2.250	－1.916	－1.184
	(1.51)	(1.54)	（－0.04）	（－0.60）	（－0.31）	（－0.29）
Shrcr1	－1.294	－1.864	－0.143	－1.612	－3.415	2.975
	（－1.16）	（－1.61）	（－0.05）	（－0.75）	（－1.19）	(1.61)
TUNN	－1.171	－1.554	0.106	0.148	0.568	－0.456
	（－0.94）	（－0.91）	(0.44)	(0.25)	(1.00)	（－1.44）
SOE	－0.268	－0.205	－0.836 ***	－0.457	－0.501	－0.703
	（－0.44）	（－0.21）	（－3.28）	（－0.43）	（－0.27）	（－1.42）
季度	控制	控制	控制	控制	控制	控制
行业	控制	控制	控制	控制	控制	控制
N	1704	1141	563	1587	1040	547
Adj－R^2	0.039	0.052	0.047	0.033	0.047	0.074

注：*、**、*** 分别表示在 1%、5% 和 10% 水平上显著，并在季度和公司层面进行了聚类处理。
资料来源：作者计算。

表 3.43 依据大股东掏空程度的分组检验中，投资者情绪在掏空程度较低组的影响系数显著高于掏空程度较高组样本，结论与前面基本一致。

表 3.43　　对模型（3－13）基于控股股东掏空程度的分组检验结果

变量	控股股东掏空程度较高组			控股股东掏空程度较低组		
	（1）	（2）	（3）	（4）	（5）	（6）
	全时间段	高涨期	低落期	全时间段	高涨期	低落期
	ACAR	ACAR	ACAR	ACAR	ACAR	ACAR
SENT_mb	0.015 * (1.81)	0.013 (1.11)	0.015 ** (2.39)	0.016 * (1.94)	0.029 *** (4.39)	0.011 (1.63)
CUMplg	0.005 * (1.80)	0.006 * (1.66)	0.003 (1.07)	0.002 (0.69)	0.005 (1.42)	− 0.003 (− 1.21)
SIZE	0.002 (1.16)	0.005 (1.55)	− 0.002 (− 0.89)	− 0.000 (− 0.03)	− 0.003 (− 0.29)	0.003 (0.69)
LEV	− 0.023 ** (− 1.98)	− 0.027 * (− 1.66)	− 0.013 (− 0.80)	− 0.016 (− 1.06)	− 0.014 (− 0.58)	− 0.015 (− 0.55)
GROW	0.000 (0.60)	0.000 (0.24)	0.001 (1.22)	− 0.000 (− 0.01)	− 0.000 (− 0.16)	0.000 *** (2.75)
SEPE	− 0.003 (− 0.15)	0.011 (0.42)	− 0.022 (− 0.84)	− 0.037 (− 1.02)	− 0.044 (− 0.69)	− 0.042 * (− 1.84)
Shrcr1	− 0.001 (− 0.15)	− 0.008 (− 1.01)	0.013 (0.46)	− 0.002 (− 0.12)	− 0.002 (− 0.11)	− 0.001 (− 0.05)
TUNN	0.057 (1.04)	0.055 (0.83)	0.043 (0.35)	0.030 (0.86)	0.042 (0.98)	0.023 (0.39)
SOE	− 0.006 (− 1.21)	− 0.002 (− 0.37)	− 0.017 *** (− 6.71)	0.005 (0.57)	0.013 (0.92)	− 0.007 (− 0.76)
季度	控制	控制	控制	控制	控制	控制
行业	控制	控制	控制	控制	控制	控制
N	2400	1641	759	1387	910	477
Adj－R^2	0.021	0.026	0.068	0.028	0.045	0.055

注：*、**、*** 分别表示在 1%、5% 和 10% 水平上显著，并在季度和公司层面进行了聚类处理。
资料来源：作者计算。

　　稳健性检验结果之二：将估计期调整为（− 180，− 31），基于不考虑现金分红再投资的个股和市场收益率计算超额收益率，重新检验，虽然若干变量的系数显著性降低，但依然支持本节结论。

表 3.44 表明，不管是市场层面还是公司层面的投资者情绪，均同以估计期（−180，−31）计算的 ACAR 显著正相关，与前面检验结果一致。

表 3.44　　　　　对假设 2 的稳健性检验——估计窗口为（−180，−31）

变量	(1) ACAR	(2) ACAR	(3) ACAR
SENT_mb	1.710 *** (5.34)		
SENT_q		0.370 *** (3.38)	
ΔSENT			0.058 ** (1.97)
CUMplg	0.006 (0.63)	0.005 (0.52)	0.006 (0.63)
SIZE	0.222 (1.00)	−0.326 (−1.49)	−0.337 * (−1.74)
LEV	−1.124 (−1.55)	0.644 (0.76)	0.540 (0.70)
GROW	0.002 (0.82)	0.003 (1.08)	0.002 (0.92)
SEPE	1.393 (0.73)	1.269 (0.68)	1.489 (0.81)
Shrcr1	−0.854 (−0.60)	−0.656 (−0.44)	−0.306 (−0.22)
TUNN	−0.705 (−0.78)	−0.969 (−1.01)	−0.697 (−0.76)
SOE	−0.870 * (−1.94)	−1.067 ** (−2.21)	−1.061 ** (−2.21)
季度	控制	控制	控制
行业	控制	控制	控制
N	3510	3510	3510
Adj − R^2	0.023	0.025	0.016

注：*、**、*** 分别表示在 1%、5% 和 10% 水平上显著，并在季度和公司层面进行了聚类处理。
资料来源：作者计算。

表 3.45 中，依据投资者情绪分组的检验中，两个公司层面的投资者情绪变量与累计超额收益率在情绪高涨期显著相关，而在低落期则不显著。

表 3.45　　　　　对假设 2 的稳健性检验——估计窗口为（-180，-31）

变量	（1）	（2）	（3）	（4）
	高涨期	低落期	高涨期	低落期
	ACAR	ACAR	ACAR	ACAR
SENT_mb	1.822 *** (5.23)	0.817 (1.36)		
SENT_q			0.309 *** (2.77)	0.107 (1.31)
CUMplg	0.002 (0.10)	0.014 ** (2.31)	0.001 (0.03)	0.014 ** (2.35)
SIZE	0.397 (1.40)	0.010 (0.05)	-0.238 (-0.80)	-0.470 * (-1.82)
LEV	-1.016 (-0.87)	-1.355 ** (-2.49)	0.992 (0.71)	0.164 (0.19)
GROW	0.001 (0.56)	0.006 (0.62)	0.002 (0.71)	0.007 (0.65)
SEPE	2.530 (0.97)	-0.312 (-0.10)	2.425 (0.94)	-0.623 (-0.18)
Shrcr1	-2.075 (-1.16)	1.117 (0.54)	-1.847 (-0.96)	1.454 (0.77)
TUNN	-0.955 (-0.73)	0.047 (0.22)	-1.540 (-1.12)	0.244 (1.15)
SOE	-1.219 * (-1.79)	-0.459 * (-1.67)	-1.484 ** (-2.05)	-0.576 ** (-2.40)
季度	控制	控制	控制	控制
行业	控制	控制	控制	控制
N	2423	1103	2423	1103
Adj - R²	0.028	0.041	0.026	0.044

注：*、**、***分别表示在 1%、5% 和 10% 水平上显著，并在季度和公司层面进行了聚类处理。
资料来源：作者计算。

表 3.46 依据是否违规进行的分组检验中，投资者情绪在无违规分组的影响系数显著高于有违规组样本，结论与前面基本一致。

表 3.46 对假设 2 的稳健性检验——估计窗口为 (−180，−31)

变量	无违规样本			有违规样本		
	(1)	(2)	(3)	(4)	(5)	(6)
	全时段	高涨期	低落期	全时段	高涨期	低落期
	ACAR	ACAR	ACAR	ACAR	ACAR	ACAR
SENT_mb	2.418 ***	2.796 ***	1.637	1.128 ***	1.040 **	0.711
	(5.20)	(6.68)	(1.39)	(3.12)	(2.30)	(1.13)
CUMplg	0.004	0.002	0.005	0.008	−0.000	0.025 **
	(0.38)	(0.14)	(0.62)	(0.56)	(−0.02)	(2.38)
SIZE	0.145	0.397	−0.055	0.396	0.587	0.050
	(0.66)	(1.59)	(−0.42)	(1.12)	(1.09)	(0.23)
LEV	−1.983 **	−2.298 **	−1.134	−1.490	−1.549	−1.304 **
	(−2.52)	(−2.11)	(−1.18)	(−1.43)	(−0.89)	(−2.32)
GROW	−0.014	−0.015	−0.019	0.004	0.003	0.007
	(−1.02)	(−0.94)	(−0.94)	(1.16)	(0.97)	(0.64)
SEPE	5.077 **	6.793 **	0.597	−2.207	−2.111	−1.028
	(2.12)	(2.23)	(0.16)	(−0.58)	(−0.35)	(−0.25)
Shrer1	−1.105	−1.732	−0.076	−0.669	−2.416	3.162
	(−1.03)	(−1.64)	(−0.03)	(−0.27)	(−0.70)	(1.60)
TUNN	−1.364	−1.872	0.333	0.244	0.519	−0.072
	(−1.15)	(−1.15)	(1.57)	(0.49)	(0.85)	(−0.21)
SOE	−0.626	−0.700	−0.945 ***	−0.768	−1.197	−0.178
	(−1.25)	(−0.89)	(−3.01)	(−0.77)	(−0.73)	(−0.44)
季度	控制	控制	控制	控制	控制	控制
行业	控制	控制	控制	控制	控制	控制
N	1697	1138	559	1577	1033	544
Adj − R^2	0.041	0.055	0.055	0.027	0.036	0.082

注：*、**、*** 分别表示在 1%、5% 和 10% 水平上显著，并在季度和公司层面进行了聚类处理。
资料来源：作者计算。

表 3.47 依据大股东掏空程度的分组检验中，投资者情绪在掏空程度较低组的影响系数显著高于掏空程度较高组样本，结论与前面基本一致。

表 3.47　　　　　　对模型（5）基于控股股东掏空程度的分组检验结果

变量	控股股东掏空程度较高组			控股股东掏空程度较低组		
	（1）	（2）	（3）	（4）	（5）	（6）
	全时间段	高涨期	低落期	全时间段	高涨期	低落期
	ACAR	ACAR	ACAR	ACAR	ACAR	ACAR
SENT_mb	0.009 ** (2.45)	0.009 * (1.65)	0.010 ** (2.24)	0.017 *** (3.58)	0.022 *** (3.72)	0.012 *** (2.76)
CUMplg	−0.023 (−1.18)	−0.027 (−1.06)	−0.013 (−0.80)	−0.016 (−1.06)	−0.014 (−0.58)	−0.015 (−0.55)
SIZE	0.001 (1.08)	0.001 (0.47)	0.002 (0.99)	0.002 (0.94)	0.005 (1.44)	−0.002 (−1.15)
LEV	−0.009 (−1.50)	−0.009 (−1.10)	−0.007 (−0.65)	−0.023 ** (−2.23)	−0.034 ** (−2.22)	−0.008 ** (−1.96)
GROW	0.000 (0.19)	0.000 (0.48)	−0.000 (−0.95)	0.000 (0.28)	−0.000 (−0.22)	0.000 ** (2.01)
SEPE	0.000 (0.01)	0.010 (0.29)	−0.027 (−1.50)	−0.025 ** (−1.98)	−0.032 (−1.36)	−0.017 (−0.87)
Shrcr1	−0.002 (−0.23)	−0.003 (−0.36)	−0.001 (−0.03)	−0.012 (−0.98)	−0.026 * (−1.66)	0.008 (0.43)
TUNN	0.044 (0.98)	0.041 (0.70)	0.035 (0.72)	0.084 ** (1.98)	0.069 (0.99)	0.124 ** (2.42)
SOE	−0.001 (−0.25)	−0.001 (−0.16)	−0.006 (−1.26)	−0.006 (−1.30)	−0.002 (−0.27)	−0.013 *** (−5.62)
季度	控制	控制	控制	控制	控制	控制
行业	控制	控制	控制	控制	控制	控制
N	2106	1531	575	1586	980	606
Adj − R²	0.013	0.017	0.052	0.043	0.062	0.077

注：* 、** 、*** 分别表示在 1%、5% 和 10% 水平上显著，并在季度和公司层面进行了聚类处理。
资料来源：作者计算。

稳健性检验结果之三：采用市场指数法计算超额收益率，即直接将事件窗口期内的股票收益率减去所属市场的日收益率（均考虑现金分红再投资），重复上述检验后，结果基本保持不变。

表 3.48 表明，不管是市场层面还是公司层面的投资者情绪，均同以市场指数法计算的 ACAR 显著正相关，与前面检验结果一致。

表 3.48 对假设 2 的稳健性检验——市场指数法计算超额收益率

变量	(1) ACAR	(2) ACAR	(3) ACAR
SENT_mb	0.381 *** (2.89)		
SENT_q		0.065 *** (2.62)	
ΔSENT			0.067 ** (1.99)
CUMplg	0.004 (0.48)	0.004 (0.50)	0.005 (0.56)
SIZE	0.026 (0.13)	−0.101 (−0.60)	−0.120 (−0.74)
LEV	−1.177 (−0.99)	−0.780 (−0.75)	−0.785 (−0.75)
GROW	−0.003 (−0.77)	−0.003 (−0.76)	−0.003 (−0.81)
SEPE	0.299 (0.11)	0.291 (0.10)	0.476 (0.17)
Shrcr1	−0.842 (−0.76)	−0.794 (−0.70)	−0.625 (−0.58)
TUNN	1.353 * (1.76)	0.594 (0.60)	1.353 * (1.84)
SOE	−0.389 (−0.52)	−0.425 (−0.55)	−0.418 (−0.54)

续表

变量	（1）	（2）	（3）
	ACAR	ACAR	ACAR
季度	控制	控制	控制
行业	控制	控制	控制
N	3917	3917	3917
Adj – R²	0.021	0.020	0.018

注：*、**、*** 分别表示在 1%、5% 和 10% 水平上显著，并在季度和公司层面进行了聚类处理。
资料来源：作者计算。

表 3.49 依据投资者情绪分组的检验中，两个公司层面的投资者情绪变量与累计超额收益率在情绪高涨期显著相关，而在低落期则不显著。

表 3.49　　　　对假设 3 的稳健性检验——市场指数法计算超额收益率

变量	（1）	（2）	（3）	（4）
	高涨期	低落期	高涨期	低落期
	ACAR	ACAR	ACAR	ACAR
SENT_mb	0.570 ** （1.99）	0.363 （0.47）		
SENT_q			0.408 ** （2.09）	0.296 （0.96）
CUMplg	– 0.004 （– 0.37）	0.017 ** （2.35）	– 0.005 （– 0.38）	0.017 ** （2.27）
SIZE	0.130 （0.47）	– 0.233 * （– 1.95）	– 0.002 （– 0.01）	– 0.406 （– 1.60）
LEV	– 1.794 （– 0.98）	– 0.045 （– 0.10）	– 1.400 （– 0.88）	0.467 （0.44）
GROW	– 0.006 （– 1.25）	0.010 （0.78）	– 0.006 （– 1.30）	0.010 （0.84）
SEPE	0.689 （0.15）	0.091 （0.03）	0.646 （0.14）	– 0.031 （– 0.01）
Shrcr1	– 0.996 （– 0.68）	– 0.143 （– 0.07）	– 0.883 （– 0.57）	– 0.046 （– 0.02）

续表

变量	(1)	(2)	(3)	(4)
	高涨期	低落期	高涨期	低落期
	ACAR	ACAR	ACAR	ACAR
TUNN	1.816 ** (2.09)	-0.102 (-0.20)	0.979 (0.58)	-0.315 (-0.83)
SOE	-0.458 (-0.37)	-0.543 (-1.36)	-0.506 (-0.40)	-0.578 * (-1.70)
季度	控制	控制	控制	控制
行业	控制	控制	控制	控制
N	2771	1202	2771	1202
Adj - R²	0.028	0.041	0.026	0.044

注：*、**、***分别表示在1%、5%和10%水平上显著，并在季度和公司层面进行了聚类处理。
资料来源：作者计算。

表 3.50 依据是否违规进行的分组检验中，投资者情绪在无违规分组的影响系数显著高于有违规组样本，结论与前面基本一致。

表3.50　对模型（3-12）基于是否违规的分组稳健性检验结果——事件窗口（-1，3）

变量	无违规样本			有违规样本		
	(1)	(2)	(3)	(4)	(5)	(6)
	全时段	高涨期	低落期	全时段	高涨期	低落期
	ACAR	ACAR	ACAR	ACAR	ACAR	ACAR
SENT_mb	1.402 ** (2.20)	1.731 *** (3.05)	0.708 (0.49)	0.721 (1.48)	1.005 * (1.80)	0.036 (0.83)
CUMplg	0.006 (0.47)	-0.001 (-0.04)	0.015 (1.34)	0.001 (0.15)	-0.009 (-0.71)	0.023 ** (2.16)
SIZE	0.015 (0.06)	0.138 (0.47)	-0.125 (-0.96)	0.063 (0.21)	0.225 (0.54)	-0.457 *** (-3.22)
LEV	-2.925 * (-1.86)	-4.115 * (-1.73)	-0.368 (-0.41)	-0.446 (-0.34)	-1.287 (-0.66)	1.149 (0.73)
GROW	-0.018 *** (-4.58)	-0.020 *** (-3.56)	0.006 (0.36)	0.001 (0.23)	-0.002 (-0.88)	0.009 (0.74)

续表

变量	无违规样本			有违规样本		
	（1）	（2）	（3）	（4）	（5）	（6）
	全时段	高涨期	低落期	全时段	高涨期	低落期
	ACAR	ACAR	ACAR	ACAR	ACAR	ACAR
SEPE	3.263 (1.04)	4.528 (0.94)	0.337 (0.08)	−2.459 (−0.62)	−2.456 (−0.36)	−0.579 (−0.17)
Shrcr1	−0.063 (−0.08)	0.300 (0.30)	−0.572 (−0.29)	−2.025 (−1.06)	−2.692 (−1.11)	0.635 (0.23)
TUNN	−0.218 (−0.18)	−0.089 (−0.04)	0.040 (0.02)	1.744* (1.94)	2.090** (2.03)	0.381 (0.12)
SOE	−0.035 (−0.05)	−0.069 (−0.06)	−0.698*** (−3.80)	−0.426 (−0.41)	−0.223 (−0.12)	−0.915 (−1.45)
季度	控制	控制	控制	控制	控制	控制
行业	控制	控制	控制	控制	控制	控制
N	1297	1038	759	1577	1033	544
Adj − R²	0.041	0.055	0.055	0.027	0.036	0.082

注：*、**、*** 分别表示在 1%、5% 和 10% 水平上显著，并在季度和公司层面进行了聚类处理。
资料来源：作者计算。

　　表 3.51 依据大股东掏空程度的分组检验中，投资者情绪在掏空程度较低组的影响系数显著高于掏空程度较高组样本，结论与前面基本一致。

表 3.51　　对模型（3 - 12）基于控股股东掏空程度的分组检验结果

变量	控股股东掏空程度较高组			控股股东掏空程度较低组		
	（1）	（2）	（3）	（4）	（5）	（6）
	全时间段	高涨期	低落期	全时间段	高涨期	低落期
	ACAR	ACAR	ACAR	ACAR	ACAR	ACAR
SENT_mb	0.002* (1.75)	0.004 (1.61)	0.003 (1.29)	0.017** (2.41)	0.013** (2.11)	0.015* (1.89)
CUMplg	0.004 (0.38)	0.002 (0.14)	0.005 (0.62)	0.008 (0.56)	−0.000 (−0.02)	0.025** (2.38)

续表

变量	控股股东掏空程度较高组			控股股东掏空程度较低组		
	（1）	（2）	（3）	（4）	（5）	（6）
	全时间段	高涨期	低落期	全时间段	高涨期	低落期
	ACAR	ACAR	ACAR	ACAR	ACAR	ACAR
SIZE	0.001 （0.29）	0.001 （0.47）	− 0.001 （− 0.36）	− 0.005 * （− 1.91）	− 0.002 （− 0.64）	− 0.010 *** （− 5.16）
LEV	− 0.008 （− 0.68）	− 0.012 （− 0.80）	0.005 （0.20）	− 0.010 （− 0.67）	− 0.031 （− 1.48）	0.024 *** （2.64）
GROW	0.000 （0.28）	0.000 （0.22）	− 0.000 （− 0.19）	− 0.000 （− 0.38）	− 0.000 （− 0.87）	0.000 （1.08）
SEPE	0.010 （0.37）	0.019 （0.50）	− 0.021 （− 1.13）	− 0.034 （− 1.37）	− 0.045 * （− 1.88）	− 0.021 （− 0.43）
Shrcr1	− 0.002 （− 0.13）	− 0.004 （− 0.20）	0.007 （0.40）	0.000 （0.01）	− 0.015 （− 0.81）	0.027 （1.09）
TUNN	0.030 （0.56）	0.036 （0.62）	− 0.003 （− 0.04）	− 0.001 （− 0.01）	0.015 （0.12）	0.039 （0.46）
SOE	− 0.007 （− 1.29）	− 0.009 （− 1.30）	− 0.008 （− 0.96）	− 0.012 ** （− 2.06）	− 0.012 （− 1.20）	− 0.014 ** （− 1.96）
季度	控制	控制	控制	控制	控制	控制
行业	控制	控制	控制	控制	控制	控制
N	2106	1531	575	1586	980	606
Adj − R^2	0.013	0.017	0.052	0.043	0.062	0.077

注：*、**、*** 分别表示在1%、5%和10%水平上显著，并在季度和公司层面进行了聚类处理。
资料来源：作者计算。

稳健性检验结果之四：更改投资者情绪低落期和高涨期的定义，即2013年第一季度至2014年第二季度为低落期，2014年第三季度至2015年第四季度为情绪高涨期，并以市场层面投资者情绪进行检验，表3.52中，（1）和（3）列的系数差异显著，CHOW检验中 Chi2 = 8.18，结果未发生变化，依然支持假设3。

表 3.52　　　　　　　模型（3－12）在不同阶段稳健性检验

变量	(1) 高涨期 ACAR	(2) 低落期 ACAR	(3) 高涨期 ACAR	(4) 低落期 ACAR
SENT_mb	2.166 *** (6.91)	0.645 ** (2.38)		
SENT_q			0.344 *** (2.81)	0.189 (1.46)
CUMplg	-0.002 (-0.16)	0.012 (1.51)	-0.004 (-0.24)	0.009 (1.36)
SIZE	0.677 ** (2.31)	0.001 (0.01)	-0.080 (-0.26)	-0.192 (-1.47)
LEV	-3.133 * (-1.72)	0.091 (0.23)	-0.736 (-0.36)	0.432 (1.23)
GROW	-0.000 (-0.17)	0.002 (0.58)	0.000 (0.23)	0.002 (0.76)
SEPE	1.936 (0.60)	1.564 (0.97)	1.796 (0.56)	2.010 (1.45)
Shrcr1	-2.465 (-1.27)	0.690 *** (4.33)	-2.174 (-1.07)	0.416 (1.48)
TUNN	-0.940 (-0.58)	-0.466 * (-1.76)	-1.594 (-0.90)	-0.439 * (-1.68)
SOE	-0.693 (-0.83)	-0.469 (-0.96)	-0.999 (-1.14)	-0.412 (-0.76)
季度	控制	控制	控制	控制
行业	控制	控制	控制	控制
N	2551	1236	2547	1235
Adj－R^2	0.028	0.033	0.027	0.032

注：＊、＊＊、＊＊＊分别表示在 1%、5% 和 10% 水平上显著，并在季度和公司层面进行了聚类处理。
资料来源：作者计算。

表 3.53　　　　　　　对模型（3-12）基于是否违规的稳健性分组检验结果

变量	无违规样本			有违规样本		
	(1)	(2)	(3)	(4)	(5)	(6)
	全时间段	高涨期	低落期	全时间段	高涨期	低落期
	ACAR	ACAR	ACAR	ACAR	ACAR	ACAR
SENT_mb	2.877***	3.356***	1.915*	1.185**	1.233*	1.280
	(6.27)	(8.63)	(1.85)	(2.31)	(1.92)	(1.33)
CUMplg	-0.000	-0.003	0.002	0.008	-0.003	0.027**
	(-0.01)	(-0.16)	(0.31)	(0.60)	(-0.18)	(1.98)
SIZE	0.470**	0.760***	0.096	0.480	0.817	-0.159
	(2.39)	(4.53)	(0.62)	(0.98)	(1.20)	(-0.36)
LEV	-3.700***	-4.455**	-2.139***	-2.640*	-3.687	-0.608
	(-2.93)	(-2.24)	(-3.66)	(-1.69)	(-1.54)	(-1.02)
GROW	-0.015	-0.017	-0.015	0.005	0.002	0.016
	(-1.05)	(-1.24)	(-1.11)	(0.82)	(0.68)	(0.50)
SEPE	3.505	5.770	-1.782	-2.429	-2.214	-1.046
	(1.30)	(1.55)	(-0.55)	(-0.64)	(-0.35)	(-0.25)
Shrcr1	-1.142	-2.074	0.646	-1.231	-3.268	3.536*
	(-1.02)	(-1.63)	(0.29)	(-0.49)	(-0.93)	(1.90)
TUNN	-1.444	-1.892	0.098	0.103	0.531	-0.388
	(-1.00)	(-0.94)	(0.36)	(0.17)	(0.86)	(-0.92)
SOE	-0.324	-0.224	-0.924***	-0.438	-0.432	-0.790
	(-0.50)	(-0.21)	(-3.71)	(-0.56)	(-0.29)	(-1.56)
季度	控制	控制	控制	控制	控制	控制
行业	控制	控制	控制	控制	控制	控制
N	1704	1141	563	1587	1040	547
Adj-R²	0.039	0.052	0.047	0.033	0.047	0.074

注：*、**、***分别表示在1%、5%和10%水平上显著，并在季度和公司层面进行了聚类处理。
资料来源：作者计算。

表 3.54　对模型（3 – 12）基于控股股东掏空程度的稳健性分组检验结果

变量	控股股东掏空程度较高			控股股东掏空程度较低		
	（1）	（2）	（3）	（4）	（5）	（6）
	全时间段	高涨期	低落期	全时间段	高涨期	低落期
	ACAR	ACAR	ACAR	ACAR	ACAR	ACAR
SENT_mb	0.002 * （1.72）	0.002 （1.50）	0.003 （1.49）	0.005 ** （1.98）	0.003 ** （2.39）	0.006 * （1.85）
CUMplg	− 0.013 （− 0.01）	− 0.017 （− 0.16）	0.022 （0.31）	0.038 （0.60）	− 0.003 （− 0.18）	0.056 * （1.98）
SIZE	0.001 （0.29）	0.001 （0.47）	− 0.001 （− 0.36）	− 0.005 * （− 1.91）	− 0.002 （− 0.64）	− 0.010 *** （− 5.16）
LEV	− 0.008 （− 0.68）	− 0.012 （− 0.80）	0.005 （0.20）	− 0.010 （− 0.67）	− 0.031 （− 1.48）	0.024 *** （2.64）
GROW	0.000 （0.28）	0.000 （0.22）	− 0.000 （− 0.19）	− 0.000 （− 0.38）	− 0.000 （− 0.87）	0.000 （1.08）
SEPE	0.010 （0.37）	0.019 （0.50）	− 0.021 （− 1.13）	− 0.034 （− 1.37）	− 0.045 * （− 1.88）	− 0.021 （− 0.43）
Shrcr1	− 0.002 （− 0.13）	− 0.004 （− 0.20）	0.007 （0.40）	0.000 （0.01）	− 0.015 （− 0.81）	0.027 （1.09）
TUNN	0.030 （0.56）	0.036 （0.62）	− 0.003 （− 0.04）	− 0.001 （− 0.01）	0.015 （0.12）	0.039 （0.46）
SOE	− 0.007 （− 1.29）	− 0.009 （− 1.30）	− 0.008 （− 0.96）	− 0.012 ** （− 2.06）	− 0.012 （− 1.20）	− 0.014 ** （− 1.96）
季度	控制	控制	控制	控制	控制	控制
行业	控制	控制	控制	控制	控制	控制
N	2103	1529	574	1584	978	606
Adj – R^2	0.025	0.036	0.039	0.034	0.063	0.072

注：* 、** 、*** 分别表示在 1% 、5% 和 10% 水平上显著，并在季度和公司层面进行了聚类处理。
资料来源：作者计算。

2. 更改投资者情绪高涨与低落周期的划分

改变投资者情绪高涨期与低落期的划分，按照市场行情波动特征将 2013 年第一季度至 2014 年第二季度划分为低落期，2014 年第三季度至 2015 年第四季度划分为高涨期，分别以公司层面和市场层面投资者情绪进行检验，结果未发生变化，依然支持假设 3。

稳健性检验的结果表明，本节的结论是充分可靠的。

3.4.7　研究结论、不足及政策建议

本节利用上市公司股权质押公告数据，基于投资者情绪视角，考察了控股股东股权质押的时机选择及股权质押公告披露后的市场反应。研究发现，股权质押行为存在明显的择时效应，投资者情绪的高低直接影响了控股股东股权质押融资的意愿和规模，投资者情绪与股权质押行为显著正相关；股权质押市场反应也与投资者情绪显著正相关，投资者情绪状态的不同是股权质押公告市场反应出现差异的重要原因。投资者对上市公司股权质押公告的反应在投资者情绪高涨期和低落期存在显著差异，在投资者情绪高涨期，投资者会偏向于股权质押所释放的积极信号，推动股价持续上涨，形成较高的超额收益，而在投资者情绪低落期却与之相反。与此同时，上市公司的公司治理特征差异会显著影响投资者对控股股东股权质押行为的判断，同样在投资者情绪的高涨期，投资者也仅仅愿意为没有发生过重大违规行为的上市公司、控股股东掏空程度较低上市公司的控股股东股权质押行为给予更高的溢价，充分证实了投资者的有限理性。

本书也存在一些不足。由于资料所限，我们无法获知控股股东在获得股权质押相应的贷款与资金后的具体用途，控股股东是将资金用于正常的生产经营需求与投资，还是用于非生产经营的投机与个人消费，一定会引起资本市场不同的市场反应。但受限于后续资金用途的可知性，无法对此加以控制。

股权质押与资本市场的稳定性研究，无论对于监管层、金融机构还是广大投资者都具有重要的现实意义。本节的政策建议在于：

首先，加强控股股东股权质押资金后续用途的信息披露。股权质押贷款的后续用途对于投资者识别控股股东股权质押的实质信息，判断其对公司的后续影响至关重要，也是约束控股股东侵占上市公司利益的必要手段，因此，监管层应加强对控股股东股权质押资金具体金额和用途的信息披露，并定期公告质押资金的使用状况，有无与最初承诺资金使用用途的偏离，通过降低资金使用的信息不对称程度，切实保护上市公司和中小投资者的利益，提高市场的有效性。

其次，银行或金融机构均需要注意股权质押风险的防范。股东在质押股权以

后，除了股权本身不能再自由转让以外，其他任何权利（包括对上市公司的控制权、收益获取权）都没有受到影响。而对于银行或金融机构，尽管取得了股权质押担保，但除了限制原股东对股权的转让和处置外，其并没有取得与股权相关的实质性权利，只有在原股东无力偿还债务或股权价值低于平仓线时，才能对股权进行强制性处置。因此，银行或金融机构需要警惕控股股东套现意图下的股权质押风险。

最后，2015 年中，资本市场时而出现千股停牌又千股复牌的场景，各方出力解救股权质押的强平危机使得股权质押的双面性暴露无遗。如果股票价格持续暴跌，将触发股权质押的大面积清盘，作为出资方的金融机构也会被迫"变现"，而股票质押的连续爆仓甚至会导致上市公司迅速瓦解，在资本市场极度恐慌情绪之下投资者信心全无，跌停的股票无法卖出，金融机构的资金无法回流，将最终导致坏账。因此，对于投资者，更需要理性看待上市公司控股股东的股权质押行为；而对于金融机构，如何避免因股权质押而承受较大的冲击成本以致无法脱身，以及资本市场如何避免因股权质押的风险而遭遇恶性循环将成为本书后续的研究方向。

3.5　股权质押：支持还是操纵
——来自股权质押市场反应与质押渠道的证据

3.5.1　引言

股权质押是融资主体用自身持有的股权作为质押担保，从金融机构获取资金的一种方式。对于控股股东而言，股权质押最大的优势在于，在不丧失公司控制权的前提下，借助股权增加可使用的债务资源（王斌等，2013）。近年来，随着中国股市行情逐步高涨，股权质押融资行为日益火爆。来自 WIND 数据库资料显示，自 2009 年起，上市公司股权质押的交易次数突破千位，逐年上涨，截至 2016 年 12 月 31 日，两市共有 3057 家上市公司被其股东进行股权质押融资达 16980 次，共涉及质押股票 49448573.86 万股，按照各股权质押起始日期的收盘价计算，总参考市值达 743531251.83 万元。虽然股权质押是控股股东利用其自身股权而进行的融资行为，但控股股东作为上市公司的重要股东，其股权质押行为不仅会带来其他投资者预期的波动，也会对上市公司的股价带来影响。投资者如何解读控股股东的质押行为？市场会对股权质押给予何种反应？为何在股权质押公告日附近，绝大部分公司会出现正向的异常收益率（见图 3.23）？

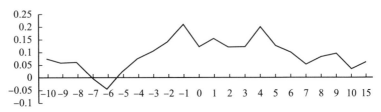

图 3.23　股权质押日度异常收益率均值统计

资料来源：根据 WIND 数据库等原始数据来源搜集，汇总后整理。

目前，国内研究尚未关注这一问题，也未对这一问题给出合理的解释。部分原因在于现有监管政策对控股股东股权质押资金的实际用途并无披露要求，控股股东质押股权的真实意图及资金的最终流向成为一个"黑箱"，增加了研究难度。另一个原因在于，市场的不同反应取决于控股股东的不同动机，而真正反映股权质押动机的是控股股东自身的财务和经营状况，而这往往又受制于大股东数据的缺失而难以付诸研究。与此同时，现有研究也忽视了自 2013 年以来，我国股权质押业务模式创新为资本市场融资环境带来的深刻变化，以及股权质押渠道特征给资金流向和用途带来的潜在影响。2013 年之前，中国上市公司控股股东的股权质押主要经由银行和信托公司完成，但是自 2013 年沪深交易所推出《股权质押回购业务指引》① 以来，证券公司开始成为这一业务的主导者，并占据了绝大部分市场份额（见图 3.24），与此同时，股权质押所带来的监管风险也开始显现。股权质押业务的资金融出方，即质押渠道，主要是银行、信托和证券公司券商。在三类质押渠道中，证券公司拥有较大的效率优势和客户资源优势，资金到账最为迅速，信托次之。而最重要的是，信托券商渠道对资金用途并无具体限制，而银行则会对资金设定固定用途，审批严格且对资金的使用保持密切关注（徐天晓，2013），渠道差异主要体现在质押资金的监管强度和业务时效上。而非银行质押渠道在资金监管方面的缺位，为上市公司以股权质押资金炒作自己的股票提供了可能，股权质押可能也由此沦为控股股东操纵股价的新型工具。

本节尝试从控股股东的行为逻辑及股权质押的业务渠道特征出发，为股权质押之后的正向市场反应提供可能的解释，也为控股股东渠道选择背后的动因提供合理的支持。研究发现，股权质押的正向市场反应来源于两种可能：（1）根据大股东支持理论（Friedman et al.，2003），在控股股东与上市公司"利益协同效应"的动机下（徐向艺和张立达，2008；Peng et al.，2011），当公司面临流动资金压力时，控股股东会为了缓解上市公司的资金压力，为公司提供援助支持，对

---

① 2013 年 5 月 24 日，上海证券交易所与中国证券登记结算有限责任公司共同制定了《股票质押式回购交易及登记结算业务办法（试行）》，对规范上市公司股票质押式回购交易作出了明确规定。

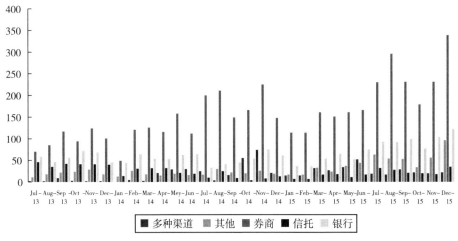

图 3.24　股权质押业务类型统计

资料来源：根据 WIND 数据库等原始数据来源搜集，汇总后整理。

公司未来发展持有乐观态度而进行股权质押，其向市场传递了正面信息。而投资者也将股权质押解读为控股股东的支持，并对此作出正向反应。（2）根据大股东掏空理论（Johnson et al.，2000；王化成等，2015），股权质押，尤其是基于非银行渠道的股权质押，完全可以沦为控股股东逃避减持监管和持股锁定要求而变相套现的手段，控股股东利用股权质押所融资金进一步炒作自己公司的股票，不仅使得市场操作风险跨市传染，也人为带来了股权质押融资后的正向市场反应。而根据不同质押渠道的业务模式特点，当控股股东选择银行渠道进行质押时，由于资金去向受到严格的监管，股权质押的正向市场反应表现为控股股东支持的可能性更高；而选择非银行渠道进行质押时，由于资金使用的随意性和隐蔽性，正向市场反应来源于操纵股价的可能性就越高。

本节在以下几个方面进行了有益的补充：（1）学术界关于股权质押市场反应的研究寥寥无几，对于渠道选择的研究更是鲜有涉及，结合控股股东进行股权质押的渠道选择，分析了股权质押正向市场反应的不同缘由。从一定程度上，股权质押渠道的选择可以洞悉控股股东股权质押背后的真实动因，这一发现对于我们理解大股东进行股权质押的行为逻辑具有重要意义。（2）控股股东在中国上市公司中到底扮演着怎样的角色，一直是学术界争论的热点。章卫东等（2012）认为，控股股东可通过转移公司资源和稀释性股票发行两种方式对中小股东实施利益侵占，本研究通过股权质押及其渠道选择的视角，发现了控股股东利益侵占的另一种方式，丰富了控股股东在中国资本市场中的行为和作用研究。（3）尽管渠道选择有所不同，但信息透明度和机构投资者作为外部监督治理机制，能够有效放大积极动机下的正向市场反应并缩小消极动机下的正向市场反应，两种外部监督机制均是有效的，这一结论无论对监管者还是投资者均具有重要的启示。

3.5.2 理论分析与假设提出

国内外对于股东掏空行为的研究已经非常成熟，自约翰逊等（Johnson et al., 2000）发现大股东可能通过自我交易（Self-dealing Transactions）等方式对公司进行掏空后。学者们围绕股权出售、内幕交易、兼并收购等方式进一步证实了大股东的私利行为。与此同时，学者们也从另一个角度阐述了控股股东的"支持"动机，认为掏空与支持，犹如硬币的正反面。本质上，都是控股股东为了实现多期利益最大化而前进的方向不同的利益转移（Friedman et al., 2003）。尽管如此，控股股东确实会出于维护自身在公司利益及长期"掏空"动机等需要，在上市公司陷入财务困境或遇到金融危机时，以其个人资源或控制的高现金流公司对上市公司进行救助，提供融资或资源"支持"，降低上市公司的融资约束（Cheung et al., 2009；Dow & McGuire, 2009；Ying & Wang, 2013）。在支持动机下，控股股东的股权质押行为会被市场辨识为一种积极的信号，带来上市公司股价的提升和正向的市场反应。

"支持"动机来源于控股股东希望继续保留并维持对上市公司的控制权，但是，如果控股股东并不在意控制权的转移，甚至有意希望转移控制权时，股权质押便很可能演变为控股股东变相套现的一种手段。因为控股股东直接减持股份面临较为严格的信息披露要求，同时很可能打压公司股价，股权质押便成为一种权宜的选择。其本质虽然是融资，是控股股东在提高股权使用效率的同时，拓展资金来源，但对于上市公司的实际控制人而言，股权质押融资本身存在着对上市公司控制权让渡的风险，如果控股股东根本不在意转移自身控制权，便可使用质押所融资金，在资本市场自买自卖，人为炒高股价后高位套现离场。特别是，当上市公司遭遇经营困境的情形下，控股股东借助股权质押而"金蝉脱壳"便成为隐蔽又获利丰厚的选择。

股权质押目前的主要渠道有三种：银行渠道、信托渠道和券商渠道，上市公司控股股东可在三种渠道间自由选择。而根据国泰君安证券研究报告，银行渠道虽然具有低利率的成本优势，但仍有许多控股股东选择信托和券商渠道，主要原因便在于券商、信托一般对资金融入方的使用并无具体限制，但是银行则会设定固定用途，并严密监控。因此，在资金使用的灵活性上，券商与信托渠道明显占优。而在资金使用的成本上，银行渠道明显占优。

那么，是何动因，使得上市公司控股股东放弃成本占优的银行渠道，而选择相对昂贵的券商或信托渠道去进行股权质押呢？笔者认为，规避资金的管制是其主要原因。股权质押作为上市公司控股股东的融资行为，其本质是为了获取资金。无论融得的资金最终被控股股东输送给上市公司，还是为控股股东自己所用，都可在短期内获得可观的现金流。如果控股股东资金压力巨大，现金流可以充分缓解其流动性缺失；而如果上市公司或控股股东并无实质性资金压力，那么通过股权质押而借入的资金很可能沦为控股股东操纵股价的工具。作为新兴资本市场，高信息不对称使得市场操纵成为困扰我国证券市场的主要问题，周春生等（2005）发现，即使不允许卖空，价格操纵者仍可利用"行为驱使交易者"的处置效应来操纵价格获利。而作为资本市场最难以消除的交易型操纵①（Allen & Gale，1992），操纵者只需通过买卖交易，激发错误的市场预期即可改变股价，达到操纵股价的目的（蒋舒和郑辉，2005）。因此，在控股股东利用股权质押获取大量资金后，即可通过大额交易，引发其他投资者的正反馈交易，运用手中和持有的资金推动股票价格向着有利于控股股东自身的方向去发展（Jarrow，1992），实现买入资产—推高价格—高位抛出的自买自卖（Pump-and-dump）。正如郑国坚等（2013）所认为的，控股股东可以轻易地对上市公司实施各种掏空性和支持性的行为以实现其自身目的。控股质押，特别是券商信托渠道的股权质押，为同时拥有信息优势和资金优势的控股股东制造了套利的可乘之机。

又是何动因，使得控股股东愿意在严格的资金监管约束下仍然选择银行渠道而进行股权质押呢？笔者认为，不仅在于银行渠道的成本更低，更重要的原因，在于控股股东可通过股权质押，在保留公司控制权的同时，充分缓解资金压力，解决流动性不足等问题。当控股股东或上市公司确实面临着巨大的资金压力时，其不会在意银行严格的监管，资金成本成为首要因素。因此，相对于信托、券商渠道，银行渠道下的股权质押更可能是控股股东在巨大资金压力下的首选。自2013 年中启动券商股权质押业务以来，控股股东持续高涨的融资热情与资金端寻求优质标的等多方需求互相结合共同促成券商股权质押业务的快速发展。对于控股股东而言，股权质押融资，尤其通过券商、信托渠道的股权质押融资，宽松的监管和灵活的资金使用权为控股股东充分提供了通过自我运作来炒高股价的空间，控股股东在股价的高位套现离场，股权质押也随之异化为投机套利的新型工具。且控股股东越是没有实质性的资金压力，越无意控制权的丧失，越会有强烈的欲望掏空上市公司，进而越倾向选择非银行渠道避开严密的资金监管。

因此，触发股权质押公告后正向市场反应的因素与质押渠道密切相关，在银行渠道下，质押资金使用的合规性受到更严格的监管，且融资成本更低，控股股东出于短期资金压力，为支持上市公司而进行股权质押的可能性更大，此时市场对控股股东的质押行为解读为"支持"，从而带来正向的市场反应；而在非银行渠道下，质押资金使用的监管更宽松，融资便利度及融资成本更高，控股股东出

---

① 交易者通过买卖证券而不进行其他公众可观察的行动而改变公司价值的操纵行为为交易型操纵。

于套利动机进行自买自卖的可能性更大，此时正向市场反应更可能是控股股东套利行为的表现。股权质押行为，以及该行为所带来的正向市场反应，到底是源于资本市场投资者对控股股东支持上市公司的积极预期，还是控股股东掏空上市公司、操纵上市公司股价的一种新型手段，会因控股股东在不同资金压力及不同动机下的渠道选择存在明显差异。

基于此，提出如下假设：

假设1：银行渠道下的股权质押，更可能是出于控股股东的"支持"动机，投资者会解读为控股股东的支持给予正向市场反应；

假设2：非银行渠道下的股权质押，更可能是出于控股股东的"操纵"动机，控股股东可通过炒作自家股票而带来正向市场反应。

3.5.3 研究设计

1. 数据描述及分析

（1）股权质押的公告日和质押类型。本节股权质押的公告日和质押类型手工收集自 Wind 金融终端"股权质押"板块，选择 2013 年 1 月 1 日至 2016 年 6 月 30 日间发布股权质押公告的上市公司为样本。其中，若公司的质押方类型为银行时，定义为银行渠道，若质押方类型为信托或证券公司时，定义为非银行渠道，若质押方为其他类型时，定义为其他渠道。若公告日内公司发布多个股权质押公告，也定义为只发生一次公告事件；若单个公告日内，公司公告的股权质押业务经由两种及两种以上渠道完成，则将其归类为其他渠道予以剔除。手工收集股权质押初始公告事件 12624 个，在此基础上，为避免其他因素的影响，进行如下筛选：①由于部分样本的业务发生日存在滞后性，因此，剔除股权质押业务发生日与业务公告日间隔超过 15 天的事件样本；②剔除公告日前交易日不足 210 天的样本；③剔除公告日前后 30 天内发生财务报告披露及预披露、控股股东和高管增持及减持、管理层重大变动、公司定向增发、兼并、收购及股权变更等重大事项的样本；④剔除股权质押由其他渠道进行的样本；⑤剔除回归检验中控制变量缺失的样本。最后，共得可用样本 5241 个。其余财务数据来自国泰安 CSMAR 数据库，实证检验中，对所有连续变量进行分季度 5% 的双侧缩尾处理。

表 3.55 列示了股权质押公告事件在各季度的分布。由分布状况可见，2013 年上半年时，银行和信托依然占据了股权质押市场的绝大部分市场份额，而从 2013 年第三季度开始，随着《股票质押式回购交易及登记结算业务办法（试行）》的发布，经由证券公司渠道进行的股权质押公告明显增多，并稳步增长，

逐渐超过了银行和信托的总和，信托在股权质押市场所占份额逐步降低。对比最终公告日和原始公告日次数，经过剔除后，各渠道类型的占比依然没有发生显著变化。

表 3.55　　　　　　　　　　　　公告事件次数统计

时间	原始公告日次数				最终公告日次数			
	银行	信托	证券公司	合计	银行	信托	证券公司	合计
2013Q1	146	135	17	298	80	87	14	181
2013Q2	193	144	58	395	101	77	33	211
2013Q3	161	119	261	541	79	58	169	306
2013Q4	147	87	233	467	91	45	149	285
2014Q1	147	81	251	479	74	46	160	280
2014Q2	171	87	391	649	77	46	219	342
2014Q3	140	54	526	720	84	32	295	411
2014Q4	166	22	527	715	81	14	274	369
2015Q1	153	36	411	600	70	17	219	306
2015Q2	189	49	474	712	87	14	206	307
2015Q3	283	79	731	1093	111	34	288	433
2015Q4	302	73	724	1099	163	34	396	593
2016Q1	237	53	799	1089	116	34	381	531
2016Q2	330	90	1089	1509	146	46	494	686
合计	2765	1109	6492	10366	1360	584	3297	5241

资料来源：作者计算。

（2）股权质押公告的市场反应。本节中累计超额收益率（CAR）的计算在主体部分采用市场指数调整法，即将事件窗口期内各交易日公司实际日度收益率直接减去市场收益率，并在稳健性检验中采用市场风险调整法重新计量，以增强结果的可靠性。本节日度股票和市场收益率数据来自 CSMAR 数据库（均考虑现金再投资），且采用流通市值加权平均法计算综合日市场回报率作为市场收益率，事件窗口日前后 15 天的日度超额收益率（AR）见表 3.56 和表 3.57。

表 3.56 日度异常收益率分渠道统计

事件日	总样本			银行渠道			非银行渠道		
	N	Mean	T-value	N	Mean	T-value	N	Mean	T-value
−15	5261	0.132	3.32	1366	0.152	1.96	3895	0.101	2.33
−10	5261	0.077	1.98	1366	0.179	2.40	3895	0.402	0.89
−9	5261	0.129	3.24	1366	0.238	3.08	3895	0.090	1.95
−8	5261	0.061	1.53	1366	0.100	1.27	3895	0.032	1.12
−7	5261	0.003	0.08	1366	0.101	1.29	3895	−0.036	−0.83
−6	5261	−0.044	−1.14	1366	0.045	0.61	3895	−0.076	−1.68
−5	5261	0.026	0.68	1366	−0.077	−1.03	3895	0.061	1.35
−4	5261	0.079	2.01	1366	0.016	0.22	3895	0.103	2.20
−3	5261	0.103	2.63	1366	0.828	1.14	3895	0.107	2.32
−2	5261	0.144	3.68	1366	0.114	1.50	3895	0.144	3.17
−1	5261	0.211	5.18	1366	0.133	1.79	3895	0.220	4.55
0	5261	0.122	2.98	1366	0.155	1.96	3895	0.100	2.09
1	5261	0.154	3.85	1366	0.085	1.15	3895	0.167	3.53
2	5261	0.119	3.02	1366	0.067	0.94	3895	0.128	2.74
3	5261	0.121	3.08	1366	0.236	3.11	3895	0.069	1.52
4	5261	0.202	5.00	1366	0.221	2.84	3895	0.189	4.02
5	5261	0.127	3.18	1366	0.042	0.56	3895	0.144	3.05
6	5261	0.142	3.57	1366	0.209	2.64	3895	0.110	2.36
7	5261	0.052	1.34	1366	0.110	1.45	3895	0.032	0.71
8	5261	0.083	2.16	1366	0.157	2.19	3895	0.057	1.26
9	5261	0.114	2.87	1366	0.161	2.12	3895	0.095	2.06
10	5261	0.036	0.94	1366	−0.002	−0.02	3895	0.001	0.02
15	5261	0.061	1.50	1366	0.272	0.37	3895	0.123	2.64

资料来源：作者计算。

表 3.57 窗口期累计超额收益率分渠道统计

项目	样本数	(−15, −1)	(−10, −1)	(−5, −1)	(−1, 5)	(−1, 10)	(−1, 15)
全样本	5212	1.087	0.784	0.557	0.956	1.407	1.81
		6.57	5.79	5.70	8.82	9.68	9.79
银行渠道	1357	1.451	0.938	0.260	0.846	1.302	1.830
		4.54	3.69	1.47	4.45	6.41	5.86

续表

项目	样本数	(-15, -1)	(-10, -1)	(-5, -1)	(-1, 5)	(-1, 10)	(-1, 15)
非银行渠道	3855	0.960	0.730	0.662	1.02	1.707	2.00
		4.95	4.57	5.68	7.62	7.54	8.42

资料来源：作者计算。

由表 3.56 和表 3.57 总体来看，股权质押公告日前后出现了显著为正的超额收益，相对于银行渠道，非银行渠道进行的股权质押带来更高的市场反应，在窗口期（-1, 5）中，非银行渠道的股权质押平均存在 1.02% 的超额收益，高于银行渠道股权质押的超额收益 0.846%。

2. 变量及模型设定

（1）股权质押公告的市场反应。结合见表 3.56 和表 3.57，本节选择事件窗口期（-1, 5）内的累计超额收益率作为被解释变量，并在稳健性检验中改变所关注的窗口期以保证结果的可靠性。

（2）资金压力和股票价格操纵程度。结合本节研究背景，需要重点识别出公司的资金压力和股票价格的操纵程度。①资金压力（$Cash\_Pressure_{it}$）：通常来讲，企业面临的资金压力主要有两种，投资资金的短缺和偿债资金的短缺，与广义上的融资约束不同，由于进行股权质押业务的公司并非全样本，本身存在样本选择偏差，不适合以横截面特征衡量公司面临的资金压力。因此，本节从个体公司的时间序列特征出发，分别从偿债和投资两个方面资金压力进行刻画：首先，定义现金流利息到期债务保障倍数为 CASH，作为公司偿债能力的代理变量。若公司的偿债能力连续 3 个月出现了下降时，则定义该公司在当月出现了偿债资金压力，即当 $CASH_{t-3} > CASH_{t-2} > CASH_{t-1}$ 时，则定义本季度存在偿债资金压力，DCP_{it} 取 1，反之为 0；其次，定义 INV 等于经营活动产生的现金流量净额与购建固定资产、无形资产和其他长期资产支付的现金、存货净额本期变动额及分配股利、利润或偿付利息支付的现金，作为公司投资现金流的代理变量。若 $INV_{t-3} > INV_{t-2} > INV_{t-1}$，则定义本季度存在投资资金的短缺，$ICP_{it}$ 取 1，反之为 0。后面中，分偿债资金压力和投资资金压力分别进行检验。②价格操纵程度（$Price\_Mani_{it}$）：对股票价格操纵的识别是最困难也是最有争议的问题，现有研究多采用异常交易量、换手率或波动性等作为内幕交易或者价格操纵的代理变量，但由于本节以累计异常收益率作为被解释变量，同量价指标之间存在严重的内生性问题，并不可取。而结合历年证监会对价格操纵及内幕交易的处罚案例，无论是信息型还是交易型价格操纵，通常伴随吸筹建仓和拉高出货这一过程的出现，即需要少数股东账户买入大量流通股或非限制性股票，表现为户均持股比例的升高以及股东户数的降低。因此，尝试将这一"做庄"逻辑移植于控股股东在获取质押资金后的自买自卖行为中，以季度户均持股比例的变化（$\Delta AVHOLD_{it}$）和季度股东户数的变化（$\Delta HOLDER_{it}$）作为检验股价操纵程度的代理变量。若本季度股权质押公告的累计异常收益率同季度户均持股比例升高或股东户数减少程度显著正相关，则说明控股股东利用股权质押自行炒作股票而人为带来了异常收益率。$\Delta AVHOLD_{it}$值越大、$\Delta HOLDER_{it}$值越小时，股票被价格操纵的可能性越高。

（3）模型设定。在此基础上，构建模型（3-14）对假设进行检验，模型中进一步控制股票流动性、总市值、净资产收益率、资产负债率等股票基本特征和公司基本面特征的影响。根据前面假设逻辑，在银行渠道下，应该系数 β_1 显著为正，而系数 β_2 不显著；而在非银行渠道下，则系数 β_1 不显著，β_2 显著。各控制变量的定义见表3.58。

$$CAR_{it} = \beta_{0+} \beta_1 Cash\_Pressure_{it} + \beta_2 Price\_Mani_{it} + \beta_3 FLU_{it}$$
$$+ \beta_4 MV_{it} + \beta_5 LEV_{it} + \beta_6 ROE_{it} + \varepsilon \qquad (3-14)$$

表3.58 变量定义

变量名称	变量标识	变量定义
因变量	CAR	股权质押公告日事件窗口（-1，5）内公司股票的累计超额收益率，乘以100
价格操纵自变量（$Price\_Mani_{it}$）	$\Delta AVHOLD$	季度户均持股比例变动，价格操纵程度的代理变量：$\Delta AVHOLD_{it} = （AVHOLD_{it} - AVHOLD_{i,t-1}）/AVHOLD_{i,t-1}$，$AVHOLD_{it}$ 表示 i 公司 t 季度末户均持股比例
	$\Delta HOLDER$	季度股东户数变动，价格操纵程度的代理变量：$\Delta HOLDER_{it} = （HOLDER_{it} - HOLDER_{i,t-1}）/HOLDER_{i,t-1}$，$HOLDER_{it}$ 表示 i 公司 t 季度末股东户数
资金压力自变量（$Cash\_Pressure_{it}$）	DCP	偿债资金压力虚拟变量，若公司 i 在 t 季度存在偿债资金压力，则 DCP_{it} 取1，反之为0
	ICP	投资资金压力虚拟变量，若公司 i 在 t 季度存在投资资金不足，则 ICP_{it} 取1，反之为0
控制变量	FLU	股票流动性指标，t 季度内日个股流动性指标的均值，并滞后一期
	MV	公司股票 t 季度末的总市值，取对数
	LEV	公司 t 季度末的资产负债率
	ROE	公司 t 季度末的净资产收益率

资料来源：作者绘制。

3.5.4 实证检验

各主要变量的描述性统计见表 3.59，从全样本看，户均持股比例降低了 1.7%，而股东户数平均增加 6.8%，从均值看，价格操纵程度并不明显；综合来看，约 15% 的样本存在投资或偿债的短期资金压力。

表 3.59　　　　　　　　　　　主要变量描述性统计结果

项目	mean	p50	sd	max	p25	p75	min	N
CAR	0.956	0.071	6.662	26.370	−3.482	4.372	−15.800	5241
ΔAVHOLD	−0.017	0.002	0.198	0.557	−0.137	0.099	−0.608	5241
ΔHOLDER	0.068	−0.003	0.272	1.495	−0.089	0.157	−0.352	5241
DCP	0.141	0.000	0.348	1.000	0.000	0.000	0.000	5241
ICP	0.144	0.000	0.351	1.000	0.000	0.000	0.000	5062
FLU	0.080	0.035	0.203	2.378	0.019	0.070	0.003	5241
MV	22.710	22.660	0.813	25.630	22.140	23.260	20.460	5241
LEV	0.416	0.403	0.198	0.861	0.254	0.570	0.081	5241
ROE	0.047	0.035	0.049	0.237	0.013	0.069	−0.041	5241

资料来源：作者计算。

表 3.60 中分组统计显示，相比较之下，采用非银行渠道进行质押的公司，窗口期内的 CAR 值更高，出现资金压力的概率更小，股票流动性和市值规模更高，资产负债率和盈利能力更低，但价格操纵程度更高。描述性统计的结果初步印证了本节假设，但进一步的分析有待回归结果的检验。

表 3.60　　　　　　　　　累计超额收益率分组描述性统计结果

项目	银行渠道			非银行渠道			银行—非银行	
	mean	p50	N	mean	p50	N	T-value	Z-value
CAR	0.789	−0.148	1360	0.864	−0.060	3881	−0.075 **	−0.088 *
ΔAVHOLD	−0.002	0.012	1350	−0.022	−0.001	3854	0.02 *	0.013
ΔHOLDER	0.044	−0.012	1360	0.076	0.002	3881	−0.032	−0.014 *
DCP	0.142	0.000	1360	0.141	0.000	3881	0.001	0.000
ICP	0.152	0.000	1320	0.141	0.000	3742	0.011 **	0.000

续表

项目	银行渠道			非银行渠道			银行—非银行	
	mean	p50	N	mean	p50	N	T-value	Z-value
FLU	0.074	0.035	1344	0.083	0.035	3819	− 0.009	0.000
MV	22.630	22.610	1337	22.730	22.680	3804	− 0.101 *	− 0.070
LEV	0.447	0.440	1360	0.405	0.391	3881	0.042	0.049
ROE	0.048	0.035	1360	0.046	0.035	3881	0.002	0.000

资料来源：作者计算。

表 3.61 报告了模型（3-14）的回归结果，从全样本看，当价格操纵变量为户均持股比例变化，且资金压力为偿债资金压力时，价格操纵变量 ΔAVHOLD 与 CAR 显著正相关，ΔHOLDER 与 CAR 显著负相关，而偿债资金压力变量 DCP 不显著；在分渠道检验结果中，在采用银行渠道进行质押的样本中，偿债资金压力 DCP 同 CAR 至少在 5% 的水平上显著正相关，ΔAVHOLD 或 ΔHOLDER 则不显著，表明在采用银行渠道进行质押时，公司面临的偿债资金压力越大，投资者越将股权质押解读为控股股东的支持，质押行为带来的市场反应越高；在采用非银行渠道进行质押的样本中，价格操纵变量 ΔAVHOLD 同 CAR 在 1% 的水平上显著正相关，ΔHOLDER 同 CAR 显著负相关，DCP 则不再显著，表明当控股股东采用非银行渠道进行股权质押时，质押行为所带来的正向市场反应，同股票的操纵程度相关。即，非银行渠道下的股权质押，更可能是出于控股股东的"套利"动机，控股股东通过炒作自家股票而带来正向市场反应。

表 3.61 资金压力变量为偿债资金压力时的检验结果

变量	（1）	（2）	（3）	（4）	（5）	（6）
	全样本 CAR	银行渠道 CAR	非银行渠道 CAR	全样本 CAR	银行渠道 CAR	非银行渠道 CAR
ΔAVHOLD	2.745 *** (2.99)	0.407 (0.24)	3.381 *** (3.78)			
ΔHOLDER				− 2.424 *** (− 2.66)	− 0.204 (− 0.26)	− 3.034 *** (− 2.86)
DCP	0.397 (1.06)	1.335 *** (3.17)	0.082 (0.20)	0.056 (0.22)	1.154 ** (2.22)	− 0.358 (− 1.01)

续表

变量	（1） 全样本 CAR	（2） 银行渠道 CAR	（3） 非银行渠道 CAR	（4） 全样本 CAR	（5） 银行渠道 CAR	（6） 非银行渠道 CAR
FLU	1.088 *** （4.29）	− 0.394 （− 0.45）	1.635 *** （5.46）	0.808 *** （3.49）	− 0.502 （− 0.60）	1.331 *** （4.15）
MV	0.284 （1.11）	− 0.034 （− 0.09）	0.361 （1.31）	0.335 （1.31）	0.202 （0.55）	0.348 （1.34）
LEV	− 0.687 （− 1.27）	− 0.198 （− 0.19）	− 0.781 （− 1.35）	− 0.708 （− 1.25）	− 0.439 （− 0.40）	− 0.771 （− 1.36）
ROE	− 3.161 * （− 1.80）	− 0.342 （− 0.09）	− 4.020 ** （− 2.10）	− 4.272 ** （− 2.51）	− 3.651 （− 1.27）	− 4.284 ** （− 2.03）
季度	控制	控制	控制	控制	控制	控制
行业	控制	控制	控制	控制	控制	控制
N	5001	1311	3690	4955	1285	3670
R^2	0.033	0.073	0.035	0.031	0.075	0.034

注：括号中的数值为 t 值；并在公司和季度两个维度上进行聚类处理；*** 、** 、* 分别表示在 1% 、5% 和 10% 水平上显著。

资料来源：作者计算。

当资金压力为投资资金不足时的检验结果，见表 3.62，价格操纵变量 ΔAVHOLD 与 CAR 在全样本和非银行渠道分组中均显著正相关，ΔHOLDER 与 CAR 也在全样本和非银行渠道分组中均显著负相关，而代表投资现金压力的 ICP 在各组中均不显著，表明股权质押公告带来的市场反应，与投资资金压力无关；综合表 3.61 和表 3.62 的结果来看，支持假设 1 和假设 2，即触发质押公告后正向市场反应的影响因素与质押渠道密切相关，在银行渠道下，质押资金使用的合规性受到更严格的监管，且融资成本更低，公司出于短期偿债资金压力进行质押的可能性更大，此时市场对大股东的质押行为解读为"支持"，而在非银行渠道下，质押资金使用的监管更宽松，融资便利度及融资成本更高，公司出于套利动机进行自买自卖的可能性更大，此时正向市场反应更可能是控股股东套利行为的表现。假设 1 和假设 2 得证。

表 3.62 资金压力变量为投资资金压力时的检验结果

变量	(1) 全样本 CAR	(2) 银行渠道 CAR	(3) 非银行渠道 CAR	(4) 全样本 CAR	(5) 银行渠道 CAR	(6) 非银行渠道 CAR
ΔAVHOLD	2.072*** (4.07)	−0.555 (−0.51)	2.917*** (4.59)			
ΔHOLDER				−2.032*** (−2.84)	−0.039 (−0.08)	−2.710*** (−2.82)
ICP	−0.160 (−0.61)	−0.286 (−0.85)	−0.121 (−0.30)	0.503 (1.42)	0.717 (1.60)	0.427 (1.06)
FLU	1.791*** (5.51)	0.724 (0.93)	2.133*** (7.48)	1.420*** (4.18)	0.547 (0.99)	1.708*** (5.29)
MV	0.376 (1.42)	0.297 (0.99)	0.406 (1.42)	0.341 (1.30)	0.188 (0.64)	0.381 (1.29)
LEV	−0.369 (−0.73)	−0.620 (−0.75)	−0.301 (−0.53)	−0.480 (−0.99)	−0.691 (−0.81)	−0.409 (−0.74)
ROE	−5.509* (−1.86)	−5.168 (−1.36)	−5.586* (−1.65)	−5.319* (−1.75)	−5.081 (−1.24)	−5.396 (−1.58)
季度	控制	控制	控制	控制	控制	控制
行业	控制	控制	控制	控制	控制	控制
N	4999	1310	3689	4935	1286	3649
R^2	0.008	0.004	0.013	0.010	0.005	0.014

注：括号中的数值为 t 值；并在公司和季度两个维度上进行聚类处理；***、**、*分别表示在 1%、5%和 10%水平上显著。

资料来源：作者计算。

3.5.5 进一步的分析

1. 资金压力的验证

在本节的分析逻辑中，之所以渠道监管差异会触发不同类型的正向市场反应，根源在于公司面临着不同的资金压力：由于采用银行质押渠道时，对质押资金监管严格，审批时效较长，但其资金成本相对较低。相对地，采用非银行质押渠道时，虽然时效更短，资金监管更宽松，但代价表现为更高的资本成本。而公司面临更高的资金压力时，会以成本更低的质押渠道作为首选，即应该更倾向于选择银行质押渠道。两种渠道下的公司样本在渠道压力下面临的资金压力显著不同。因此，构建如下 logit 模型（3 - 15）和模型（3 - 16）进行检验，因变量分别为资金压力变量

DCP 和 ICP，自变量为质押类型 TYPE（非银行渠道为 1，银行渠道为 0），并进一步控制了总资产 SIZE（对数处理）、总资产周转率 TST、前三大股东持股比例 HHI、账面市值比 MB、净资产收益率 ROE 和最终控制人性质 SOE（虚拟变量，最终控制人性质为国有时取 1，反之为 0）。实证结果见表 3.63，相对于银行渠道，采用非银行质押渠道的公司，在偿债资金上均存在着较大压力，而在投资资金上无实质性区别，也侧面证明了采取银行渠道质押来缓解融资压力，导致了正向市场反应。

$$DCP_{it} = \beta_0 + \beta_1 TYPE_{it} + \beta_2 SIZE_{it} + \beta_3 TAT_{it} + \beta_4 HHI_{it} + \beta_5 MB_{it}$$
$$+ \beta_6 LEV_{it} + \beta_7 ROE_{it} + \beta_8 SOE_{it} + \varepsilon \quad (3-15)$$

$$ICP_{it} = \beta_0 + \beta_1 TYPE_{it} + \beta_2 SIZE_{it} + \beta_3 TAT_{it} + \beta_4 HHI_{it} + \beta_5 MB_{it}$$
$$+ \beta_6 LEV_{it} + \beta_7 ROE_{it} + \beta_8 SOE_{it} + \varepsilon \quad (3-16)$$

表 3.63　　　　　　　　模型（3-15）和模型（3-16）的检验结果

变量	全样本	全样本
	DCP	ICP
TYPE	- 0.251 ** (- 2.02)	0.173 (1.59)
SIZE	0.311 *** (0.29)	0.308 ** (0.176)
TAT	- 0.160 (- 0.61)	- 0.286 (- 0.85)
HHI	1.791 *** (5.51)	0.724 (0.93)
MB	0.376 (1.42)	0.297 (0.99)
LEV	- 0.369 (- 0.73)	- 0.620 (- 0.75)
ROE	- 5.509 * (- 1.86)	- 5.168 (- 1.36)
SOE	- 0.160 (- 0.61)	- 0.286 (- 0.85)
季度	控制	控制
行业	控制	控制
N	4999	4935
logit ratio	0.038	0.041

注：括号中的数值为 t 值；并在公司和季度两个维度上进行聚类处理；*** 、** 、* 分别表示在 1% 、5% 和 10% 水平上显著。

资料来源：作者计算。

2. 公司信息环境的调节效应

本书基于渠道监管差异为股权质押公告的正向市场反应提供了两种可能的解释，而无论这一正向市场反应是投资者出于对控股股东支持动机的预期，抑或是控股股东价格操纵动机的实现，都将受到公司所处信息环境的影响（梁上坤，2017）。当公司的信息透明度更高时，公司面临的融资压力被投资者感知的可能性更高（谭松涛等，2015），控股股东的质押行为也就更容易被视为传递好消息的信号，被投资者解读为利好；同时，公司透明度也提高了公司股票发生价格操纵的难度，会降低控股股东的操纵动机。因此，如果我们的逻辑成立，在两种质押渠道下，公司信息环境，即公司透明度会表现出截然相反的调节效应。

为进一步验证本书主逻辑，借鉴谢德仁等（2016）的研究，以分析师盈利预测偏差 ERR（分析师对上市公司每股收益的平均预测误差绝对值与实际每股收益绝对值之比）作为公司信息透明度的代理变量，ERR 的值越高，表明公司信息不透明程度越高。将信息透明度变量与资金压力和价格操纵变量分别做交乘，以验证两种不同质押渠道下信息透明度所发挥的不同调节效应。具体为模型（3 - 17）所示。

$$CAR_{it} = \beta_0 + \beta_1 Cash\_Pressure_{it} + \beta_2 Price\_Mani_{it} + \beta_3 ERR + \beta_4 ERR \times Cash\_Pressure_{it}$$
$$+ \beta_5 ERR \times Price\_Mani_{it} + \beta_6 FLU_{it} + \beta_7 MV_{it} + \beta_8 LEV_{it} + \beta_9 ROE_{it} + \varepsilon$$

$$(3 - 17)$$

由回归结果表 3.64 所见，在银行质押渠道样本中，（2）栏 ERR 与资金压力变量 DCP 的交乘项显著为负，说明信息透明度越低，越不利于投资者识别出上市公司资金压力的信息，从而给予控股股东支持动机下的股权质押以正向的市场反应；而（3）栏在非银行质押渠道样本中，ERR 与价格操纵变量 ΔAVHOLD 的交乘项显著为正，说明在此渠道下，信息越不透明，越便于控股股东的价格操纵行为，从而因自买自卖而带来正向市场反应。同样，在（6）栏采用银行渠道质押的样本中，DCP 与 ERR 的交乘项也显著为负，说明面临偿债资金压力时，公司信息透明度强化了股权质押公告所带来的市场反应。而在（7）栏采用非银行渠道质押的样本中，ΔHOLDER 与 ERR 交乘项显著负相关，与预期一致，表明公司信息透明度越低，股价操纵程度与市场反应的相关性越弱，与前面分析逻辑相一致。

表 3.64　　　　　　　　基于公司信息环境调节效应的分组检验

变量	银行渠道		非银行渠道		银行渠道		非银行渠道	
	(1)	(2)	(3)	(4)	(5)	(6)	(7)	(8)
	CAR	CAR	CAR	CAR	CAR	CAR	CAR	CAR
ΔAVHOLD	1.198 (0.95)	0.563 (0.39)	1.843* (1.67)	3.500*** (4.74)				
ΔAVHOLD × ERR	-0.279 (-0.64)		0.669** (2.04)					
ΔHOLDER					-0.865 (-0.90)	0.226 (0.21)	-0.888 (-1.07)	-2.148*** (-4.68)
ΔHOLDER × ERR					0.505 (1.33)		-0.563** (-1.97)	
DCP	1.699*** (2.95)	2.721*** (2.78)	-0.036 (-0.07)	0.153 (0.24)	0.782* (1.74)	1.531** (2.06)	-0.416 (-1.02)	-0.014 (-0.03)
DCP × ERR		-0.752** (-2.16)		-0.046 (-0.32)		-0.437** (-2.37)		-0.149* (-1.74)
ERR	-0.202*** (-2.88)	-0.176** (-2.48)	-0.063 (-0.74)	-0.054 (-0.55)	-0.249*** (-2.88)	-0.174** (-2.19)	-0.034 (-0.41)	-0.032 (-0.34)
FLU	-0.156 (-0.12)	-0.069 (-0.05)	1.353*** (5.49)	1.332*** (5.29)	-0.062 (-0.05)	-0.037 (-0.03)	1.259*** (4.76)	1.203*** (4.34)
MV	-0.117 (-0.25)	-0.093 (-0.21)	0.578* (1.81)	0.582* (1.79)	-0.129 (-0.26)	-0.183 (-0.38)	0.581* (1.87)	0.571* (1.78)
LEV	-1.393 (-0.93)	-1.287 (-0.88)	-0.910* (-1.68)	-0.975* (-1.71)	-1.234 (-0.88)	-1.043 (-0.77)	-0.875 (-1.63)	-0.930 (-1.61)
ROE	-3.284 (-0.76)	-3.448 (-0.82)	-8.381** (-2.14)	-8.058** (-2.11)	-3.757 (-0.87)	-3.118 (-0.73)	-8.212** (-2.18)	-7.777** (-2.09)
季度	控制	控制	控制	控制	控制	控制		
行业	控制	控制	控制	控制	控制	控制		
N	937	937	2566	2566	937	937	2561	2561
R²	0.100	0.103	0.048	0.045	0.094	0.095	0.046	0.042

注：括号中的数值为 t 值；并在公司和季度两个维度上进行聚类处理；*** 、** 、* 分别表示在 1% 、5% 和 10% 水平上显著。

资料来源：作者计算。

3. 机构投资者的调节效应

进一步地，二级市场中股票价格波动也会受到投资者结构的重要影响。机构投资者更关注公司的长期绩效和未来发展潜力，更加关注公司基本面的状况，而个人投资者更容易受到市场波动和价格操纵的影响（吴先聪等，2016；冯慧群，2016）。机构投资者的信息优势可以帮助其识别控股股东的股权质押行为是否确因资金压力而出于援助与支持动机，对于短期资金压力的正向解读将更加充分，加强银行渠道下的正向市场反应；同时，较高的机构投资者比重也稳定了股价的波动性，能降低控股股东进行的价格操纵程度，使得非银行渠道下由于操作股价而带来的市场反应得以遏制。因此，本节以季度机构投资者持股比例 INV 作为投资者结构的代理变量，INV 越大时，机构投资者持股比例越高。根据前面逻辑，在银行质押渠道样本中，INV 与资金压力变量的交叉项应显著为正；在非银行质押渠道样本中，INV 与价格操纵变量 ΔAVHOLD 的交乘项应显著为负，与价格操纵变量 ΔHOLDER 的交乘项应显著为正。具体为模型（3 - 18）所示。

$$CAR_{it} = \beta_0 + \beta_1 Cash\_Pressure_{it} + \beta_2 Price\_Mani_{it} + \beta_3 INV + \beta_4 INV \times Cash\_Pressure_{it}$$
$$+ \beta_5 INV \times Price\_Mani_{it} + \beta_6 FLU_{it} + \beta_7 MV_{it} + \beta_8 LEV_{it} + \beta_9 ROE_{it} + \varepsilon$$

$$(3 - 18)$$

表 3.65 基于机构投资者调节效应的分组检验结果

变量	银行渠道		非银行渠道		银行渠道		非银行渠道	
	(1)	(2)	(3)	(4)	(5)	(6)	(7)	(8)
	CAR	CAR	CAR	CAR	CAR	CAR	CAR	CAR
ΔAVHOLD	1.976 (1.09)	1.312 (0.77)	2.555** (2.06)	1.004 (1.33)				
ΔAVHOLD × INV	-10.078 (-1.10)		-28.647* (-1.91)					
ΔHOLDER					-0.515 (-0.53)	-0.364 (-0.35)	-1.417* (-1.85)	-0.198 (-0.39)
ΔHOLDER × INV					3.050 (0.38)		1.903** (1.98)	
DCP × INV		6.023** (2.07)		-2.092* (-1.86)		9.656** (2.37)		-4.317 (-0.99)

续表

变量	银行渠道		非银行渠道		银行渠道		非银行渠道	
	(1)	(2)	(3)	(4)	(5)	(6)	(7)	(8)
	CAR	CAR	CAR	CAR	CAR	CAR	CAR	CAR
DCP	1.538***	1.008*	0.049	−0.066	1.227***	0.620	−0.493	−0.037
	(3.69)	(1.69)	(0.12)	(−0.17)	(2.63)	(1.26)	(−1.30)	(−0.07)
INV	6.899**	6.490**	1.999	2.476	6.524**	5.851**	1.537	4.573**
	(2.44)	(2.23)	(1.27)	(1.09)	(2.48)	(2.06)	(0.89)	(2.35)
FLU	−0.279	−0.291	1.316***	1.301***	−0.137	−0.142	1.254***	1.235***
	(−0.25)	(−0.28)	(5.03)	(4.72)	(−0.11)	(−0.13)	(4.73)	(4.24)
MV	0.039	0.030	0.367	0.358	0.084	0.083	0.331	0.315
	(0.09)	(0.07)	(1.11)	(1.11)	(0.18)	(0.18)	(1.04)	(1.02)
LEV	−0.274	−0.229	−0.804	−0.815	−0.216	−0.168	−0.808	−0.822
	(−0.23)	(−0.20)	(−1.37)	(−1.35)	(−0.19)	(−0.15)	(−1.37)	(−1.38)
ROE	−4.933	−5.127	−4.417*	−4.459*	−5.369*	−5.527*	−4.629*	−4.740**
	(−1.62)	(−1.62)	(−1.77)	(−1.80)	(−1.70)	(−1.75)	(−1.90)	(−1.99)
季度	控制	控制	控制	控制	控制	控制	控制	控制
行业	控制	控制	控制	控制	控制	控制	控制	控制
N	1187	1187	3285	3285	1188	1188	3264	3264
R^2	0.072	0.072	0.030	0.029	0.065	0.066	0.030	0.029

注：括号中的数值为 t 值；并在公司和季度两个维度上进行聚类处理；***、**、* 分别表示在 1%、5% 和 10% 水平上显著。

资料来源：作者计算。

由检验结果表 3.65 所见，银行渠道下，第（2）栏和第（6）栏 DCP 与 INV 的交乘项均显著为正，说明采用银行渠道进行质押时，机构投资者持股比例越高，市场反应与资金压力的相关性越强，与前述逻辑一致；而在第（3）栏和第（7）栏采用非银行渠道质押的样本中，ΔAVHOLD 与 INV 的交乘项显著负相关，而 ΔHOLDER 与 INV 的交乘项显著正相关，表明机构投资者持股比例越高，股价操纵程度与市场反应的相关性越弱，与前面分析逻辑一致。

3.5.6　稳健性检验

1. 更改价格操纵的代理变量

本节以季度户均持股比例和季度户均持股数量变动作为价格操纵的代理变量，有可能受到窗口前较长和交易区间难以确定的干扰，导致实证结果的说服力下降。因此，进一步基于股票高频交易数据，参考龚朴和杨博理（2014）、科兰和福斯（Collin & Fos，2015）以及班纳吉和格林（Banerjee & Green，2016）基于高频数据构建股票价格异常波动的研究成果，计算股票价格跳跃的异常程度作为价格操纵的代理变量，逐个计算单个公司股票的单日异常跳跃程度 AJ，最后计算窗口内累计异常跳跃程度 CAJ。单日异常跳跃程度 AJ 的计算方式如下：首先，计算单个公司股票的当日跳跃系数值，以表征当日的跳跃程度 J_t，日内有效交易时间为 4 个小时，选择高频交易区间为 15 分钟，因此，日内每只股票都得出一个时间序列（J_1，J_2，…，J_n），J 表示区间段内主动买单量价比，n 为各只股票的日内区间段数，此处 n 取 16，再将各区间段内价格波动处于区间段内成交额，则各只股票的价格变化序列可以表示为 JumpB = （J_1/V_1，J_2/V_2，…，J_n/V_n），同理，可得到各区间段内基于主动卖单量价比序列变化 JumpS，而单个股票 i 在当日价格异常跳跃程度可以表示如模型（3 - 19），最后将窗口期内各日异常跳跃程度加总得到 CJ_{it}，最后以 CJ_{it} 作为股价操纵的代理变量，实证检验结果见表 3.66 和表 3.67。

$$Jump_{it} = \frac{max(JumpB_{it}) - MEAN(JumpS_{it})}{SD(JumpB_{it})} \quad (3 - 19)$$

表 3.66　　　　稳健性检验：资金压力变量为偿债资金压力时的检验结果

变量	全样本	银行渠道	非银行渠道
	CAR	CAR	CAR
CJ	0.048 (1.29)	0.027 (0.84)	0.085 * (1.90)
DCP	0.322 (1.19)	1.105 ** (2.00)	0.102 (0.71)
FLU	0.674 (1.36)	− 0.446 (− 0.75)	1.517 (1.42)
MV	1.861 (0.68)	− 16.721 (− 1.31)	− 0.527 (− 0.55)
LEV	0.338 (1.30)	0.411 (0.95)	− 0.712 (− 0.73)
ROE	− 0.605 (− 0.38)	− 4.636 * (− 1.95)	1.117 (1.55)
季度	控制	控制	控制
行业	控制	控制	控制
N	5001	1311	3690
R^2	0.033	0.073	0.035

注：括号中的数值为 t 值；并在公司和季度两个维度上进行聚类处理；*** 、** 、* 分别表示在 1%、5% 和 10% 水平上显著。

资料来源：作者计算。

表 3.67　　　　　稳健性检验：资金压力变量为投资资金压力时的检验结果

变量	全样本	银行渠道	非银行渠道
	CAR	CAR	CAR
CJ	0.037 (1.09)	0.030 (0.94)	0.049 (1.33)
ICP	-0.052 (-0.84)	-0.039 (-1.08)	-0.071 (-0.82)
FLU	1.420 *** (4.18)	0.547 (0.99)	1.708 *** (5.29)
MV	0.341 (1.30)	0.188 (0.64)	0.381 (1.29)
LEV	-0.480 (-0.99)	-0.691 (-0.81)	-0.409 (-0.74)
ROE	-5.319 * (-1.75)	-5.081 (-1.24)	-5.396 (-1.58)
季度	控制	控制	控制
行业	控制	控制	控制
N	5001	1311	3690
R^2	0.033	0.073	0.035

注：括号中的数值为 t 值；并在公司和季度两个维度上进行聚类处理；***、**、* 分别表示在 1%、5% 和 10% 水平上显著。

资料来源：作者计算。

由表 3.66 和表 3.67 可见，当资金压力变量为偿债资金压力时，选择银行质押渠道公司的股价操纵指数 CJ 与 CAR 均不相关，而在非银行渠道，质押公司的 CJ 与 CAR 均显著正相关，表明非银行渠道质押往往与操纵相关；而当资金压力变量为投资资金压力时，各组中 CJ 的系数均不再相关，与前面研究结论一致。

2. 更改累计超额收益率 CAR 的计算方式

本书选择不同的方法计算累计超额收益率以检验结果的可靠性：（1）改变事件窗口期为（-1，3）和（-1，7），重新计算 CAR 后检验结果基本不变；（2）采用市场风险调整法，以公告日前（-210，-30）天为估计窗口，窗口期为（-1，5），重新计算 CAR，上述结果基本不发生变化。

稳健性检验 1：改变事件窗口期为（-1，3），重新计算 CAR 后检验结果基本不变（见表 3.68、表 3.69）。

表 3. 68　　　　　　　　资金压力变量为偿债资金压力时的检验结果

变量	(1) 全样本 CAR	(2) 银行渠道 CAR	(3) 非银行渠道 CAR	(4) 全样本 CAR	(5) 银行渠道 CAR	(6) 非银行渠道 CAR
ΔAVHOLD	2. 011 ** （1. 99）	0. 607 （0. 84）	3. 011 ** （2. 18）			
ΔHOLDER				− 0. 957 ** （ − 2. 18）	0. 135 （0. 13）	− 1. 130 *** （ − 2. 78）
DCP	0. 392 （1. 08）	1. 335 ** （2. 17）	0. 089 （0. 29）	0. 067 （0. 33）	1. 181 ** （2. 00）	− 0. 310 （ − 1. 41）
FLU	4. 832 *** （21. 55）	5. 146 *** （16. 70）	4. 610 *** （12. 99）	4. 834 *** （20. 98）	5. 151 *** （16. 70）	4. 602 *** （13. 01）
MV	− 0. 979 *** （ − 7. 00）	− 0. 863 *** （ − 4. 95）	− 1. 264 *** （ − 5. 25）	− 0. 961 *** （ − 6. 89）	− 0. 851 *** （ − 4. 88）	− 1. 238 *** （ − 5. 13）
LEV	0. 005 （0. 19）	0. 003 （0. 08）	0. 002 （0. 05）	0. 003 （0. 12）	0. 001 （0. 03）	− 0. 001 （ − 0. 01）
ROE	5. 571 *** （9. 61）	5. 372 *** （7. 00）	5. 936 *** （5. 92）	5. 635 *** （9. 65）	5. 404 *** （7. 05）	6. 033 *** （6. 01）
季度	控制	控制	控制	控制	控制	控制
行业	控制	控制	控制	控制	控制	控制
N	5001	1311	3690	4955	1285	3670
R^2	0. 033	0. 073	0. 035	0. 031	0. 075	0. 034

注：括号中的数值为 t 值；并在公司和季度两个维度上进行聚类处理；***、**、* 分别表示在 1%、5% 和 10% 水平上显著。

资料来源：作者计算。

表 3. 69　　　　　　　　资金压力变量为投资资金压力时的检验结果

变量	(1) 全样本 CAR	(2) 银行渠道 CAR	(3) 非银行渠道 CAR	(4) 全样本 CAR	(5) 银行渠道 CAR	(6) 非银行渠道 CAR
ΔAVHOLD	0. 106 （0. 61）	0. 060 （0. 26）	0. 251 （0. 87）			
ΔHOLDER				− 0. 009 （ − 0. 17）	− 0. 069 （ − 1. 00）	− 0. 011 （ − 0. 22）

续表

变量	（1）	（2）	（3）	（4）	（5）	（6）
	全样本	银行渠道	非银行渠道	全样本	银行渠道	非银行渠道
	CAR	CAR	CAR	CAR	CAR	CAR
ICP	－1.343 （－0.44）	－1.614 （－0.81）	－1.697 （－0.97）	－0.033 （－0.59）	－0.133 （－1.26）	－0.030 （－0.52）
FLU	0.028 （0.57）	0.109 （1.64）	－0.050 （－0.65）	0.028 （0.57）	0.110 * （1.65）	0.028 （0.57）
MV	3.831 *** （12.17）	3.769 *** （8.99）	3.926 *** （8.57）	3.819 *** （12.45）	3.745 *** （8.93）	3.831 *** （12.17）
LEV	0.106 （0.61）	0.060 （0.26）	0.251 （0.87）	0.085 （0.49）	0.043 （0.19）	0.106 （0.61）
ROE	－4.343 *** （－4.14）	－6.614 *** （－4.81）	－1.697 （－0.97）	－4.277 *** （－4.07）	－6.526 *** （－4.75）	－4.343 *** （－4.14）
季度	控制	控制	控制	控制	控制	控制
行业	控制	控制	控制	控制	控制	控制
N	4999	1310	3689	4935	1286	3649
R^2	0.008	0.004	0.013	0.010	0.005	0.014

注：括号中的数值为 t 值；并在公司和季度两个维度上进行聚类处理；***、**、* 分别表示在 1%、5% 和 10% 水平上显著。

资料来源：作者计算。

稳健性检验 2：改变事件窗口期为（－1，7），重新计算 CAR 后检验结果基本不变（见表 3.70、表 3.71）。

表 3.70　　　　　　　　资金压力变量为偿债资金压力时的检验结果

变量	（1）	（2）	（3）	（4）	（5）	（6）
	全样本	银行渠道	非银行渠道	全样本	银行渠道	非银行渠道
	CAR	CAR	CAR	CAR	CAR	CAR
ΔAVHOLD	1.108 *** （3.48）	0.451 （1.40）	1.001 *** （2.59）			
ΔHOLDER				－0.305 *** （－3.02）	0.166 （0.84）	－0.462 *** （－3.82）

续表

变量	(1)	(2)	(3)	(4)	(5)	(6)
	全样本	银行渠道	非银行渠道	全样本	银行渠道	非银行渠道
	CAR	CAR	CAR	CAR	CAR	CAR
DCP	−0.635 (−0.32)	−0.481 (−0.13)	−1.488 (−0.63)	0.394*** (3.90)	0.317 (1.43)	0.408*** (3.41)
FLU	−0.173* (−1.92)	0.062 (0.37)	−0.262** (−2.39)	−0.206** (−2.01)	0.141 (0.72)	−0.314** (−2.54)
MV	0.942* (1.69)	0.317 (0.31)	1.258* (1.86)	0.350 (0.57)	−0.384 (−0.33)	0.755 (1.02)
LEV	1.108*** (3.48)	1.451** (2.40)	1.001*** (2.59)	0.755** (2.09)	0.986 (1.38)	0.710 (1.64)
ROE	−0.635 (−0.32)	−0.481 (−0.13)	−1.488 (−0.63)	−2.236 (−1.00)	−1.548 (−0.35)	−3.281 (−1.23)
季度	控制	控制	控制	控制	控制	控制
行业	控制	控制	控制	控制	控制	控制
N	5001	1311	3690	4955	1285	3670
R^2	0.033	0.073	0.035	0.031	0.075	0.034

注：括号中的数值为 t 值；并在公司和季度两个维度上进行聚类处理；***、**、*分别表示在 1%、5% 和 10% 水平上显著。

资料来源：作者计算。

表 3.71　　　　　　　　资金压力变量为投资资金压力时的检验结果

变量	(1)	(2)	(3)	(4)	(5)	(6)
	全样本	银行渠道	非银行渠道	全样本	银行渠道	非银行渠道
	CAR	CAR	CAR	CAR	CAR	CAR
ΔAVHOLD	−0.173* (−1.92)	0.062 (0.37)	−0.262** (−2.39)			
ΔHOLDER				1.981*** (3.55)	0.685 (0.63)	2.648*** (3.87)
ICP	0.942 (1.29)	0.317 (0.31)	1.258 (1.06)	−0.438 (−1.25)	−1.043* (−1.70)	−0.536 (−1.33)
FLU	0.368*** (6.32)	0.327*** (3.18)	0.371*** (4.86)	0.402*** (6.19)	0.331*** (2.81)	0.407*** (4.72)

续表

变量	（1）	（2）	（3）	（4）	（5）	（6）
	全样本	银行渠道	非银行渠道	全样本	银行渠道	非银行渠道
	CAR	CAR	CAR	CAR	CAR	CAR
MV	−6.310*** (−5.03)	−4.283* (−1.94)	−7.277*** (−4.35)	−6.896*** (−4.91)	−4.952** (−1.97)	−7.575*** (−3.99)
LEV	−0.173* (−1.92)	0.062 (0.37)	−0.262** (−2.39)	−0.206** (−2.01)	0.141 (0.72)	−0.314** (−2.54)
ROE	0.942* (1.69)	0.317 (0.31)	1.258* (1.86)	0.350 (0.57)	−0.384 (−0.33)	0.755 (1.02)
季度	控制	控制	控制	控制	控制	控制
行业	控制	控制	控制	控制	控制	控制
N	4999	1310	3689	4935	1286	3649
R^2	0.008	0.004	0.013	0.010	0.005	0.014

注：括号中的数值为 t 值；并在公司和季度两个维度上进行聚类处理；***、**、* 分别表示在 1%、5% 和 10% 水平上显著。
资料来源：作者计算。

　　稳健性检验 3：采用市场风险调整法，以公告日前（−210，−30）天为估计窗口，窗口期为（−1，5），重新计算 CAR，结果不变（见表 3.72、表 3.73）。

表 3.72　　　　　　　　　资金压力变量为偿债资金压力时的检验结果

变量	（1）	（2）	（3）	（4）	（5）	（6）
	全样本	银行渠道	非银行渠道	全样本	银行渠道	非银行渠道
	CAR	CAR	CAR	CAR	CAR	CAR
ΔAVHOLD	0.013 (0.26)	0.014 (0.28)	0.086* (1.93)			
ΔHOLDER				−0.109 (−1.64)	−0.087 (−1.17)	−0.124* (−1.82)
DCP	0.290** (2.12)	0.389*** (2.70)	0.146 (1.48)	−0.016 (−0.37)	0.033** (1.98)	0.014 (0.50)
FLU	0.203 (1.46)	0.193 (1.39)	0.209 (1.48)	0.192 (1.37)	0.283** (2.29)	0.269** (2.17)

续表

变量	(1)	(2)	(3)	(4)	(5)	(6)
	全样本	银行渠道	非银行渠道	全样本	银行渠道	非银行渠道
	CAR	CAR	CAR	CAR	CAR	CAR
MV	−0.101 (−1.06)	−0.102 (−1.07)	−0.092 (−1.01)	−0.088 (−0.97)	−0.095 (−1.11)	−0.093 (−1.09)
LEV	−0.173*** (−5.19)	−0.174*** (−5.22)	−0.183*** (−5.82)	−0.182*** (−5.81)	−0.180*** (−5.74)	−0.179*** (−5.72)
ROE	0.013 (0.26)	0.014 (0.28)	0.086* (1.93)	0.087** (1.97)	0.037 (0.60)	0.041 (0.68)
季度	控制	控制	控制	控制	控制	控制
行业	控制	控制	控制	控制	控制	控制
N	5001	1311	3690	4955	1285	3670
R^2	0.033	0.073	0.035	0.031	0.075	0.034

注：括号中的数值为 t 值；并在公司和季度两个维度上进行聚类处理；***、**、*分别表示在 1%、5%和10%水平上显著。
资料来源：作者计算。

表 3.73　　　　　　　　　资金压力变量为投资资金压力时的检验结果

变量	(1)	(2)	(3)	(4)	(5)	(6)
	全样本	银行渠道	非银行渠道	全样本	银行渠道	非银行渠道
	CAR	CAR	CAR	CAR	CAR	CAR
ΔAVHOLD	0.505 (0.34)	0.457 (1.28)	0.618** (1.98)			
ΔHOLDER				−0.545** (−2.03)	−0.224 (−0.71)	−0.643** (−2.08)
ICP	0.022 (1.15)	0.025* (1.87)	−0.022 (−1.60)	0.384 (0.60)	0.491* (1.73)	0.389 (0.74)
FLU	−0.104* (−1.83)	−0.065 (−0.84)	−0.187** (−2.51)	−0.043 (−0.60)	−0.145* (−1.69)	−0.196** (−2.22)
MV	0.003 (0.25)	−0.005 (−0.25)	−0.010 (−0.60)	0.006 (0.34)	0.030** (1.99)	−0.037 (−0.85)
LEV	0.208 (1.44)	0.181 (0.95)	−0.005 (−0.03)	0.368** (2.08)	0.088 (0.48)	0.339** (1.98)

续表

变量	（1）	（2）	（3）	（4）	（5）	（6）
	全样本	银行渠道	非银行渠道	全样本	银行渠道	非银行渠道
	CAR	CAR	CAR	CAR	CAR	CAR
ROE	0.065 （0.34）	0.457 * （1.78）	0.018 （0.08）	0.383 （1.44）	− 0.165 （− 0.62）	0.441 （1.62）
季度	控制	控制	控制	控制	控制	控制
行业	控制	控制	控制	控制	控制	控制
N	4999	1310	3689	4935	1286	3649
R^2	0.008	0.004	0.013	0.010	0.005	0.014

注：括号中的数值为 t 值；并在公司和季度两个维度上进行聚类处理；*** 、** 、* 分别表示在 1%、5% 和 10% 水平上显著。

资料来源：作者计算。

3.5.7　结论与启示

本节从控股股东的行为逻辑及股权质押业务渠道的特征出发，探讨了控股股东股权质押之后正向市场反应的成因。笔者发现，触发股权质押公告后正向市场反应的因素与质押渠道密切相关。在银行渠道下，质押资金使用的合规性受到更严格的监管，且融资成本更低，控股股东出于短期资金压力，为支持上市公司而进行股权质押的可能性更大，此时市场对控股股东的质押行为解读为"支持"，从而带来正向的市场反应；而在非银行渠道下，质押资金使用的监管更宽松，融资便利度及融资成本更高，控股股东出于套利动机进行自买自卖的可能性更大，此时正向市场反应更可能是控股股东套利行为的表现。股权质押行为所带来的正向市场反应，会因控股股东在不同资金压力及不同动机下的渠道选择存在明显差异。本节结论不仅丰富了已有的公司金融和财务管理研究，也从股权质押渠道的角度，为监管部门填补政策漏洞提供了新的视角。

基于本节结论，提出以下政策建议：

首先，目前监管部门对股权质押资金的最终用途和流向并无披露要求，因此中小投资者难以追查控股股东大比例质押股权的真实意图。但由于券商渠道下的股权质押确有自买自卖操纵股价之嫌，因此，为缓解质押资金的"黑箱"状态，有必要提高控股股东股权质押资金流向及实际用途的披露范围和频次，强化监管力度。并且，随着证券公司正在逐渐成为股权质押资金的主要提供方，也有必要建立完善的质押资金合规风险监管体系，避免股权质押融资异化为控股股东的投机工具。

其次，为规避控制权转移风险，监管层应控制控股股东股权质押的上限，如股票质押的股份不能超过其全部持股的50%。同时，虽然大部分控股股东股权质押融资是为上市公司注入流动性，但是对于那些已经签署业绩承诺的上市公司控股股东，因其股份所有权所存在的瑕疵，则不应再允许其进行股权质押等具有让渡所有权性质的操作，以此来防范控股股东利用股权质押进行市场操纵的风险。

最后，尽管渠道选择有所不同，但信息透明度和机构投资者作为两种独立的外部监督治理机制，均能够有效放大积极动机下的正向市场反应并缩小消极动机下的正向市场反应，两种外部监督机制均是有效的。因此，应加强上市公司信息透明度的监管，并鼓励机构投资者持股，以有效控制控股股东利用股权质押而进行的机会主义行为。

第 *4* 章

投资者情绪、企业融资行为与
资源配置效率

4.1 投资者情绪、 企业生命周期与融资约束

4.1.1 引言

融资约束指企业因自有资金不足以实施意愿投资，转而寻求外部融资时所面临的摩擦（Fazzari et al.，1988；Hennessy & Whited，2007）。其会抑制企业投资行为，甚至迫使企业放弃投资机会而造成投资不足。我国有相当一部分上市公司存在融资约束，且程度较为严重（王家庭和赵亮，2010）。融资约束内生于企业的融资需求，并随着企业内部各种资源、能力及外部市场机会的变化而动态改变。

企业生命周期理论认为，企业就像一个生命体，历经出生到死亡、繁盛到衰败。在每一个生命周期阶段中，企业自身特点、融资需求、最佳融资方式均存在着巨大的差异。不同的生命周期代表着企业不同的组织特点、资源及能力，是从企业内部环境去研究融资约束的良好视角，即企业生命周期是影响融资约束状态的重要权变变量。

与此同时，学者们也证实了外部环境的变迁或改善如何有助于企业获得资金，缓解融资约束（黄志忠和谢军，2013；魏志华等，2014）。现实世界中由投资者非理性情绪所营造的融资环境同样会影响企业的融资约束，已有研究发现，投资者情绪[①]会使股票价格背离基础价值并大幅波动，造成系统性误定价，从而

[①] 有限套利和异质信念的共存，使得投资者常常对未来预期存在系统性偏差，Stein（1996）将这种长期的、持续性的偏差称作"投资者情绪"。

改变企业的相对融资成本（Baker & Wurgler，2006；张宗新和王海亮，2013），企业通过择时可以捕捉外部融资时机，以相对较低的成本融资，缓解融资约束。

这就衍生出一个有趣的问题，处于不同生命周期的企业，投资者情绪的变化对其融资约束的影响是否存在差异，存在着怎样的差异。而现有研究仅立足于企业个体生命周期的内部特征探讨企业融资需求、融资能力和融资方式选择，并没有将外部融资环境的变化尤其是外部非理性环境因素纳入该分析框架。

本节基于生命周期融资理论、行为金融理论，以及代理理论，结合不同生命周期企业的组织特点、财务需求与能力差异，以不同生命周期企业具有不同程度融资约束出发，探究高涨的投资者情绪通过影响企业股权、债券、信贷融资途径对企业融资约束的缓解效应，并进一步探讨不同生命周期企业利用高涨投资者情绪缓解融资约束的途径及程度差异（见图4.1），为企业可持续发展和不同生命周期融资策略的动态选择提供参考依据。

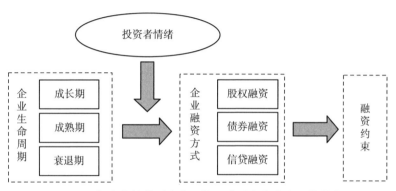

图4.1 投资者情绪对生命周期影响融资约束的调节效应

资料来源：作者整理绘制。

本书的贡献在于：第一，突破现有仅立足于企业个体生命周期内部特征研究融资问题的视角，将外部融资环境尤其是投资者情绪这一非理性外部环境的影响纳入该分析框架，动态考察投资者情绪变化对不同生命周期企业融资选择及融资约束缓解效应的影响，丰富了行为金融理论与企业生命周期理论的交叉研究。第二，现有研究虽然证实了高涨的投资者情绪能够缓解企业融资约束，但仅验证了股权和债券融资渠道，结论对于我国大量依赖银行贷款的企业不具有普遍性；通过检验投资者情绪对不同生命周期企业各融资方式融资规模的影响，进一步佐证了上市公司信贷融资择时行为的存在性，从而拓展了投资者情绪影响企业融资约束机理和途径的研究。第三，通过将企业的内部组织特征与外部市场环境相结合，比较了不同生命周期企业择时融资的途径及其对融资约束缓解效应的差异，为企业根据自身所处生命周期，利用投资者情绪进行融资策略选择提供了理论与经验依据。

4.1.2　文献综述

1. 生命周期与企业融资

企业在不同的生命周期内融资需求、最佳融资方式选择存在着巨大的差异。布莱克（Black，1998）认为，企业在成长期，需要融资去争取净现值为正的投资增长机会，融资需求极大；到了成熟期，企业内部会产生大量的自由现金流，一定程度上降低了融资需求；在衰退阶段，企业相对缺少成长机会，融资机会相对较少，或者成本很高，因此融资需求较小。布兰和岩（Bulan & Yan，2009）发现，相对于成熟期而言，成长期的企业具有更大的外部融资需求，同时由于成长期企业经营状况不稳定，举债能力较弱，导致其面临较高的融资约束。李云鹤等（2011）结合企业生命周期理论和信息不对称理论研究发现，成长期企业的经营业务和组织规模不断在扩大，融资需求最旺盛；到了成熟期，经营领域较大，产品市场地位也渐渐稳固，企业内部产生了大量的自由现金流，并且拥有更好的外部融资条件，但随着企业成长机会的下降，融资需求一般；相比前两个时期，衰退期企业逐渐出现萎缩的征兆，外部融资状况变差，但企业依然拥有较为充裕的现金流，融资需求相对较小。

就融资方式而言，不同学者提出各自不同的观点。蒲祖河（2007）和王云等（2016）发现，企业在成长期以股权融资为主；企业对股权融资需求经历从发育期到成长期逐渐上升，到成熟期和衰退期逐渐下降的过程，而债务融资需求则与之恰恰相反。赫什和瓦尔兹（Hirsch & Walz，2011）及伊沙比和哈斯纳（Chaibi & Hasna，2014）也认为企业在生命周期的成长阶段有较少的负债能力，企业不会倾向于通过过度负债来扩大融资。而罗布和鲁滨逊（Robb & Robinson，2014）却发现，处在成长期的公司在很大程度上依赖于信贷融资：业主向商业银行贷款，并且对银行信贷条件的变化十分敏感。

大部分学者认为处于成熟期的公司倾向于不同融资方式相结合的融资策略。曹裕等（2009）认为成熟期企业考虑到财务风险，会进行适度债务融资，并且此时企业的权益资金也有一定的积累，此阶段企业以债务融资和股权融资相结合为主。耿成轩和李南（2009）以成熟期家族企业为研究对象，发现考虑到较高的债务融资成本和代理成本，以及两种成本随着经营风险和财务风险的不确定性均增强，企业会进行股权融资来满足可持续发展需要。赫什和瓦尔兹（2011）同样发现成熟型公司倾向股权融资和债券融资相结合的融资方式。

品克瓦和卡门克瓦（Pinková & Kamínková，2012）发现，衰退期企业以债务融资为主。班德和克兰菲尔德（Bender & Cranfield，2013）指出，衰退期企业产品渐渐退出市场，考虑到股东的利益，为尽早从濒临倒闭的公司中抽出资金，会尽可能用债务取代权益资本，所以，衰退阶段企业倾向于债务融资，主要渠道就是借款，这样做虽然带来了高财务风险，但可以部分地与低经营风险相抵消。

虽然生命周期对企业融资需求、融资能力和融资方式选择影响有较为丰富的研究成果，然而该方面研究仅仅立足于企业个体生命周期的内部特征来研究融资问题，没有将外部融资环境的变化尤其是非理性外部环境的影响纳入该分析框架。而事实上，企业的融资选择是内部需求与外部环境共同作用的结果。因此，融入资本市场非理性因素，即投资者情绪，动态考察不同生命周期阶段企业的融资选择及对企业融资约束的缓解效应，将是对以上研究的有益补充。

2. 投资者情绪与企业融资约束

投资者情绪对企业融资约束影响相关研究的理论依据为企业借助高涨的投资者情绪择时融资，从而缓解融资约束。而融资择时的研究已由最初的股权融资择时，演进为债券融资和信贷融资等多方面的择时，并在国内外积累了比较丰富的研究成果。

股权"市场择时"最为直观，逻辑也最为简单，洛兰夫等（Loughran et al.，1994）以及霍瓦基米安等（Hovakimian et al.，2001）等均发现，无论是 IPO 还是增发配股，权益的发行总会伴随着公司股价的高企。阿尔蒂（Alti，2006）认为，"择时效应"影响虽然短暂，但权益市场时机的确是企业进行股权融资决策的主要考虑因素。麦克林和赵（McLean & Zhao，2014）认为，低落的投资者情绪会增加企业的外部融资成本，从而限制投资和就业。汪强（2013）发现，即便在我国"政府主导型"的新股发行制度下，投资者情绪变化依然会对公司 IPO 行为产生影响，并且随着新股发行机制市场化程度的不断提高，投资者情绪对 IPO 行为的解释能力也在逐步提高。徐枫和胡鞍钢（2012）、邵新建等（2013）从 IPO、SEO 等多方面进行了研究，证实我国上市公司存在着明显的"市场择时"行为。

与股权融资类似，债券发行同样存在"市场择时"效应。格雷厄姆和哈维（Graham & Harvey，2001）指出，"市场时机"是企业高管在公司融资决策中需要考虑的重要因素，并且调查发现债券市场的确也存在着择时行为。福尔肯德（Faulkender，2005）分析了企业在面临新债券发行时的利率风险选择问题，发现企业对利率风险管理的行为主要被市场时机所驱动，而不是出于避免风险的考虑。纳亚克（Nayak，2010）、贝克和沃格勒（2013）均认为，市场时机同样是债券发行的一个重要考虑因素，债券发行规模与投资者情绪显著正相关（McLean & Zhao，2014）。周必磊（2010）通过验证"债券市场热效应"导致的高资产负债率，证明出债券市场时机对企业资本结构的长期影响。徐浩萍和杨国超（2013）从股票市场与债券市场关联互动的角度，证实了股票与债券发行的同向效应假说。

信贷融资方面，卡亚（Kaya，2012）通过检验股权市场择时和信贷市场择时对企业融资选择的有效性，发现在股票市场很热时，企业更倾向于银团贷款，原因在于股市很热的同时，信贷市场也更加活跃。黄宏斌和刘志远（2013）检验了投资者情绪与企业信贷融资规模之间的关系，发现伴随着投资者情绪的高涨，企业信贷融资规模显著增加，即支持了信贷融资同样也存在着"择时"效应。

基于股权融资择时的分析，黄宏斌等（2014）以市场层面高涨或低落的投资者情绪作为外部股权融资环境的改变，证实高涨的投资者情绪能够缓解企业融资约束。麦克林和赵（2014）则进一步以股权融资和债券融资择时为基础，研究了投资者情绪与融资约束的关系，其发现，低落的投资者情绪会造成股权和债券发行量的减少进而导致企业融资约束、限制企业投资和就业；而高涨的投资者情绪使得股票和债券的发行成本均较低，企业投资对内部现金流有着较低的敏感度，从而缓解了融资约束。

现有投资者情绪对企业融资约束影响的研究已探讨了股权和债券择时融资的途径，而对于我国大量依赖信贷融资的企业（陆正飞等，2009）来说，银行贷款获取量的增加更可发挥在投资者情绪高涨期降低企业融资约束的效果，而现有文献却疏于探讨。另外，现有研究在探讨投资者情绪对企业融资约束影响时并未考虑企业不同生命周期阶段融资需求的异质性及其带来的融资约束缓解效应差异。这都是需要进一步探讨的问题。

4.1.3　理论分析与假设提出

1. 企业生命周期与融资约束

企业生命周期理论认为，如同自然界的生命体一样，企业会经历由出生、成长、成熟再到衰退及死亡的全过程。不同生命周期的企业在公司治理、经营、财务等方面反映出不同的特征，因此企业需要权变地选择解决问题的方法与战略（Greiner，1972）。企业在不同生命周期的融资约束存在着较大的差异，也需要权变地应对企业的融资需求。

成长期企业往往没有形成稳定的盈利，来自内部现金流的支持较少，且该阶段企业的主要任务是抢占市场份额，全面拓展核心竞争力，巨大的投资需求使其对外部资金有强烈的渴求。虽然盈利能力逐步增强，但盈利增长滞后于收入增长，且内部现金流滞后于投资需求，企业存在着较大的资金缺口。然而，成长期企业的投资风险一般较高，资金供给者往往较为谨慎，制约了成长期企业融资的便利性。强烈的资金欲望与有限的筹资能力形成鲜明的对比，使得成长期企业面临很大的融资约束。

进入成熟期后，企业组织结构不断完善、管理经验日渐成熟，市场占有率处于最高水平，这一阶段企业财务最大的特征是有丰厚的盈余积累，利润水平较为稳定，经营现金流充裕，且企业融资渠道相对畅通。经营净现金流的大量增长和企业资本扩张速度的放缓，使得成熟期企业融资约束的矛盾并不凸显。

衰退期的企业，销售额出现递减，市场占有率和利润率开始下滑，由于新利润增长点的缺乏和现金流的萎缩，财务状况往往开始恶化，筹资相对困难，对资金的渴求进一步加剧。衰退期企业虽资产规模趋于萎缩，但由于之前的利润空间不断被压缩，企业往往通过新产品的投资与运营推进自身进入新的生命周期循环，即管理者需要大量资金去发现并进行新的投资，同时，与成长期、成熟期相比，衰退期企业更容易面临财务困境。因此，衰退期企业同样面临较大的融资约束。

基于以上分析，提出假设 1：

H1：不同生命周期企业具有不同程度的融资约束，其中成长期企业融资约束最大，衰退期企业次之，成熟期企业融资约束最小。

2. 投资者情绪与企业融资约束

"市场择时"理论是投资者情绪影响企业融资约束的理论基础。投资者情绪可以通过影响企业股权、债券以及银行信贷这三种融资方式的融资成本或规模，以缓解企业融资约束。

在股权融资市场上，投资者情绪引起股票的误定价，在股价被高估时，公司倾向于发行权益进行融资，而在股价被低估时，公司则更有动机回购权益（Stein，1996）。这是理性管理者利用投资者情绪而做出的理性融资选择，因为当高涨的投资者情绪推动股票价格上涨后，公司便可以更高的溢价进行权益融资，从而获得更多的融资额或实现更低的融资成本，以缓解融资约束。

企业在债券市场同样可以利用"市场择时"缓解融资约束：投资者对股票及债券的价值判断基于很多共同的信息基础（企业未来现金流及贴现率），随着股票价格被持续高估，高涨情绪也将被"传染"到债券市场。无论是因非理性投资者的情绪传染，还是因理性投资者为规避股票市场的泡沫风险而选择投资债券进行套利，均提高了对债券的市场需求，降低了债券的融资成本（徐浩萍和杨国超，2013）。企业会选择在可以获得的、经风险调整后成本最低的时机进行债券发行（饶育蕾和蒋波，2010）。

而根据"资产负债表"渠道理论，借款人外源融资溢价的大小取决于他的财务状况（净财富），净财富越大，担保能力越强，违约后银行遭受损失的概率就越小。对于上市公司而言，投资者情绪高涨带来其自身及所持有股票价格的上升，净财富及可供质押的股权资产均增加，信贷能力增强；而银行也会根据质押品价值的高低而对借款主体产生不同程度的违约风险预期，并将其信贷资金配置到净财富及质押品价值较高的企业。那么伴随着高涨情绪和股价升高，上市公司信贷能力增加，银行放贷意愿增强，企业也将获得更多银行借款。同时，随着股权融资规模的增加，上市公司财务风险降低，银行在愿意给企业增加贷款规模的同时也会相应降低贷款利率，从而使企业信贷融资的成本降低。

综上，高涨的投资者情绪带来了企业"择时"融资的好时机，通过降低股权和债权融资的成本、推动企业获得更多的股权、债券以及银行贷款以缓解企业自身的融资约束。基于此，提出假设 2：

H2：投资者情绪的高涨会通过促进企业增加股权和债权融资缓解企业融资约束。

3. 投资者情绪对不同生命周期企业融资约束缓解程度的调节

根据生命周期理论，处于不同生命周期阶段的企业有着不同资金诉求，即便面临相同的外部环境及其变化，也会作出不同的融资决策。当市场投资者情绪发生变化时，处于不同生命周期的企业对投资者情绪发生变化带来外部成本变化的关注度、渴求度以及把握"择时"机会的能力均有差异，从而导致其融资约束的缓解程度也不尽相同。

成长期的特点在于总资产扩张速度加快，产品市场占有率上升，自有资金难以支撑企业迅速扩张需要，需通过对外融资方式获取企业发展所需资金（曹裕等，2009），因此，强烈的融资需求使得成长期企业择时融资的动机最强。而心理学研究发现，人在情绪高涨或乐观状态下，往往会忽略风险而更关注收益（花贵如等，2011）。因此，情绪的高涨往往使投资者忽略了成长期企业投资项目的高风险性，而更看重企业的成长性期权，从而更愿意将资金（包括股权与债权）投资于具有成长性的企业，使得处于成长期的企业择时融资的能力也最强，带来融资约束很大程度的降低。

成熟期企业最大的优势在于稳定的利润和持续的现金流，该阶段企业内源融资稳定，且往往能够支持企业外部投资的需要。因此，成熟期企业对外界筹集资金的依赖相对下降，其也会关注外部市场融资环境的变化，并愿意捕捉低成本融资的好时机为自身带来更充裕的发展资金，但由于对外部资金的渴求较少，择时的动机不及成长期企业强烈。在同样高涨的情绪之下，投资者往往更追捧成长期企业，因此，投资者情绪对成熟期企业的融资带来的影响较小。

相比较成长期和成熟期，衰退期企业的择时动机强烈但择时能力一般。一方面，衰退期企业希望敏锐地利用投资者情绪带来的融资便利获取资金，如将所融资金用于新的投资，找到新的利润增长点，可能会使企业重新焕发新的生机

（Liang et al.，2011）；另一方面，市场对产品的需求逐渐萎缩，产品供大于求的状况日趋严重，投资机会的递减和新投资前景的不确定性又会让该阶段企业管理者产生惰性（Anthony & Ramesh，1992；李云鹤等，2011），该阶段企业再融资的选择会更加谨小慎微。同时，即使情绪高涨，外部投资者对处于衰退期的企业也往往缺乏投资信心和热情。因此，面临高涨的投资者情绪，即便衰退期企业希望把握融资时机进行融资，市场也很难满足其融资意愿。

因此，处于不同生命周期的企业自身经营状况、现金流水平、资金需求程度均不同，其利用高涨投资者情绪择时融资的迫切程度和能力也必然存有差异。基于此，提出假设3：

H3：高涨的投资者情绪可以带来企业"择时"融资的好时机，能够缓解企业融资约束，但不同生命周期企业融资约束缓解程度不同，其中成长期公司融资约束最大限度降低，衰退期公司次之，成熟期公司融资约束最小限度降低或不降低。

4. 投资者情绪对不同生命周期企业融资约束缓解途径的调节

根据伯杰等（Berger et al.，1998）的"融资生命周期"理论，伴随着企业生命周期而发生的信息约束条件、企业资源、实力和资金需求变化是影响企业融资结构变化的基本因素，企业需要根据自身所处的阶段进行融资方式的选择和调整，以配合产品的改进、技术的更新以及公司战略的转型。同时，企业在持续的生命周期过程中所遇到的不同经营风险和财务风险也会驱使其采取不同的融资战略（Bender & Cranfield，2013）。高涨的投资者情绪为企业带来了相对宽松的外部融资环境，也为处于不同生命周期的企业借助外部环境筹集资金进行战略调整与风险权衡提供了便利。

班德和克兰菲尔德（2013）认为，成长期企业由于经营风险较高，现金流不稳定，应该以权益融资为主，其风险低，股息发放政策更具弹性；而债务的利息和本金会导致现金流出，公司对固定资产与研发的投资需求不适合放任现金流偿还债务。进入成熟期后，经营风险下降，投资需要的现金流减少，此时，企业应该用廉价的债务资本来替代昂贵的权益资本，只要公司提高杠杆水平而增加的财务风险不会将整体风险推至无法接受的水平，成熟期企业就可以利用负债增加企业的盈利；一旦进入衰退期，经营风险会很低，财务风险允许适度上升，因为债权人拥有公司资产剩余价值的优先求偿权，并可获得相应的利息回报，借款将是该阶段企业的主要融资渠道。

投资者情绪的高涨往往伴随着股价的高企，股权融资成本降低，而股权多元化与社会化正是成长期企业所追求的，该阶段的企业对周围环境最敏感，动态适应力也较强（徐飞和宋波，2014）。新兴产业、高成长性是成长期公司的独特优势，也是媒体追捧的对象，媒体对这类企业的格外关注与报道更会吸引投资者的关注（刘锋等，2014），使得这一类概念股在情绪高涨期备受投资者青睐，其特有的成长性期权将有助于公司择时进行股权融资。然而发行债券的必要条件是企业自身及其债券都要获得相应的信用评级，企业主体的信用评级高低直接决定了债券信用评级的高低及发行债券的票面利率（李琦等，2011），但稳定而持续的盈利能力作为评级机构的关注焦点却并非成长期企业的优势，因此，成长期企业难以获得较高债券评级，而更倾向于利用股权融资择时缓解自身融资约束。同时，股权融资降低了企业财务风险，为企业未来的债务融资储备了更大的空间，加之信贷融资的可获得性、弹性均胜于债券和股权两种融资方式，当外部投资者情绪高涨而企业获取信贷融资的成本较低时，面临巨大资金需求的成长期企业也会积极利用信贷融资择时以缓解自身的融资约束。因此，成长期企业会利用高涨投资者情绪进行更多的权益融资与信贷融资。

与权益融资相比，债务融资可以通过引入债权人有效的监管而降低股东与经理人之间的代理问题。随着生命周期的推进，成熟期企业 NPV 为正的投资项目逐渐减少，自由现金流①和留存收益却不断累积，代理问题逐渐加重（李云鹤等，2012）。詹森（Jensen，1986）认为，自由现金流会加剧股东与经理人之间的矛盾，恶化经理人的过度投资行为，企业释放自由现金流的最佳方式即为债务融资与现金股利。因此，债务融资是降低成熟期企业股东和经理人代理成本的重要机制。面对投资者的高涨情绪，成熟期企业最有实力从多种融资方式中择优进行选择。而平稳的盈利水平和相对完善的债券评级也为成熟期企业进行债券择时融资提供了便利。博斯等（Booth et al.，2013）发现，企业"债券首次公开发行"决策会同时受到企业生命周期和市场择时理论的共同影响。从生命周期理论视角出发，通常债券市场的参与者仅限于成熟期的大型公司；从市场时机视角出发，企业通常会在取得较好的经营业绩和超额股权回报的时候进行债券公开发行活动，此时市场上的利率也有利于债券发行。同时，成熟期企业的经营现金流较为稳定，也便于企业在投资者情绪的高涨期持续获得信贷资源（DeAngelo et al.，2010）。因此，成熟期企业会利用高涨投资者情绪进行更多的债务融资。

衰退期企业的战略重点是寻找新的利润增长点，利用资本运作规避现有及潜在的风险。此时企业市场销售额逐渐下跌，伴随市场占有率和利润率的下降，财务状况开始恶化。即便衰退期企业希望利用高涨的投资者情绪，择时募集股权资金或债券融资以缓解资金压力，股权和债券投资者也不愿将资金给予一个已经走向衰退的企业。而作为煤炭、钢铁等典型重工业的衰退期企业，其突出的优势在于经过长期发展而累积的社会地位和社会信用，与银行建立的长期合作关系，以

---

①　企业在投资了所有正净现值的项目后，仍然剩余的现金流即为自由现金流。

及可用于贷款抵押的固定资产，因此，择时进行信贷融资成为衰退期企业在投资者情绪高涨期的首选。同时，相对于股权融资，信贷融资的资金成本更低，不仅有利于衰退期企业控制权不被分散，还能借助财务杠杆带来更多的利润空间。尽管信贷择时融资会带来较高的财务风险，却能与衰退期企业较低的经营风险相权衡。

综上，企业在不同的生命周期具有不同的组织特征与战略导向，市场投资者情绪的波动作为外生冲击，改变了企业面临的融资环境，高涨的投资者情绪为上市公司提供了融资的便利，因此，企业需要权变地选择融资方式以应对不同生命周期经营与管理中存在的各种问题。在投资者情绪高涨期，不同生命周期的企业会分别借助投资者情绪的"推力"增加融资规模，选择最适宜自身的融资方式去改善融资约束（见表4.1）。

表 4.1　　　　　　投资者情绪对不同生命周期企业融资方式的相对影响

情绪状态	企业所处生命周期	融资方式
高涨投资者情绪	成长期	股权融资、信贷融资
	成熟期	信贷融资、债券融资
	衰退期	信贷融资

基于此，提出假设4。

假设4：投资者情绪对不同生命周期企业的融资方式影响不同：相对而言，成长期企业更倾向于利用高涨投资者情绪增加股权融资与信贷融资的规模缓解自身融资约束；成熟期企业更倾向于利用高涨投资者情绪增加信贷融资与债券融资的规模缓解自身融资约束；衰退期企业更倾向于利用高涨投资者情绪增加信贷融资规模以缓解自身融资约束。

4.1.4　实证设计与假设检验

1. 数据来源与样本选取

本节选取2003～2017年共15年沪深两市非金融类A股上市公司为样本。这一段时期，无论我国宏观经济还是股市走势均一波三折，投资者情绪波动剧烈，这为研究上市公司的融资约束状况，以及投资者情绪和企业生命周期对融资约束的影响提供了一个难能可贵的实验室。另外，为研究需要，对样本做如下筛选和剔除：第一，剔除金融类上市公司；第二，剔除ST和PT的上市公司；第三，剔除所有总资产及净资产为负的上市公司；第四，不考虑当年进行IPO的公司；第五，剔除数据缺失或异常取值样本。最终获得 15 年 29742 个样本的非平衡面板数据。各年度样本分布量见表 4.2。公司治理数据来自 CCER 数据库，公司财务数据均来自 CSMAR 国泰安数据库。为去除离群值对回归结果的影响，我们将所有的连续变量进行了 0 ~ 1% 以及 99% ~ 100% 的 WINSORIZE 标准化处理。

表 4.2　　　　　　　　　　　　　　　公司样本的年度分布

年度	样本量	年度	样本量
2003	1138	2011	2094
2004	1233	2012	2221
2005	1242	2013	2266
2006	1320	2014	2383
2007	1426	2015	2572
2008	1477	2016	2854
2009	1523	2017	3088
2010	1767	合计	28604

2. 变量的设定与计量

（1）投资者情绪。正如拉蒙和斯坦（Lamont & Stein，2006），易志高和茅宁（2009）都指出的，投资者情绪大部分都是系统性的、社会性的，而不是公司特定或独有的。因此，本研究采用国泰安数据库中易志高所构建的市场整体层面的投资者情绪来验证其对企业融资约束的影响。市场层面投资者情绪的构建思路效仿贝克和沃格勒（2006）文章中 BW 投资者情绪综合指数。易志高在中国投资者情绪指数 CICSI 的构建过程是手工搜取从 2003 年 1 月 ~ 2017 年 12 月的封闭式基金折价（FENG）、市场交易量（TURN）、IPO 数量（LNIPON）、上市首日收益（IPOR）、消费者信心指数（CCON）和新增投资者开户数（LNNEW）6 个变量相关数据，该 6 个变量从不同侧面反映出中国股票市场投资者的情绪变化，再运用主成分分析方法构建测度中国股票市场投资者情绪的综合指数 Sentiment，在此过程中，剔除了相关宏观经济因素（包括居民消费价格指数、工业增加值和宏观经济景气指数等变量）对 Sentiment 的影响。

（2）企业生命周期。各种企业生命周期理论的核心观点一致认为：企业就像有机生物体一样，也有一个由盛转衰、从生到死的过程。现有多数研究将企业生命周期简化为四个阶段：初创期、成长期、成熟期、衰退期。而按照我国目前证券市场的现状，处于初创期的企业不可能在 A 股主板上市，因此将企业生命周期划分为成长期、成熟期、衰退期三个阶段。对生命周期划分的依据借鉴曹裕等（2010）、Dickinson（2011）的做法，采用现金流组合法进行划分。各个阶段的现金流分布特征见表 4.3。

表 4.3　　　　　　　　　企业不同生命周期的现金流特征组合

现金流	成长期		成熟期			衰退期		
	导入期	增长期	成熟期	衰退期	衰退期	衰退期	淘汰期	淘汰期
经营现金流净额	−	+	+	−	+	+	−	−
投资现金流净额	−	−	−	−	+	+	+	+
筹资现金流净额	+	+	−	−	+	−	+	−

资料来源：参考 Dickinson（2011）整理。

（3）融资约束。本节使用现金—现金流敏感性作为融资约束程度的衡量，根据阿尔梅达等（Almeida et al.，2004）的分析，如果一个公司可以不受约束地获得外部资本，即无融资约束，则无需对未来投资需求采取保障措施，且企业流动性（现金的持有）也变得无关紧要。相反，当公司面临融资摩擦，流动性管理则成为企业融资策略的关键性问题。如果公司预期在未来将受到融资约束，则会通过储蓄现金来应对潜在的约束。当现金流较高时，受融资约束公司对现金等流动资产的持有也相应增加，表现出积极的现金—现金流敏感性。因此，现金—现金流敏感性是衡量企业融资约束的合理方法，也得到了国内外学者的广泛支持（万良勇等，2015；José et al.，2015）。

基于法扎里等（Fazzari et al.，1988）的观点，假如公司拥有良好的投资机会却面临较高的外部融资成本，即存在融资约束，公司会最大限度地利用低成本的内部资金以满足新的投资项目，表现出较高的投资—现金流敏感性。因此，进一步采用投资—现金流敏感性进行稳健性检验。其他主要变量设定见表 4.4。

表 4.4　　　　　　　　　主要变量设定及参考文献

变量类型	变量符号	变量名	变量含义
模型（4−1）、（4−3）因变量	ΔCash	现金持有量变动	现金及现金等价物增加额/年初总资产

续表

变量类型	变量符号	变量名	变量含义
模型（4-2）、模型（4-4）因变量	Equity	股权融资比例	吸收权益性投资收到的现金/年初总资产
	Bond	债券融资比例	发行债券收到的现金/年初总资产
	Loan	银行借款比例	取得借款收到的现金/年初总资产
自变量	Life1	成长期虚拟变量	如果企业处于成长期，则 Life1＝1，否则 Life1＝0
	Life2	成熟期虚拟变量	如果企业处于成熟期，则 Life2＝1，否则 Life2＝0
	Sentiment	投资者情绪	国泰安数据库易志高的投资者情绪指数，按年度加权平均的数值
公司层面控制变量	Ownership	所有权性质	国有为1，民营为0
	Top1	股权集中度	持股比例最大的第一大股东持有的股票数量占总股本的比例
	Maghold	管理层持股	管理层持有股权占总股本的比例
	Expend	企业资本支出	构建固定资产无形资产和其他长期资产支付的现金/年度初总资产
	Growth	投资机会	主营业务收入增加额/上年度主营业务收入
	Cash	现金及等价物持有率	（货币资金＋短期投资或交易性金融资产）/上年度末总资产
	Size	公司规模	总资产账面值的自然对数
	PPE	资产有形性	（存货净值＋固定资产净值）/年初总资产
	CF	净现金流	经营活动产生的现金净流量/上年度末总资产
	DStd	流动负债变动	流动负债增加额/年度初总资产
	DNwc	净营运资本变动	营运资本增加额/年度初总资产
	NDTS	非债务税盾	销售及管理费用/当年销售收入
	Lev	资产负债率	总负债/总资产
	ROA	总资产收益率	净利润/上年度末总资产
宏观层面控制变量	Crisis	经济危机	以2008年和2009年作为上市公司受国际金融危机影响的时间，该两个年度赋值为1，其余为0
	Time	时期哑变量	本文共15个年度，14个时期哑变量
	Id	行业哑变量	共涉及12个行业，11个哑变量

3. 模型设定与检验程序

本研究基于不同生命周期企业具有不同程度融资约束出发，探讨高涨的投资者情绪通过企业股权、债券、信贷融资途径对企业融资约束的缓解效应，并进一步探讨不同生命周期企业利用高涨的投资者情绪缓解融资约束的途径及程度差异。根据文中假设，设计如下回归模型。

为检验假设 1，借鉴阿尔梅达等（2004）的方法采用现金—现金流敏感性衡量融资约束，并将样本根据所处生命周期阶段分为三个子样本，建立模型（4-1）。

$$\Delta Cash_{i,t} = a + \beta_1 \times CF_{i,t} + \beta_2 \times DStd_{i,t} + \beta_3 \times DNwc_{i,t} + \beta_4 \times Expend_{i,t}$$
$$+ \beta_5 \times Growth_{i,t} + \beta_6 \times Size_{i,t} + \sum TIME + \sum ID + \varepsilon \qquad (4-1)$$

如果企业存在融资约束，则回归系数 β_1 显著大于 0；如果生命周期阶段不同企业所受融资约束不同，则各子样本回归系数 β_1 应具有显著差异。如果假设 1 成立，则成长期企业回归系数 β_1 显著大于衰退期企业和成熟期企业，衰退期企业回归系数 β_1 显著大于成熟期企业。

为检验假设 2，以各种融资方式的标准化融资规模为因变量，以投资者情绪为自变量，建立模型（4-2），以检验投资者情绪通过增加何种融资方式的融资规模缓解企业融资约束：

$$Equity_{i,t}/Bond_{i,t}/Loan_{i,t}$$
$$= \beta_0 + \beta_1 \times Sentiment_{t-1} + \beta_2 \times CF_{i,t-1} + \beta_3 \times Ownership_{i,t} + \beta_4 \times Top1_{i,t-1}$$
$$+ \beta_5 \times Maghold_{i,t-1} + \beta_6 \times Size_{i,t-1} + \beta_7 \times ROA_{i,t-1} + \beta_8 \times Cash_{i,t-1} + \beta_9 \times PPE_{i,t-1}$$
$$+ \beta_{10} \times Growth_{i,t-1} + \beta_{11} \times Lev_{i,t-1} + \beta_{12} \times NDTS_{i,t-1} + \beta_{13} \times Crisis_t$$
$$+ \sum TIME + \sum ID + \varepsilon \qquad (4-2)$$

模型中除控制公司治理、财务特征，以及宏观环境等因素的影响外，将另外两种方式融资规模也作为自变量以控制不同方式融资间的影响，各变量具体定义见表4.4。模型（4-2）中，如果高涨的投资者情绪能够通过增加某种方式的融资规模缓解企业融资约束，则回归系数 β_1 应显著为正。

为检验假设 3，在阿尔梅达等（2004）模型基础上加入投资者情绪与现金流的交乘项建立模型（4-3），以考察高涨的投资者情绪对企业融资约束的缓解作用，以及不同生命周期企业该缓解作用的差异。

$$\Delta Cash_{i,t} = a + \beta_1 \times CF_{i,t} + \beta_2 \times Sentiment_{t-1} + \beta_3 \times CF_{i,t} \times Sentiment_{t-1}$$
$$+ \beta_4 \times DStd_{i,t} + \beta_5 \times DNwc_{i,t} + \beta_6 \times Expend_{i,t} + \beta_7 \times Growth_{i,t}$$
$$+ \beta_8 \times Size_{i,t} + \sum TIME + \sum ID + \varepsilon \qquad (4-3)$$

如果假设 3 成立，则回归系数 β_3 的符号将显著为负，且成长期公司回归系数 β_3 的绝对值最大，衰退期公司次之，成熟期公司回归系数 β_3 的绝对值最小或者不显著区别于 0。

为检验假设 4，以各种方式的标准化融资规模为因变量，以企业生命周期虚拟变量、企业生命周期与投资者情绪交乘项为自变量，建立模型（4 - 4），以考察高涨的投资者情绪对不同生命周期企业融资约束缓解途径的差异：

$$
\begin{aligned}
& \text{Equity}_{i,t}/\text{Bond}_{i,t}/\text{Loan}_{i,t} \\
& = \beta_0 + \beta_1 \times \text{Life1}_{i,t} + \beta_2 \times \text{Life2}_{i,t} + \beta_3 \times \text{Sentiment}_{t-1} + \beta_4 \times \text{Life1}_{i,t} \\
& \quad \times \text{Sentiment}_{t-1} + \beta_5 \times \text{Life2}_{i,t} \times \text{Sentiment}_{t-1} + \beta_6 \times \text{Ownership}_{i,t} + \beta_7 \times \text{Top1}_{i,t-1} \\
& \quad + \beta_8 \times \text{Maghold}_{i,t-1} + \beta_9 \times \text{Cash}_{i,t-1} + \beta_{10} \times \text{Size}_{i,t-1} + \beta_{11} \times \text{ROA}_{i,t-1} + \beta_{12} \times \text{CF}_{i,t-1} \\
& \quad + \beta_{13} \times \text{PPE}_{i,t-1} + \beta_{14} \times \text{NDTS}_{i,t-1} + \beta_{15} \times \text{Lev}_{i,t-1} + \beta_{16} \times \text{Growth}_{i,t-1} + \beta_{17} \\
& \quad \times \text{Crisis}_t + \sum \text{TIME} + \sum \text{ID} + \varepsilon
\end{aligned} \tag{4 - 4}
$$

其中，$\text{Life1} = \begin{cases} 1, & \text{成长期} \\ 0, & \text{其他} \end{cases}$，$\text{Life2} = \begin{cases} 1, & \text{成熟期} \\ 0, & \text{其他} \end{cases}$。如果假设 4 成立，则以股权融资规模为因变量的模型中，回归系数 β_4 显著大于 0；以债券融资规模为因变量的模型中，回归系数 β_5 显著大于 0；而以信贷融资规模为因变量的模型中，回归系数 β_4 与 β_5 均显著大于 0。

4.1.5　实证结果分析

1. 描述性统计及分组检验结果

表 4.5 为主要变量描述性统计结果。上市公司三种融资方式的均值均大于零，说明我国上市公司总体而言具有正的外源融资；而股权和债券融资的中位数为 0 或接近于 0，说明我国上市公司中只有少数采用这两种融资方式，这与我国股权融资受到制度约束、债券市场发展滞后的现状相吻合；三种融资方式中，信贷融资水平最高，这与我国企业以信贷为其主要融资手段的现实环境相符。投资者情绪的均值为 0，中位数接近于 0，表明我国资本市场投资者情绪的低落期与高涨期基本均衡。现金持有量的标准差大于样本均值，说明公司的现金持有水平的变动存在较大差异；现金流最大值和最小值之间存在较大差异，说明企业之间的现金流水平、经营状况不甚相同。

表 4.5　　　　　　　　　　　　　主要变量描述性统计结果

变量名	均值	标准差	中值	最小值	最大值
ΔCash	0.0182	0.129	0.00340	- 0.276	0.706
CF	0.0518	0.0967	0.0490	- 0.272	0.379

续表

变量名	均值	标准差	中值	最小值	最大值
Equity	0.0546	0.163	0.000500	0	1.094
Bond	0.0117	0.0385	0	0	0.221
Loan	0.248	0.234	0.198	0	1.187
Sentiment	0	1	0.0500	−2.051	1.590
Top1	36.48	15.47	34.46	9.050	75.40
Maghold	0.108	0.192	0.000200	0	0.686
DStd	0.0746	0.188	0.0410	−0.343	1.125
DNwc	0.0338	0.200	0.00780	−0.379	1.169
Expend	0.0669	0.0748	0.0426	0.000100	0.410
Size	21.79	1.291	21.64	19.07	25.74
Growth	0.222	0.556	0.128	−0.639	3.936
ROA	0.0479	0.0745	0.0392	−0.202	0.361
Lev	0.454	0.223	0.451	0.0486	1.151
Cash	0.220	0.192	0.165	0.00600	1.139
PPE	0.474	0.241	0.455	0.0314	1.417
NDTS	0.173	0.149	0.133	0.0154	0.927

　　将样本按照生命周期划分为成长期、成熟期与衰退期三组，其中成长期的样本最多，成熟期次之，衰退期最少，这与我国新兴资本市场现状相符。进一步分别对成长—成熟、成长—衰退、成熟—衰退样本进行组间均值差异的显著性检验，结果见表4.6。

表4.6　　　　　　　　　主要变量在企业不同生命周期阶段的描述性统计

主要变量	企业生命周期阶段			T统计量		
	成长期 (13933)	成熟期 (9342)	衰退期 (5329)	成长—成熟	成长—衰退	成熟—衰退
ΔCash	0.0450	−0.0160	0.0180	−35.567***	−11.411***	19.162***
CF	0.0340	0.100	0.00900	53.804***	−15.825***	−64.995***
Equity	0.104	0.0060	0.0140	−38.061***	−25.854***	8.273***
Bond	0.0190	0.00500	0.00500	−19.936***	−15.961***	−1.037

续表

主要变量	企业生命周期阶段			T 统计量		
	成长期 (13933)	成熟期 (9342)	衰退期 (5329)	成长—成熟	成长—衰退	成熟—衰退
Loan	0.324	0.178	0.185	−45.425***	−34.841***	1.925*
Top1	35.93	37.87	33.97	9.264***	−7.907***	−14.187***
Maghold	0.135	0.0920	0.0660	−15.896***	−21.475***	−8.365***
DStd	0.132	0.0300	0.0200	−40.218***	−33.132***	−3.579***
DNwc	0.0560	−0.00300	0.0450	−20.995***	−2.883***	17.959***
Expend	0.0940	0.0550	0.0270	−36.841***	−51.970***	−34.884***
Growth	0.285	0.174	0.160	−14.901***	−12.224***	−1.449
ROA	0.0500	0.0550	0.0300	4.711***	−16.261***	−18.898***
Lev	0.465	0.425	0.471	−13.862***	1.520	11.043***
Cash	0.233	0.208	0.211	−8.894***	−6.316***	0.940
Size	21.95	21.80	21.44	−8.539***	−24.655***	−16.199***
PPE	0.519	0.458	0.400	−18.298***	−28.516***	−14.824***
NDTS	0.158	0.171	0.217	7.090***	23.495***	15.961***

注：***表示在1%水平上显著，**表示在5%水平上显著，*表示在10%的水平上显著。

由表4.6可见，无论处于生命周期的哪个阶段，企业均以信贷为其主要融资方式，其次是股权融资，债券融资最少，与样本的总体特征相同；而不同生命周期企业间融资规模和方式具有显著的差异，成长期企业具有最大的融资规模（占总资产的44.7%），衰退期企业次之（占总资产的20.4%），成熟期企业融资规模最小（占总资产的18.9%）；从融资方式来看，相对而言，成长期企业更多地采取股权和信贷融资方式满足其资金需求，衰退期企业则更多地利用股权和信贷融资方式，成熟期企业各融资方式均具有较低的融资规模，且这种差异在统计上具有显著性，这与企业不同生命周期阶段融资需求与能力的差异具有很强的相关性。另外，其他主要变量不同生命周期间的两两比较几乎均存在显著差异，这说明不同生命周期的企业确实在财务状况、运营效率和公司治理等方面存在着较大的差异：现金流情况呈现先上升再下降的趋势；总资产报酬率在成熟期最高，随着生命周期的演进，到衰退期达到最低状态；负债率却随着生命周期的发展先降低再升高；总资产规模随着生命周期的发展，呈现渐进式递减的趋势，这都与企业生命周期应有规律相符。

为考察相同生命周期阶段中，不同情绪水平对各融资方式所融到资金规模影响的差异，按照投资者情绪高低及企业生命周期不同阶段进行二维分组，对各种融资方式融资规模进行组间差异的 T 检验，结果见表 4.7。

表 4.7　　按照投资者情绪及生命周期分组的融资规模描述性统计及分组检验

主要变量	投资者情绪高涨期（投资者情绪年度平均值大于0）			投资者情绪低落期（投资者情绪年度平均值小于0）			T 统计量（高涨－低落）		
	成长期	成熟期	衰退期	成长期	成熟期	衰退期	成长期	成熟期	衰退期
Equity	0.124	0.00600	0.0150	0.0640	0.00500	0.0120	13.448***	2.474**	1.583
Bond	0.0220	0.00600	0.00600	0.0120	0.00300	0.00200	8.263***	5.050***	5.564***
Loan	0.300	0.155	0.170	0.370	0.210	0.206	14.847***	13.016***	6.132***

注：*** 表示在1%水平上显著，** 表示在5%水平上显著，* 表示在10%的水平上显著。

由表 4.7 结果可以看出，成长期企业的三种融资方式的融资规模在投资者情绪的高涨和低落阶段均表现出显著的差异性，该阶段企业的融资行为对投资者情绪的变化较为敏感；成熟期企业三种方式融资规模在不同的投资者情绪阶段均表现出显著的差异；而衰退期企业仅仅债券和信贷融资规模在不同的投资者情绪阶段差异显著。该检验结论初步验证了假设 4 的观点。

另外，为避免模型回归中出现多重共线性，对主要自变量与控制变量间进行了相关性检验，结果显示变量间相关系数均未超过 0.5，不存在严重的共线性。

2. 假设 1 的实证检验结果

首先利用全样本数据对模型（4-1）进行回归，然后利用成长期、成熟期、衰退期三个子样本数据对模型（4-1）分别进行回归。Hausman 的检验结果拒绝了随机效应，因此采用面板固定效应回归，并采用聚类稳健标准误进行回归系数的显著性检验。实证结果见表 4.8。

表 4.8　　　　　　　　模型（4-1）、模型（4-3）回归结果

变量	模型（4-1）				模型（4-3）			
	全样本	成长期	成熟期	衰退期	全样本	成长期	成熟期	衰退期
	ΔCash	ΔCash	ΔCash	ΔCash	ΔCash	ΔCash	ΔCash	ΔCash
CF	0.3947*** (26.2068)	0.4483*** (30.7793)	0.2571*** (26.5128)	0.4102*** (29.3735)	0.3926*** (27.9665)	0.4497*** 20.1468	0.5712*** 25.0127	0.5398*** 15.887
Sentiment	—	—	—	—	-0.0030*** (-3.1052)	-0.0022 (-1.3625)	-0.0013 (-0.7330)	-0.0011 (-0.5224)

续表

变量	模型（4-1）				模型（4-3）			
	全样本	成长期	成熟期	衰退期	全样本	成长期	成熟期	衰退期
	ΔCash	ΔCash	ΔCash	ΔCash	ΔCash	ΔCash	ΔCash	ΔCash
CF * Sentiment	—	—	—	—	-0.0708 *** （-6.3211）	-0.1216 *** （-9.6627）	-0.0605 -1.6124	-0.1001 *** （-8.1017）
DStd	0.2214 *** （27.2781）	0.2074 *** （17.3257）	0.1326 *** （8.3712）	0.2232 *** （11.3909）	0.2202 *** （27.0461）	0.2066 *** （17.1153）	0.1324 *** （8.3599）	0.2228 *** （11.3606）
DNwc	0.4197 *** （46.1900）	0.4530 *** （42.2916）	0.1874 *** （8.2705）	0.2941 *** （15.0233）	0.4201 *** （46.2955）	0.4530 *** （42.2403）	0.1871 *** （8.2689）	0.2942 *** （15.0583）
Expend	-0.0599 *** （-3.8585）	-0.0517 ** （-2.4932）	0.5544 *** （-19.3641）	-0.2548 *** （-2.6059）	-0.0610 *** （-3.9153）	-0.0507 ** （-2.4325）	-0.5544 *** （-19.4004）	-0.2551 *** （-2.6448）
Growth	-0.0314 *** （-11.1878）	-0.0365 *** （-8.1532）	-0.0190 *** （-5.2870）	-0.0120 *** （-2.7334）	-0.0316 *** （-11.1997）	-0.0366 *** （-8.1482）	-0.0190 *** （-5.2889）	-0.0120 *** （-2.7423）
Size	0.0061 *** （5.8054）	0.0033 * （1.8564）	0.0045 *** （2.9348）	0.0104 *** （3.3963）	0.0080 *** （6.4214）	0.0043 ** （1.9754）	0.0044 *** （2.3318）	0.0110 *** （3.2307）
cons	-0.1539 *** （-6.6781）	-0.0796 ** （-2.0480）	0.0549 （1.6342）	-0.2189 *** （-3.3358）	-0.1980 *** （-7.1726）	-0.1033 ** （-2.1451）	-0.0519 -1.2687	-0.2323 *** （-3.1766）
N	25094	11472	8661	4961	25094	11472	8661	4961
r2	0.5179	0.5927	0.4330	0.4350	0.5182	0.5928	0.4331	0.435
r2_a	0.5177	0.5925	0.4326	0.4343	0.518	0.5925	0.4326	0.4341
F	561.4333	416.5276	237.2356	108.2962	423.2033	313.151	181.4957	82.785

注：* 表示显著性水平为 10%，** 表示显著性水平为 5%，*** 表示显著性水平为 1%。

模型（4-1）回归结果显示，全样本现金—现金流敏感性显著大于 0，说明上市公司总体具有显著的融资约束。区分不同生命周期的回归结果显示，成长期企业现金—现金流敏感性最大，衰退期企业次之，成熟期企业最小。对不同生命周期阶段样本的现金—现金流敏感性进行 Chow 检验结果显示，在 1% 显著性水平下，成长期企业融资约束显著大于衰退期企业，衰退期企业融资约束显著大于成熟期企业。因此成长期企业融资约束最大，衰退期企业融资约束次之，成熟期企业具有最小的融资约束，该结果与假设 1 结论相符。

3. 假设 2 的实证检验结果

利用全样本数据分别以各种融资方式的融资规模（Equity，Bond & Loan）为因变量对模型（4－2）进行回归。同样采用固定效应回归和聚类稳健标准误检验，回归结果见表4.9。

表4.9　　　　　　　　　　模型（4－2）回归结果

变量	(1) Equity	(2) Bond	(3) Loan
Sentiment	0. 0042 ** (2. 2263)	0. 0040 *** (8. 1589)	0. 0082 ** (3. 6583)
CF	0. 0873 *** (4. 7420)	0. 0007 (0. 1805)	－0. 2007 *** (－8. 2019)
Ownership	－0. 0475 *** (－3. 8703)	－0. 0003 (－0. 0806)	－0. 0065 (－0. 2653)
Top1	0. 0009 *** (2. 6906)	－0. 0001 ** (－2. 2123)	－0. 0009 * (－1. 8659)
Maghold	0. 0024 (0. 0679)	－0. 0051 (－0. 6722)	0. 0082 (0. 1602)
Size	－0. 0210 *** (－5. 2367)	0. 0098 *** (9. 7837)	－0. 0389 *** (－6. 6156)
ROA	0. 2217 *** (6. 2168)	0. 0208 *** (3. 5812)	0. 0607 (1. 2658)
Cash	－0. 0855 *** (－6. 7760)	－0. 0120 *** (－4. 8248)	－0. 0255 * (－1. 7253)
PPE	0. 0010 (0. 0929)	－0. 0022 (－0. 9479)	0. 0499 *** (3. 5421)
Growth	－0. 0074 ** (－2. 3207)	－0. 0005 (－0. 9326)	0. 0040 (1. 0642)
Lev	0. 1278 *** (6. 2088)	－0. 0182 *** (－4. 8982)	0. 1470 *** (5. 0801)
NDTS	－0. 0214 (－0. 8514)	0. 0063 * (1. 6976)	－0. 0902 ** (－2. 5284)
Crisis	－0. 0258 *** (－6. 9677)	－0. 0003 (－0. 3345)	0. 0170 *** (3. 2677)

续表

变量	（1）	（2）	（3）
	Equity	Bond	Loan
Bond	− 0. 0118 （ − 0. 3867）		0. 0197 （0. 4079）
Loan	0. 1511 *** （8. 3089）	0. 0009 （0. 4076）	
Equity		− 0. 0009 （ − 0. 3868）	0. 2330 *** （8. 6712）
cons	0. 4040 *** （4. 5174）	− 0. 1863 *** （ − 8. 6643）	1. 0514 *** （7. 9909）
N	13375	13375	13375
r2	0. 0741	0. 0372	0. 0837
r2_a	0. 0731	0. 0361	0. 0827
F	21. 0080	16. 5474	23. 0549

注：* 表示显著性水平为10% ，** 表示显著性水平为5% ，*** 表示显著性水平为1% 。

模型（4 - 2）回归结果显示，以 Equity、Bond 和 Loan 为因变量的回归中，回归系数 β_1 均显著为正，说明高涨的投资者情绪能够通过增加股权、债券、信贷多种方式融资缓解企业融资约束，这说明"择时效应"在我国上市公司广泛存在，假设 2 得证。

4. 假设 3 的实证检验结果

利用全样本数据对模型（4 - 3）进行回归，然后分别以成长期、成熟期、衰退期三个子样本数据对模型（4 - 3）进行回归。同样采用固定效应回归和聚类稳健标准误检验，回归结果见表 4.8。

模型（4 - 3）回归结果显示，加入投资者情绪与现金流交乘项后，全样本回归中交乘项系数显著小于 0，说明投资者情绪的高涨能够显著缓解企业融资约束。进一步区分不同的生命周期阶段，投资者情绪的高涨对成长期企业融资约束具有最大的缓解作用，对衰退期企业融资约束的缓解作用次之，且在 5% 显著性水平下 Chow 检验结果也支持该结论；而对于成熟期企业，高涨的投资者情绪未能对企业融资约束起到显著的缓解作用，我们认为处于成熟期的企业由于规模大、盈利性强，所受融资约束较低，在市场上可以较为灵活的采用各种融资手段获得资金，因此资本市场投资者情绪的变化对其产生的影响较为微弱。以上结果支持了假设 3 的结论。

5. 假设 4 的实证检验结果

利用全样本数据分别以 Equity、Bond 和 Loan 为因变量对模型（4-4）进行回归。同样采用固定效应回归和聚类稳健标准误检验，回归结果见表4.10。

表 4.10　　　　　　　　　　　　　模型（4-4）回归结果

变量	(1)	(2)	(3)	(4)	(5)	(6)
	Equity	Bond	Loan	Equity	Bond	Loan
Life1	0.0809 *** (22.0509)	0.0087 *** (9.9472)	0.1033 *** (22.9360)	0.0819 *** (22.0540)	0.0092 *** (10.2546)	0.1033 *** (23.2234)
Life2	0.0019 (0.7552)	0.0024 *** (3.2829)	0.0011 (0.2988)	0.0021 (0.7958)	0.0023 *** (2.9934)	0.0013 (0.3485)
Sentiment	—	—	—	0.0093 *** (3.9352)	0.0004 (0.6217)	0.0105 *** (2.7445)
Life1 × Sentiment	—	—	—	0.0155 *** (4.4409)	0.0004 (0.4210)	0.0068 *** (5.1838)
Life2 × Sentiment	—	—	—	0.0027 (1.1088)	0.0084 *** (7.1432)	0.0078 *** (6.4480)
Ownrship	−0.0404 *** (−3.7082)	−0.0006 (−0.2072)	−0.0084 (−0.5537)	−0.0366 *** (−3.3841)	0.0000 (0.0142)	−0.0114 (−0.7468)
Top1	0.0003 (1.0691)	−0.0002 *** (−2.6238)	0.0000 (−0.0526)	0.0005 ** (2.3135)	−0.0001 ** (−1.9713)	−0.0002 (−0.7890)
Maghold	−0.0141 (−0.4701)	−0.0115 (−1.1969)	0.0355 (1.0106)	−0.0158 (−0.5296)	−0.0124 (−1.3073)	0.0364 (1.0366)
Cash	−0.0881 *** (−8.1160)	−0.0085 *** (−3.4222)	−0.0167 (−1.4340)	−0.0928 *** (−8.5324)	−0.0102 *** (−4.0527)	−0.0130 (−1.1132)
Size	−0.0190 *** (−7.0327)	0.0124 *** (13.0434)	−0.0366 *** (−9.6651)	−0.0281 *** (−9.4247)	0.0109 *** (11.3453)	−0.0302 *** (−7.5312)
ROA	0.1948 *** (6.3144)	0.0199 *** (3.0940)	0.0341 (0.8791)	0.1798 *** (5.7557)	0.0171 *** (2.6807)	0.0475 (1.2126)
CF	0.0686 *** (4.2253)	−0.0011 (−0.2828)	−0.1924 *** (−9.6092)	0.0770 *** (4.6640)	0.0015 (0.3713)	−0.1975 *** (−9.8802)

续表

变量	（1）	（2）	（3）	（4）	（5）	（6）
	Equity	Bond	Loan	Equity	Bond	Loan
PPE	− 0. 0090 （ − 1. 0744）	− 0. 0049 * （ − 1. 9566）	0. 0380 *** （3. 2932）	− 0. 0012 （ − 0. 1367）	− 0. 0034 （ − 1. 3846）	0. 0325 *** （2. 8158）
NDTS	0. 0149 （0. 6340）	0. 0122 *** （2. 8984）	− 0. 1053 *** （ − 3. 8751）	0. 0100 （0. 4328）	0. 0113 *** （2. 7335）	− 0. 1027 *** （ − 3. 7846）
Lev	0. 1611 *** （9. 4966）	− 0. 0192 *** （ − 5. 1021）	0. 2396 *** （11. 2132）	0. 1583 *** （9. 3178）	− 0. 0196 *** （ − 5. 2580）	0. 2393 *** （11. 2279）
Growth	− 0. 0029 （ − 1. 0866）	− 0. 0003 （ − 0. 4712）	0. 0056 * （1. 8201）	− 0. 0031 （ − 1. 1480）	− 0. 0005 （ − 0. 7821）	0. 0054 * （1. 7438）
Crisis	− 0. 0206 *** （ − 7. 2880）	0. 0005 （0. 5461）	0. 0170 *** （4. 1302）	− 0. 0242 *** （ − 8. 4794）	0. 0005 （0. 5767）	0. 0203 *** （4. 7804）
cons	0. 3729 *** （5. 9283）	− 0. 2429 *** （ − 11. 8406）	0. 8960 *** （10. 2676）	0. 5610 *** （8. 2552）	− 0. 2122 *** （ − 10. 2361）	0. 7664 *** （8. 4124）
N	17665	13504	19989	17665	13504	19989
r2	0. 1068	0. 0567	0. 1351	0. 1141	0. 0677	0. 1369
r2_a	0. 1061	0. 0557	0. 1345	0. 1132	0. 0665	0. 1361
F	87. 6573	26. 5408	114. 4286	74. 2927	24. 9870	99. 8054

注：* 表示显著性水平为 10% ，** 表示显著性水平为 5% ，*** 表示显著性水平为 1% 。

首先，分别以 Equity、Bond 和 Loan 为因变量，以生命周期虚拟变量为自变量进行回归的结果显示，处于不同生命周期企业的各种方式融资具有明显的差异，相对于衰退期企业，成长期企业较多的采用股权、债券和信贷的融资方式，成熟期企业较多采用债券融资方式，这与生命周期各阶段企业组织特征、融资能力相匹配。加入投资者情绪及其与生命周期虚拟变量的交乘项后，回归结果显示，以 Equity 为因变量的模型中，成长期虚拟变量与投资者情绪交乘项回归系数显著大于 0，以 Bond 为因变量的模型中，成熟期虚拟变量与投资者情绪交乘项回归系数显著大于 0，而以 Loan 为因变量的模型中，两个交乘项回归系数均显著大于 0，说明相对而言，成长期企业更倾向于利用高涨的投资者情绪通过发行股票和增加信贷规模缓解自身融资约束，投资者的高涨情绪助力成长期企业获得更多的股权和信贷融资；成熟期企业更倾向于利用高涨的投资者情绪通过发行债券和增加信贷融资规模缓解自身融资约束；衰退期企业更倾向于利用高涨的投资者情绪通过增加信贷融资规模缓解自身融资约束。因此，不同生命周期的企业均会借助高涨的情绪，采取最适宜自身企业的融资选择，假设 4 得证。

4.1.6 稳健性检验

1. 改变融资约束的度量

尽管自法扎里等（1988）提出以"投资—现金流敏感性"衡量企业融资约束以来，该方法一直受到质疑，但其基本原理在于，融资约束较严重的企业，其投资水平对内部资金的依赖程度更高，会呈现出更为强烈的"投资—现金流敏感性"，并得到很多实证的支持。因此，本节使用"投资—现金流敏感性"作为企业融资约束的度量进行稳健性检验。回归结果的结论与假设 1 与假设 3 依然相符（见表 4.11）。

表 4.11　　假设 1 和假设 3 的稳健性检验结果（改变融资约束的度量）

变量	（1）全样本	（2）成长期	（3）成熟期	（4）衰退期
CF	0.1329 *** （9.6481）	0.1975 *** （8.8805）	0.1884 *** （9.2650）	0.0548 *** （2.9958）
Sentiment	0.0088 *** （7.7880）	0.0070 *** （3.9095）	− 0.0016 （− 0.7776）	− 0.0046 *** （− 3.3072）
CF × Sentiment	− 0.0322 *** （− 2.6787）	− 0.0535 *** （− 2.9034）	− 0.0138 （− 0.7397）	− 0.0004 （− 0.0217）
Ownership	0.0090 （1.4389）	0.0261 *** （2.6243）	− 0.0028 （− 0.5403）	− 0.0050 （− 0.8416）
Top1	− 0.0004 *** （− 2.7897）	− 0.0002 （− 0.8875）	− 0.0005 *** （− 3.6724）	− 0.0007 *** （− 3.5290）
Maghold	− 0.0861 *** （− 4.8316）	− 0.0350 （− 1.3741）	− 0.0798 *** （− 4.0341）	− 0.2109 *** （− 5.3583）
Size	− 0.0182 *** （− 10.6394）	− 0.0116 *** （− 4.1427）	0.0023 （1.1431）	0.0026 （1.2152）
ROA	− 0.1720 *** （− 7.9733）	− 0.3823 *** （− 9.8293）	− 0.1568 *** （− 6.3194）	0.1446 *** （6.7596）

续表

变量	(1)	(2)	(3)	(4)
	全样本	成长期	成熟期	衰退期
Lev	0.0018 (0.1991)	0.0230 (1.5536)	0.0446 *** (4.3475)	0.0374 *** (3.7358)
Cash	-0.0841 *** (-8.5645)	-0.1064 *** (-8.3048)	0.0600 *** (4.1552)	0.0825 *** (5.6641)
Growth	-0.0185 *** (-7.4456)	-0.0214 *** (-5.8291)	-0.0197 *** (-5.1808)	0.0015 (0.6271)
Crisis	-0.0114 *** (-4.9058)	-0.0121 *** (-3.0903)	0.0001 (0.0510)	0.0001 (0.0381)
cons	0.3741 *** (9.8153)	0.1638 *** (2.6027)	-0.0920 ** (-2.0973)	-0.0307 (-0.6657)
N	23928	10943	8269	4716
r2	0.1031	0.1963	0.1228	0.0947
r2_a	0.1027	0.1954	0.1215	0.0924
F	60.3836	76.9158	26.0195	16.9712

注：* 表示显著性水平为 10%，** 表示显著性水平为 5%，*** 表示显著性水平为 1%。

2. 改变融资约束的度量

留存收益是某一特定时点上股东可合法自由行使的剩余索取权的价值边界，法扎里等（2006）认为留存收益是衡量企业生命周期较好的代理变量，宋福铁和屈文洲（2010）也采用该方法判断企业所处生命周期。本节借鉴其方法将留存收益比按从低到高排序，以三分位数为标准将样本划分为成长期（9535）、成熟期（9535）和衰退组（9534）三组，重新对模型（4-4）进行回归，结果与假设 4 结论基本相符（见表 4.12）。

表 4.12　　假设 4 的稳健性检验回归结果（改变企业生命周期的度量）

变量	Equity	Bond	Loan	Equity	Bond	Loan
Life1	0.1020 *** (14.3383)	0.0052 *** (3.1919)	0.0405 *** (4.6800)	0.0967 *** (13.3682)	0.0055 *** (3.3439)	0.0435 *** (4.9854)
Life2	0.0019 (1.3329)	0.0663 *** (13.2400)	0.0188 *** (3.1591)	0.0016 (1.1309)	0.0652 *** (13.0540)	0.0227 *** (3.8865)

续表

变量	Equity	Bond	Loan	Equity	Bond	Loan
Sentiment	—	—	—	0.0242 *** (6.1836)	0.0072 *** (5.5371)	0.0098 ** (2.2447)
Life1 × Sentiment	—	—	—	0.0201 *** (4.4960)	0.0013 (0.8169)	0.0116 ** (2.2505)
Life2 × Sentiment	—	—	—	0.0061 (1.3668)	0.0061 *** (4.3263)	0.0007 (0.1384)
Ownership	−0.0432 *** (−3.7845)	−0.0012 (−0.3771)	−0.0130 (−0.7877)	−0.0404 *** (−3.5386)	−0.0006 (−0.2013)	−0.0157 (−0.9577)
Top1	0.0003 (1.1935)	−0.0002 *** (−2.6655)	0.0001 (0.2652)	0.0005 ** (2.0524)	−0.0002 ** (−2.2621)	−0.0001 (−0.3993)
Maghold	−0.0510 (−1.6224)	−0.0138 (−1.4266)	0.0178 (0.4785)	−0.0494 (−1.5738)	−0.0147 (−1.5443)	0.0179 (0.4827)
Cash	−0.0946 *** (−8.2427)	−0.0112 *** (−4.3856)	−0.0391 *** (−3.1425)	−0.0991 *** (−8.6060)	−0.0140 *** (−5.3907)	−0.0342 *** (−2.7471)
Size	−0.0212 *** (−7.5315)	0.0124 *** (12.7694)	−0.0371 *** (−9.0987)	−0.0276 *** (−8.9791)	0.0112 *** (11.3454)	−0.0306 *** (−7.1260)
ROA	0.1497 *** (4.6165)	0.0220 *** (3.3911)	0.0687 * (1.6797)	0.1390 *** (4.2377)	0.0197 *** (3.0523)	0.0746 * (1.8147)
CF	0.0502 *** (3.0170)	−0.0018 (−0.4494)	−0.2064 *** (−9.7803)	0.0577 *** (3.4041)	0.0011 (0.2762)	−0.2121 *** (−10.0947)
PPE	0.0134 (1.5750)	−0.0031 (−1.2390)	0.0546 *** (4.4874)	0.0194 ** (2.2413)	−0.0012 (−0.4832)	0.0493 *** (4.0750)
NDTS	0.0078 (0.3195)	0.0120 *** (2.8322)	−0.1055 *** (−3.7560)	0.0060 (0.2491)	0.0116 *** (2.7873)	−0.1014 *** (−3.6128)
Lev	0.1864 *** (10.2835)	−0.0198 *** (−5.2213)	0.2387 *** (10.3609)	0.1849 *** (10.1686)	−0.0200 *** (−5.3056)	0.2399 *** (10.4520)
Growth	0.0009 (0.3136)	−0.0001 (−0.1522)	0.0088 *** (2.7425)	0.0007 (0.2484)	−0.0003 (−0.4066)	0.0088 *** (2.7253)
Crisis	−0.0174 *** (−6.0605)	0.0006 (0.6291)	0.0164 *** (3.7915)	−0.0200 *** (−6.7619)	0.0008 (0.8624)	0.0201 *** (4.4785)

续表

变量	Equity	Bond	Loan	Equity	Bond	Loan
cons	0. 5001 *** (7. 5709)	− 0. 2367 *** (− 11. 3450)	0. 9720 *** (10. 3152)	0. 6301 *** (8. 9160)	− 0. 2115 *** (− 10. 0013)	0. 8396 *** (8. 5822)
N	17665	13504	19989	17665	13504	19989
r2	0. 0655	0. 0399	0. 0578	0. 0709	0. 0483	0. 0602
r2_a	0. 0647	0. 0389	0. 0572	0. 0700	0. 0471	0. 0594
F	34. 5480	16. 9955	28. 6322	31. 6700	17. 9755	25. 6208

注: * 表示显著性水平为 10%, ** 表示显著性水平为 5%, *** 表示显著性水平为 1%。

3. 改变投资者情绪的度量

投资者情绪在计量方面的困难和复杂化始终是对该问题进行研究的困扰之一, 加之我国的资本市场尚不完善, 使用市场层面的投资者情绪或许不够全面。对此, 使用公司层面的投资者情绪来替代市场层面投资者情绪, 以更加全面和综合地考察投资者情绪对企业生命周期影响融资约束的调节作用。借鉴已有文献 (Goyal & Yamada, 2004; 花贵如等, 2010), 使用分解 Tobin'Q 方法来计量公司层面的投资者情绪, 该方法的理论基础是 Tobin'Q 不仅包含了未来的投资机会, 也包含着由于投资者情绪引致的股票错误定价。因此, 将 Tobin'Q 对描述公司基本面的四个变量 (股东权益净利率、主营业务收入增长率、资产负债率、规模) 进行回归, 同时控制行业和年度效应, 最终以拟合值作为反映投资机会的基本 Q 的度量, 并以该回归残差作为公司层面投资者情绪 (Sent) 的代理变量。重新对模型 (4 – 3) 和 (4 – 4) 进行回归 (见表 4. 13、表 4. 14), 结果显示除显著性与原回归结果存在差异外, 研究结论依然成立。

表 4. 13   假设 3 的稳健性检验回归结果 (改变投资者情绪的度量)

变量	模型 (4 – 3)			
	全样本	成长期	成熟期	衰退期
	ΔCash	ΔCash	ΔCash	ΔCash
CF	0. 3984 *** (31. 5729)	0. 5624 *** (17. 4626)	0. 4544 *** (22. 7489)	0. 5428 *** (24. 3780)
Sentiment	0. 0012 (0. 9417)	0. 0009 (0. 4305)	− 0. 0008 (− 0. 3566)	0. 0061 ** (2. 2418)

续表

变量	模型（4-3）			
	全样本	成长期	成熟期	衰退期
	ΔCash	ΔCash	ΔCash	ΔCash
CF × Sentiment	-0.0181 ***	-0.0195 ***	-0.0002	-0.0035 ***
	(-6.3840)	(-6.9111)	(-0.0113)	(-3.1095)
DStd	0.2172 ***	0.2020 ***	0.1335 ***	0.2060 ***
	(24.4714)	(16.1571)	(7.4231)	(9.5812)
DNwc	0.4215 ***	0.4360 ***	0.2127 ***	0.3501 ***
	(41.7760)	(34.2990)	(8.5337)	(14.0313)
Expend	-0.0615 ***	-0.0621 ***	-0.4994 ***	-0.2988 ***
	(-3.7718)	(-2.9598)	(-17.5571)	(-2.9380)
Growth	-0.0293 ***	-0.0321 ***	-0.0174 ***	-0.0169 ***
	(-9.7970)	(-6.9519)	(-4.1817)	(-3.4158)
Size	0.0040 ***	0.0030 *	-0.0047 ***	0.0044
	(3.6087)	(1.6615)	(-2.9199)	(1.2694)
cons	-0.1067 ***	-0.0717 *	0.0629 *	-0.0885
	(-4.3532)	(-1.7888)	(1.7567)	(-1.1827)
N	21183	9679	7337	4167
r2	0.4989	0.5644	0.4333	0.4552
r2_a	0.4988	0.5640	0.4326	0.4541
F	367.8123	236.1040	189.3520	74.5028

注：＊表示显著性水平为10%，＊＊表示显著性水平为5%，＊＊＊表示显著性水平为1%。

表4.14　　　假设3的稳健性检验回归结果（改变投资者情绪的度量）

变量	模型（4-4）		
	Equity	Bond	Loan
Life1	0.0749 ***	0.0089 ***	0.0968 ***
	(22.4152)	(9.3418)	(22.2035)
Life2	0.0015	0.0024 ***	0.0043
	(0.5899)	(3.0388)	(1.1406)
Sentiment	0.0058 *	0.0016 *	0.0018
	(1.7295)	(1.9397)	(0.4566)

续表

变量	模型（4－4）		
	Equity	Bond	Loan
Life1 × Sentiment	0. 0336 *** （6. 7922）	－ 0. 0001 （－ 0. 0994）	0. 0152 *** （3. 2595）
Life2 × Sentiment	0. 0002 （0. 0589）	0. 0022 *** （3. 2070）	0. 0016 （0. 3882）
Ownership	－ 0. 0357 *** （－ 3. 5047）	－ 0. 0013 （－ 0. 3787）	0. 0002 （0. 0125）
Top1	0. 0002 （0. 8137）	－ 0. 0002 ** （－ 2. 2213）	－ 0. 0001 （－ 0. 2398）
Maghold	－ 0. 0058 （－ 0. 2362）	－ 0. 0157 （－ 1. 5476）	0. 0376 （1. 1033）
Cash	－ 0. 0918 *** （－ 9. 1752）	－ 0. 0097 *** （－ 3. 6328）	－ 0. 0139 （－ 1. 2663）
Size	－ 0. 0184 *** （－ 6. 3132）	0. 0133 *** （13. 0210）	－ 0. 0399 *** （－ 10. 4729）
ROA	0. 1833 *** （5. 6404）	0. 0306 *** （3. 7092）	－ 0. 0059 （－ 0. 1547）
CF	0. 0546 *** （3. 4334）	－ 0. 0002 （－ 0. 0478）	－ 0. 1995 *** （－ 10. 0601）
PPE	－ 0. 0080 （－ 0. 9141）	－ 0. 0040 （－ 1. 4702）	0. 0288 ** （2. 5377）
NDTS	0. 0274 （1. 1363）	0. 0085 * （1. 7133）	－ 0. 1407 *** （－ 5. 6329）
Lev	0. 1959 *** （11. 5812）	－ 0. 0279 *** （－ 5. 8877）	0. 2920 *** （14. 2590）
Growth	－ 0. 0008 （－ 0. 2835）	－ 0. 0007 （－ 1. 0437）	0. 0064 ** （1. 9801）
Crisis	－ 0. 0187 *** （－ 6. 8194）	0. 0005 （0. 5870）	0. 0195 *** （4. 7856）
cons	0. 3450 *** （5. 1424）	－ 0. 2597 *** （－ 11. 7294）	0. 9608 *** （10. 9649）

续表

变量	模型（4-4）		
	Equity	Bond	Loan
N	16978	13011	19200
r2	0.1428	0.0605	0.1505
r2_a	0.1420	0.0592	0.1497
F	73.8737	23.0924	94.6281

4. 改变模型的形式

为检验假设4，可以按照企业生命周期不同阶段进行分组，以各融资方式所融到资金规模为因变量，以投资者情绪为自变量建立模型（4-5），以考察相同生命周期阶段中，不同情绪水平对各融资方式所融到资金规模影响的差异：

$$Equity_{i,t}/Bond_{i,t}/Loan_{i,t}$$
$$= \beta_0 + \beta_1 \times Sentiment_{t-1} + \beta_2 \times Ownership_{i,t} + \beta_3 \times Top1_{i,t-1} + \beta_4 \times Maghold_{i,t-1}$$
$$+ \beta_5 \times Cash_{i,t-1} + \beta_6 \times Size_{i,t-1} + \beta_7 \times ROA_{i,t-1} + \beta_8 \times CF_{i,t-1} + \beta_9 \times PPE_{i,t-1}$$
$$+ \beta_{10} \times NDTS_{i,t-1} + \beta_{11} \times Lev_{i,t-1} + \beta_{12} \times Growth_{i,t-1} + \beta_{13} \times Crisis_t$$
$$+ \sum TIME + \sum ID + \varepsilon \tag{4-5}$$

如果假设4成立，则在成长期组以股权融资规模为因变量的模型中，回归系数 β_1 显著大于0，且大于成熟期和衰退期组的回归系数 β_1；在成熟期组以债券融资规模为因变量的模型中，回归系数 β_1 显著大于0，且大于成长期和衰退期组的回归系数 β_1；而以信贷融资规模为因变量的模型中，各组回归系数 β_1 均显著大于0。

按照如上方法进行回归的结果（表4.15）符合预期，支持假设4的结论。

以上稳健性检验结果表明，本节的研究结论具有一定的稳健性。

表4.15　　　　　　　假设4的稳健性检验回归结果（改变模型的形式）

变量	成长期			成熟期			衰退期		
	Equity	Bond	Loan	Equity	Bond	Loan	Equity	Bond	Loan
Sentiment	0.0033 *** (3.7746)	0.0013 *** (3.3134)	0.0066 *** (6.0530)	0.0001 (0.0382)	0.0021 *** (3.4334)	0.0039 *** (3.8915)	0.0014 * (1.7768)	0.0002 (0.3531)	0.0175 *** (3.2757)
Ownership	-0.0914 *** (-3.6722)	0.0055 (0.9972)	0.0288 (0.9785)	-0.0004 (-0.1391)	0.0007 (0.3191)	-0.0224 (-0.9340)	-0.0025 (-0.3327)	-0.0025 (-0.7868)	-0.0251 (-0.6831)

续表

变量	成长期			成熟期			衰退期		
	Equity	Bond	Loan	Equity	Bond	Loan	Equity	Bond	Loan
Top1	0.0010 (1.3153)	-0.0001 (-1.1212)	-0.0028*** (-3.9826)	-0.0001 (-0.8804)	0.0000 (0.5177)	-0.0001 (-0.1850)	0.0002 (0.7373)	-0.0001 (-0.5538)	0.0009 (0.9508)
Maghold	-0.0123 (-0.2016)	-0.0131 (-0.9364)	-0.0208 (-0.2470)	-0.0226** (-2.0865)	0.0008 (0.1164)	0.0399 (0.6624)	0.1091 (1.4678)	-0.0176 (-1.0394)	-0.0896 (-0.5250)
CF	0.1244*** (3.5933)	0.0000 (0.0007)	-0.1483*** (-3.7759)	0.0008 (0.0819)	0.0062 (1.5718)	-0.1804*** (-4.4280)	0.0093 (0.4915)	-0.0025 (-0.4815)	-0.2037*** (-3.6971)
Growth	-0.0264*** (-3.4591)	-0.0028* (-1.9460)	0.0091 (1.1913)	0.0000 (-0.0575)	0.0009 (1.0559)	-0.0037 (-0.4384)	0.0020 (0.8802)	-0.0003 (-0.4434)	-0.0008 (-0.1247)
ROA	0.4687*** (5.3816)	0.0545*** (3.4789)	-0.0353 (-0.3967)	0.0281*** (2.7392)	-0.0087 (-1.2343)	-0.0582 (-0.7144)	0.0173 (1.0118)	-0.0003 (-0.0570)	0.0229 (0.3459)
Lev	0.4176*** (9.1258)	-0.0388*** (-5.1173)	0.1576*** (3.4369)	0.0135 (1.3505)	0.0020 (0.5096)	0.3554*** (7.0448)	0.0231 (1.4221)	0.0053 (1.3200)	0.1507*** (3.9411)
Cash	-0.1251*** (-4.8635)	-0.0160*** (-3.0863)	-0.0304 (-1.2214)	-0.0004 (-0.1690)	-0.0025 (-1.0711)	0.0089 (0.4037)	-0.0312** (-2.0972)	-0.0021 (-0.6376)	0.0053 (0.1754)
Size	-0.0535*** (-6.0971)	0.0144*** (8.8266)	-0.0730*** (-9.1096)	0.0016 (0.7858)	0.0019* (1.7068)	-0.0451*** (-4.3796)	-0.0041 (-1.1284)	0.0080*** (4.0188)	-0.0190 (-1.4676)
PPE	-0.0079 (-0.3548)	-0.0054 (-1.1769)	0.0276 (1.2409)	0.0025 (0.7940)	-0.0010 (-0.4069)	0.0370* (1.6712)	-0.0190** (-2.0278)	-0.0078** (-1.9768)	0.0616* (1.8226)
NDTS	-0.0521 (-0.6760)	0.0101 (1.0346)	-0.0536 (-0.7801)	0.0313 (1.1342)	0.0011 (0.2140)	-0.1292 (-1.4344)	-0.0031 (-0.2735)	-0.0017 (-0.5996)	-0.0263 (-0.5474)
Crisis	-0.0376*** (-4.3064)	0.0001 (0.0344)	0.0182* (1.9238)	-0.0031** (-2.1331)	-0.0016 (-1.3543)	0.0263*** (3.3399)	-0.0098*** (-3.0950)	-0.0008 (-0.8980)	0.0133 (1.4264)
Bond	-0.0609 (-1.3279)		-0.1192** (-2.1265)	-0.0170 (-1.0042)		0.0769 (0.4783)	0.0369 (0.3737)		0.0963 (0.3883)
Loan	0.0961*** (3.5160)	-0.0085** (-2.1092)		0.0332 (1.0842)	0.0024 (0.4766)		0.0564*** (2.6309)	0.0020 (0.3814)	
Equity		-0.0045 (-1.3195)	0.0998*** (3.5495)		-0.0093 (-0.9580)	0.5790** (2.0784)		0.0032 (0.3722)	0.2371** (2.4118)
cons	1.0458*** (5.0939)	-0.2693*** (-7.3798)	1.9396*** (10.7081)	-0.0432 (-0.8810)	-0.0386 (-1.6326)	1.0275*** (4.5030)	0.0799 (1.0719)	-0.1620*** (-3.9009)	0.4767* (1.6884)

续表

变量	成长期			成熟期			衰退期		
	Equity	Bond	Loan	Equity	Bond	Loan	Equity	Bond	Loan
N	6263	6263	6263	4517	4517	4517	2595	2595	2595
r2	0.1144	0.0615	0.0965	0.0324	0.0097	0.1506	0.0282	0.0409	0.0742
r2_a	0.1122	0.0593	0.0944	0.0292	0.0064	0.1478	0.0226	0.0353	0.0689
F	17.7977	14.1306	13.8130	1.8886	2.6059	9.6580	1.6468	1.5227	5.0343

4.1.7 研究结论与启示

企业融资约束与融资行为的影响因素始终备受学界的关注，本节选取了凝结着企业自身系列特征的典型变量——企业生命周期，将其与外部市场环境相结合，考察企业生命周期不同阶段融资约束差异，以及利用高涨投资者情绪缓解融资约束的程度与途径差异，研究发现，不同生命周期的企业融资约束程度有明显差异：成长期企业融资约束程度最大，衰退期企业次之，成熟期企业最小，这与各生命周期企业组织特征、融资需求、融资能力等息息相关；另外，投资者情绪作为投资者对未来预期的系统性偏差，可以改变企业外部融资的资金供给和相对成本，影响企业的外部融资环境，表现为我国上市公司融资决策存在明显的择时效应。各生命周期企业利用投资者情绪变化择时融资的动机与能力不同，伴随着高涨的投资者情绪，会采取适宜自身企业的融资方式或融资渠道以缓解融资约束：所有生命周期企业均会利用高涨的投资者情绪扩大信贷融资规模以缓解融资约束，而相对衰退期企业而言，成长期企业更偏好利用股权融资缓解融资约束，成熟期企业更偏好利用债券融资缓解融资约束。

本研究对企业生命周期理论、市场择时理论，以及代理理论进行了细化与延伸，对探寻我国上市公司融资约束的影响因素具有理论价值，对于资本市场建设、企业不同生命周期的融资策略选择均具有现实指导意义。我国资本市场投资者非理性程度较为严重，因投资者情绪而造成的资产价值偏离在所难免，因此，合理的市场时机选择也成为企业筹措资金以进行战略调整的正常手段。本节结论有助于更全面地理解资本市场投资者情绪对我国上市公司融资决策的影响，也为企业根据自身不同的生命周期阶段，利用投资者情绪动态进行融资调整，选择适宜的融资策略提供了微观支持和参考依据。

本书不足在于，高涨的投资者情绪除改变企业外部融资的资金供给和相对成本外，还可能带来公司自有资金周转速度的加快，商业信用的放松等，这些都有可能从不同的侧面缓解企业面临的融资约束，但本研究只选取了上市公司最常用的三种融资方式，投资者情绪对企业商业信用进而对融资约束的影响将成为本研究的后续方向。

4.2 投资者情绪、企业择时融资及其经营绩效
——基于长安汽车的案例分析

4.2.1 引言

企业能否在变化如此迅猛的资本市场中生存并快速发展，取决于其对资本的管控与运作能力。如何利用资本市场择时进行融资，并使用所融资金进行适时投资，得到持续有效的回报，从而提高企业的投资效率和经营绩效，成为企业管理层追求的目标。在分析资本结构、投资机会和投资项目盈利能力等因素对企业投资结果的影响之余，日渐兴起的行为财务为管理者如何利用资本市场以不断提升经营绩效和市场绩效打开了新的视角。本节研究了投资者情绪与企业择时融资行为、后续投资行为之间的关系，并通过长安汽车股权再融资及其后续投资决策的相关数据解读了企业经营绩效及市场绩效的变化过程。研究发现，如果企业利用高涨的投资者情绪择时进行融资并跟进适时的投资活动，能够使其盈利能力和成长能力得到显著提高，有效提升公司的后续经营绩效，并改进其市场表现。本节通过选取长安汽车的典型案例，分析了投资者情绪对于上市公司投融资决策、经营绩效和市场绩效的作用机理，为上市公司利用市场时机，择时融资、适时投资进而提升后续绩效提供了参考依据。

4.2.2 文献综述

1. 投资者情绪对企业融资及投资行为的影响

（1）投资者情绪对企业融资行为的影响。投资者情绪是投资者基于企业未来收益和风险的预期而形成的具有自己主观判断力的信念和预期。其对资本市场影响巨大，已有研究发现，在股票市场出现剧烈波动时，如牛市的高位和熊市的低位，投资者情绪对于上市公司股价的影响甚至远远超过了公司基本面因素（Datst，2003）。

随着行为金融越来越被学者们接受，投资者情绪对上市公司投融资行为的影响研究也日渐完善。从融资角度，股权"市场择时"最为直观，逻辑也最为简

单，洛夫兰等（Loughran et al.，1994）以及霍瓦基米安等（Hovakimian et al.，2001）均发现，无论 IPO 还是增发配股，权益的发行总会伴随着公司股价的高企。阿尔蒂（2006）认为，"择时效应"影响虽然短暂，但权益市场时机的确是企业进行股权融资决策的主要考虑因素。麦克林和赵（2014）认为，低落的投资者情绪会增加企业的外部融资成本，从而限制投资和就业。汪强（2013）发现，即便在我国"政府主导型"的新股发行制度下，投资者情绪变化依然会对公司 IPO 行为产生影响，并且随着新股发行机制市场化程度的不断提高，投资者情绪对 IPO 行为的解释能力也在逐步提高。徐枫和胡鞍钢（2012）、邵新建等（2013）从 IPO、SEO 等多方面进行了研究，证实我国上市公司存在着明显的"市场择时"行为。

与股权融资类似，债券发行同样存在"市场择时"效应。格雷厄姆和哈维（2001）指出，"市场时机"是企业高管在公司融资决策中需要考虑的重要因素，并且调查发现债券市场的确也存在着择时行为。福尔肯德（2005）分析了企业在面临新债券发行时的利率风险选择问题，发现企业对利率风险管理的行为主要被市场时机所驱动，而不是出于避免风险的考虑。纳亚克（2010）、贝克和沃格勒（2013）均认为，市场时机同样是债券发行的一个重要考虑因素，债券发行规模与投资者情绪显著正相关（McLean & Zhao，2014）。周必磊（2010）通过验证"债券市场热效应"导致的高资产负债率，证明了债券市场时机对企业资本结构的长期影响。徐浩萍和杨国超（2013）从股票市场与债券市场关联互动的角度，证实了股票与债券发行的同向效应假说。仪峰、刘晓桐等（2018）认为投资者情绪和融资融券交易之间是相互影响的关系。

（2）投资者情绪对企业投资行为的影响。从投资角度，现有学者已经力证了投资者情绪对企业投资产生影响的三个渠道，即"股权或债权融资渠道"（Baker et al.，2003；黄宏斌和刘志远，2014）、"理性迎合渠道"（Polk & Sapienza，2009），及"管理者乐观主义中介效应渠道"（花贵如等，2010），并得出了投资者情绪与企业投资规模显著正相关的一致结论（张前程和杨德才，2015）。

融资渠道强调的传导路径是投资者情绪通过融资进而影响投资，即投资者情绪所带来的市场择时效应使得企业外部融资的成本相对低廉（Stein，1996），对于那些存在着资金渴求的企业，投资者情绪引致的股权融资成本变化将直接改变公司的融资约束状况，并进而影响投资。贝克等（2003）运用 KZ 指标，将美国上市公司按照股权依赖程度的高低分组后，对公司投资行为和股价的回归发现，融资约束越严重，公司的投资对股价越敏感。随后，吉尔克里斯等（Gilchrist et al.，2005）、昌等（Chang et al.，2007）、霍瓦基米安和胡（Hovakimian & Hu，2010）均得出了与贝克等（2003）相似的结论。在股权融资渠道得以充分证明的同时，黄宏斌和刘志远（2014）从信贷融资的角度入手，进一步验证出投资者情绪通过信贷融资影响企业投资规模的债权融资渠道，从而使投资者情绪影响企业投资的融资渠道通过股权和债权融资两条途径得以实现。在股权融资渠道的基础上谭跃和夏芳（2011）将股市划分为稳定期和波动期，在稳定期，管理者利用盈余管理以引导投资者情绪从而利于公司的投资决策，而在波动期，投资者情绪会引发资本市场的错误定价从而对企业投资决策产生消极作用。

迎合渠道突破了企业必须存在融资约束的框架约束，认为即使企业不存在资金渴求，其投资决策依然会对投资者情绪作出反应，因为理性的管理者会努力识别被放弃的投资项目是否是那些投资者认为可以实施并且盈利性较强的项目，也会考虑选择或放弃某个投资项目对自身解雇风险的影响，因此，企业会迎合外部投资者高涨或低落的情绪来扩大或紧缩投资规模（Polk & Sapienz，2004）。投资者情绪可以从外部对管理层施压，以提高管理层投资决策的严谨性，这也是对投资者情绪的一种迎合（张旭，2017）。翁等（Wong et al.，2009）、潘敏和朱迪星（2010）分别证明了美国和我国上市公司资本投资中，迎合渠道的存在性。

管理者乐观渠道则突破了管理者理性，投资者非理性的假设，将管理者和投资者均置于非理性的框架之下，进一步研究伴随着投资者情绪的高涨或低落，管理者如何诱发乐观或悲观的情绪，进而对后续的投资决策产生重大影响（Baker et al.，2004）。企业投资不足，企业管理者就会随着高涨的投资者情绪而增加投资规模和力度以缓解投资短缺的情况（张延宇，2017）。投资者情绪与企业投资的规模以及效率是正相关关系，如果管理层分享了与投资者对公司前景一样的情绪，产生"过度自信"或"过度乐观"，则会对未来投资项目存有更加乐观的预期而增加企业投资，"低沉消极"的投资者情绪则与之相反（王飞，2017）。也就是，高涨或低落的投资者情绪可以通过"塑造（Shape）"管理者乐观或悲观情绪，最终影响企业投资（花贵如等，2011）。

2. 企业经营绩效及市场绩效的影响因素

（1）宏观制度因素。宏观经济是所有企业发展的基础。当经济处于紧缩状态时，公司的投资机会变少，投资支出缩水，投融资状况更倾向于投资不足。陈艳（2013）通过实证分析证明经济周期的紧缩阶段会降低企业的经营绩效。针对目前的情形，国家多次"开闸放水"，结合运用多项货币政策和财政政策以增强市场的流动性，例如降低存款准备金率、调整贷款利率甚至向市场直接投放资本金等。特别是对于非国有企业来说，投资行为自主性相比于国有企业更大，是否能有效及时地利用"利好"政策对企业的经营绩效及其市场绩效有着重要的影响。

（2）公司治理因素。关于公司治理，最基础的理论就是代理理论（Agency Theory）。詹森（1976）发现由于公司的股东和管理者往往不是同一群人，他们之间信息不对称，且利益函数不一致。所有者的目标是企业价值的最大化以获得股东回报，而管理者的目标则更倾向于实现个人抱负和公司战略的长远发展，而且决策过程会受到机会主义和个人私利的影响。因此，管理层对于投资决策往往谨慎性不足，容易导致企业的非效率投资，进而使企业后续绩效下降。也正基于此，衍生出很多通过公司治理手段提升企业后续绩效的研究，如股票期权、管理层激励等，优秀的治理正是通过制度的完善而提升公司的绩效水平。张泪红（2019）提出可以通过优化高管权力分配从而达到改善流通领域企业经营绩效的目的。

（3）内部财务因素。陈红兵（2013）通过研究我国 A 股 1998～2011 年上市公司数据得到公司财务弹性和公司经营绩效存在着正相关的关系。其中内部现金流与企业的投资支出存在着明显的正向关系（Fazzari & Hubbard，1988）。即公司拥有越多的内部现金流，投资支出可能越多，但是也会导致公司过度投资，使投资效率下降，经营效益受损。陈红兵和连玉君（2013）的实证研究表明，保持公司的财务弹性可以有效地提高企业的投资水平，尤其对于存在融资约束困境的企业更为有效。对于非国有企业来说，经济形势不景气的情况下，随着企业贷款的利率不断升高，融资约束的形势严峻。一方面保持较低的财务杠杆有利于获得贷款；另一方面持有大量的现金能帮助企业抓住市场上的投资机会，提高经营绩效。康俊（2017）提出上市公司资产负债率、长期借款融资率、股权融资率与经营绩效呈显著负相关关系。

（4）投资者情绪。投资者情绪对公司经营绩效也存在影响。当市场上投资者情绪高涨时，企业的股票价格被高估，融资约束降低，这时企业可以通过股权融资或者股权质押贷款的方式用较低的融资成本获得资金，补充自由现金流，投入经营活动或者进行投资，提升公司的经营绩效。而且这个时期公司的管理层也更倾向于迎合市场高涨的情绪进行投资活动。但是，也不排除经理人对未来抱有过度自信的预期而导致盲目进行投资使得投资过度的可能。当投资者情绪低迷的时候，投资机会变少，融资成本升高，融资约束效力增强。管理层在这个时期普遍也对公司前景持保守或者消极态度。这一阶段可能导致企业投资机会敏感性降低，造成投资不足、投资效率下降，企业的经营绩效在这段时期通常没有更突出的表现。罗琦和张标（2013）通过实证分析证明，非国有企业的非效率投资行为对投资者情绪变化更为敏感。公司能否准确把握投资者情绪的高涨时期，以较低的融资成本实现企业的发展战略目标就成为影响公司经营绩效的重要影响因素。

4.2.3 投资者情绪对企业后续绩效影响的作用机理

"市场择时"理论是企业择时融资的理论基础。该理论认为，在股权融资市场上，投资者情绪引起股票的误定价，在股价被高估时，公司倾向于发行权益进行融资，而在股价被低估时，公司则更有动机回购权益（Stein，1996）。这是理性管理者利用投资者情绪而作出的理性融资选择，因为当高涨的投资者情绪推动股票价格上涨后，公司便可以更高的溢价进行股权融资，从而获得更多的融资额或实现更低的融资成本，以缓解融资约束，并为后续的投资决策储备资金。

投资者情绪的影响因素众多，机理也很复杂，投资者作为现实生活中有限理性的个体集合，会系统性地引起资本市场的定价偏误，从而对上市公司的投融资决策产生重大影响。同时，国家宏观调控政策、产业政策往往也能够有效地激发市场投资者情绪，引导资金流动，从而造成投资者情绪的高涨。

毋庸置疑，企业借助高涨的投资者情绪进行择时融资后，并非必然引起后续绩效的提升。在企业择时融资与后续绩效的提升之间，一定有一条重要的桥梁——企业的适时投资决策。如果企业对资金进行挥霍或滥用，则后果一定适得其反。适时投资，一方面在于符合投资决策中的可行性原则，实现正的净现值，带来股东财富的增加；另一方面，也要依据国家产业政策的调整方向，抢抓机遇实现跨越式突破性增长。长安汽车即是遵照着这一原则，在择时融资和适时投资后，实现了后续经营绩效和市场绩效的改善与提升。该案例的理论逻辑推导图见图4.2。

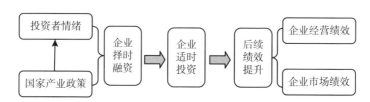

图 4.2　投资者情绪、企业择时融资及其后续绩效的逻辑传导

资料来源：作者整理绘制。

4.2.4　长安汽车股权再融资及其后续经营绩效及市场绩效的案例分析

1. 长安汽车基本情况

（1）公司概况。重庆长安汽车股份有限公司，简称长安汽车或重庆长安，是中国兵器装备集团有限公司旗下的核心整车企业，也是一家国有大型企业。长安汽车于1996年在深圳证券交易所上市，A股代码000625，B股代码200625。长安汽车发展历史悠久，起源于1862年的上海洋炮局，曾开创了中国近代工业的先河。随着中国改革开放的浪潮，20世纪80年代初长安正式进入汽车领域。经过多年的发展，长安汽车已形成微车、轿车、客车、卡车、SUV、MPV等低中高档、宽系列、多品种的产品谱系，拥有排量从0.8~2.5升的发动机平台，并且拥有CS系列、睿骋、逸动、悦翔、奔奔等知名汽车品牌。2009年，长安汽车自主品牌排名世界第13位、中国第一，成为中国汽车行业最具价值品牌之一。

2011 年，在国家发改委、科技部等多个政府部门牵头的国家认定企业技术中心评比中，长安汽车在 729 家企业中，以 90.9 的高分夺得汽车行业第一名。2017 年 5 月，重庆长安汽车股份有限公司获得了 2016 中国年度汽车企业，并在 2018 中国品牌价值百强榜上排名第 45 位。在销量方面，长安作为自主领域中的"排头兵"，凭借着庞大的车型群体的优势，销量始终排在国内车市的前十名，在 2016 年还被誉为是"自主一哥"。

（2）案例公司的选择。本节选择长安汽车作为研究案例企业主要有以下两个原因：一是长安汽车是我国知名汽车制造企业，是中国品牌汽车的领导者，是第一家产销累计突破 1000 万辆的中国品牌汽车，并且连续 10 年实现中国品牌汽车销量第一，它的发展历程具有代表性。长安汽车发展迅速，并且作为一家国有大型企业其股权再融资策略的制定与国家产业政策的变化以及投资者情绪的变动是息息相关的。二是因为国务院为了实现惠农强农目标的需要，拉动消费，作出"汽车下乡"的政策，该政策正式被实施是在 2009 年 3 月 1 日 ~ 12 月 31 日，对购买 1.3 升及以下排量的微型客车，以及将三轮汽车或低速货车报废换购轻型载货车的，给予一次性财政补贴。并在 2010 年初，将"汽车下乡"政策实施延长一年至 2010 年 12 月 31 日。在此宏观环境下为了占领汽车市场形成规模效应提高企业的竞争力，从而实现其整体业务计划以及战略目标，长安汽车需要进行股权再融资以获取其建设自主品牌的资金。与此同时，国内能源和环境问题突出，国家推进节能减排技术和新能源开发技术，通过适当的消费税政策来引导汽车产品的消费，提高大排量乘用车的消费税税率，降低小排量乘用车的消费税税率。因此，长安汽车需要投入大量资金进行技术改造以推动产业升级从而适应消费结构的变化，如此为其进行股权再融资提供了条件，也为我们的研究提供了样本。

2. 长安汽车的股权再融资行为及其动因分析

（1）长安汽车股权再融资行为及其内部动因。长安汽车在 2010 年 2 月 11 日进行公开增发，此次增发的股票是境内上市人民币普通股（A 股）。根据网上、网下发行公告，长安汽车以每股 9.74 元/股的价格发行股票 360166022 股，共募集资金总额为 350801.7 万元（含发行费），发行费用总额为 6243.1 万元，募集资金净额（扣除发行费）344558.7 万元。这次股票在深圳证券交易所上市，2011 年 1 月 28 日，上市首日公司 A 股不设涨跌幅限制。在本次增发 A 股发行中，网上参与申购的社会公众投资者申购的户数为 3051 户，全部为有效申购，配售股数为 40496622 股，占本次发行总量的 1.24%。网下机构投资者申购共 8 家，全部为有效申购，配售股数为 217000000 股，占本次发行总量的 60.25%。

根据长安汽车 2010 年度公开增发招股意向书，企业进行股权再融资的动因如下：长安汽车需要进行研发投入和固定资产投入以及品牌推广和销售网络建设，资金需求量巨大。如果公司推出的自主品牌产品不能在合理的时间内达到一定市场份额，形成规模效益，则可能无法实现公司的业务战略、收回公司的投资，从而对公司的业务和财务状况产生不利影响。同时，国家通过消费税政策引导汽车产品的消费，消费税是汽车价格的组成部分，国家未来仍有可能通过调整消费税税率来引导汽车消费。若届时公司不能及时调整产品结构以适应消费结构变化，则将影响公司的产品销售和经营业绩。

长安汽车进行股权再融资是符合市场和公司发展自身要求的。

长安汽车公开增发的详情及内部动因见表 4.16。

表 4.16　　　　　　　　长安汽车股权再融资行为及其内部动因详情

股权再融资行为		
每股价格（元）	9.74	
机构投资者名称	获配股数（万股）	补缴款金额（万元）
中国长安汽车集团股份有限公司	10070.00	78465.44
北京北方晶技投资有限公司	4100.00	31947.20
兵器装备集团财务有限责任公司	3500.00	27272.00
平安信托有限责任公司	2500.00	19480.00
中国信达资产管理股份有限公司	660.00	5142.72
中国国际金融有限公司	500.00	3896.00
工银瑞信信用添利债券型证券投资基金	300.00	2337.60
国联安基金管理有限公司	70.00	545.44
股权再融资的内部动因		
内部动因	①抢占市场，推出自主品牌的需要；②节能减排，产业升级的要求	

资料来源：作者自己整理，数据信息来自深圳证券交易所长安汽车（000625）公告。

（2）长安汽车股权再融资行为的外部动因——国家产业政策的调整与促进。从 2009 年开始，国家大力推动"汽车下乡"活动对于我国汽车行业发展有极大的促进作用，一方面打开市场拉动内需，另一方面也促使汽车行业进行大洗牌。由于财政部、商务部为了贯彻落实国务院"新农村"建设，让更多的老百姓享受改革开放带来的成果，扩大内需，改善民生。在反复研究和考察我国农民的消费水平和我国居民的消费状况后，推出了以财政补贴推进的"汽车下乡"政策。国家的这项宏观调控举措极大地促进了国民内需和外需，在打开农村汽车市场的同时为汽车企业带来了难得的机遇。如何抓住这个机遇提高本企业自主品牌汽车的销量抢占市场是长安汽车发展的重中之重，但在自主品牌建设以及推广初期需要大量的研发以及固定资产投入，因此长安汽车进行股权再融资以募集资金用于技术改造，主要包括微车扩能技改、小排量发动机产业升级、提升自主研发能力三大项目。

与此同时，由于国内能源与环境问题日益突出，在"十二五"期间国家颁布了一系列政策推进"节能减排"理念。2011 年的《乘用车燃料消耗量限值》指出要控制乘用车油耗量，促进能源节约。2012 年颁发《商用车燃料消耗量测量方法》进一步完善了我国汽车产品节能管理标准体系，意在加速我国节能减排技术的发展。另外，国家利用适当的消费税政策，引导汽车产品的消费。财政部、国家税务总局决定从 2008 年 9 月 1 日起调整汽车消费税政策，提高大排量乘用车的消费税税率，降低小排量乘用车的消费税税率。2009 年国家对使用小排量乘用车减免购置税、汽车下乡等具体措施的继续实施，极大地促进了小排量自主品牌汽车的发展，为长安汽车实现"以微为本"的发展战略，坚持汽车产业低碳化，提供了机遇。如此一来，长安汽车需要及时调整产品结构以适应消费结构的变化，加快新能源研发技术的升级才能不被市场所淘汰。在国家产业政策利好的促进下，长安汽车进行股权再融资是顺应时代发展要求的，也符合国家产业以及企业战略的期望，如此，才能走在行业的前列。

（3）长安汽车股权再融资行为的外部动因——投资者情绪促成的有利时机。投资者的高涨情绪为公司股权再融资奠定了有利的市场时机。根据长安汽车的增发公告可获知，长安汽车公开增发 A 股股票的计划于 2010 年 11 月 9 日就获得了中国证监会的核准，由此可以推断，企业应该早于 2010 年 11 月就已经经过董事会决议决定要进行公开发行并向中国证监会提交了公开增发 A 股的申请。这也就说明长安汽车在提出公开增发股票申请时已捕捉到市场上投资者情绪的变化，其要进行股权再融资的时机也符合"市场择时"理论。本节以个股换手率作为公司层面的投资者情绪，以黄宏斌和刘志远（2013）构建的投资者情绪指标作为市场层面的投资者情绪，结合长安汽车进行股权再融资的时点验证该公司是否在进行"市场择时"融资。

由图 4.3 可以明显观察到，长安汽车进行公开增发之前正好均处于市场层面和公司层面投资者情绪高位时期，公司的换手率波动幅度较大，但是处于短期范围内的较高点，是合适的融资时机。市场投资者情绪也是在一段时间内的高点。当市场情绪高涨时，股价普遍被高估，此时上市公司管理层如果能敏锐察觉到外部市场的变化，进行增发或配股等股权融资，则能以更低的成本获得融资。长安汽车此时的股权再融资行为能够获得较多的融资收入，而且相对来说付出的融资成本较低，符合"市场择时"（Market Timing）理论。

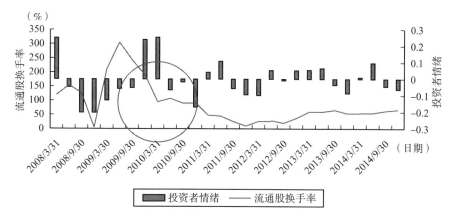

图 4.3　长安汽车流通股换手率与市场层面投资者情绪时序

注：换手率资料来源为 RESSET 金融研究数据库，投资者情绪指数来自黄宏斌等（2015）构建的市场层面投资者情绪指数，图为作者绘制整理。

从案例企业长安汽车的增发审批过程中我们发现，中国证监会从开始审理到最后成功公开发行，存在较长的时间间隔，因此我们选择了增发的预案日而非批准日作为市场择时融资的判别标准。同时，我国上市公司进行股权再融资的审核步骤较为烦琐（见图 4.4），这也为我们如何改进审批程序、活跃市场、更好地服务上市公司和股东价值提供了思路。

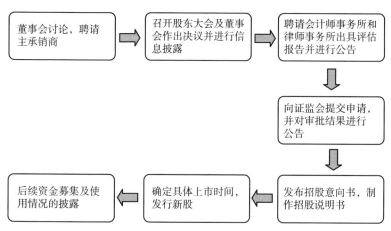

图 4.4　中国上市公司股权再融资的审核步骤

资料来源：作者自己整理。

尽管我国资本市场在审批制度上存在着时滞，从再融资预案到审批通过存在时间隔断，但就上市公司的股权再融资预案来讲，其捕捉到市场的有利时机，根据投资者情绪状况择时进行了股权再融资。

3. 长安汽车股权再融资资金投向

（1）计划资金投向。此次增发 A 股股票经公司 2010 年 2 月 9 日召开的第五届董事会会议审核通过的，并经 2010 年 3 月 8 日召开的公司 2010 年第一次临时股东大会审议通过。中国证监会发审委于 2010 年 11 月 8 日召开的 2010 年第 204 次工作会议审核了公司公开增发 A 股股票事宜，根据审核结果，公司公开增发 A 股股票获得有条件通过。2010 年 12 月 16 日，公司本次公开增发获得中国证监会证监许可〔2010〕1819 号文核准。本次公开发行所募集资金将全部投资于汽车产业相关项目，用于做大做强现有主业，增强公司可持续发展的能力，其资金用途，见表 4.17。

表 4.17　　　　　　　　　　长安汽车公开增发募集资金用途

编号	项目	项目投资额（亿元）	募集资金投入额（亿元）	主要产品
1	长安汽车生产线扩能技术改造项目	16.4	16.4	CM9、F202、G401 等微型客车
2	小排量发动机产业升级项目	21.4	19.8	CB、CC 系列发动机
3	自主研发能力建设项目	5.9	3.8	
合计		43.7	40.0	

资料来源：作者整理，数据信息来自深圳证券交易所长安汽车（000625）公告。

上述项目总投资约为 43.7 亿元，本次募集资金总额不超过 40 亿元。募集资金到位之前，公司将根据项目进度的实际情况以自筹资金先行投入，并在募集资金到位之后置换。本次发行募集资金不能满足上述项目资金需要量的部分由公司自筹解决。根据表 4.17，长安汽车募集资金计划用途集中在技术改造上，有利于公司更好地把握我国汽车业大发展的历史机遇，进一步扩大生产能力、提升研发能力，实现公司跨越式发展并实现"打造世界一流汽车企业"的长远目标。

（2）实际资金投向。为加快项目建设步伐，更好地把握市场机会，在募集资金到位前，公司利用自筹资金对募集资金投资项目进行了先行投入。根据安永华明会计师事务所有限公司出具的《重庆长安汽车股份有限公司汽车生产线扩能技术改造及小排量发动机产业升级募集资金项目先期投入情况报告及专项鉴证报告》，截至 2011 年 1 月 31 日，本公司汽车生产线扩能技术改造及小排量发动机产业升级项目的先期累计投入总计金额为人民币 608749433.60 元，主要用于项目基础建设、购买生产线设备及其辅助配套设施。具体使用情况见表 4.18。

表 4.18　　　　　　　长安汽车公开增发募集资金使用情况对照情况

募集资金总额（万元）：344558.69				已累计使用募集资金总额（万元）： 348188.81 *
变更用途的筹集资金总额：无 变更用途的募集资金总额比例：无				各年度（期间）使用募集资金总额 （万元）： 2011 年：262247.34 2012 年：82368.85 2013 年：3572.62 2014 年：无 截至 2015 年 9 月 30 日 9 个月期间
募集资金 投资项目	募集资金前承 诺投资金额 （万元）	募集资金后承 诺投资金额 （万元）	实际投资金额 （万元）	实际投资金额与筹集后 承诺投资金额的差额
长安汽车生产线扩 能技术改造项目	164319.00	164319.00	165715.30	1396.30
小排量发动 机产业升级项目	197911.00	197911.00	182473.51	−15437.49
合计	362230.00	362230.00	348188.81	−14041.19

注：* 为截至 2014 年 12 月 31 日，本公司累计使用募集资金人民币 348188.81 万元，与实际募集资金净额人民币 344558.69 万元的差异金额为人民币 3630.12 万元。产生上述差异的原因是：（1）募集资金累计利息收入人民币 3630.28 万元；（2）募集资金专户累计支出银行手续费人民币 0.16 万元。

资料来源：作者整理，数据信息来自深圳证券交易所长安汽车公告。

截至 2016 年 3 月 31 日，长安汽车募集资金的实际投资项目与 2010 年度公开增发招股意向书披露的募集资金的运用方案一致，无实际投资项目变更情况（见表 4.19）。

表 4.19　　　　　　　募集资金投资项目实现效益情况对照情况

项目名称	截止日投资 项目累计产 能利用率 （%）	承诺效益 （万元）	2012~2014 年实际效益（万元）			截止日累计 实现效益 （万元）	是否达 到预定 效益
			2012 年	2013 年	2014 年		
汽车生产线扩能 项目	69.99	33976	41347.81	8163.09	4557.67	41557.68	是
小排量发动机产 业升级项目	65.71	26208	18209.54	57158.70	29454.08	129763.91	是

资料来源：作者整理，数据信息来自深圳证券交易所长安汽车公告。

长安汽车此次公开增发募集到的资金使用基本符合当时公司公告里的计划，与公司披露的资金计划投向一致。根据后续年度财报披露的情况来看，项目建设情况良好，投入资金取得良好的效益，没有发现资金滥用的情况，并且 2012~2014 年的实际效益都达到了承诺效益，这也为公司后续绩效的全面提升奠定了基础。

4. 募集资金后经营绩效分析

（1）盈利能力。选取净资产收益率（ROE）和总资产报酬率（ROA）作为主要度量标尺，经营活动产生的净流量作为参考对公司股权再融资后的盈利能力质量进行评估。总资产报酬率（ROA）是公司经营获得的报酬和资产的比值。总资产报酬率的高低与企业通过资产获得收益的能力呈正相关。净资产收益率（ROE）反映了股东权益收益水准，用于测度企业投资效果，衡量企业盈利能力。

由图 4.5 中观察到，长安汽车股权再融资额日期是 2010 年 2 月 11 日，而其总资产报酬率的第一个明显的增幅则出现在 2010 年的下半年，这说明长安汽车公开增发后获得大量资金，并迅速反映到其盈利能力上，随着长安汽车将其募集到的资金投入到其项目上，企业获得丰厚报酬，因此，在 2012 年、2013 年和 2014 年间都出现了较大幅度的增长。净资产收益率的变化趋势与总资产的变化大致相同，同样说明了长安汽车股权再融资后其盈利能力的增长。2008~2010 年长安汽车的经营现金净流量不断增加，并在 2010 年达到最高值，这说明长安汽车是在投资者情绪高涨时进行股权再融资的，是符合公司投资决策的，使资本利用效率改善，此次公开增发使得公司盈利能力显著提高。作为公司经营绩效的重要组成部分，盈利能力的提高能够给投资者带来信心，促进公司经营的良性循环。

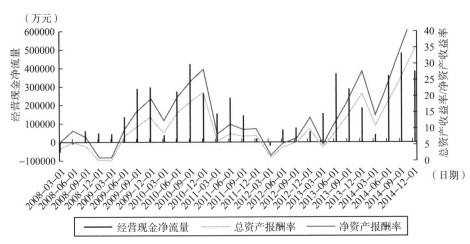

图 4.5 长安汽车股权再融资后盈利能力的变化

资料来源：作者整理，数据来源为 WIND 数据库。

（2）偿债能力。企业的偿债能力主要分为长期偿债能力和短期偿债能力。其中长期偿债能力对于企业的可持续发展以及未来的经营管理有重要的影响。而长安汽车作为制造业企业，需要大量的循环资金，偿债能力更与企业的长期发展关系密切，结合长期偿债能力和短期偿债能力共三个指标对长安汽车的偿债能力进行分析，结果见图 4.6。

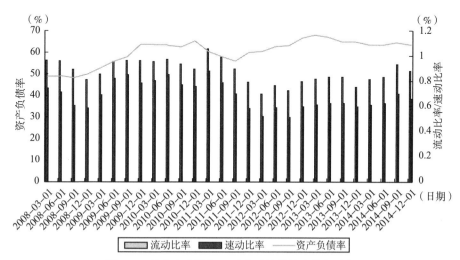

图 4.6　长安汽车股权再融资后偿债能力指标变化

资料来源：作者整理，数据来源为 WIND 数据库。

由图 4.6 可见，长安汽车的资产负债率在公司进行股权再融资后的 2012～2014 年一直处于比较高的水平，并维持在 60% 以上。这一方面表明了企业的财务风险较高，另一方面表征出企业对于资金的运用能力强，但 2014 年度企业的资产负债率水平相较于 2012 年及 2013 年有了下降的趋势，这说明企业的财务风险在降低，而且随着企业的股权再融资行为，资产负债率每次都朝着更稳健的方向发展。对于企业的短期偿债能力，流动比率一直处于 1 左右，速动比率则在波动上升，表明公司变现能力在不断增强，企业在保持一定的短期债务偿还能力的同时，也没有以牺牲盈利性为代价。在企业未存在大量存货积压的情况下，公司的发展是稳定且健康的。综上可见，虽然企业的偿债能力还需要进一步提升，但是公司的股权再融资有效地提高了其偿债能力水平，让公司的经营绩效水平也得到了提高。

（3）营运能力。营运能力反映出企业资产的利用效率，其与公司的营业额、存货周转率的大小相关。一般情况下，公司的营业额越高，总资产周转率或存货周转率越大，反映企业的经营能力和管理层运用资金的能力越强。对于汽车企业来说，存货构成比例和应收账款周转比率的提高均代表其资金周转能力的增强。

长安汽车股权再融资后营运能力见图4.7。

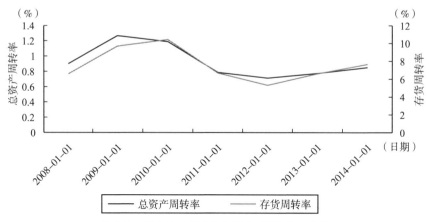

图4.7　长安汽车股权再融资后营运能力变化

资料来源：作者整理，数据来源为 WIND 数据库。

由图4.7可见，长安汽车总资产周转率和存货周转率的变化趋势基本上是一致的，尽管在2011年其总资产周转率有所下降，但是其一直稳定在0.8%左右，一方面，说明公司的营运能力比较稳定，另一方面也说明长安汽车应该更多地关注如何提高资金整体的利用效率，提升总资产周转率。正如此，自2012年长安汽车的总资产周转率呈现上升的趋势，这充分说明长安汽车的营运能力正在稳步提高，公司管理层在利用时机，寻求机会不断提升企业的营运能力。存货作为一项流动资产对于总资产周转率的影响很大，因此存货周转率的变化与总资产周转率的变化大致相同，这说明长安汽车的总资产的很大一部分是存货，另一方面也说明公司经营比较稳定，股权再融资后，公司对市场供货能力进一步突出，足量的仓库储备有利于保持公司的经营绩效水平。

（4）成长能力。一个企业的成长能力代表了企业未来的发展前景，对于企业长远的发展能力和发展方针的制定有积极的指导意义。本节通过总资产增长率和主营业务收入增长率来观察其成长能力，具体见图4.8。在股权再融资后，长安汽车的总资产增长率和主营业务收入增长率都有所下降，但是2012年后都保持较高的总资产增长率和主营业务增长率，因长安汽车生产线的建设以及小排量发动机的研发都需要较长时间，因此在短时间内其总资产增长率和主营业务收入增长率没有达到最高水平，但是呈现出不断上升的态势并维持在一个相对稳定的水平，这也说明股权再融资带来其成长能力的强势发展。

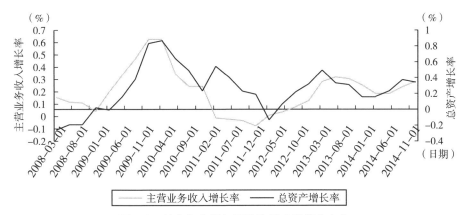

图 4.8　长安汽车股权再融资后成长能力变化

资料来源：作者整理，数据来源为 WIND 数据库。

同时，也选取对公司股权再融资行为反应最明显的每股指标进行观察，每股盈余反映了公司的经营成果，是税后利润和总股数的比值。每股收益的增长代表着公司的经营情况在改善，公司的投资取得了成果。

由图 4.9 可见，在股权再融资当年长安汽车的每股收益达到最高值，则说明长安汽车的股权再融资是符合择时融资理论的。在其股权再融资后，尽管在 2011 年其每股收益有所下跌，但是在 2012 年后的各年呈现波动上升的趋势。可见，长安汽车的股权再融资决策及其后续适时的投资决策使得公司每单位资本额的获利能力提高，经营业绩增强。长安汽车在 2010 年初公开增股，直接表现在 2010 年下半年每股收益的骤然上扬趋势，并在 2013 年和 2014 年每股收益均有大幅上升。因此可得出结论，长安汽车此次公开增发募集的资金改善了公司经营成果，为股东创造财富起到了良好的作用。

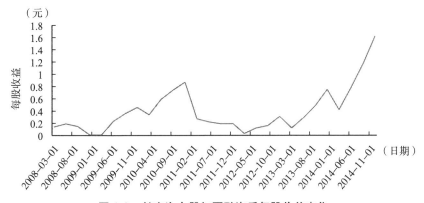

图 4.9　长安汽车股权再融资后每股收益变化

资料来源：作者整理，数据来源为 RESSET 金融研究数据库。

5. 募集资金后市场绩效分析

（1）年末总市值。通过年末总市值来观察长安汽车在进行股权再融资后市场绩效的变化。公司的市值一般由公司股价与发行股数相乘得到。在公司公开增发的情况下，公司发行的股数必然会增长，如果股价表现良好，则一定会引起公司市值的迅猛增长。

由图 4.10 可见，长安汽车在 2010 年完成公开增发后，其年末总市值发生了显著的变化，呈现阶梯式增长，年末市值的增长率最高达到了 75%。在 2014 年更是突破了 6000 亿元大关，为其自主品牌抢占市场、产品结构的转化奠定了基础。

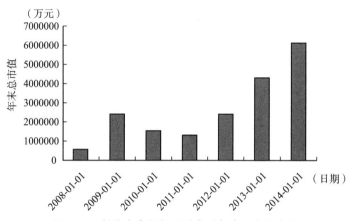

图 4.10　长安汽车股权再融资后年末总市值变化

资料来源：作者整理，数据来源为 WIND 数据库。

（2）股东权益。股东权益代表了股东在公司资产中的作用和地位，一般来说，上行的股东权益被认为是公司扩大股本和发展稳健的表现（见图 4.11）。

首先，从绝对值上，长安汽车的股东权益在 2008～2014 年 7 年间一直保持增长的态势，并且在 2011 年突破了 1400 亿元，也就是在长安汽车公开增发后的当年其股东权益就有了迅速增长，并且在之后的 3 年其股东权益都处于大幅增长的态势；其次，由股东权益的同比增长率可见，在长安汽车公开增发的当年即 2011 年，其股东权益的同比增长率处于最高点，达到 38%，尽管相较于 2011 年，2012 年的股东权益同比增长率大幅下降，但是在 2013 年和 2014 年其股东权益增长率又有了大幅度上升，由此可见，公开增发对其股东权益产生的积极作用。

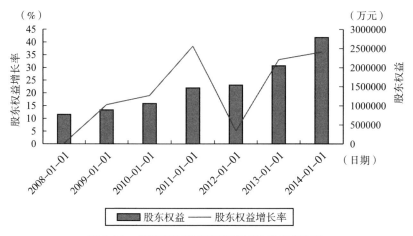

图 4.11　长安汽车股权再融资后股东权益变化

资料来源为 WIND 数据库。

（3）市场增值以及市场增值变动率。根据表 4.20 和图 4.12，长安汽车在公开增发后其总市值和市场增加值都有了大幅度增长，在 2012 ~ 2014 年，长安汽车的市场增值变动率呈现大幅阶梯式增长的态势，并在 2014 年其市场增值变动率达到了 192%。由之前对于公司经营绩效的分析可知，公开增发后公司的盈利能力、营运能力和发展能力等都稳步提升，由此释放给市场强有力的信号，公司的股票受到了投资者的青睐，推动股价上扬。在 2009 年国家实行"汽车下乡"政策为汽车行业带来了较大机遇，公司的市场增值表现强劲。综上可见，公开增发后市场增值和总体的公司市值均会增加，市场表现更积极，对于公司的市场绩效有较大的促进。

表 4.20　　　　　长安汽车股权再融资后市场增值及市场增值变动率　　　单位：万元

年份	年末总市值	股东权益	市场增值	市场增值变动率
2008	634624. 7852	759652. 4813	− 125027. 6961	
2009	2426099. 656	880012. 0393	1546087. 617	203. 53%
2010	1644490. 928	1062554. 245	581936. 683	66. 13%
2011	1421620. 187	1473923. 146	− 52302. 959	− 4. 92%
2012	2500998. 477	1551293. 535	949704. 942	64. 43%
2013	4306230. 461	1877835. 443	2428395. 018	156. 54%
2014	6179158. 644	2563729. 855	3615428. 789	192. 53%

资料来源：WIND 数据库。

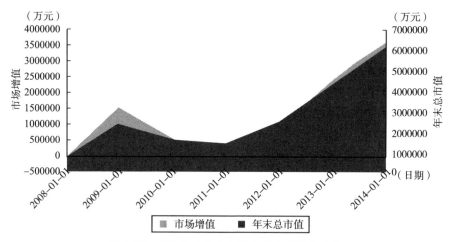

图 4.12 长安汽车股权再融资后市场增值变化

资料来源：笔者整理，数据来源为 WIND 数据库。

（4）市净率与市盈率。市净率是衡量一只股票投资价值的重要指标。公司的市净率表达的是股价和每股净资产的比值，一般来说，较低的市净率表示公司股价被低估，即公司股票在未来有上升空间。而相对平稳的市净率表示公司的股票价格稳定，有增长潜力。市盈率作为评估股价当前水平的重要指标之一，对于公司未来股价的预测有着很高的指导意义。一般来说，市盈率与公司股票投资价值成反比。

如图 4.13 所示，长安汽车的市净率在其公开增发后就有了大幅度增长，在2014 年达到最高值 2.99%。在 2010 年，长安汽车的市净率处于较高水平，也就是说公司选择在高市净率时点作出公开增发的决策，并在 2011 年度完成融资。而 2011 年公司完成公开增发后，市净率虽有所下降，但在 2012 年之后其市净率不断上升，并稳定在 3% 左右。稳定的市净率一方面说明了公司的股票增值潜力不断上升，另一方面也说明公司市场绩效稳定，对市场释放出一个积极的信号。与此同时根据图 4.13，长安汽车的市盈率在完成公开增发后，在 2012 年大幅度下降，在 2013 年和 2014 年虽有所上升，但增长的幅度也比较小，表明股票的投资价值在不断上升，表明公司股价被低估，未来上升潜力大。特别是2011 年进行了股权再融资后市盈率下降的速度非常快，反映出此次再融资良好的效果。

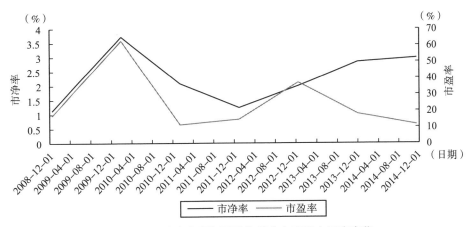

图 4.13　长安汽车股权再融资后市净率及市盈率变化

资料来源：笔者整理，数据来源为 RESSET 金融研究数据库。

（5）市场反应。图 4.14 为长安汽车分别进行股权再融资后 10 个交易日的股价情况原始数据。

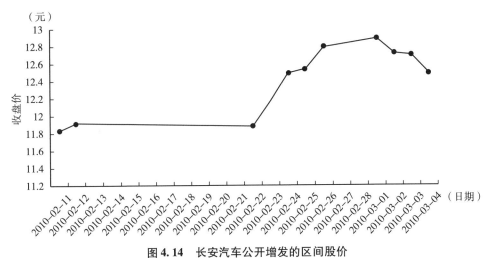

图 4.14　长安汽车公开增发的区间股价

资料来源：笔者自己整理，数据信息来自 RESSET 金融研究数据库。

根据图 4.14，长安汽车的股价在其公开增发后一直维持在一个相对平稳的状态，徘徊在 11.8 元/股，在完成公开增发后即 2012 年初，长安汽车的股价有了大幅度上升，并稳定在相对较高的水平。

本书将长安汽车公开增发 A 股募集资金的公告日期作为事件日，表示为 t = 0，并将公告发布后的后 10 个交易日定义为窗口期，表示为 t =（0，10），对长安汽车（股票代码：000625）的相关数据进行计算和分析。用超额收益即（AR）和累计超额收益（CAR）进一步分析长安汽车公开增发股票后的市场反应，利用个股收益率和市场收益率之差计算超额收益（$AR_{i,t}$）；计算出各个事件的超额收益（AR）后，将每个事件时间段 t =（0，10）的超额收益（AR）加总后即可得到累计超额收益（CAR）的数值，用 CAR_i[①] 来反映事件前后股票价格的变化，计算结果见表4.21。

表4.21 长安汽车股权再融资后的市场反应

公开发行 A 股的公告日	窗口期	$AR_{i,t}$	$CAR_{i,t}$
2010 年 2 月 11 日	1	− 0.0085	− 0.0085
	2	− 0.0099	− 0.0184
	3	− 0.0036	− 0.022
	4	0.0179	− 0.0041
	5	− 0.001	− 0.0051
	6	− 0.0144	− 0.0195
	7	0.0173	− 0.0022
	8	− 0.0053	− 0.0075

资料来源：RESSET 金融研究数据库。

表4.21 直观反映了长安汽车在其股权再融资后 10 个交易日超额收益和累计超额收益的变化，在其第四日和第七日的超额收益为正值，也就是说长安汽车此次增发是能够带来正向超额收益的，但是在第八日市场反应又渐趋平稳，恢复到正常的状态。在累计超额收益方面，尽管在 t =（1，10）的时间段内，其累计超额收益均为负值，但均处于较低的水平，并且在整体上是不断增大的趋势。总体来说，资本市场对上市公司择时融资的认可度较高。

4.2.5 结 论

长安汽车是我国汽车行业的龙头企业。其案例让我们看到了择时融资和适时投资为公司后续经营绩效和市场绩效带来的正向影响。当投资者情绪相对高涨时，公司股价走高，如果企业及时捕捉市场时机进行股权再融资，并紧抓机遇进

① 超额收益的计算公式：$CAR_i = \sum_{t=5}^{t} AR_{i,t}$。

行提升企业价值的投资活动，将融得的资金用于预计投资项目，将有效缓解企业融资约束和投资不足，取得丰厚的投资回报，从而使公司后续经营绩效和市场绩效均显著提高。基于此案例，提出以下政策建议：

第一，作为资本市场中最活跃的组成部分，上市公司应该结合国家政策导向和投资者情绪的变化，适时作出企业投融资决策。虽然由于我国证券市场制度的特殊性，从公司董事会作出股权融资的预案申请到最后正式发行，审批等待过程需要经历几个月甚至几年，很多时候企业终于等到放行的"绿灯"，最佳时机已经错过，但是如果上市公司管理层能够结合国家产业政策的变化，发掘利好消息和投资者情绪的高点，找准企业自身的最佳投资时机，抓住投资机会，依然能够全面提升企业的经营绩效和市场绩效，稳步提升企业价值和股东财富。

第二，上市公司作为股票交易市场的主体，其投融资决策不仅对公司自身的经营发展产生影响，还会影响持股股东的利益，甚至对其上下游企业产生连带效应。因此，在进行融资、投资等活动时，上市公司管理层应该审慎考虑公司自身发展潜力、国家产业政策、市场投资者情绪等因素，把握时机，以投资创造财富，努力提高公司的经营绩效，维护并提升其市场绩效。每个上市公司个体经营绩效和市场绩效的提高必将构筑整个实体经济和资本市场的繁荣发展。

4.3　投资者情绪、营运资本管理与企业投资

4.3.1　引言

2010 年以来，我国 GDP 增长速度虽遥遥领先，但增速却明显放缓，央行在 2015 年间五次降低存款准备金率和存贷款利息率，希望借由社会融资成本的降低，鼓励企业进行多方面投资。对于企业的财务管理来说，投资是最为核心的问题之一，与此同时，投资规模和投资效率共同决定了企业的成长速度，微观企业良好的投资决策构筑了宏观层面的投资波动及配置效率。而从微观角度来看，营运资本管理是企业短期财务管理的重要组成部分（袁卫秋和董秋萍，2011），其与投资等长期财务决策共同决定了企业的生存与发展。

2014 年 7 月，中国股市开启了新一轮的牛市行情，各路资金汹涌入市，随着投资者情绪空前高涨，上市公司市值翻倍，中小企业也借势进行 IPO 募集资金，使得投资者情绪对企业投融资的研究又掀起新的高潮。现有学者已经证明了投资者情绪对企业投资产生影响的三个渠道，即"股权或债权融资渠道"（Baker et al.，2003，黄宏斌和刘志远，2014）、"理性迎合渠道"（Polk & Sapienza，2009），及"管理者乐观主义中介效应渠道"（花贵如等，2010），并得出了投资者情绪与企业投资规模显著正相关的一致结论。同时，基于理查德森（Richardson，2006）的投资效率模型，现有文献也证实了投资者情绪会加剧企业的过度投资，以及缓解企业的投资不足（花贵如等，2010，Huang et al.，2016）。刘志远等（2012）从换手率高低、规模大小、成长性水平、收益波动程度、现金持有量及资产负债率等不同截面因素入手，讨论了公司内在特征对投资者情绪影响企业投资的调节效应。然而，在外生投资者情绪影响投资规模和投资效率的过程中，企业内生的营运资本管理究竟扮演了怎样的角色？投资者情绪作为企业外部的市场环境，在对企业投资水平及投资效率产生影响的过程中，是否会受到公司营运资本管理水平的调节？投资者情绪与营运资本管理对企业投资规模及效率的交互影响是否存在某种协同或者对冲的效应呢？换言之，企业的内在财务因素会强化还是弱化伴随着投资者情绪而带来的投资波动？科学的营运资本管理是否可以帮助企业改善投资效率？

本书在以下两个方面进行了有益的尝试：第一，现有文献主要集中于探索投资者情绪对企业投资规模以及投资效率产生影响的路径，忽略了内生的营运资本管理在其中所扮演的角色。正如于博等（2013）所言："能动性的存在，会使企业在经济波动过程中动态调整财务行为，从而平滑由于经济波动或者政策调控给企业带来的正面或负面冲击"。事实上，投资作为企业的一项重大决策，会受到来自外部市场环境与企业自身资金管理水平的双重影响，本书融入营运资本管理要素，对投资者情绪影响企业投资的作用机制进行了探索。第二，从效率层面，投资者情绪是一把"双刃剑"，既会加剧企业的过度投资，也会缓解企业的投资不足，而本书融入营运资本管理的调节因素，验证出良好的营运资本管理便于管理层灵活地修正企业投资的外来扰动，双向提升企业的投资效率，为营运资本管理如何改善企业投资效率的研究作出了增量贡献。

4.3.2 文献综述与假设提出

1. 投资者情绪对企业投资的影响

（1）投资者情绪影响企业投资的"融资渠道"（Financing Channel）。凯恩斯（Keynes，1936）认为，股价包含了重要的非理性因素，因此外部权益融资的实际成本有时与其他融资方式的资本成本相背离，这影响了权益发行并最终影响了投资。虽然在斯坦（1996）的模型中，投资者情绪对投资水平并无影响，但该结论必须内含几个强假设：公司属于非股权依赖型、信息完全且不存在代理问题，管理者视野长远并且公司偏离最优资本结构的代价可以被忽略。然而实际中，由于融资约束，管理者很可能因资金成本选择或放弃投资项目，由于代理问题，管理者可能会追求公司规模的最大化，追逐于"企业帝国"的构建，从而利用投资者情绪作出对自己有利的投资决策。因此，斯坦（1996）结论的隐性前提——企业不存在融资约束，在现实中很难成立。那么对于一个十分依赖权益资金的企业，投资者情绪引致的股权融资成本变化将直接改变公司的融资约束状况，并进而影响投资。贝克等（2003）运用 KZ 指标，将美国上市公司按照股权依赖程度的高低进行分组，通过对公司投资行为和股价的回归发现，融资约束越严重，公司的投资对股价越敏感。

随后，吉尔克里斯特等（2005）通过模型推导和实证分析发现，公司管理层会在公司股票存在大量泡沫的时候进行更多权益融资，这一行为降低了公司资本成本，进而提高了公司的资本支出。昌等（2007）发现，无论是按照公司规模、KZ 指数或者融资约束指数（ZFC）对公司的股权依赖程度进行分组，还是采用托宾 Q，或者操控性应计来计量股票市场的错误定价，其结论均非常稳健，从而证实了投资者情绪影响企业投资的股权融资渠道。董等（Dong et al.，2007）发现，投资者情绪影响投资的股权融资渠道加强了直接的迎合渠道，这意味着股权融资渠道和迎合渠道是互补的。并且，与那些没有面临财务困境的公司相比，融资约束程度越高的公司（高 KZ 指数），其投资——误定价的敏感性更强，这与贝克等（2003）的结论一致。霍瓦基米安和胡（2010）随后补充发现，无论采用债务融资、权益融资还是内部现金流融资，投资与股价之间均存在显著的敏感性。基于不同融资约束标准的子样本分析也表明，股价与债务融资支持型和股权融资支持型的投资之间均显著相关，对于融资约束程度较高的公司，投资与股价的敏感系数更高。高 KZ 指数（股权依赖型公司）的投资股价敏感性高于那些依靠内部现金流融资的公司。在采用其他传统的衡量融资约束的方法取代 KZ 指数之后，结果并没有发生改变，并且无论投资资金来源于股权融资还是债务融资，股价投资敏感性都比较接近。

坎培罗和格雷厄姆（Campello & Graham，2013）以 1995～1999 年美国高科技泡沫中科技类公司股价大幅上涨为背景，研究了科技类企业股价高估如何影响非高科技企业的投资决策问题，结果发现由于高科技泡沫和价格的溢出效应，非高科技企业的股价在此期间也会被相应高估，而这一部分被高估的价值显著增加了受到融资约束的非高科技企业投资。进一步的研究发现，股价高估对投资的影响来源于融资约束公司会充分利用股价高估的优势增发股票，进而增加投资。基于贝克等（2003）的方法和思路，刘端和陈收（2006）认为采用 KZ 指数来区分公司的股权融资依赖程度的准确性有待提高，他们使用因子分析法对股权融资的依赖程度进行了重新界定，得出的结论与贝克等（2003）相似。蔡等（Cai et al.，2013）发现，美国公司债券发行规模和收益在 1970～2010 年期间呈现大幅度波动，而投资者情绪和企业的资本需求在企业债务融资规模中扮演着重要的角色。哈比和哈桑（Habib & Hasan，2015）发现，投资者情绪与企业的风险态度显著正相关，成熟型企业因良好的投资项目已饱和而不再增加额外负债；但成长型和衰退型企业却会在投资者情绪高涨时期，利用低成本的股权进行融资。类似地，葛永波等（2016）认为，投资者情绪通过"股权融资渠道"和"迎合渠道"对企业投资产生影响，并且企业的现金持有量和资产负债率起着调节作用，企业现金持有量越多或资产负债率越高，企业投资水平受投资者情绪的影响则越大。

在"股权融资渠道"充分得以证明的同时，黄宏斌和刘志远（2014）从债权融资的角度入手，进一步验证出投资者情绪能够通过信贷融资影响企业的投资规模，从而使得投资者情绪影响企业投资的融资渠道在股权融资和债权融资方面均得以实现。

（2）投资者情绪影响企业投资的"迎合渠道"（Catering）。波尔克和萨皮恩扎（Polk & Sapienza，2004）通过理论建模和实证检验相结合的方法，阐明了投资者情绪影响企业投资的理性迎合渠道。以管理者理性作为出发点，他们认为由于企业内外部信息不对称的存在，外部投资人可以通过观察企业的投资行为，从而判断公司价值。因此，上市公司的投资行为本身即会引起公司自身股价的波动。波尔克和萨皮恩扎（2004）首先肯定了公司的管理层均以股东利益最大化为目标，管理层会努力识别放弃的投资项目是否是那些投资者认为可以实施并且盈利性较强的项目，也就是说，管理层会避免股东因公司投资决策的选择来缩短持股周期，压低股票价格，甚至将公司推至被收购的边缘。同时，管理层也会考虑选择或放弃某个投资项目对自身解雇风险的影响。因此，关注股票短期价格的管理层，为了自身利益的最大化，会迎合外部投资者高涨或低落的情绪而刻意扩大或紧缩投资规模。

波尔克和萨皮恩扎（2009）进一步深化研究了迎合理论。研究发现，企业资产越难以估值，投资者情绪的持久性将越长，其对企业投资行为带来的影响将越大，并且这种基于迎合动机的投资决策往往都是非效率化的。昌等（2007）使用澳大利亚上市公司1990～2003年的数据发现，相对于迎合渠道，澳大利亚上市公司中的股权融资渠道更明显。而翁等（2009）以1971～2004年美国制造业上市公司的数据研究发现，美国资本市场中的迎合渠道更为明显。

在我国，刘端和陈收（2006）研究了管理者短视的情况下，投资者情绪对中国上市公司投资决策的直接影响，发现管理者短视程度越大，公司投资对市场估价（市值账面比和非均衡估价）的敏感性也越高。张戈和王美今（2007）以分解的Tobin'Q作为投资者情绪的度量证明了投资者情绪与企业投资正相关，并且在融资约束程度趋紧的时期，迎合渠道的作用更为明显。靳光辉（2015）也认为，投资者情绪确实可通过迎合渠道影响企业投资，其从高管权益激励角度出发，进一步揭示了权益激励在投资者情绪影响企业投资的迎合渠道中所发挥的调节作用。

（3）投资者情绪影响企业投资的"管理者乐观"中介效应渠道（Managerial Optimism）。由于管理层独特的身份、地位以及重大投资决策在制定过程中的难度和复杂性，使得管理层成为极其容易过度乐观的一类群体。贝克等（2003）发现，投资者情绪与管理者乐观主义经常是同时存在的。伴随着投资者情绪的高涨或低落，管理者往往也会诱发出乐观或悲观的情绪，并对后续的投资融资等决策行为产生重大影响。花贵如等（2011）在投资者非理性的基础上，又进一步放松管理者理性的假设，证明出投资者高涨（低落）情绪可以通过感染管理者乐观（悲观）情绪而影响到企业投资，其路径在于，如果管理层分享了与投资者对公司前景一样的情绪，产生"过度自信"或"过度乐观"，那么管理者将会增加企业投资。花贵如等（2014）进一步融入政府控制的调节作用，发现在受到政府控制的上市公司中，投资者情绪对企业投资的影响相对较小，并且该调节作用是通过"管理者信心"实现的。此外，余丽霞和王璐（2015）也发现，在考虑了投资者情绪影响企业投资的"权益融资渠道"和"理性迎合渠道"之后，有一部分确实是通过塑造管理者过度自信来实现的，管理者过度自信在投资者情绪与企业投资之间起到中介作用。

综上，投资者情绪可以改变企业股权融资或信贷融资的相对成本，借助融资成本的优势或劣势，企业会顺势增加或减少投资。高涨或低落的投资者情绪增加或降低了管理层迎合投资者情绪进行投资决策的动机。投资者情绪的高涨与低迷也会感染管理层的乐观或悲观情绪，进而扩张或收缩企业的投资规模。基于此，提出如下假设。

假设 1：投资者情绪与企业投资规模正相关。

（4）投资者情绪与企业投资效率。基于新古典经济学框架，企业投资的唯一决定因素是投资项目的边际价值，然而越来越多的研究发现，诸多噪音会影响市场的有效性，使得公司投资偏离其最优投资水平（程新生等，2012）。现有文献研究发现，投资者情绪能够改变企业投资规模，而投资规模的变化连带引起了企业投资效率的改变。投资规模的增加可能带来两种结果：过度投资的恶化与投资不足的缓解；而投资规模的缩小却可能伴随着过度投资的缓解与投资不足的加剧。首先，从"融资渠道"来讲，情绪高涨期的连带结果是，公司进行股权或债权资金的成本均相对低廉，只要拟投资项目的预算回报稍微高出融资成本即可投资，甚至之前测算净现值为负的项目也变得可行，企业可投资的项目随之增加；其次，从"迎合渠道"的角度，为了迎合外部投资者高涨的情绪和投资者所看好的项目，管理者并不在乎原来并不可行的投资项目，而银行借款的进一步增加为管理层带来大量的现金流，为其投资新项目创造了资金的源泉，进而会加重其过度投资；最后，从管理者情绪感染的路径来讲，高涨的投资者情绪容易引发管理层过度自信，从而对未来的投资项目存在更加乐观的估计和预期，提升管理层的乐观情绪和投资意愿，加重过度投资，反之亦然。

波尔克和萨皮恩扎（2009）指出，负债能力越强的公司更会迎合市场上高涨的投资者情绪，而接受净现值为负的投资项目。陈（2013）使用 2003～2010 年台湾上市公司的数据发现，企业新增投资额和过度投资均与投资者情绪显著正相关，即投资者情绪会对企业投资决策产生不利影响，而公司治理机制对管理人员决策既有激励又有监督作用，企业应加强公司治理机制，以最大限度地减少投资者情绪的不利影响。比鲁（Birru, 2014）认为，资本市场上的误定价（Mispricing）通过降低融资约束使企业投资规模接近最优水平，因此，某些面临融资约束的公司完全可以借助投资者情绪克服固有的投资不足问题。阿里夫和李（Arif & Lee, 2014）的研究也表明，市场估价过高（过低）往往伴随着企业的过度投资（不足）。吴和王（Wu & Wang, 2016）发现，机构投资者在投资者情绪对企业投资规模的影响中起到推动作用，即促使股价被高估的企业过度投资，导致投资的非有效；根据机构投资者与目标企业是否有商业往来将其进一步划分为压力敏感型和压力抵抗型，结果发现敏感型机构投资者会加强资产误定价对企业投资的作用，而抵抗型机构投资者则起到弱化效果。

在国内，崔晓蕾等（2014）发现，投资者情绪与企业过度投资行为显著正相关，并且当企业的自由现金流越多时，其所带来的影响越大。相反，对于受融资约束越强的企业却影响越小。

无论从"股权债权融资"渠道，还是从"迎合渠道"及"管理层乐观中介效应"，高涨的投资者情绪都会带来低廉的外部融资成本，感染了管理层的乐观情绪，同时也为管理层借助于项目投资的迎合行为创造了契机，这为管理层投资于净现值为负的项目以及募集资金的滥用均创造了充分的前提条件。因此，高涨的投资者情绪会加重企业的过度投资，缓解企业投资不足。同理可证，在投资者情绪的低落期，管理层借助于增加投资迎合投资者情绪的动机和热情也将大打折扣，管理层更可能被低迷投资者情绪感染，而对未来项目持有更悲观的预期，缩减投资水平。因此，在投资者情绪的低落期，企业过度投资能够得以缓解，但投资不足会更加恶化。基于此，提出如下假设。

假设 2：投资者情绪与公司过度投资正相关，与公司投资不足负相关。

2. 营运资本管理对投资者情绪影响企业投资的调节作用

首先，从"融资渠道"出发，由外界环境变化而带来的融资约束是制约企业投资的重要因素。而由于企业实体投资的高调整成本（Cooper & Haltiwanger,

2006），使得因资金受限而无法继续追加实体投资时，企业必须使用调整成本更低的投资来平滑调整成本更高的投资，显而易见，营运资本投资的流动性高于实体投资，调整成本也更低，存货等中间品的变现、应收应付款项的调节，均为企业带来强劲的财务灵活性，企业可以相对轻松地缩减营运资本投资，从而平滑固定资产投资支出。在投资者情绪高涨的期间，企业获取外部资金相对容易，自身拥有的可以动用的资金相对充裕，因此企业在增加实体投资的同时，也会分散一部分流动性给营运资本投资，从而使得实体投资的上升幅度更加平缓。在投资者情绪较为低落的期间，持有较高的营运资本会对企业融资约束产生较大的缓冲作用，也正因为此，营运资本常常称作企业的"缓冲垫"。同时，由于营运资本的调整成本较低，当企业由于外部资金约束而投资受限时，企业会减少营运资本投资或变现营运资本，从而保证投资支出的平稳持续，使得实体投资的下降幅度也更加平缓。尽管营运资本并非企业长期资金，但营运资本的高持有量和低调整成本仍可以保证在企业面临投资项目时能够灵活地做出投资决策。

其次，从投资者情绪影响企业投资的"迎合渠道"出发，迎合的动机在于管理者私人收益的最大化，已有研究基于管理层持股高低及两权分离程度（刘志远等，2012）证明出，管理层的迎合行为越不易察觉，带来的管理层私利越大，管理层的迎合投资倾向就越明显。而较高的营运资本使得管理层使用资金的财务灵活性增强，如果以营运资本投资来调节管理层可动用的资金，不仅灵活且不易被股东察觉发现，还会因投资规模的上升而在投资者情绪高涨期受到股东追捧。因此，投资者情绪越高涨，企业营运资本持有量越高，管理层越会增加投资规模迎合投资者情绪，反之亦然。即从迎合渠道看，高营运资本持有量有助于企业管理层更灵活地迎合投资者的高涨情绪而进行迎合投资，避免因短期债务的约束和流动性困境而被迫放弃投资者认可的投资项目，即高营运资本持有量会加重管理层的迎合能力和迎合倾向。

最后，从投资者情绪影响企业投资的管理层乐观中介渠道出发，高营运资本持有量是企业财务充裕度和灵活性的表征，良好的营运资本管理不仅能够反映出管理层较高的综合管理水平，也意味着企业具有更强的应对外来风险的能力，这样会更加增强管理者信心，助长管理层的乐观程度。同时，高营运资本持有量使得受到投资者情绪感染的管理层更加乐观、较强的财务灵活性也会提高管理层的自信程度，从而更加助长了管理层的乐观程度。

因此，基于投资者情绪影响企业投资的不同路径，营运资本管理会从中发挥不同的调节效应，其逻辑框架见图 4.15。

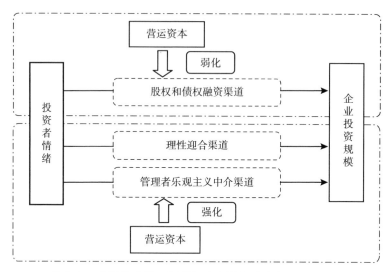

图 4.15　营运资本管理调节投资者情绪影响企业投资规模

资料来源：作者整理绘制。

基于此，提出如下竞争性假设：

假设 3a：企业营运资本管理可以正向调节投资者情绪对企业投资规模的影响，即强化投资者情绪对企业投资规模的促进作用。

假设 3b：企业营运资本管理可以负向调节投资者情绪对企业投资规模的影响，即弱化投资者情绪对企业投资规模的促进作用。

在现有的营运资本管理文献中，大部分将营运资本看作一种弹性财务资源，认为管理层对其加强管理可以使企业的资金占用和资金来源进行转化，从而有效应对流动性约束。并且，如果企业用营运资本来平滑固定资本投资的波动，那么在固定投资方程中应该获得一个负的营运资本投资估计系数（刘康兵，2012），即固定资产长期投资的高调整成本会使企业在暂时发生现金流冲击时，更愿意通过调整营运资本投资水平来保持稳态的固定资本投资。当外部经济条件出现变化而使融资成本增加或减少时，企业不至于因为融资约束而与好的投资机会失之交臂。由此可见，有效的营运资本管理可以给企业带来生机，让企业的流动性变得充足，当企业发现好的投资机会而又受到外来市场负面环境条件的冲击时，适当的营运资本管理可以及时变现，进而缓解企业的流动性约束以平滑外来冲击对企业投资波动的影响。反之，如果企业没有有效的营运资本管理，造成流动性欠缺，当投资机会来临而外部市场条件变差时，企业会因无法获取短期现金流从而错失良机。因此，恰当有效的营运资本管理能够对企业的投资效率带来正向的影响。正如法扎里和彼得森（Fazzari & Petersen，1993）所认为的，当企业受到融资约束，现金流遭到冲击时，营运资本会成为平滑企业资本性投资的流动性资源，而营运资本管理可将固定资产投资波动控制在一定范围内，合理保证投资进度，在降低企业内部调整成本的同时，保证企业的投资效率。

丁等（Ding et al.，2011）的研究发现，积极的营运资本管理能够减轻融资约束对公司投资的影响。该文利用中国不同产权性质企业的数据研究了固定资产投资、营运资本与融资约束之间的关系，结果发现营运资本充裕的企业有着较高的"营运资本投资—现金流敏感性"和较低的"固定资产投资—现金流敏感性"，且在不考虑外部融资约束的情况下，此种特征的企业固定资产投资占长期资本比重更大，表明良好的营运资本管理有助于削减企业内部融资约束对固定资产投资的影响。围绕这一主线，现有文献基于不同视角，考察了良好的营运资本管理对外部环境或政策带来不利影响的减轻作用。于博（2014）和曾义（2015）分别基于货币政策的波动以及金融危机的冲击，考察了营运资本管理在降低公司资本性投资波动中的作用。这些文章的统一结论在于，企业可以通过调整营运资本水平以保持资本性投资支出的稳定持续，即营运资本更充足的企业，更便于利用营运资本来平滑外部冲击所带来的资本性投资波动。

而延续前有逻辑，投资者情绪对投资规模的扰动最终带动了企业的投资效率。如果营运资本能够强化投资者情绪对企业投资规模的影响，将连带着加剧由投资者情绪而引致的过度投资，并加剧由投资者情绪恶化导致的投资不足。而如果营运资本能够弱化投资者情绪对企业投资规模的影响，将连带着缓解由于投资者情绪而加剧的过度投资，并削弱由于投资者情绪对企业投资不足所带来的负面影响，即科学的营运资本可以对冲投资者情绪波动对投资效率的不利干扰。基于此，提出如下竞争性假设：

假设 4a：企业营运资本管理强化了投资者情绪对企业投资规模的影响，加重了过度投资和投资不足，降低了企业投资效率。

假设 4b：企业营运资本管理弱化了投资者情绪对企业投资规模的影响，缓解了过度投资和投资不足，提升了企业投资效率。

4.3.3　实证设计与假设检验

1. 样本选择及数据来源

本书主要数据来自万德（WIND）数据库，并使用国泰安（CSMAR）数据库补充了 Tobin'Q 值和缺失值。在整理中对如下三类样本进行了剔除：（1）金融行业样本公司；（2）ST、PT 公司；（3）数据缺失或异常的公司。最终得到 2011～2015 年，共计 5 年的深、沪两市 A 股上市公司共 8933 家公司数据，由于涉及滞后期，对 2010~2015 年 6 年的数据进行了整理。另外，将所有的连续变量进行了 WINSORIZE（0.01）缩尾处理以削减离群值对回归结果的影响。在对样本进行筛选和剔除后，各年度样本分布见表 4.22。

表 4.22 年度公司样本分布

年度	2011	2012	2013	2014	2015	合计
公司样本	1563	1741	1853	1826	1950	8933

2. 变量定义

（1）企业投资规模。根据现金流量表数据来衡量企业的投资规模，并用总资产进行了标准化。其计算公式为：

企业投资（INVEST）= 购建固定资产、无形资产和其他长期资产支付的现金 / 年初总资产

（2）企业投资效率。对于投资不足与投资过度的界定，我们借鉴理查德森（2006）的模型，估算出上市公司正常的资本投资水平。然后，用上市公司实际的资本投资水平减去估算的资本投资水平（回归残差）代表企业投资过度（残差大于零）与投资不足（残差小于零）的程度。该模型是在控制了行业和年度影响的前提下，用公司投资规模对表征公司投资的系列变量进行回归，以估算出企业当年的预期资本投资支出量，公司当年实际投资支出与预期投资支出之差，也即该模型的残差，就是企业当年的非效率投资。该模型对于我国的新兴产业及新营运模式的企业也具有普遍适用性。理查德森（2006）模型如模型（4-6）所示：

$$\begin{aligned}
INVEST_{i,t} = {} & \beta_0 + \beta_1 TOBIN'Q_{i,t-1} + \beta_2 LEV_{i,t-1} + \beta_3 Cash_{i,t-1} + \beta_4 Age_{i,t-1} \\
& + \beta_5 Size_{i,t-1} + \beta_6 RET_{i,t-1} + \beta_7 INVEST_{i,t-1} \\
& + \sum Industry + \sum Time + \varepsilon
\end{aligned} \quad (4-6)$$

根据回归结果，最终得到 3205 个过度投资样本和 5728 个投资不足样本。

（3）投资者情绪。正如拉蒙特和斯坦（2006）、易志高和茅宁（2009）都指出的，投资者情绪大部分是系统性的、社会性的，而不是公司特定或独有的。因此，本研究构建市场整体层面的投资者情绪来验证其对企业投资规模和投资效率的影响，以及营运资本管理水平对上述影响的调节作用。市场层面投资者情绪的构建思路效仿贝克和沃格勒（2006）文章中 BW 投资者情绪综合指数以及易志高和茅宁（2009）CICSI 的构建过程，手工收集从 2001 年 1 月~2015 年 6 月的封闭式基金折价（FENG）、市场交易量（TURN）、IPO 数量（LNIPON）、上市首日收益（IPOR）、消费者信心指数（CCON）和新增投资者开户数（LNNEW）6 个

变量相关数据，该 6 个变量从不同侧面反映出中国股票市场投资者的情绪变化，再运用主成分分析方法构建测度中国股票市场投资者情绪的综合指数 Sentiment，在此过程中，剔除了相关宏观经济因素（包括居民消费价格指数、工业增加值和宏观经济景气指数等变量）对 Sentiment 的影响。投资者情绪指标 Sentiment 的表达式为：

$$Sentiment_t = 0.224 \times FENGrsid_t + 0.586 \times TURNrsid_{t-1} + 0.279 \times LNIPONrsid_{t-1}$$
$$+ 0.132 \times IPORrsid_{t-1} + 0.489 \times LNNEWrsid_{t-1} + 0.201 \times CCONrsid_t$$

$$(4-7)$$

其中，＊rsid 是各变量剔除宏观经济因素后的残差取值。由于 Sentiment 按照月度构建，因此，将上一年度后 6 个月的投资者情绪指数加权平均作为投资者情绪的数值。

（4）营运资本管理。借鉴刘怀义（2010）的研究，以营运资本净额来反映企业营运资本的管理水平，即使用经总资产标准化后的流动资产与流动负债的净额，以企业占用长期负债而形成的流动资产数额去考量营运资本管理能力，其反映了企业流动资产的占用与来源，营运资本持有水平越高，平滑的潜力和空间越大，越有可能出现较为显著的平滑效果。

净营运资本（NWCR）=（流动资产 - 流动负债）/年初总资产

（5）其他控制变量。借鉴理查德森（2006）的投资预期模型，参考张庆、朱迪星（2014）以及花贵如等（2010）在文献中所使用的控制变量，具体的变量设定见表 4.23。

表 4.23　　　　　　　　　　　　　　主要变量设定

变量类型	变量符号	变量名	变量含义
因变量	INVEST	企业投资规模	购建固定资产、无形资产和其他长期资产支付的现金/年初总资产
	OVERINVEST	过度投资	Richardson 模型回归的残差，以正残差作为过度投资程度
	|UNDERINVEST|	投资不足	Richardson 模型回归的残差，以负残差的绝对值作为投资不足程度
自变量	SENTIMENT	投资者情绪	构建的市场层面投资者情绪前一年后 6 个月的加权平均值
调节变量	NWCR	净营运资本	（流动资产 - 流动负债）/年初总资产

续表

变量类型	变量符号	变量名	变量含义
控制变量	Ownership	产权性质	国有为 0，民营为 1
	Growth	投资机会	(本年主营业务收入 – 上年主营业务收入)/年初主营业务收入
	Size	公司规模	总资产账面值的自然对数
	ROA	总资产收益率	净利润/年初总资产
	Cash	现金及等价物持有率	(货币资金 + 交易性金融资产)/年初总资产
	CF	经营净现金流	经营活动产生的现金净流量/年初总资产
	Lev	资产负债率	总负债/总资产
	Top1	股权集中度	持股比例最大的第一大股东持股数量/总股本
	ADM	管理费用率	公司管理费用/主营业务收入
	FCF	自由现金流	(经营现金流 – Richardson 模型回归拟合值)/年初总资产
	ORA	大股东占款	其他应收款合计/年初总资产
	AGE	上市年限	截至 t – 1 期末上市公司的上市年度数
	YEAR	年度哑变量	共 5 个年度，4 个年度哑变量
	Id	行业哑变量	共涉及 12 个行业，11 个哑变量

3. 模型设定

依据假设 1，本节设定模型（4 – 8）：

$$\text{INVEST}_{i,t} = \beta_0 + \beta_1 \text{SENTIMENT}_{t-1} + \beta_2 \text{CF}_{i,t-1} + \beta_3 \text{Lev}_{i,t-1} + \beta_4 \text{ROA}_{i,t-1}$$
$$+ \beta_5 \text{SIZE}_{i,t-1} + \beta_6 \text{Top1}_{i,t-1} + \beta_7 \text{AGE}_{i,t-1} + \beta_8 \text{Cash}_{i,t-1} + \beta_9 \text{Ownership}_{i,t-1}$$
$$+ \beta_{10} \text{Growth}_{i,t-1} + \sum \text{Time} + \sum \text{ID} + \varepsilon \qquad (4-8)$$

由假设 1，推断模型（4 – 8）中回归系数 β_1 的符号将显著为正。

依据假设 2，本节设定模型（4 – 8）：

$$\text{OVERINVEST}_{i,t} \text{or} |\text{UNDERINVEST}|_{i,t}$$
$$= \beta_0 + \beta_1 \text{SENTIMENT}_{t-1} + \beta_2 \text{Growth}_{i,t-1} + \beta_3 \text{Top1}_{i,t-1} + \beta_4 \text{FCF}_{i,t-1} + \beta_5 \text{ADM}_{i,t-1}$$
$$+ \beta_6 \text{ORA}_{i,t-1} + \beta_7 \text{ROA}_{i,t-1} + \beta_8 \text{Size}_{i,t-1} + \beta_9 \text{Ownership}_{i,t-1} + \sum \text{TIME} + \sum \text{ID} + \varepsilon$$
$$(4-9)$$

由假设 2，推断模型（4 – 9）中，对过度投资样本的回归系数 β_1 的符号将显著为正，对投资不足样本的回归系数 β_1 的符号将显著为负。

依据假设 3，设定模型（4 – 10）：

$$\text{INVEST}_{i,t} = \beta_0 + \beta_1 \text{SENTIMENT}_{t-1} + \beta_2 \text{NWCR}_{i,t-1} + \beta_3 \text{NWCR}_{i,t-1} \times \text{SENTIMENT}_{t-1}$$
$$+ \beta_4 \text{ROA}_{i,t-1} + \beta_5 \text{SIZE}_{i,t-1} + \beta_6 \text{CF}_{i,t-1} + \beta_7 \text{AGE}_{i,t-1} + \beta_8 \text{Cash}_{i,t-1}$$
$$+ \beta_9 \text{Ownership}_{i,t-1} + \beta_{10} \text{Top1}_{i,t-1} + \beta_{11} \text{CF}_{i,t-1} + \beta_{12} \text{Lev}_{i,t-1}$$
$$+ \sum \text{TIME} + \sum \text{ID} + \varepsilon \qquad (4-10)$$

模型（4 – 10）加入了营运资本管理与投资者情绪的交乘项，由假设 3，推断模型（4 – 10）中 β_3 的回归系数将显著为正或为负，如果 β_3 显著为正，则说明营运资本能够强化投资者情绪对企业投资规模的影响，假设 3a 成立；如果 β_3 的符号显著为负，则说明营运资本能够弱化投资者情绪对企业投资规模的影响，假设 3b 成立。

依据假设 4，设定模型（4 – 11）：

$$\text{OVERINVEST}_{i,t} \text{ or } |\text{UNDERINVEST}|_{i,t}$$
$$= \beta_0 + \beta_1 \text{SENTIMENT}_{t-1} + \beta_2 \text{NWCR}_{i,t-1} + \beta_3 \text{NWCR}_{i,t-1} \times \text{SENTIMENT}_{t-1}$$
$$+ \beta_4 \text{FCF}_{i,t-1} + \beta_5 \text{ADM}_{i,t-1} + \beta_6 \text{ORA}_{i,t-1} + \beta_7 \text{ROA}_{i,t-1} + \beta_8 \text{Size}_{i,t-1}$$
$$+ \beta_9 \text{Ownership}_{i,t-1} + \beta_{10} \text{Growth}_{i,t-1} + \beta_{11} \text{Top1}_{i,t-1} + \sum \text{TIME} + \sum \text{ID} + \varepsilon$$
$$(4-11)$$

由假设 4，推断模型（4 – 11）中 β_3 的系数也将显著为正或为负，如果在过度投资和投资不足样本组中，β_3 的系数均显著为正，则说明营运资本恶化了投资者情绪对投资效率的影响，假设 4a 成立；如果在过度投资和投资不足样本组中，β_3 的回归系数均显著为负，则说明营运资本减弱了投资者情绪对企业投资效率的影响，假设 4b 成立。如果 β_3 的系数在两个组别中均显著且符号相反，则说明营运资本仅仅部分地改善了投资者情绪对投资效率的影响。

4.3.4　实证结果分析

1. 描述性统计结果

本节主要变量描述性统计表见表 4.24。

表 4.24　　　　　　　　　　　　主要变量描述性统计

变量	均值	标准差	最小值	中值	最大值	样本量
SENTIMENT	− 0.148	0.302	− 0.661	− 0.083	0.305	8933
INVEST	0.066	0.069	0.0002	0.045	0.377	8933
OVERINVEST	0.031	0.039	0	0.017	0.296	3205

续表

变量	均值	标准差	最小值	中值	最大值	样本量
UNDERINVEST	0.025	0.026	0	0.016	0.221	5728
NWCR	0.249	0.288	−0.252	0.239	0.768	8933
CF	0.038	0.076	−0.206	0.037	0.235	8933
Cash	0.226	0.180	0.012	0.171	0.922	8933
Lev	0.436	0.227	0.037	0.433	0.954	8933
Growth	0.164	0.467	−0.585	0.091	3.196	8933
ROA	0.066	0.061	−0.129	0.059	0.276	8933
AGE	12.71	6.419	2	13	24	8933
Size	21.86	1.271	19.24	21.69	25.78	8933
ADM	0.094	0.076	0.008	0.076	0.492	8933
ORA	0.021	0.030	0.0002	0.010	0.188	8933
Ownership	0.405	0.491	0	0	1	8933
Top1	0.356	0.152	0.088	0.337	0.752	8933

由表 4.24 可见，投资规模指标 INVEST 的最大值为 0.377，最小值为 0.0002，且标准差为 0.069，说明企业之间投资规模存在相当大的差异；投资不足的样本多于过度投资样本，与花贵如等（2010）及黄等（2016）的研究结论一致；市场层面投资者情绪指标 SENTIMENT 的最大值 0.305，最小值 −0.661，均值为 −0.148，中值为 −0.083，说明投资者情绪近几年波动较大，且与我国牛短熊长的资本市场现状相符；净营运资本指标 NWCR 的最大值 0.768，最小值为 −0.252，说明企业之间的营运资本持有水平差距比较大。其他变量结果与现有描述性统计结果相似，这里不再赘述。

2. 回归结果分析

（1）投资者情绪对企业投资规模的回归结果及营运资本的调节作用。首先，用全样本分别使用模型（4-8）和模型（4-10）进行回归，为避免异方差性，本节在公司层面进行了聚类回归。随机效应和固定效应模型的回归结果见表 4.25。

表 4. 25 模型（4-8）和模型（4-10）回归结果

变量	随机效应		固定效应	
	模型（4-8）	模型（4-10）	模型（4-8）	模型（4-10）
	INVEST	INVEST	INVEST	INVEST
SENTIMENT	0.0167 *** (9.14)	0.0202 *** (8.17)	0.0037 ** (2.01)	0.0121 *** (5.05)
NWCR		-0.0840 *** (-13.43)		-0.0430 *** (-4.66)
SENTIMENT × NWCR		-0.0177 *** (-2.65)		-0.0386 *** (-5.87)
CF	0.0331 *** (3.49)	0.0384 *** (3.87)	0.0032 ** (2.02)	0.0091 * (1.90)
Cash	0.0461 *** (6.38)	0.0969 *** (11.85)	0.0584 *** (6.63)	0.0858 *** (8.00)
Lev	-0.0097 (-1.64)	-0.0472 *** (-7.17)	-0.0409 *** (-3.68)	-0.0555 *** (-4.77)
ROA	0.115 *** (7.18)	0.138 *** (8.51)	0.104 *** (5.18)	0.111 *** (5.49)
AGE	-0.0013 *** (-6.78)	-0.0016 *** (-9.27)	-0.0018 *** (-5.42)	-0.0017 *** (-7.99)
Size	-0.0078 *** (-7.45)	-0.0070 *** (-7.05)	-0.0331 *** (-9.28)	-0.0322 *** (-9.02)
Ownership	0.0056 ** (2.32)	0.0013 (0.56)	0.0073 ** (2.18)	0.0015 (1.16)
Top1	0.0279 *** (3.61)	0.0258 *** (3.63)	0.0806 *** (4.04)	0.0850 *** (4.33)
Growth	0.0024 *** (3.43)	0.0027 *** (4.01)	0.0028 *** (3.00)	0.0032 *** (3.53)
cons	0.229 *** (10.85)	0.241 *** (12.07)	0.755 *** (9.45)	0.743 *** (9.31)
N	8933	8933	8933	8933
adj. R^2			0.149	0.158
Wald/F	625.33	753.66	59.66	55.64

注：* 表示显著性水平为 10%，** 表示显著性水平为 5%，*** 表示显著性水平为 1%。

由表 4.25 模型（4-9）回归结果可见，投资者情绪（SENTIMENT）的回归系数均与企业投资规模（INVEST）显著正相关，这说明投资者情绪对于企业投资支出有着正向的推动作用，当投资者情绪高涨时，企业增加投资规模，低落期相反。假设1得证。与前有研究一致，资产报酬率（ROA）与企业投资规模（INVEST）存在着显著的正相关关系，说明企业盈利能力越强会促使企业增加投资规模；同时，企业规模（SIZE）与上市年限（AGE）及企业投资规模（IN-VEST）存在显著的负相关关系，说明企业在最初建立时要求快速发展，会增加投资，随着经营年限的增长和规模的增加，投资规模会有所下降，可能与企业生命周期存在一定联系。高成长性的公司会增加资本投入，而当企业日益壮大时，进入成熟期的企业需要稳定下来，投资的需求会有所减少。同时，由于行业的差别对企业营运资本管理以及企业投资规模和投资效率都具有显著的差异性。因此，控制了行业变量的影响。由模型（4-10）可见，净营运资本与企业投资支出显著负相关，这与法扎里和彼得森（1993）结论相同，并与布朗恩和彼得森（Brown & Petersen，2011）提出的"平滑机制"相符，说明营运资本对企业投资规模会起到平滑作用。而本书最关注的是，营运资本与市场投资者情绪交互项的系数及显著性水平。净营运资本与投资者情绪的交乘项显著为负，表明在营运资本的平滑作用下，投资者情绪对企业投资规模的影响被显著弱化了，即在投资者情绪的高涨期，企业投资规模普遍增加，但更加注重营运资本管理的公司会将投资分散一部分到营运资本投资中，从而降低了实体投资的支出水平。同样，当投资者情绪低落时，净营运资本持有较高的公司可以降低外界融资的冲击，使用营运资本平滑投资支出，最终使投资规模较小幅度的降低。这也说明营运资本在调节投资者情绪对企业投资规模的过程中，融资渠道起到了更大的作用。总体上，较高的营运资本管理弱化了投资者情绪对企业投资规模的影响，投资者情绪的高涨或低落对企业投资规模带来的冲击也被较高的营运资本管理水平平抑了，假设3b得证。

（2）投资者情绪对企业投资效率的回归结果及营运资本的调节作用。按照理查德森（2006）模型，将所有公司划分为过度投资与投资不足两组样本，得到 3205 家过度投资公司和 5728 家投资不足样本。分别使用模型（4-9）和模型（4-11）进行回归，为避免异方差性，在公司层面进行了聚类回归。Hausman 检验结果拒绝随机效应假设，选取个体固定效应模型的回归结果见表 4.26。

表 4. 26   模型（4 – 9）和模型（4 – 11）回归结果

变量	模型（4 – 9）		模型（4 – 11）	
	OVERINVEST	UNDERINVEST	OVERINVEST	UNDERINVEST
SENTIMENT	0. 0170 *** (5. 45)	– 0. 0016 * (– 1. 66)	0. 0165 *** (4. 95)	– 0. 0015 * (– 1. 75)
NWCR			– 0. 0134 ** (– 2. 39)	0. 0055 *** (3. 33)
SENTIMENT × NWCR			– 0. 0040 ** (– 2. 34)	– 0. 0004 ** (– 2. 11)
FCF	0. 0908 *** (5. 39)	– 0. 0070 * (– 1. 72)	0. 0832 *** (4. 81)	– 0. 0096 ** (– 2. 31)
ADM	0. 0256 (1. 19)	0. 0130 ** (2. 03)	0. 0278 (1. 29)	0. 0114 * (1. 77)
ORA	0. 0316 (0. 66)	– 0. 0145 (– 1. 11)	0. 0318 (0. 66)	– 0. 0140 (– 1. 07)
Top1	0. 0157 ** (2. 01)	0. 0027 (1. 10)	0. 0166 ** (2. 11)	0. 0019 (0. 78)
Growth	0. 0306 *** (8. 98)	– 0. 0049 *** (– 5. 10)	0. 0309 *** (9. 15)	– 0. 0045 *** (– 4. 61)
ROA	0. 0254 (1. 12)	– 0. 0081 (– 1. 09)	0. 0455 * (1. 90)	– 0. 0159 ** (– 2. 13)
Size	– 0. 0038 *** (– 3. 93)	– 0. 0037 *** (– 10. 28)	– 0. 0045 *** (– 4. 48)	– 0. 0035 *** (– 9. 76)
Ownership	– 0. 0065 *** (– 2. 60)	0. 0048 *** (5. 68)	– 0. 0081 *** (– 3. 09)	0. 0041 *** (4. 81)
N	3205	5728	3205	5728
adj. R^2	0. 128	0. 105	0. 122	0. 107

注：* 表示显著性水平为 10%，** 表示显著性水平为 5%，*** 表示显著性水平为 1%。

由表 4. 26 可见，市场层面投资者情绪与企业过度投资显著正相关，与企业投资不足显著负相关，这与现有研究结论完全一致，即投资者情绪对过度投资具有"恶化效应"，而对投资不足却带来"校正效应"。净营运资本与过度投资的回归系数显著负相关，与投资不足的回归系数显著正相关，说明营运资本能够降低企业的过度投资并加重企业的投资不足，这一结论与上述有关营运资本与企业投资规模的回归结果相呼应，也说明营运资本投资与实体投资间确实存在着部分挤占效应。由于营运资本与企业投资规模的回归结果显著为负，其平滑效应带来投资规模的减少，因此，会在一定程度上抑制企业的过度投资并加剧企业的投资不足。在过度投资组，投资者情绪与营运资本交乘项的系数显著为负，说明营运资本弱化了投资者情绪对企业投资规模的影响，在投资者情绪加剧企业过度投资的过程中，由于营运资本分散了企业部分资金，使得企业投资规模增加相对平缓，因而降低了企业过度投资，提升了投资效率。而在投资不足组，交乘项系数也显著为负，说明在投资者情绪降低企业投资不足的过程中，营运资本的易调整性也提供了部分资金以平滑投资规模的减少，使得投资者情绪对投资不足的校正效应增强，因而更大幅度地降低了企业投资不足，提升了企业投资效率。假设4b 得证。这充分说明，营运资本作为一种企业财务能动性，能够从两方面缓和外界环境的波动过程中对企业投资规模和投资效率的冲击，实现"双向调节"，最终达到提升投资效率的结果。

4.3.5 稳健性检验

1. 更改投资者情绪的计量

为保证回归结果的可靠性，借鉴已有文献（Goyal & Yamada 2004；花贵如等，2010），使用分解 Tobin'Q 方法来计量公司层面的投资者情绪。其原理在于，Tobin'Q 值代表了公司的市场价值，当使用企业的股东权益净利率、主营业务增长、资产负债率和公司规模四个代表公司基本面价值的指标与 Tobin'Q 值进行回归后，便可得到一个代表公司正常基本面价值的拟合值 Qf，用真实的 Q 减掉 Qf 这部分的残差，即可表示资本市场上由于存在情绪变化而导致的股票价值偏离基本面的错误定价，即公司层面投资者情绪 SENT。稳健性检验的回归结果见表 4.27。

表 4.27　　　　　稳健性检验回归结果（公司层面投资者情绪）

变量	模型（4－8）	模型（4－10）
	INVEST	INVEST
SENT	0.0048 ***	0.0078 ***
	（4.33）	（5.06）
NWCR		－0.0349 ***
		（－5.56）

续表

变量	模型（4-8） INVEST	模型（4-10） INVEST
SENT × NWCR		-0.0127 *** （-3.35）
CF	0.0451 *** （4.08）	0.0278 ** （2.41）
Cash	0.0734 *** （8.14）	0.0788 *** （8.60）
Lev	-0.0189 *** （-2.63）	-0.0475 *** （-5.78）
ROA	0.152 *** （7.77）	0.176 *** （9.00）
AGE	-0.0012 *** （-5.60）	-0.0013 *** （-6.56）
Size	-0.0099 *** （-8.59）	-0.0088 *** （-7.84）
Ownership	0.0068 ** （2.57）	0.0048 * （1.85）
Top1	0.0353 *** （4.09）	0.0361 *** （4.30）
Growth	0.0029 *** （3.88）	0.0031 *** （4.38）
cons	0.268 *** （11.53）	0.264 *** （11.66）
N	8933	8933
adj. R^2	0.169	0.108

注：* 表示显著性水平为 10%，** 表示显著性水平为 5%，*** 表示显著性水平为 1%。

由表 4.27 可见，稳健性检验结果与主回归一致，本节的结论是稳健的。

2. 更改投资者情绪的计量和营运资本管理水平的衡量

使用公司层面投资者情绪，借鉴鞠晓生等（2013）的研究，以营运资本变化率作为企业营运资本管理水平的衡量，采用模型（4-9）和模型（4-11）分别进行回归后的结果见表 4.28。

表 4.28　　　稳健性检验回归结果（公司层面投资者情绪和营运资本变化率）

变量	模型（4-9）		模型（4-11）	
	OVERINVEST	| UNDERINVEST |	OVERINVEST	| UNDERINVEST |
SENT	0.0075 *** (3.92)	− 0.0013 ** (−2.22)	0.0080 *** (4.41)	− 0.0018 * (−1.68)
ΔWCR			− 0.0382 *** (−3.79)	0.0137 *** (4.23)
SENT × ΔWCR			− 0.0065 * (−1.66)	− 0.0017 * (−1.86)
FCF	0.0883 *** (3.86)	− 0.0016 (−0.32)	0.0853 *** (3.73)	− 0.0003 (−0.01)
ADM	0.0962 * (1.74)	0.0158 (1.25)	0.0818 (1.46)	0.0139 (1.07)
ORA	0.0651 (0.86)	0.0243 (1.32)	0.0786 (1.01)	0.0155 (0.84)
Top1	0.0809 ** (2.38)	0.0208 *** (2.62)	0.0743 ** (2.15)	0.0195 ** (2.48)
Growth	0.0262 *** (5.52)	− 0.0048 *** (−4.02)	0.0259 *** (5.59)	− 0.0038 *** (−3.52)
ROA	0.0823 ** (2.26)	0.0048 (1.00)	0.115 *** (3.20)	− 0.0145 (−1.38)
Size	− 0.0104 ** (−2.33)	− 0.0035 *** (−2.67)	− 0.0069 (−1.57)	− 0.0049 *** (−3.63)
Ownership	− 0.0224 ** (−2.21)	0.0936 *** (3.16)	− 0.0145 (−1.47)	0.0125 *** (4.13)
N	3205	5728	3205	5728
adj. R^2	0.130	0.110	0.146	0.102

注：＊表示显著性水平为 10%，＊＊表示显著性水平为 5%，＊＊＊表示显著性水平为 1%。

　　由表 4.28 的回归结果可见，与前述结果相同，公司层面投资者情绪与营运资本变动的交乘项均显著为负，充分说明了营运资本在投资者情绪影响企业投资效率过程中所发挥的双向调节作用。

4.3.6　研究结论及政策建议

加强企业的营运资本管理无论对于缓解企业自身流动性约束，还是"平滑"企业投资规模，都具有积极的正向作用，因而，现有文献围绕企业内部的投资结构，证实企业必须重视并加强自身的营运资本管理。然而，非理性的外部环境对企业的投融资行为带来的冲击，不仅改变了企业的投资规模，也影响了企业的投资效率，探寻投资者情绪对企业投资行为和投资效率产生影响的过程中，营运资本管理所发挥的调节作用，是将企业外部环境与内部财务行为相结合进行分析的必然趋势。

本节在投资者情绪影响企业投资规模和投资效率等现有文献结论的基础上，进一步分析了营运资本管理在这一过程中所起到的调节作用。研究发现，投资者情绪对企业投资规模带来了正向影响，营运资本管理作为应对外部环境变化的补充机制，在其中起到了一定的"平抑"作用。即在投资者情绪高涨时期，若企业营运资本管理水平较高，会通过保留流动性的方式减少投资支出，以抵销投资者情绪高涨对企业投资规模所带来的拉动效应，相对于营运资本管理水平较低的公司，较高的营运资本管理水平反而使企业投资增速放缓，进而对外部冲击产生平滑作用。而在投资者情绪低落期，若企业营运资本管理水平较高，则可将营运资本转换为投资所需资金，进而降低投资者低落情绪所带来的融资约束影响。良好的营运资本管理不仅可以弱化外部投资者情绪波动对企业投资规模所带来的影响，还可以通过双向调节提升企业投资效率，即减弱投资者情绪对企业过度投资所带来的恶化效应，强化投资者情绪对企业投资不足所带来的校正效应。科学的营运资本管理对冲了投资者情绪对企业投资效率的不利干扰，放大了投资者情绪对投资效率的校正效应。这说明，良好的营运资本管理能够便于管理层灵活地修正企业投资的外来扰动，从而为企业投资效率的提升提供保障。

本节的政策建议在于，营运资本管理虽然是企业的短期决策行为，但通过营运资本管理仍可以达到对流动性约束的缓解，进而改变企业的长期投资决策。鞠晓生等（2013）在证实了营运资本管理可以对投资冲击进行平滑后，提醒管理层在日常经营活动中应对营运资本管理引起足够重视，以帮助企业提升投资效率。本研究为此提供了进一步的验证和补充，也为企业管理层提供了新的管理理念，即科学的营运资本管理有助于企业应对外部环境的变化，平滑投资，更加灵活自主地进行最优投资决策，进而达到资源的优化配置。

4.4 投资者情绪、债务期限结构与企业投资效率

4.4.1 引言

公司作为以盈利最大化为经营目标的市场主体，在经营管理中，投资活动是公司盈利的重要途径之一，公司的经营战略目标很多时候就取决于投资决策。然而，由于受到企业内外部条件以及投资者心理情绪等因素的影响，企业常常面临不合理投资问题，一方面是盲目投资引起的投资过度行为，另一方面是出于各种利益考虑而引起的投资不足行为。这不仅会损害股东、债权人等的利益，而且也会影响公司整体的经营效益，阻碍其实现企业价值最大化目标。引起非效率投资的原因可能有以下几点：一是委托代理问题的存在，企业管理者可能为了追求一己私利而损害股东和债权人的切身利益，从而进行非效率投资。二是认知偏差的存在，管理层可能盲目跟风或者迎合投资者情绪，从而造成非理性投资。三是我国不完善的资本市场环境，造成上市企业治理机制相对欠缺，非效率投资行为时有发生。

金融市场中，不仅存在着许多客观因素，同时对部分主观因素也不可忽视，比如投资者的情绪变化会带来股价波动，进而造成股票的错误定价，这就使得企业的投资活动受到巨大的冲击。从第一个角度来说，投资者非理性心理影响企业投资的"信贷融资渠道"描述了投资者情绪对企业投资方面产生影响的研究已较成熟。另一个角度看，债务期限结构作用于投资效率的研究也较成熟，如果企业面临融资约束等问题，大部分企业会选择长期债务进行融资，降低投资不足的问题，提高企业投资效率。而如果企业短期债务占主导，使得企业拥有足够的资金去进行项目投资，甚至为了自身利益，投资到净现值小于零的项目，导致企业投资过度，但是如果资金使用得当，反而会缓解企业的投资不足问题。然而，基于上市公司债务期限结构的调节效应，投资者情绪影响投资效率的研究尚未出现，本节从一个崭新的视角——债务期限结构来探讨企业投资效率是如何被投资者心理所影响的。

本研究首先综述了企业投资效率受到投资者心理影响的理论支撑与现实可行性，认识到二者之间的关系对于以后的宏观经济环境重要影响不容小觑，然后，在证实投资者心理因素与企业投资合理性呈反向变动的基础上，又进一步将债务期限结构这一因素考虑进去，证实投资者情绪可以通过债务期限结构的调节作用进而影响企业投资效率，即债务期限结构为投资者情绪影响企业投资效率的调节

变量。

本节正是在这样的背景下，基于上市公司债务期限结构的调节作用，研究投资效率被投资者情绪影响的效果，这对于企业合理调整债务期限结构，提高企业投资效率具有一定的参考价值。

4.4.2　文献综述

1. 投资者情绪对企业投资效率的影响

证券价格震荡，偏离基本价值，常常是由于非理性的投资者情绪导致的。证券市场的错误定价必然会对企业投资决策产生影响，这种由于投资者情绪导致的投资效率问题，大致分为"改善"效应和"恶化"效应。

首先，从"改善"效应分析，国外学者贝克等（2003）认为高涨的投资者情绪可以使股权融资成本降低，进而融资约束得到缓解，低效投资得以改善。斯坦（1996）及贝克和沃格勒（2007）等学者发展的"市场择时理论"强调了投资者情绪变化对公司股权融资成本及融资时机选择的影响，高涨的投资者情绪会高估股价，降低股权融资成本，增加企业投资。同时，格伦迪和李（Grundy & Li，2010）实证结果显示投资者情绪与投资水平显著正相关，高层管理人员不仅会为了获取私人收益扩大投资，也会为了迎合投资者情绪扩大投资规模。莫夫和麦克尔森（Alimov & Mikkelson，2012）通过研究企业的资金使用情况是如何受投资者非理性行为所影响时，发现投资者的乐观心理能够推动企业增加投资规模，并没有给企业的资金使用合理性带来减少效应，反而改善了企业的不合理投资困境。娄和王（Lou & Wang，2012）基于融资约束渠道，以股票流动性交易作为股票错误定价的代理变量，发现股价被低估时企业会减少投资，而股价高估时公司虽然会增发股票但不会增加投资导致投资过度，这就意味着投资者情绪能够改善企业投资效率。同时，阿里夫和李（Arif & Lee，2014）在"非情绪型"和"基于情绪"的分组测试中，也发现投资者情绪与企业总投资是正相关的，当投资者情绪高涨时，企业管理者或迎合市场情绪理性利用市场错误定价，或是自身陷于市场兴奋情绪中，在经营资产上进行更多的投资，企业投资效率得以改善。此外，朱等（Zhu et al.，2018）研究发现投资者情绪与上市公司投资水平呈正相关，而高层管理团队的平均年龄和受教育程度对投资者情绪与企业投资水平之间的关系具有负的调节作用。平均年龄较大、受教育程度较高的高层管理团队具有丰富的经验、杰出的判断能力和高水平的投资分析能力，他们倾向于维持公司稳定发展和避免风险，减少盲目的迎合投资，能够降低投资者情绪对企业投资水平的敏感程度，从而提高公司投资效率。

　　国内学者陈菊花等（2011）从薪酬管制在投资者情绪影响管理层投资决策的迎合渠道中的调节作用出发，发现在投资者情绪高涨时通过薪酬管制能抑制管理层的过度投资倾向，改善投资效率。而张庆和朱迪星（2014）从管理者追求个人财富最大化和迎合短期价格出发，发现管理者的持股比例会抑制企业的迎合倾向，特别是在高涨的市场情绪引发错误定价时，提高高管的持股比例能显著的抑制企业迎合投资行为，提高投资效率。此外，黄宏斌和刘志远（2014）基于信贷融资中介渠道提出，高涨的投资者情绪会促使企业增加信贷融资，缓解融资约束，为后续投资提供资金支持。在银行债务既定的前提下增加信贷，说明企业具有较低的财务风险和良好的投资机会，后续投资规模扩大，这意味着企业投资效率已得到改善。罗斌元（2017）的研究发现投资者情绪会恶化投资过度，缓解投资不足，但内部控制对投资者情绪影响投资效率的中介渠道产生调节效应，高质量的内部控制能减弱投资者情绪对投资效率的影响程度，提高企业投资效率。郭婷婷和程曦（2018）以2014～2016年沪深两市A股制造业上市公司作为样本，实证研究发现融资约束能调节投资者情绪对企业投资不足的影响，融资约束越高，高涨的投资者情绪带来的收益越大，从而抑制投资不足，改善投资效率。

　　其次，从"恶化"效应分析，卡尔森等（Carlson et al.，2006）认为管理者倾向于采用迎合渠道，为了自身控制权收益，利用市场中高涨的投资者情绪进行股权融资，进而降低企业的投资效率。昌等（2007）对澳大利亚公司数据进行研究发现投资者情绪通过股权融资渠道对公司实际投资产生影响，高涨的情绪使得股票市场错误定价过高，引发过度投资，相反低迷情绪则会引发投资不足，公司投资效率低下。波尔克和萨皮恩扎（Polk & Sapienza，2009）以对证券市场的错误定价表示投资者情绪，结果显示面对高涨的投资者情绪企业会追加投资产生投资过度的非效率投资行为，且情绪持续的时间越长，低效投资越严重。吴和王（Wu & Wang，2016）通过研究机构投资者所有权在投资者情绪影响投资效率过程中起到的调节作用后，发现机构投资者所有权比例越高，就会引起更高的错误定价，进而会降低企业的投资效率。朱等（2016）研究发现：关注短期股价的公司倾向于迎合投资者情绪，当股价上涨及投资者情绪高涨时，公司会增加其投资，甚至投资于净现值为负的项目，造成过度投资；而在投资者情绪低落时期，公司会减少投资，甚至放弃投资净现值为正的项目，造成投资不足。因此，投资者情绪会降低公司投资效率。他们还发现控股股东的持股比例、控制权和现金流量权利的分离和控股股东的性质在投资者情绪影响投资效率的过程中具有不同的调节作用。对于投资过度的公司，控股股东持股比例高、控制权与现金流权高度分离和私人控股股东会促进投资者情绪对过度投资的正向影响。

　　国内学者在企业投资对由投资者情绪引发的市场错误估价的敏感性研究方面

也相对成熟。刘端和陈收（2006）的研究发现管理者短视现象越严重，投资者情绪对公司总体投资支出的影响越大。乐观情绪下公司增加投资，导致投资过度；低落情绪则引发投资不足，投资效率低下。花贵如等（2011）提出管理者乐观主义是投资者情绪影响企业投资的部分中介渠道，通过管理者盈余预测偏差测量管理者乐观主义，发现高涨的投资者情绪会引发管理者乐观主义，高估回报低估风险，追加投资，这就使得投资效率有所下降。崔晓蕾等（2014）研究发现不断高涨的投资者情绪会加重企业过度投资，并且随着企业自由现金流量的增加，投资者情绪引发的低效投资会愈发严重。靳光辉等（2015）基于高管薪酬激励和债务融资，检验了治理机制与投资者情绪对企业非效率投资的联合作用，在投资者情绪高涨时期，负债融资提供更多可使用现金流且薪酬激励机制会促使管理层迎合投资者情绪，恶化企业过度投资。张前程和杨德才（2015）则从货币政策的角度，提出宽松的货币政策不仅能增加货币供应量，缓解企业外部融资约束，而且能释放政府扩张经济的信号，提升投资者情绪和企业家信心，放大投资者情绪对过度投资的正向效应和投资不足的负向效应。任毅和任碧云（2017）考察了2004~2015年上市公司面板数据，发现投资者情绪会降低企业投资效率，高涨情绪加剧过度投资，低迷情绪加剧投资不足，且国有企业因面临的融资约束较小，受这种非理性情绪的影响比非国有企业小。翟淑萍等（2017）基于迎合渠道研究发现管理者会迎合高涨的投资者情绪，放弃稳健保守的风险评估，作出增加研发投资的投资决策，造成过度研发，降低研发投资效率。汤晓东和陈少华（2017）基于价格压力假说，通过权益资本成本的中介效应，发现高投资者关注度提高了股票流动性，使股权转让成本及权益资本成本降低，股权融资约束也得以降低，恶化了过度投资，降低了企业投资效率。汪玉兰和周守华（2018）研究了由投资者情绪引起的股票错误定价程度对企业投资效率的影响，发现股票高错价时管理者迎合情绪会加剧非效率投资。尚煜（2019）基于投资者与管理者的非理性与迎合渠道，发现投资者情绪能够塑造管理者过度乐观，间接影响企业投资水平。情绪高涨时管理者过度乐观加大投资，情绪低迷时管理者过度悲观限制投资，投资效率降低。

　　在研究投资者情绪影响企业投资效率的过程中，除"改善"和"恶化"效应之外，许多国内外学者还发现投资者情绪会对投资效率同时产生两种不同影响。法尔希和潘纳格斯（Farhi & Panageas，2004）研究发现投资者一方面会扭曲投资决策，导致低效投资；另一方面会缓解企业面临的融资约束，降低投资不足，提高投资效率。伯纳多等（Bernardo et al.，2016）引入股票价格激励理论研究投资者情绪对企业投资效率的影响，发现当市场投资者情绪处于悲观状态时，企业通过提供最优的股票价格来激励管理层寻找新的投资项目，形成有效投资；而当投资者情绪处于乐观状态时，被高估的股价降低了当前股东的权益资本成本，并使净现值为负的项目具有吸引力，导致企业投资效率低下。投资者情绪越高涨，股价激励越强，企业的过度投资问题越严重。国内学者花贵如等（2010）发现投资者情绪与企业过度投资显著正相关，与投资不足显著负相关。当企业面临严重的代理和融资约束问题而产生投资不足时，高涨的投资者情绪能驱使企业进一步投资，给投资不足带来"校正效应"；而当企业处于过度投资阶段时，高涨的投资者情绪会使投资过度问题更加严重，产生"恶化效应"。刘志远和靳光辉（2013）研究发现股东持股比例和两权分离程度在投资者情绪影响投资非效率时具有调节作用，在持股比例较分散、股东绝对控股及两权不分离的国有控股企业，控股股东通过投资能获取更高收益，因此迎合高涨的投资者情绪，进一步恶化过度投资；而在股东持股比例较高、中等两权分离程度的民营控股企业，受到的融资约束程度更高，因此，投资者情绪对投资不足的校正作用更为显著。章细贞和曾宇虹（2016）针对投资期限的长短进行研究，发现在管理者短视行为的影响下，高涨的投资者情绪会促使管理者投资短期项目，短期投资效率得到提高；而由于长期投资的沉没成本和套利成本较高，投资者情绪会抑制长期投资规模，长期投资效率不高。

2. 债务期限结构对投资效率的影响

债务期限结构决策作，为企业融资决策的一部分，由于受到期期限的限制，债权人与股东的代理冲突有所加剧，进而影响到股东的投资决策。

梅尔斯（1977）认为，标准融资理论没有给出公司不应该用短期债务为长期资产融资的理由，相反，公司不应该用长期债务为短期资产融资，因此短期债务可以缓解企业投资不足，而长期债务可能给企业带来投资不足问题。阿南和拉杜勒斯库（Nam & Radulescu，2004）在研究净现值是如何被债务期限结构影响时，发现债务期限结构达到最优时可以使投资项目的净现值达到最大，说明企业的投资效率被债务期限结构显著影响，即企业占有的长期债务越多，就会越容易出现投资不足。进一步蔡尔兹、莫尔和奥特（Childs P. D.，Mauer D. C. & Ott S. H.，2005）构建或有债权法模型，若公司执行股票价值最大化的目标要么是过度投资，要么是投资不足，这些非效率投资结果是由股东的愿望驱动的，即要么将财富从债权持有人手中转移（过度投资），要么阻止债权持有人财富的增加（投资不足）。研究结果显示短期债务即使不能完全解决这些冲突，也能起到一定的缓解作用，财务灵活性鼓励短期债务的选择，从而大大降低了投资不足和过度的代理成本。同时，蒂特曼和凯汉报（Titman S. & Kayhan A.，2006）实证结果也显示当企业短期债务较高时，为了降低破产风险，会提前进行投资，加剧过度投资。还有学者认为短期债务并不能缓解投资不足，当（Dang，2011）通过研究企业投融资之间的关系时，发现成长性高的企业通过降低杠杆率的方式可以减少投资不足，但是缩短债务期限并不能降低投资不足。然而，阿苏德等

（Asoudeh et al.，2015）通过研究 2009～2013 年上市公司的财务数据，发现流动负债可以提高投资效率，减少投资不足问题。

　　长短期债务是怎样影响企业投资效率的，陈等（Chen et al.，2009）通过研究债务期限结构与企业投资效率之间的关系，发现两者之间不是简单的线性关系，在很大程度上取决于企业资产的风险水平。投资非效率的程度和公司短期债务的比率之间的关系就像 U 型，对于资产风险等级高的企业，短期债务的高比率将导致公司有过度投资的倾向；而对于资产风险等级低的企业，短期债务的高比率将导致投资不足。并且公司短期债务比率于公司投资非效率程度之间呈显著正相关关系，即短期债务比率越高，企业的投资非效率程度越高。屈蒂亚和桑切斯（Cutillas & Sánchez，2012）通过研究西班牙 1998～2008 年期间上市公司的数据，发现较低的债务期限可以提高投资效率，减少过度投资和投资不足问题。艾哈迈德和哈尼（Ahmad & Hani，2016）通过研究德黑兰上市公司数据，发现债务期限与投资效率之间存在负相关，即较短的债务期限可以改善公司的投资效率，而较长的债务期限会降低公司的投资效率。对于长期债务较多的企业来说，债权人对债务人的监督和控制成本相对较高，企业融资成本上升，未来投资项目收益大部分归属于债权人，股东获利较少，那么在面临未来的投资需求时，即使该投资项目能给企业创造价值，股东依然会忽视该部分投资，企业投资不足出现。因此，企业就会倾向于短期债务，那么在面临投资需求时，企业就不会因为较多尚未到期的长期债务而放弃必要的投资项目。

　　关于过度投资是如何被债务期限结构所影响的研究，詹森（1986）最早提出的观点，短期债务可以缓解企业的投资过度问题。他认为对于有着较多闲置资金的企业来说，短视的管理层可能倾向投资一些不必要的项目，进而导致企业过度投资。因此，企业就会倾向于增加债务，这样就使得企业闲置资金减少，并且短期债务抑制过度投资效应要大于长期债务抑制效应。过度投资减少的原因是偿债义务减少了管理控制下的可自由支配资金（Mello & Miranda，2010），即企业短期债务占比较高时，管理层可以利用的自由现金流受到限制，投资机会得到遏制。孙晓林（2010）基于终极控股股东视角，研究发现短期债务可以显著抑制企业的过度投资程度。张栋（2008）研究企业的投资非效率问题时，发现企业拥有大量负债时，由于存在到期还款付息压力，过度投资就能在一定程度上得到抑制。马娜和钟田丽（2013）也认为采用举债的方式融资能在一定程度上抑制企业的过度投资。胡杰（2014）通过研究投资过度是如何被债务期限的长短所影响时，发现合理优化过的负债结构期限可以降低企业投资过度的问题。而部分学者基于我国特殊的制度背景和企业的自身特点，认为由于我国以短期债务为主，长期债务作用有限。黄乾富和沈红波（2009）就认为长期借款在抑制过度投资方面作用十分有限，相反，高比例且期限短的短期借款却能够显著抑制企业的过度投资行为。朱（2016）认为公司的短期债务显著提高公司投资效率，并显著抑制公司过度投资，但对投资不足没有影响。但是朱磊（2008）进一步依据企业增长机会和现金流分组研究企业投资效率是如何被债务期限结构所影响时，发现总体而言，长期和短期债务均降低企业的投资，具体而言，对于增长机会多、现金流少的企业，长期和短期债务均增加其投资不足问题；对于增长机会少、现金流多的企业，短期债务并不能缓解其过度投资行为。

随后，袁卫秋（2009）结合我国的资本市场真实状况，对此进行了分析，认为梅尔斯对其理论的分析，仅仅是基于企业在未来可能面临很多投资机会的考虑，而没有考虑到这些投资机会是会面临时机选择问题的，即可以选择在不同时期进行投资活动。根据实物期权这一理论，企业在做出长期投资决策过程中，可以选择推迟执行未来的投资机会，也可以选择提前执行，这样看来，企业未来投资机会的执行实际上面临着时机选择问题。因此，袁卫秋通过建立一个考虑投资机会的新理论模型，发现短期债务并没有减少投资过度，反而助长企业盲目投资行为，支持了朱磊（2008）的观点。随后，袁卫秋（2012）又选取 2007~2010 年我国沪深两市 892 家上市公司的数据为研究对象，构建面板数据模型，进一步研究不同的债务期限结构对企业投资效率的影响，研究发现，短期债务占比较高的企业越容易存在过度投资情况，而长期债务占比越高的企业越有可能发生投资不足行为。萨尔卡（Sarkar，1999）通过数学工具，研究了投资项目净现值与债务期限之间的关系，研究结果显示，投资项目周期与最优债务期限有较强的线性关系，即投资项目历时较长或比较平稳时，企业债务期限倾向于延长。因此，为提高企业的投资效率，需要适当增加长期债务的比例，延长债务期限。王艳辉和杨帆（2007）选取东北上市公司为研究对象，结果发现企业的债务期限越长，对投资过度的抑制作用就越显著，并且研究进一步表明，越是发展好的企业，其长期债务比例就越高。

3. 文献述评

综上，有关投资者情绪对企业投资效率的影响研究，已经积累了大量的成果，但是主要集中在投资者情绪基于内部公司治理层面对投资效率的影响，鲜有文献基于上市公司债务融资结构领域。同时，关于债务期限结构对投资效率的研究中，大部分均集中于长短期债务对投资效率的实证研究，将其与投资者情绪结合的研究尚未出现。本书力求在此领域有所突破。

4.4.3　理论分析与研究假设

1. 投资者情绪对投资效率的影响

由于投资者在投资决策上并非理性，导致证券市场上股票价格常常伴随着情绪的波动而波动，情绪冲击进而影响到企业投资效率。

一方面，从投资者情绪改善企业投资效率的角度来看，高涨的投资者情绪降低投资不足。当证券市场中的投资者处于一种积极的状态，普遍会对市场未来发展前景充满信心，高估证券市场价格，同时要求相对较低的投资回报率。首先，根据"迎合渠道"理论，企业管理层会迎合高涨的投资者情绪，扩大股票融资的规模。其次，较低的股权融资成本和融资约束的缓解，使得上市公司得以加大投资，降低投资不足。如果企业由于者融资约束的问题面临投资不足，高涨的投资者情绪会在一定程度上降低投资不足。然而，如果企业由于管理者与股东的代理问题产生投资过度的问题，面对高涨的投资者情绪公司虽然会增发股票但不会增加投资导致投资过度（Lou & Wang，2012），其恶化过度投资的效应会有所弱化。企业的资金使用情况受投资者非理性行为所影响时，投资者的乐观心理能够推动企业增加投资规模，并没有给企业的资金使用合理性带来减少效应，最后改善了企业的不合理投资困境（Alimov & Mikkelson，2012）。另外，低落的投资者情绪缓解投资过度。当投资者情绪低落，对经济发展前景持有悲观心态，投资更加稳健和谨慎，要求相对较高的报酬率。首先，上市公司面对低落的投资者情绪，其投资动机得到遏制。其次，公司市场价值被低估，融资成本上升，融资约束问题愈加严重，公司会减少投资，防止股东利益向债权人转移。如果企业由于管理者与股东的代理问题产生投资过度的问题，那么低落的投资者情绪会缓解投资过度。然而，如果面对低落的投资者情绪，企业不会因为股价被低估而撤回已经投资的项目，企业投资不足的现状，不会因此而恶化。总体上来说，投资者情绪改善了企业的非效率投资，提高了投资效率。当企业面临过度投资的非效率投资时，投资者情绪会恶化过度投资，但是由于过度投资的企业还要面临融资约束、资金成本、股东和债权人利益等方面的限制，恶化过度投资的效应会小于改善投资不足效应。

另一方面，从投资者情绪恶化企业投资效率来看，投资者心理可能会影响投资决策而造成投资的不合理，也可能会减少企业的投资不足问题，但是总体来说，投资者心理更多的是造成投资不合理（Farhi & Panageas，2004）。高涨的投资者情绪使得证券市场股票错误定价过高，企业迎合情绪和融资约束的缓解，引发过度投资；相反低迷的投资者情绪则会引发投资不足，公司投资效率低下。花贵如等（2010）指出企业投资非合理性被投资者心理的影响效果非常明显，总的来看，因投资者心理因素的变化，给企业投资决策带去的是整体不合理，呈现降低趋势；分开来看，它有时会增加企业的盲目投资，有时会降低企业的投资不足问题。但是总体来说，投资者心理更多的是造成投资不合理，其恶化效应要大于改善效应。

基于此，提出以下竞争性假设 1。

假设 1a：投资者情绪总体提高了企业投资效率；

假设 1a1：投资者情绪一方面增加公司的过度投资，而另一方面降低公司的投资不足，并且改善作用大于恶化作用；

假设 1b：投资者情绪总体降低了企业投资效率；

假设 1b1：投资者情绪一方面增加公司的过度投资，而另一方面恶化作用大于改善作用。

2. 债务期限结构具有调节作用

基于不同的债务期限结构，投资者情绪对投资效率的影响也会发生一定的变化。当投资者情绪处于高涨时期，根据"迎合渠道"理论，企业管理层一方面会基于股价被高估而大量进行权益融资，缓解企业融资不足现状；另一方面为了及时迎合高涨的投资者情绪，进行大量投资，他们先是通过采取举债或者向银行贷款方式进行大量融资活动，然后将借来的资金投资到不能给企业带来收益的项目中去，可能增加过度投资，抑或降低投资不足。企业由于债务经营会减少自由现金流，抑制管理层追求个人利益行为，同时增加企业发生财务危机的可能性，就会减少企业的过度投资行为（Jensen，1986），进而改善企业非效率投资。对于负债能力强的公司，会通过银行获得大量长短期借款，这样就更会迎合市场上积极的投资者心理而投资不能给企业带来正向收益的业务，伴随着乐观投资者心理而获得的长短期借款资金更可能促使企业继续扩大投资，可能导致企业投资过度（Polk & Sapienza，2009）。斯坦及贝克和沃格勒等学者发展的"市场择时理论"强调投资者情绪变化对公司股权融资成本及融资时机选择的影响，同时，国内学者袁卫秋（2009）结合我国的资本市场真实状况，对此进行了分析，即可以选择在不同时期进行投资活动。根据实物期权这一理论，企业在作出长期投资决策过程中，可以选择推迟执行未来的投资机会，也可以选择提前执行，这样看来，企业未来投资机会的执行实际上也面临着时机选择问题。因此，当企业拥有较多的流动性较强的短期借款时，为降低企业的财务风险，会倾向于选择提前进行实施投资机会，导致过度投资，降低投资不足。当企业拥有较多的长期借款时，企业违约风险增加，债权人监督成本上升，会保证债权人如期获得报酬率，在一定程度上会抑制企业的过度投资，提高其投资效率。

谢海洋和董黎明（2011）通过实证模型证明，对于长期贷款与短期贷款来说，两者都不能降低企业的投资不充分和盲目投资活动的问题，贷款期限长的话更是给企业管理层盲目投资一个理由，而贷款期限短的话就不能够降低企业的盲目投资程度和投资不充分的问题。随后，袁卫秋（2012）又进一步研究企业投资合理性是如何被债务长短期结构的不同所影响，研究发现，短期债务占比较高的企业越容易存在过度投资情况，而长期债务占比越高的企业越有可能发生投资不足行为。胡启明等（2015）基于流动性风险视角，研究企业投资效率是如何被债务期限结构所影响，发现债务期限结构与企业投资之间呈显著的倒"U"型关系，而不是简单的负相关关系，即缩短债务期限一定程度上能够促进企业的有效投资，但过多的短期债务容易导致企业投资不足，这与企业流动性风险有很大关系。通过研究债务期限结构与企业投资效率之间的关系，发现两者之间不是简单的线性关系，在很大程度上取决于企业资产的风险水平。投资非效率的程度和公司短期债务的比率之间的关系就像 U 型，对于资产风险等级高的企业，短期债务的高比率将导致公司有过度投资的倾向；而对于资产风险等级低的企业，短期债务的高比率将导致投资不足。并且公司短期债务比率与公司投资非效率程度之间呈显著正相关关系，即短期债务比率越高，企业的投资非效率程度越高（Chen et al.，2009）。王鲁平和邹江（2010）通过研究我国长短期借款与企业投资效率的关系，结果发现，与短期借款相比，长期借款与投资之间的负向关系更显著；并且多余的短期借款对投资的负向作用不显著，说明短期债务不具有治理效应。

基于上述研究，笔者猜想，基于负债长短期期限的不同分配，企业投资合理性被投资者心理波动所影响也会有所变化。当以长期债务为主的企业，较高的债务利息以及资产转移的风险，会降低投资者情绪对过度投资的恶化效应；由于到期期限长，面临的财务风险较小，企业可以通过迎合高涨的投资者情绪，降低投资不足。因此，以长期债务为主的企业，会提高投资效率，降低投资不足。以短期债务为主的企业，由于资金到期的时间比较紧迫，常常要比所有者的举动靠前，当投资机会出现时，企业就不会因为较多尚未到期的长期债务而被迫放弃那些能够为企业带去正向收益的必要投资业务，将这两者的不同作用对比来看，债务期限如果较短，常常会减少企业投资量的不充分问题。对于拥有较多短期债务的企业来说，一方面，企业管理层有可能为了借助积极乐观的投资者情绪，通过银行借款肆意扩大规模，超额的短期借款会使企业产生过度投资倾向；另一方面，考虑到企业未来投资机会的执行面临着时机选择问题，在投资者情绪的乐观时期，过多的短期债务可能会导致企业对资金盲目投放。

因此，提出假设 2。

假设 2：企业以长期债务为主时，投资者情绪在一定程度上会提高企业总体的投资效率；而企业以短期债务为主时，投资者情绪不会对投资效率总体产生作用。

假设 2a：以长期债务为主的企业，投资者情绪降低了其投资不足，所以使企业投资效率提高。

假设 2b：以短期债务为主的企业，投资者情绪既增加其过度投资，又降低其投资不足，二者作用相互抵消，导致综合效果不明显。

4.4.4　研究设计

1. 样本选择与数据来源

本节研究选择 2010～2017 年全部 A 股非金融类公司为样本，并且我们对所选样本进行了以下处理：第一步，筛选并去除在 2010～2017 年间被 ST 和 ∗ST 的企业；第二步，进行 Winsorize 缩尾处理，有效避免由于企业异常大或异常小的数值引起的不合理影响；第三步，对于那些缺失部分数据的企业也进行了合理处理。最终得到 13329 个样本数，样本数据来自国泰安数据库和 WIND 数据库。另外，我们将数据放到 EXCEL 中进行有效的合并与分解，同时选取 Stata14.0 软件来对这些数据进行多元回归的分析。

2. 变量定义及计量

其中各变量定义如下：

（1）被解释变量：投资效率。度量特定企业投资合理性的模型与方法有很多，本节着重列举了投资—投资机会的敏感性（Invest-Invest Opportunity Sensitivity）模型、边际托宾 Q 模型和里查德森（Richardson）模型这三种。由于里查德森模型可以度量某个企业在某个年份的投资效率，所以很多学者倾向于采用里查德森模型研究公司投资的合理性。本节拟尝试结合投资—投资机会的敏感性模型和里查德森模型共同来衡量投资效率，原因如下：一方面，投资—投资机会的敏感性模型可以很直观地观察到企业投资效率是如何被投资者情绪所影响的；另一方面，因为投资的不合理性包括盲目投资和投资的不充分两方面，而投资—投资机会的敏感性模型无法区分投资的程度，所以，采用里查德森模型作为补充，这样就可以考察投资者心理分别与盲目投资、投资不充分的关系。因此，本节首先沿用斯坦（2003）、陈等（2011）以及应千伟和罗党论（2012）的做法，采用投资—投资机会的敏感性模型。衡量投资效率的基本模型（4 – 12）如下所示：

$$\mathrm{Invt}_{it} = \beta_0 + \beta_1 \mathrm{Growth}_{it} + \beta_2 \mathrm{Size}_{it} + \beta_3 \mathrm{Lev}_{it} + \beta_4 \mathrm{CF}_{it} + \beta_5 \mathrm{Equity}_{it}$$
$$+ \beta_6 \mathrm{Age}_{it} + \sum \mathrm{Industry} + \sum \mathrm{Year} + \varepsilon_{it} \qquad (4 – 12)$$

其中，Invt_{it} 为投资支出，Growth 代表投资机会，本节采用营业收入增长率来衡量，并选取 Size（企业规模）、CF（经营活动现金流）、Lev（资产负债率）、Equity（权益融资收到的现金）、Age（成立年限）、Industry（行业）和 Year（年度）作为控制变量。系数 β_1 反映了投资对投资机会的敏感程度，即投资效率。当 β_1 大于 0 时，说明投资效率是上升的；当 β_1 小于零时，说明投资效率是降低的。

里查德森模型主要是研究企业真实投资支出与一些相关变量之间的关系，然后对其进行合理回归，从中获取实证结果残差 ε；当 ε 为正数时，就预示着企业的资金盲目投放；当 ε 为负数时，就预示着企业投资的不充分。本节就依照上述推理，选用 ε 为正数的来度量 Overinvt（过度投资），而对 ε 为负数的取绝对值变为正数来度量 Underinvt（投资不足）。以下是所依据的模型推导：

$$Invt_{it} = \beta_0 + \beta_1 Growth_{t-1} + \beta_2 Size + \beta_3 Ret_{t-1} + \beta_4 Cash_{t-1} + \beta_5 Invt_{t-1}$$
$$+ \beta_6 Age_{t-1} + \beta_7 Lev_{t-1} + \sum Year + \sum Industry + \varepsilon \qquad (4-13)$$

其中，$Invt_{it}$ 为资金投放量，$Invt_{t-1}$ 为上一期的资金投放量，营业收入增长率、企业规模（Size）、股票回报率（Ret）、成立年限（Age）等作为控制变量，行业和年度作为哑变量。

（2）解释变量：投资者情绪的计量方法。投资者情绪的计量方法从市场层面和公司层面考虑，前面已做讲解，在此参照前文即可。另外，不同于上述计量方法，吉尔克里斯特等（2005）以精算者期望标准方差作为交易者心理（投资者信念异质性）的标准度量，发现在企业金钱投放活动被投资者心理变化作用过程中，利用权益资本进而获得资金的途径存在性。本节则采用公司层面的投资者情绪，参考罗兹 – 克罗普夫等（Rhodes-kropf et al., 2004）和花贵如等（2010）的研究，利用分解托宾 Q 的方法，分解的托宾 Q（Sentiment）可由模型（4 – 14）来估计：Qit 为公司 i 在 t 期的托宾 Q 值，分别对净资产收益率（ROE）、主营业务收入增长率（GROW）、资产负债率（LEV）和总资产规模（SIZE）这四个描述基本面的变量进行回归，该回归残差即为公司层面投资者情绪：$Sentiment_{it} = Q_{it} - \hat{Q}_{it}$。

$$Q_{it} = \beta_1 ROE_{it} + \beta_2 Growth_{it} + \beta_3 Lev_{it} + \beta_4 Size_{it} + \sum Industry + \sum Year + \varepsilon_{it}$$
$$(4-14)$$

（3）调节变量：债务期限结构。债务期限的长与短，衡量标准及方法有很多种，通常采用两种度量方法：一是资产负债表法；二是增量法。资产负债表法把公司债务期限定义为长期债务占总债务的比重（Barclay & Smith, 1995），或公司债务项目的加权平均期限（Kim et al., 1995）。每种度量方法都有其自身的优缺点。有关债务期限结构影响的一些问题可以通过增量法更好的回答，而有些问题可以通过资产负债表法更好的回答。本节挑选出一个比较简单而有效的方法，就是资产负债表法。资产负债表法把公司债务期限界定为长期负债占总负债的占比，或公司负债的大致到期期限。另外，我国学者很多采用的是资产负债表法，它是依据企业长短期债务的各自大致到期时点区别开来。债务期限结构就是按照长短期债务的不同到期时点以及长短来以示区别。大致是以 1 年为分界点，大于

1 年的属于长期债务，小于 1 年的为短期债务。由于我国的资本市场还不完善，我国上市公司中债务融资方式主要包括短期借款、商业信用和长期借款，类似长期债券这样的融资方式很少，导致我国债务融资方式以短期债务融资为主，长期债务较少。因此，对于债务期限结构的界定，主要分析银行借款中短期借款和长期借款的比较。樊等（Fan et al.，2012）和王克岭等（2015）采用的是长短期借款与总借款的占比来区分债务期限的长短，那么，本节继续沿用樊等（2012）和王克岭等（2015）的方法，使用长（短）期借款占总借款比例来衡量债务期限结构，即：

$$LD（SD）= 长（短）期借款 / 总借款$$

（4）控制变量。通过对比分析其他学者的方法选取，本节挑选了 CF（现金流）、上市年龄（Age）、权益资本（Equity）等变量作为控制变量，选取行业和年度作为虚拟变量。变量具体含义见表 4.29。

表 4.29　　　　　　　　　　　　　　变量含义

变量类别	变量名称	变量符号	变量描述
因变量	实际投资	Invt	购买各类资产（无形资产等）、或建造固定资产等的投资量/总资产期初数
	过度投资	Overinvt	里查德森模型所得出的实证残差 ε，以 ε 为正数的当作资金的盲目投放
	投资不足	|Underinvt|	里查德森模型所得出的实证残差 ε，以 ε 为负数的当作资金的投放不充分
自变量	公司投资者情绪	Sentiment	基于分解托宾 Q 的公司层面投资者情绪
调节变量	长期债务占比	LD	长期借款数/总借款数
	短期债务占比	SD	短期借款数/总借款数
控制变量	营业收入增长率	Growth	营业收入新增加数/营业收入期初数
	现金流	CF	经营活动现金流量/期初总资产
	资产规模	Size	公司资产规模，即公司资产总额取对数
	资产负债率	Lev	公司年末负债总额与资产总额的比值
	上市年龄	Age	公司上市年份

续表

变量类别	变量名称	变量符号	变量描述
控制变量	权益资本	Equity	权益性融资所收到的现金/期初总资产
	现金持有量	Cash	现金持有量/期初总资产
	股票收益	Ret	经过市场调整的股票回报率
虚拟变量	年度	Year	选用 5 个年度哑变量
	行业	Industry	选取 17 个行业哑变量

3. 回归模型

参照以往对投资—投资机会的敏感性研究文献（靳庆鲁等，2012；喻坤等，2014），首先，为了检验假设 H1，我们建立了模型（4 - 15）来分析投资者情绪对企业投资效率的影响：

$$\text{Invt}_{it} = \beta_0 + \beta_1 \text{Growth}_{it-1} + \beta_2 \text{Sentiment}_{it-1} + \beta_3 \text{Growth}_{it-1} \times \text{Sentiment}_{it-1}$$
$$+ \beta_4 \text{Size}_{it-1} + \beta_5 \text{Lev}_{it-1} + \beta_6 \text{CF}_{it-1} + \beta_7 \text{Equity}_{it-1} + \beta_8 \text{Age}_{it-1}$$
$$+ \sum \text{Industry} + \sum \text{Year} + \varepsilon \qquad (4-15)$$

其中，下标 i、t 分别代表企业和年份，β 为待估参数，采用"购买各类资产（无形资产等）、或建造固定资产等的资金投放量/总资产期初数"这一指标来指代企业资金实际投放量，Invt_{it} 是指 t 时期的 i 企业投资水平，"营业收入增长率"衡量投资机会，Sentiment_{it-1} 是指 t - 1 期的投资者情绪变化指标。交叉项 $\text{Growth}_{it-1} \times \text{Sentiment}_{it-1}$ 系数 β_3 就是企业资金投放被投资者心理作用（即投资—投资机会的敏感性模型）的影响；如果 β_3 显著大于 0，说明投资者情绪正向影响企业投资效率；如果 β_3 显著小于 0，说明投资者情绪负向影响着企业投资效率。

其次，本节将模型（4 - 16）作为补充法，考察企业资金的盲目投放/资金的投放不足是如何被投资者心理变化所影响。

$$\text{Overinvt}_{it}(\text{Underinvt}_{it}) = \beta_0 + \beta_1 \text{Sentiment}_{it-1} + \sum \text{Industry} + \sum \text{year}$$
$$+ \sum \text{Control variable} + \varepsilon \qquad (4-16)$$

最后，本节按照长短期债务的均值进行分组，划分成以长期债务为主的样本组和以短期债务为主的样本组，根据模型继续做实证分析，进一步研究不同债务期限结构，对投资者情绪与投资效率关系的调节作用。

4.4.5　实证结果分析

1. 主要变量描述性统计

由表 4.30 描述性统计可以看出，投资者情绪的均值为 -0.1194，说明中国证券市场投资者情绪在研究期间普遍低落；最大值为 4.9434，最小值为 -2.0797，中位数 -0.3372 明显小于零，投资者心情低落的表征；标准差为 1.1871，说明投资者在面对不同的市场行情时心理起伏较大，这种较大的投资者心理落差，正是本节所关注的焦点，给本书提供了很好的契机。另外，对于企业投资指标，其平均数为 0.0629，呈现出企业投资水平大多维持在这一高度；投资的最小数是 0.0002，最大数竟然高达 0.3800，表明上市公司在投资方面的投入有着较大的差别，可能面临着不同情况的非效率投资问题。长期借款的平均比例约为 29%，中位数为 15.6%，这说明长期借款比例较高的公司占极少数；短期借款的平均比例约为 70.8%，中位数为 84.4%，说明短期借款比例较高的公司占多数。现金流（CF）等指标的描述性统计结果与现有其他研究无显著差异。

表 4.30　　　　　　　　　　相关变量的描述性统计结果

变量	样本量	平均值	最小值	中位数	最大值	标准差
Invt	13329	0.0629	0.0002	0.0417	0.3800	0.0681
Overinvt	13329	0.0256	0	0	0.3034	0.0531
Underinvt	5287	0.0290	0	0.0145	0.2258	0.0383
Sentiment	8042	-0.1194	-2.0797	-0.3372	4.9434	1.1871
LD	13329	0.2911	0	0.1560	1.0000	0.3314
SD	13329	0.7089	0	0.8440	1.0000	0.3314
Growth	13329	0.2221	-0.5233	0.1219	3.7244	0.5300
Lev	13329	0.4911	0.1011	0.4901	0.9395	0.1956
Size	13329	22.3477	19.8657	22.1672	26.1661	1.2737
CF	13329	0.0424	-0.2600	0.0429	0.3125	0.0880
Equity	13329	0.0424	0	0.0001	0.7308	0.1191
Age	13329	11.6497	2.1699	11.5452	24.1233	6.1905

2. 回归结果

（1）假设 1：投资者情绪对投资效率的影响。

表 4.31 从投资效率整体角度检验假设 1，回归结果在最小二乘（OLS）回归下，在全样本中，上市公司投资者情绪（Sentiment）对企业投资效率（Invt）的影响。结果显示在控制了企业现金流（CF）、资产规模（Size）、上市年龄（Age）、权益资本（Equity）、行业和年度效应（Industry，Year）的影响之后，投资者情绪（Sentiment）和企业营业收入增长率（Growth）的交乘项与企业实际投资量（Invt）之间的系数是 0.000205，且在 5% 显著性水平下显著正相关，分析这一结果得出，投资者情绪一定程度上是提高了企业总体的投资效率，假设 1a 得证。

表 4.31　　　　　　　　投资者情绪对企业投资效率的影响回归结果

变量名称	模型（4 - 9） Invt
Growth × Sentiment	0.000205 ** （2.19）
Sentiment	0.00145 *** （3.20）
Growth	0.000503 *** （3.79）
LD	0.0283 *** （15.39）
SD	- 0.028216 *** （- 15.36）
Size	0.00121 ** （2.36）
CF	0.153 *** （24.54）
Equity	0.139 *** （31.02）
Age	- 0.00202 *** （- 21.51）

续表

变量名称	模型（4-9） Invt
Lev	0.0197 *** （5.93）
cons	0.0520 *** （4.69）
Year	控制
Industry	控制
N	13329
adj. R²	0.227

注：*** 、** 、* 分别代表在1%、5%、10%的显著性水平（双尾）。

表4.32 是从企业非效率投资的两个方面验证了假设1，回归结果显示，投资者情绪对企业过度投资具有明显的正向作用，并且在5%显著性水平下显著正相关，系数为0.00244，说明投资情绪增加了企业的过度投资；另外，投资者情绪对企业投资不足有更为显著的负向作用，系数为 -0.00155，在1%显著性水平下显著负相关，说明投资者情绪可以降低企业的投资不足，假设1a1 得证。从回归结果可以看出，投资者情绪对降低企业不足的改善效应要大于增加投资过度的恶化效应，投资者情绪整体上提高了企业投资效率，与假设1回归结果相呼应。

表4.32　　　　　　　　　　　　分组回归结果

变量名称	（1） Overinvt	（2） |Underinvt|
Sentiment	0.00244 ** （2.52）	-0.00155 *** （-5.85）
Growth	0.0185 *** （7.08）	-0.00226 *** （-3.69）
Size	0.00227 ** （2.20）	0.0220 *** （65.34）
CF	0.133 *** （10.28）	0.0281 *** （8.71）

续表

变量名称	(1) Overinvt	(2) | Underinvt |
Equity	0. 110 *** (11. 02)	− 0. 0166 *** (− 5. 35)
Age	− 0. 00156 *** (− 9. 76)	− 0. 00120 *** (− 25. 91)
Lev	0. 0462 *** (6. 84)	− 0. 0275 *** (− 16. 69)
cons	− 0. 00305 (− 0. 14)	− 0. 493 *** (− 68. 97)
Year	控制	控制
Industry	控制	控制
N	5287	8042
adj. R²	0. 192	0. 679

注：***、**、*分别代表在1%、5%、10%的显著性水平（双尾）。

（2）假设2：债务期限结构的调节作用。

为了进一步研究基于不同债务期限结构，投资者情绪对投资效率的变化，本节分别根据短期债务占比和长期债务占比的中位数，把它们分成以长期债务为主的样本组和以短期债务为主的样本组，考察在不同组别中投资者情绪对投资效率的作用有何变化。相关结果见表4.33。

表 4. 33　　　　　　　　　　长短期债务分组检验结果

变量名称	以长期债务为主 Invest	以短期债务为主 Invest
Growth × Sentiment	0. 000437 *** (2. 80)	0. 00195 (1. 33)
Sentiment	0. 00189 *** (2. 62)	0. 000621 (1. 17)
Growth	0. 000584 *** (2. 88)	0. 0172 *** (8. 99)

续表

变量名称	以长期债务为主 Invest	以短期债务为主 Invest
LD	0.0194 *** (7.80)	0.0403 *** (15.92)
SD	- 0.019438 *** (- 7.80)	- 0.0403078 *** (- 15.92)
Size	- 0.000847 (- 1.27)	0.000943 * (1.79)
CF	0.171 *** (16.89)	0.151 *** (19.02)
Equity	0.170 *** (17.27)	0.119 *** (15.13)
Age	- 0.00211 *** (- 16.69)	- 0.00188 *** (- 18.76)
Lev	0.0331 *** (6.86)	0.00710 ** (2.04)
cons	0.0965 *** (6.58)	0.0566 *** (4.94)
Year	控制	控制
Industry	控制	控制
N	9116	12638
adj. R^2	0.251	0.244

注：***、**、* 分别代表在1%、5%、10%的显著性水平（双尾）。

从表4.33的回归结果可以看出，以长期债务为主的样本组中，投资者情绪和营业收入增长率的交乘项与企业投资在1%的水平上显著正相关，系数为0.000437，说明企业长期债务占比较高时，投资者情绪会提高企业的投资效率，因为多数企业都是以长期债务的形式进行融资，缓解融资约束；而以短期债务为主的样本组中，投资者情绪与营业收入增长率的交乘项与企业投资效率相关性不显著，表明企业短期债务占比较高时，投资者情绪不会对企业整体投资效率产生显著影响。从而验证了假设H2。

表4.34回归结果考察了长期债务在企业投资合理性被投资者心理变化所影

响的过程中是否起到了相应的加强或者减弱效果。回归结果分析得出，对于债务期限长的样本组中，投资者心理与企业投资不足显著负相关，相关系数为 −0.000629，在 10% 显著性水平下显著相关，这表明在企业长期债务比例较高时，投资者情绪降低了企业投资不足，表明企业的长期债务比例越大，企业面临的融资约束问题越有所缓解，提高了投资效率；长期债务分组下，投资者情绪与过度投资正相关，相关系数为 0.000966，但是并不显著，这表明企业债务的期限较长时，投资者情绪对企业资金盲目投放量并不产生作用，所以以长期债务为主的企业，投资者情绪降低了其投资不足，对过度投资没有显著影响，从而假设 2a 得以证明。正是由于长期债务下，投资者情绪可以降低企业投资不足，但是对过度投资无显著影响，因此这也是长期债务可以促进企业整体投资效率提高的原因所在，与假设 2 相呼应。

表 4.34　　　　　　　　　长短期债务下非效率投资分组检验回归结果

变量名称	以长期债务为主		以短期债务为主	
	Overinvt	｜Underinvt｜	Overinvt	｜Underinvt｜
Sentiment	0.000966 (0.79)	−0.000629* (−1.71)	0.00328*** (3.18)	−0.00157*** (−5.73)
Growth	0.0158*** (5.38)	−0.00147* (−1.95)	0.0190*** (7.04)	−0.00266*** (−4.10)
LD	0.0289*** (7.45)	−0.00275** (−2.47)	0.0406*** (10.43)	0.00672*** (6.15)
SD	−0.028870*** (−7.45)	0.0027532 (2.47)	−0.0288707*** (−7.45)	−0.0067207*** (−6.15)
Size	0.00388*** (3.34)	0.0195*** (43.90)	0.00179* (1.67)	0.0218*** (62.10)
Lev	0.143*** (9.34)	0.0312*** (8.14)	0.141*** (10.53)	0.0276*** (8.24)
Equity	0.129*** (10.47)	−0.00887** (−2.55)	0.107*** (10.57)	−0.0170*** (−5.26)
CF	−0.00177*** (−9.68)	−0.00102*** (−17.09)	−0.00152*** (−9.18)	−0.00119*** (−25.06)
Age	0.0464*** (5.82)	−0.0225*** (−10.58)	0.0373*** (5.31)	−0.0294*** (−17.07)

续表

变量名称	以长期债务为主		以短期债务为主	
	Overinvt	|Underinvt|	Overinvt	|Underinvt|
cons	− 0. 0355 (− 1. 41)	− 0. 442 *** (− 47. 19)	0. 00809 (0. 36)	− 0. 488 *** (− 65. 63)
Year	控制	控制	控制	控制
Industry	控制	控制	控制	控制
N	4246	4870	5040	7598
adj. R^2	0. 197	0. 720	0. 198	0. 675

注: *** 、** 、* 分别代表在1%、5%、10%的显著性水平（双尾）。

同时，本节考察了短期债务在企业投资合理性被投资者心理变化所影响的过程中是否起到了相应的加强或者减弱效果。检验结果分析得出，对于债务期限短的样本组中，投资者心理与过度投资显著正相关，相关系数为0.00328，在1%显著性水平下显著相关，这表明在企业短期债务比例较高时，投资者情绪增加企业过度投资，这支持了袁卫秋（2012）的观点，即企业的短期债务比例越大，越容易加剧企业过度投资行为；投资者情绪与投资不足显著负相关，相关系数为−0.00157，显著性水平为1%，这表明在企业短期债务比例较高时，投资者情绪降低企业的投资不足，从而假设2b得以证明。由于在短期债务下，投资者情绪增加了过度投资，降低了投资不足，且显著性水平相同，因此短期债务对企业整体投资效率没有显著影响，与假设2相呼应。

4.4.6 稳健性检验

1. 替换因变量

为检验上述结论的稳健性，进行了如下稳健性检验（见表4.35～表4.38）：本节尝试了用Tobin's Q值替代营业收入增长率作为投资机会的衡量指标，并且替换了公司层面的投资者情绪这一解释变量，采用市场层面的投资者情绪作为解释变量，然后将其他控制变量和哑变量等继续放入模型中，进一步进行实证的检验，以下表4.36～表4.39就是相应的回归结果展示，由于需要证明的主要结论没有变化，在这里就不再一一阐释。这说明原回归模型比较稳健，企业的债务期限结构确实在投资者情绪影响企业投资效率的过程中起到了调节作用。

表 4.35　　　　　　　　　投资者情绪对企业投资效率的影响回归结果

变量名称	(1) Invest
TOBINQ × Sentiment	0.0000675 *** (3.33)
Sentiment	0.000445 * (1.94)
TOBINQ	− 0.000714 (− 1.43)
LD	0.0282 *** (13.89)
SD	− 0.028205 *** (− 13.89)
Size	0.00272 *** (4.81)
CF	0.153 *** (19.18)
Equity	0.141 *** (18.32)
Age	− 0.00202 *** (− 20.73)
Lev	0.0209 *** (5.96)
cons	− 0.00591 (− 0.40)
Year	控制
Industry	控制
N	13329
adj. R^2	0.226

注：*** 、** 、* 分别代表在 1% 、5% 、10% 的显著性水平（双尾）。

表 4.36　　　　　　　　投资者情绪对企业投资效率分组回归结果

变量名称	(1) Overinvt	(2) ∣Underinvt∣
Sentiment	0.000890 ** (2.42)	− 0.000387 *** (− 3.56)

续表

变量名称	(1) Overinvt	(2) |Underinvt|
TOBINQ	0.00392 *** (3.99)	− 0.00174 *** (− 6.37)
Size	0.00509 *** (5.37)	0.0208 *** (59.06)
CF	0.155 *** (11.27)	0.0295 *** (9.12)
Equity	0.133 *** (13.41)	− 0.0188 *** (− 6.00)
Age	− 0.00153 *** (− 9.41)	− 0.00118 *** (− 25.59)
Lev	0.0638 *** (8.81)	− 0.0304 *** (− 17.42)
cons	− 0.107 *** (− 4.44)	− 0.445 *** (− 50.70)
Year	控制	控制
Industry	控制	控制
N	5287	8042
adj. R^2	0.159	0.678

注：***、**、* 分别代表在1%、5%、10%的显著性水平（双尾）。

表 4.37　　　　　　　　　　长短期债务分组检验结果

变量名称	以长期债务为主 Invest	以短期债务为主 Invest
TOBINQ × Sentiment	0.000107 *** (2.82)	0.0000665 (1.20)
Sentiment	0.000856 *** (2.87)	− 0.000285 (− 0.39)
TOBINQ	− 0.00184 * (− 1.81)	− 0.00197 (− 1.25)

续表

变量名称	以长期债务为主 Invest	以短期债务为主 Invest
LD	0. 0182 *** （7. 29）	0. 0745 ** （2. 57）
SD	− 0. 0182214 *** （− 7. 29）	− 0. 074514 *** （− 2. 57）
Size	0. 00163 ** （2. 36）	− 0. 00805 （− 0. 95）
CF	0. 168 *** （16. 42）	0. 578 ** （2. 56）
Equity	0. 169 *** （17. 04）	0. 668 ** （2. 31）
Age	− 0. 00206 *** （− 16. 13）	0. 0000701 （0. 05）
Lev	0. 0210 *** （2. 92）	0. 125 ** （2. 28）
cons	0. 00592 （0. 32）	0. 143 （1. 00）
Year	控制	控制
Industry	控制	控制
N	9116	12638
adj. R^2	0. 248	0. 030

注：*** 、** 、* 分别代表在 1% 、5% 、10% 的显著性水平（双尾）。

表 4. 38　　　　　　　长短期债务下非效率投资分组检验回归结果

变量名称	以长期债务为主		以短期债务为主	
	Overinvt	∣Underinvt∣	Overinvt	∣Underinvt∣
Sentiment	0. 000195 （1. 48）	− 0. 000428 *** （− 3. 27）	0. 000745 ** （2. 12）	− 0. 000368 *** （− 3. 29）
TOBINQ	0. 00282 *** （2. 65）	− 0. 000909 ** （− 2. 39）	0. 00258 *** （4. 12）	− 0. 00177 *** （− 6. 32）

续表

变量名称	以长期债务为主		以短期债务为主	
	Overinvt	Underinvt	Overinvt	Underinvt
LD	0.0319 *** (7.90)	− 0.00268 ** (− 2.41)	0.0406 *** (11.53)	0.00663 *** (6.06)
SD	− 0.0319314 *** (− 7.9)	0.0026778 *** (2.41)	− 0.0406298 *** (− 11.53)	− 0.006633 *** (− 6.06)
Size	0.00626 *** (6.13)	0.0188 *** (42.54)	0.00371 *** (4.15)	0.0204 *** (55.18)
CF	0.0313 *** (6.39)	0.0315 *** (8.19)	0.161 *** (14.86)	0.0289 *** (8.61)
Equity	0.00663 * (1.69)	− 0.0105 *** (− 3.00)	0.128 *** (19.38)	− 0.0195 *** (− 6.00)
Age	− 0.0261 *** (− 10.22)	− 0.00102 *** (− 17.03)	− 0.00158 *** (− 9.70)	− 0.00118 *** (− 24.94)
Lev	0.0261 *** (2.96)	− 0.0243 *** (− 10.46)	0.0473 *** (7.35)	− 0.0322 *** (− 17.66)
cons	− 0.0275 (− 1.09)	− 0.406 *** (− 36.42)	− 0.0728 *** (− 3.06)	− 0.436 *** (− 47.53)
Year	控制	控制	控制	控制
Industry	控制	控制	控制	控制
N	4246	4870	5040	7598
adj. R^2	0.118	0.720	0.178	0.675

注：***、**、*分别代表在1%、5%、10%的显著性水平（双尾）。

2. 投资者情绪分组

为了进一步检验投资者情绪对投资效率的影响，本节将投资者情绪大于0的分为投资者情绪高涨组，投资者情绪小于0的分为投资者情绪低落组，考察在不同投资者情绪下，对企业整体投资效率的影响。

表4.39回归结果显示，在高涨的投资者情绪下，投资者情绪对企业整体投资效率没有显著影响。然而在低落的投资者情绪下，投资者情绪能够在5%的显

著水平上提高企业整体投资效率，主要是由于在投资者情绪低落时期，企业面临较大的融资约束问题，面对多种投资机会，决策者会对项目进行排序，择优选择，进而提高企业的投资效率，与假设 H1a 回归结果相呼应。

表 4.39 不同投资者情绪对投资效率分组回归结果

变量名称	高涨 Invest	低落 Invest
Growth × Sentiment	− 0. 0000566 (− 0. 02)	0. 00729 ** (2. 05)
Sentiment	− 0. 000784 (− 0. 86)	0. 00152 (0. 98)
Growth	0. 0199 *** (4. 70)	0. 0224 *** (5. 51)
LD	0. 0256 *** (7. 59)	0. 0297 *** (11. 81)
SD	− 0. 02970 *** (− 11. 81)	− 0. 0256371 *** (− 7. 59)
Size	0. 000546 (0. 77)	0. 00256 *** (2. 81)
CF	0. 165 *** (12. 55)	0. 133 *** (14. 24)
Equity	0. 138 *** (10. 43)	0. 110 *** (11. 74)
Age	− 0. 00191 *** (− 11. 19)	− 0. 00198 *** (− 16. 51)
Lev	0. 0212 *** (3. 69)	0. 0109 *** (2. 60)
cons	0. 0690 *** (4. 21)	0. 0185 (0. 94)
Year	控制	控制
Industry	控制	控制
N	4901	8428
adj. R^2	0. 256	0. 233

注：***、**、* 分别代表在 1%、5%、10% 的显著性水平（双尾）。

4.4.7　研究结论与政策建议

1. 研究结论

资本市场中，由于非理性因素的存在，投资者情绪的变化会造成股价波动，进而造成股票的错误定价，并给上市公司的投融资活动带来重大影响。本节结合企业外部宏观因素（投资者情绪）和企业内部微观因素（债务期限结构），共同来研究企业投资效率问题。本节选择 2010~2017 年全部 A 股非金融类上市企业的有关数据，依据债务期限结构的调节效应，检验投资者心理反应对企业投资效率的影响，得出以下结论：

（1）一般来说，投资者情绪一定程度上提高了企业总体的投资效率。具体来说，投资者情绪一方面增加公司的投资过度程度，而另一方面减少公司的不足投资程度，并且改善作用大于恶化作用。

（2）考虑到债务期限结构这一调节变量，将债务期限结构进行分组，通过实证分析，结果发现，以长期债务为主的企业，投资者情绪会提高其投资效率；而对于以短期债务为主的企业，投资者情绪不会对其投资效率整体产生影响。

（3）以里查德森模型作为补充方法，实证得出以下结论：企业长期债务比例较高时，投资者情绪降低企业的投资不足，进而提高企业的投资效率；企业短期债务比例较高时，投资者情绪能够加剧企业的过度投资，而缓解企业的投资不足。

2. 政策建议

投资是公司经营管理中的核心活动之一，公司的经营战略目标很多时候就取决于投资决策。然而，由于受到企业内外部条件以及投资者心理情绪等因素的影响，企业常常面临不合理投资问题，一方面是盲目投资引起的投资过度行为，另一方面是出于各种利益考虑而引起的投资不充分行为。这不仅会损害股东、债权人等的利益，而且也会影响公司整体的经营效益，阻碍其实现企业价值最大化目标。债务期限的长短就是影响企业投资的重要原因之一，并且企业投资合理性也同样受投资者心理这一非理性宏观因素严重影响着，根据本节的研究结论，可以清晰的知道，如果将企业外部宏观因素（投资者情绪）和企业内部微观因素（债务期限结构）相结合起来，探析二者与企业投资量的内在逻辑，发现三者之间呈现出明显的互助效应。因此，企业应当结合投资者的情绪，合理安排企业长短期债务的比例。即在投资者情绪高低落时，企业面临较高的融资约束，应该选择以长期债务为主的债务期限结构，降低企业投资不足，提高企业投资效率。此外，企业不可凭借拥有较多短期债务这一理由，而阻碍了能够给企业带来正向收益的业务，此时应该增加长期债务，有效缓解企业的投资不足。

（1）规范上市公司的考核评价体系。将企业外部宏观因素（投资者情绪）和企业内部微观因素（债务期限结构）相结合起来，探析二者与企业投资量的内在逻辑，发现三者之间呈现出明显的互助效应。这就给监管层一个很好的考察角度与标准，若能把债务期限结构因素、投资者心理反应因素、投资合理性因素这三者结合起来作为上市公司考核评价的重要标准，对其进行仔细推敲与分析，然后认真梳理三者之间的关系，将每一项指标都合理地量化，不仅能够很好地分析上市企业的投资情况，而且能够凭借这些量化指标来进行考核与评价。

（2）信息披露制度还有待进一步改进。由于市场中信息沟通存在一定的困难，这就给企业管理者提供一个借助投资者积极心理反应而进行资金盲目投放的可乘之机，他们可能为追求一己私利，作出损害企业的行为，进而影响公司合理目标的实现和长远发展。信息不对称还促使投资者进行非理性投资，在投资者的情绪占主导时，投资者就会缺乏准确判断的能力，此时就需要上市企业真实而有效地披露相关财务数据和信息，这样就会给市场中的大多主体传递真实而有效的信息，那么，投资者也会根据这些信息作出理性判断，减少盲目跟风投资，同时还能够平息投资者情绪的波动。另外，针对在信息披露过程中存在的违规操作行为，相关监管部门要加大监管力度并增加相应的处罚措施，双管齐下，我国金融市场就会渐渐朝着良好态势发展下去。

（3）完善相关的法律法规，更好地监管资本市场。由于我国资本市场发展的不完善，与之相关的法律法规还有待改进和完善，例如《上市公司监管条例》《证券法》《基金法》等相关法律的进一步改进，将弥补相应的法律漏洞。近两年的股市动荡，透露出我国资本市场中存在的非理性因素和市场的不成熟，反映出我国资本市场相关法律制度建设和完善的重要性，只有将制度层面的法规与条例改进并实施，市场中部分交易者的那些投资取巧行为就能够得以遏制，进而美化我国的金融市场。

第 5 章

外部环境、投资者情绪与
公司市场绩效

5.1 媒体报道、投资者情绪与股价崩盘风险

5.1.1 引言

股价崩盘即在毫无预兆的情况下股价的大幅跌落，经过 20 多年，我国股市取得了极大的发展，沪深交易所 2018 年总市值超过 43 亿元，投资者数量超过 1.8 亿人次，A 股上市公司已达 3590 家，资本市场迅速发展的同时，股价却也经历了多次暴涨暴跌，股价暴跌不仅严重损害投资者的利益，使股民们对股市失去信心，更对企业生产经营造成了不良影响，严重影响实体经济的发展，阻碍资本市场的正常运行，也由此受到了企业管理者、投资者的广泛关注，股价暴跌危害众多，开展股价崩盘风险相关的研究，找到股价崩盘的成因同时也引起了学者们的关注。针对这种非正常现象，学者们试图探讨股价崩盘风险发生的原因及其影响因素，寻求有效的应对措施，这对于稳定投资者情绪、促进资本市场平稳运行有着重要的意义。

对股价崩盘风险的成因探讨经历了一个较长的过程，目前，学者们主要从公司层面探讨股价崩盘风险的形成原因，认为造成股价崩盘风险的原因主要是代理问题和信息不对称。从代理问题角度来说，委托代理问题导致了所有权与经营权分离，股东不了解管理层的真实情况，管理层出于自身利益考虑隐藏坏消息，仅披露好消息，当坏消息的隐藏达到一个极限而无法再隐藏时，坏消息显现，造成股价崩盘风险。基于这一视角，很多学者从改善代理问题方面探讨股价崩盘风险影响因素。这些影响因素主要包括大股东持股比例、税收征管、机构投资者及

CEO 性别等。从信息不对称角度考虑，信息不对称使得外部投资者不了解企业的具体信息，可能会导致外部投资者对企业的误判进而可能导致股价被高估，而当投资者发现了真实情况，便会抛售手中的股票，股价就会暴跌。基于这一视角，很多学者从降低信息不对称方面探讨股价崩盘风险影响因素。更高的信息披露质量，更好的外部监督等，都可以降低信息不对称，从而降低股价崩盘风险。

我国中小投资者占比较多，且多为短期获利投资者，具有非理性的从众行为特征，由于投资者与企业之间信息不对称导致投资者对企业信息不了解，可能造成对企业的误判从而使得企业股价不能反映企业真实情况，投资者情绪基于对未来的风险预期，分为积极的投资者情绪和消极的投资者情绪。积极的投资者情绪可能导致对企业的过度乐观，造成股价虚高（Delong，1990），提高股价的崩盘风险。因此，由于信息不对称，投资者情绪会导致股价高估或低估加剧股价崩盘风险，而媒体报道作为外部监督的重要途径之一，通过搜集有效信息，增加对企业的报道使得外部投资者增加对企业的了解，有效降低信息不对称，缓解过度高涨的投资者情绪，降低股价崩盘风险。本节把媒体报道、投资者情绪和股价崩盘风险纳入同一研究框架下，实证分析三者之间的关系，研究媒体报道究竟会对股价崩盘风险产生何种影响，将投资者情绪作为中介变量，探究媒体报道如何影响投资者情绪，进而影响股价崩盘风险。

本书在如下几个方面进行了有益的推进：第一，首次将媒体报道、投资者情绪与股价崩盘风险纳入同一分析框架，基于非理性角度探讨媒体报道与股价崩盘风险之间的关系以及投资者情绪在其中的中介作用，丰富了股价崩盘风险相关的文献。另外，我国股市相比西方发达国家还存在一定差距，股市尚不成熟，股价暴涨暴跌现象较多，应基于我国特殊背景探讨股价崩盘风险及其原因与其必要性。第二，媒体报道作为影响股价崩盘风险的重要外部因素，其重要性不言而喻，而国内关于媒体报道对股价崩盘风险影响的文献并不多见，当前有关媒体关注的研究主要集中在公司的融资成本、财务绩效等方面，而对股价崩盘风险的研究相对较少，本书丰富了相关领域的研究。从股价崩盘风险的视角来衡量媒体关注的公司治理效果，具有一定的创新性，对于规范上市公司的行为，保护投资者利益，促进实体经济的有效运行都具有一定的作用。

5.1.2　文献综述

采用文献研究法，对媒体报道、投资者情绪及股价崩盘风险相关文献回顾梳理，分为股价崩盘风险、媒体报道的与股价崩盘风险、媒体报道与投资者情绪三个部分分别进行综述，探讨现有文献研究的不足及必要性。

1. 股价崩盘风险

关于股价崩盘风险的研究国内开始得较晚，从 2011 年以后相关研究才逐渐增多，目前主要围绕股价崩盘风险的影响因素展开，从公司层面来说，造成股价崩盘风险的原因主要是代理问题和信息不对称，由此，股价崩盘风险相关文献可以分为两类：第一类，从改善代理问题角度研究股价崩盘风险的文献。第二类，从改善信息不透明角度研究股价崩盘风险的文献。因此本书根据股价崩盘风险成因把现有文献分为两类分别论述。

（1）从改善代理问题角度研究股价崩盘风险的文献。从代理问题角度来说，委托代理问题导致了所有权与经营权分离，股东不了解管理层的真实情况，管理层出于自身利益考虑隐藏坏消息，仅披露好消息，当坏消息的隐藏达到一个极限而无法再隐藏时，坏消息显现，造成股价崩盘风险。基于这一视角，很多学者从改善代理问题方面探讨股价崩盘风险影响因素。这些影响因素主要包括大股东持股比例、税收征管、机构投资者及 CEO 性别等。从大股东持股比例方面，王化成等（2015）认为，由于监督效应，大股东起到对管理层的监督作用，持股比例越高，监督作用越强，有效减少管理层坏消息的隐藏，降低股价崩盘风险。从税收征管方面，基姆（2011）提出管理层在税收激进活动中的利益侵占行为是加剧股价崩盘风险的一个重要因素；江轩宇（2013）则证实了税收征管有利于降低管理层利用避税行为隐藏坏消息的行为，减少税收激进活动，从而降低股价崩盘风险。从机构投资者方面，由于机构投资者分为长期持股和短期持股的投资者，李双海等（2009）提出我国投资者多为短期获利的投资者，缺乏监督管理层意愿，对缓解股价崩盘风险帮助较小。更进一步，雷倩华等（2012）提出，机构投资者不但对代理问题没有缓解作用，而且机构投资者和管理层合谋频发，甚至帮助管理层隐匿坏消息，这就更加加剧了股价崩盘风险发生的可能性。从管理层特征方面，曾爱民等（2017）研究了管理者过度自信与股价崩盘风险的关系，研究发现，管理者的过度自信会导致对企业形势的高估，从而加大了企业的崩盘风险。从 CEO 性别方面，布莱克和刘（Bleck & Liu，2007）提出了过度投资会导致股价崩盘风险。李小荣和刘行（2012）进一步发现，女性 CEO 相较于男性 CEO 道德水平高，因此更少地为了个人利益隐藏坏消息，代理成本更低；同时女性风险规避程度高，更少的过度投资，从而坏消息发生可能性小，降低了股价崩盘风险。

（2）从改善信息不透明角度研究股价崩盘风险影响因素的文献。股价崩盘风险的原因除了代理问题还有就是信息不透明，信息不透明导致外部投资者对企业的误判，可能导致股价被高估，而当投资者发现了真实情况，股价就会暴跌。基于这一视角，很多学者从降低信息不透明度方面探讨股价崩盘风险影响因素。更高的信息披露质量，更好的外部监督等，都可以降低信息不透明度，从而降低股价崩盘风险。从信息披露角度，赫顿等（Hutton et al.，2009）提出了提高财务报表信息披露质量，有利于提高信息透明度，进而降低股价崩盘风险；肖土盛等（2017）从分析师预测角度提出，良好的信息披露有利于分析师更合理地分析企业情况，提供更真实有效信息，降低信息不对称，减低股价崩盘风险。从外部监督角度，有学者提出，媒体监督和报道有利于增加外部投资者对企业的了解，提高信息透明度，罗进辉等（2014）则进一步提出了媒体报道有利于提高信息透明度，减少投资者对股价的误判，降低信息不对称从而降低股价崩盘风险。除此之外，还有部分学者研究了机构投资者的羊群行为、内部控制信息披露、会计稳健性等影响因素对股价崩盘风险的影响，在此不再一一赘述。

2. 媒体报道与股价崩盘风险

媒体作为主要的外部治理机制，对于企业起到了有效的监督作用，随着媒体的不断发展，媒体报道在市场上的作用也不断显现出来，信息不对称是股价崩盘风险的重要原因之一，媒体报道可以改善信息不对称，进而影响股价崩盘风险；造成股价崩盘风险的第二个原因是代理问题，委托代理导致股价可能不能真实反映企业情况，造成股价崩盘风险，而新闻媒体作为有效的外部监督者，可以对企业管理者起到监督作用，降低代理问题导致的股价崩盘风险。基于此，本节分别从信息不对称角度和代理问题角度展开文献综述。

从信息不对称角度来说，金和梅尔斯（Jin & Myers，2006）提出，信息不对称程度越高，企业的股价越难以反映企业的特质信息，股价的有效性越低；陈和哈米德（Chan & Hameed，2006）认为，新兴的资本市场信息披露制度还不够健全，信息不对称程度较高，搜寻公司的特质信息所需要的成本也较高，股价的有效性较低。进一步，泰洛克等（2008）提出，媒体对企业的持续关注与报道可以降低信息不对称，让外部投资者获取更多有效信息，从而使得企业股价更能反映企业的实际情况，提高了股价的有效性。戴克和津加莱斯（Dyck & Zingales，2004）也提出，基于投资者理性的假设，媒体报道会增加知情交易者的数量，从而提高信息有效性，增加信息的可靠度。在国内，周冬华和魏灵慧（2017）研究了媒体报道与股价同步性的关系，信息透明度越高，股价越能反映企业实际情况，有效降低信息不对称，而媒体通过对所获取信息的深度挖掘和报道，可以缓解信息不对称，从而降低股价崩盘风险，且当环境不确定性越大时，媒体的中介作用越不明显，一方面环境不确定时，媒体不能获取更多有效信息从而所披露信息的质量下降；另一方面环境不确定使得投资者不确定媒体所披露信息的有效性，因而削弱了媒体报道的中介作用。更进一步，黄俊和郭照蕊（2014）提出，分析师跟踪人数越多，机构投资者持股比例越大，媒体报道提高股价有效性的作用越强。杨世鉴（2013）提出，媒体报道起到了良好的企业监督作用，为避免所发布的信息被媒体错误解读，上市公司会不断增强信息披露质量，随着媒体报道数量的增多，上市公司信息披露质量越高。罗进辉（2014）研究了媒体报道与股价崩盘风险的关系，从信息中介角度，提出我国投资者中中小投资者占比较大，基于成本利益配比的原则可能存在一定"搭便车"的行为，不会主动搜集公司信息，因而新闻媒体的报道起到了有效的信息传播作用，提高了股价的有效性；从代理问题角度，媒体的深度追踪报道可以有效缩小企业管理者的坏消息隐藏空间，给管理者带来舆论的压力，有效减少了代理问题的出现。研究发现，媒体报道可以有效提高信息透明度，减少代理问题，降低股价崩盘风险，且公司所在地区制度环境越差，媒体报道所起到的监督作用越强，对股价崩盘风险的影响越大。

从代理问题角度考虑，詹森等（1976）提出，公司 IPO 之前，股东面临着股权分散问题，管理层存在更多的自利行为。进一步，薛有志等（2014）认为，公司 IPO 前由于存在较多代理问题，股东需要媒体参与公司治理，通过媒体报道增加信息传播，降低管理层的自利行为和道德风险，减少代理问题。此外，薛有志等（2014）还提出，对于代理成本较高的企业，媒体报道所发挥的减少代理问题的作用也更显著。贝斯利和普勒提（Besley & Prett, 2006）也提出，媒体报道起到了重要的民主监督作用，作为良好的惩戒机制，可以有效地改善公司的治理结构，减少代理问题导致的侵占公司利益问题，使管理层行为更符合公司利益最大化要求。卢文彬等（2014）则提出媒体在法律制度环境较差，企业信息透明度较低的情况下起到更好的监督作用，媒体负面的报道可以有效减少管理层不利收购的行为，降低损害公司利益行为的发生。杨德明和赵璨（2012）则从高管薪酬角度出发，提出高管薪酬主要分为过高薪酬、过低薪酬和不合理的薪酬变动三种情况，通过媒体的监督可以使得高管薪酬更加趋于合理，一方面媒体的持续报道可以引起行政机构的关注从而发挥效果；另一方面媒体对高管负面行为的报道可以减少高管不合理行为，从而使高管薪酬趋于合理。戴亦一等（2011）则从财务重述角度考虑，提出管理层出于利己动机可能会产生财务重述，上市公司的财务重述行为导致财务信息可信度降低，可能会导致股价下跌，媒体的监督报道使上市公司被更加关注，为避免损失和不必要的麻烦，上市公司会因为媒体报道减少或停止财务重述行为，从而起到良好的公司治理作用。

3. 媒体报道与投资者情绪

随着互联网的发展，网络成了人们获取信息的有效途径，而网络媒体作为相对权威的信息发布者，更是受到了投资者的关注。有效市场假说认为，基于投资者完全理性假设，股票等资产价格中包含了完全信息，理性投资者仅需采取先购买后持有的被动交易即可。而近年来越来越多的实验否定了完全理性假设，投资者之间存在较大的异质性，尤其是个体中小投资者由于获取信息有限，更多通过公司发布的有效信息和新闻媒体的报道来进行投资、决策，媒体信息发布的倾向性也容易对投资者造成影响，虽然媒体增加了信息透明度，但同时媒体情绪也会影响投资者情绪。我国股市投资者主要为个体投资者，受专业技能等方面的制约，相较于机构投资者，个体投资者可能更加容易受到外界影响，具有非理性行为的概率更大（刘丽文和王镇，2016）。而媒体作为外部监督和信息传播的重要因素，对投资者的行为有较大影响，引发投资者情绪波动。关于媒体报道与投资者的研究相对较多，徐莉萍和辛宇（2011）提到，经过媒体披露的信息会更容易被中小投资者所理解和应用。陈、潘赞利和帕克（Chen、Pantzalis & Park，2009）认为，作为一种外部约束机制，媒体起到了公司治理的作用，另外，非正常的媒体关注会影响投资者情绪，产生定价偏差。尹海员（2016）从媒体报道的乐观程度出发，探讨了媒体报道对投资者情绪的影响，研究发现，媒体报道的乐观程度会对投资者情绪产生正向影响。此外，相比熊市，牛市情形下二者的正相关作用更明显。王昶等（2017）则从反向思考，认为相较于个人投资者，机构投资者更具专业性，获取信息的渠道更广，且较个人投资者来说会更为理性，利用自身优势投资，可以主动管理媒体，并对股价起到了一定的影响。机构投资者持股比例越高，媒体对企业的关注度也就越高。

4. 文献述评

通过梳理可知，目前关于股价崩盘风险研究主要基于股价崩盘风险影响因素展开，部分文献基于信息不对称导致的股价崩盘风险影响因素进行研究，如信息披露质量、会计稳健性、媒体报道等因素；部分文献基于代理问题导致的股价崩盘风险影响因素进行研究，如大股东持股比例、CEO 性别、税收征管等因素，关于股价崩盘风险的研究相对来说还不够全面，且较少有文献从媒体报道角度展开研究，基于此，本书有必要进行进一步深入研究。关于媒体报道与投资者关系的研究，一方面从媒体报道数量上来说，媒体报道的增加可以有效缓解信息不对称，增加投资者对企业的了解和提高股价有效性；另一方面从媒体情绪角度来说，媒体对有限理性的投资者有一定的引导作用，媒体情绪会影响投资者情绪进而影响股价，正面新闻和负面新闻的报道效果不尽相同，本书更多地从媒体报道数量考虑媒体对投资者情绪的影响。目前，国内关于投资者的研究相对较多，而投资者尤其是个人投资者受外界影响较大，情绪波动更大，国内关于媒体报道与股价崩盘风险的研究不多，将媒体报道、投资者情绪与股价崩盘风险纳入同一分析框架的文献更少，基于此，本书从中介效应角度出发，探讨媒体报道与股价崩盘风险的关系以及投资者情绪在其中发挥的中介作用，以期丰富国内相关领域的研究成果。

5.1.3 理论分析与假设提出

1. 媒体报道与股价崩盘风险

股价崩盘风险造成投资者财富流失，严重影响资本市场的有序发展，对企业造成了损失，危害极大。目前，关于股价崩盘风险的研究主要集中于影响因素方面，较少有学者从解决方法入手。媒体作为企业的重要外部监督者，起到了良好的监督披露作用，社会舆论对于企业也起到了很大的制约作用，媒体可以称作法律之外的又一有效监督制约机制（罗进辉等，2014）。

首先，媒体对企业的监督报道有效缓解了信息不对称，增加了投资者对企业的了解。股价崩盘风险的原因之一即为信息不对称，投资者对企业信息获取渠道有限，信息量小导致判断失误引发各种问题（Stigler，1971），媒体可以有效挖掘企业信息并进行传播，使得投资者获取更多有效信息，起到了良好的中介作用（Bushee et al.，2010）。现今投资者可以通过多种渠道获取媒体信息，减少了由于信息不对称而造成的外部投资者对股价的高估，降低了股价崩盘发生的概率。

其次，媒体对企业的关注报道可以对企业形成有效监督制约，减少了代理问题的出现。委托代理问题使得企业管理层基于利己目的隐藏坏消息，仅披露好消息，当坏消息的隐瞒达到一定程度，坏消息爆发造成股价崩盘。而媒体对企业的持续监督报道增加了管理层的盈余操纵成本，缓解了代理问题，起到了良好的公司治理作用（Dyck & Zingales，2004），因而降低了股价崩盘风险。

基于此，提出假设1：

H1：媒体报道可以有效降低企业股价崩盘风险。

2. 媒体报道与投资者情绪

投资者情绪反映了投资者对实际情况的误判，投资者情绪有高涨和低落之分，高涨的投资者情绪意味着对实际价值的高估，我国投资者多为短期获利的个人投资者，且获取信息渠道有限（李双海等，2009），容易造成对股价的误判高估和情绪高涨，加大股价崩盘的风险，而媒体则为投资者获取信息提供了有效途径，增加了对企业的了解，缓解过度高涨的投资者情绪。关于媒体与投资者情绪相关研究主要分为两种，一种从媒体报道数量方面考虑，考察媒体报道对投资者情绪的影响；另一种从媒体情绪方面考虑，考察媒体情绪对投资者情绪的影响。本书更多从媒体报道数量方面进行分析。巴贝和奥戴恩（Barber & Odean，2008）提出，对于非理性的短期获利投资者来说，媒体的报道为投资者获取信息提供了有效渠道，缓解投资者情绪，同时对投资者的决策也产生了一定影响。过度高涨的投资者情绪影响股价的波动，媒体对企业的关注度越高，报道数量越多，能更有效缓解信息不对称，增加投资者对企业的了解，平抑过度高涨的投资者情绪。

基于此，提出假设 2。

H2：媒体报道数量的增多能够有效平抑过度高涨的投资者情绪。

3. 投资者情绪与股价崩盘风险

我国投资者多为短期获利个人投资者，获取信息渠道有效，容易造成对股价的高估，投资者情绪越高涨，越可能导致对股价的高估，增加股价崩盘风险。另外，高涨的投资者情绪使得企业更容易融资，增大上市公司过度投资的可能性（黄宏斌和刘志远，2013），引发更多代理问题，增加股价崩盘风险。张宗新和王海亮（2013）提出高涨的投资者情绪可能会增加股价的波动。此外，我国资本市场存在较为严重的羊群行为（许年行，2013），这导致了投资者间情绪的传染，也加剧了股价波动，增大了股价崩盘风险。

基于此，提出假设 3：

H3：投资者情绪越高涨，股价崩盘风险越高。

4. 媒体报道、投资者情绪与股价崩盘风险

媒体对企业的持续报道一方面可能会导致股价崩盘风险，媒体报道是否会通过影响投资者情绪进而影响股价崩盘风险呢？我国多为短期获利个人投资者，依据有限的信息对企业进行分析，可能会出现对股价的高估，投资者情绪的过度高涨，而媒体报道可以有效缓解信息不对称，使投资者了解企业的真实情况，平抑过度高涨的投资者情绪，稳定股价，降低股价崩盘风险。另一方面，高涨投资者情绪使得企业融资更容易，增加企业过度投资可能性和代理问题出现的概率，因此媒体报道对投资者情绪的平抑也有助于减少代理问题，降低股价崩盘风险。作为媒体报道影响股价崩盘风险的中介变量，由于目前关于媒体报道、投资者情绪与股价崩盘风险三者关系的研究较少，我们并不能确定投资者情绪是基于部分中介变量还是完全中介变量出现。

基于此，提出假设 4：

H4a：投资者情绪在媒体报道对股价崩盘风险的关系中起到了部分中介作用。

H4b：投资者情绪在媒体报道对股价崩盘风险的关系中起到了完全中介作用。

5.1.4　研究设计

1. 样本选择与数据来源

本节选取 2011～2018 年所有 A 股非 ST 非金融上市公司为研究对象，相关数据均来自国泰安数据库（CSMAR），核心解释变量——媒体报道相关数据来自百度网页下的新闻模块①，相关的数据均是由手工收集取得，其他数据从国泰安数据库（CSMAR）下载获得。本节删除了以下数据：（1）剔除了被 ST 公司及金融保险行业公司数据；（2）剔除了相关变量有缺失值的公司数据，最终得到了14387 个数据，相关数据采用 Stata13.0 处理，各年样本分布见表 5.1。

表 5.1   各年样本分布

年份	2011	2012	2013	2014	2015	2016	2017	2018	总计
样本量（个）	1427	1744	1835	1804	1865	2061	2306	1345	14387

2. 变量定义

（1）被解释变量。股价崩盘风险 DUVOL。现有文献对于股价崩盘风险的度量主要有三种方法：负收益偏态系数（Negative Coefficient of Skewness, NC-SKEW），涨跌波动比率（Down to Up Volatility, DUVOL）以及使用股价崩盘风险哑变量 CRASH 度量，本节选择第二种方法，涨跌波动比率 DUVOL 来计量股价崩盘风险。具体计算方式如下：

首先，采用个股 i 的周收益率数据和市场周收益率数据进行回归：

$$R_{i,t} = \alpha_i + \beta_1 R_{m,t-2} + \beta_2 R_{m,t-1} + \beta_3 R_{m,t} + \beta_4 R_{m,t+1} + \beta_5 R_{m,t+2} + \varepsilon_{i,t} \qquad (5-1)$$

其中，$R_{i,t}$ 为个股 i 在第 t 周股票收益率，$R_{m,t}$ 为 t 周经过市值加权的所有 A 股平均收益率。

其次，计算股票 i 第 t 周经过市场调整后的周特有收益率 $w_{i,t}$：

$$w_{i,t} = \ln(1 + \varepsilon_{i,t}) \qquad (5-2)$$

其中，$\varepsilon_{i,t}$ 为模型（1）中的回归残差。

最后，构建股价崩盘风险的度量指标 DUVOL：

$$DUVOL = \ln\left\{\left[(n_u - 1)\sum_{down} W_{i,t}^2\right] \Big/ \left[(n_d - 1)\sum_{up} W_{i,t}^2\right]\right\} \qquad (5-3)$$

其中，n_u 和 n_d 代表股票 i 周特有收益率 $W_{i,t}$ 高于和低于年平均收益率 W_i 的周数，DUVOL 越大，股价崩盘风险越大。

（2）解释变量。媒体报道 LNMEDIA。现如今，媒体对我们的影响体现在方方面面，在公司治理方面也发挥了重大作用，而对于个体外部投资者来说，媒体的报道是他们获取信息，了解企业的有效途径（权小峰和吴世农，2010），网络搜索则是获取媒体报道信息的重要方法，百度作为最便捷有效的搜索引擎，可以

——————————
① http://news.baidu.com/

有效搜索新闻媒体信息，因此我们选择百度作为媒体报道相关数据来源，具体方法如下：打开百度网页下的新闻模块①，然后选择"高级搜索"。在关键词部分输入公司简称，按年度搜索，时间定为每年的 1 月 1 日 ~ 12 月 31 日，并且设定成"仅标题搜索"，就会在输出时显示新闻报道总条数，根据此数据加 1 取自然对数来衡量媒体报道 LNMEDIA，与媒体报道相关的所有数据均为手工收集然后进行整理得到。

（3）中介变量。投资者情绪 SENTIMENT。投资者情绪是一种主观变量，反映了投资者对未来的预期。投资者情绪的测度是进一步实证研究的基础，目前关于投资者情绪的度量分为公司层面投资者情绪和市场层面投资者情绪，市场层面投资者情绪的度量包括直接度量指标与间接度量指标，部分学者倾向于采用直接指标度量投资者情绪，如 AAII 指数和央视看盘指数、消费者信心指数等；也有部分学者采用间接情绪指标度量投资者情绪，这些间接指标包括换手率、封闭式基金折价、IPO 首日收益率等。除了上述提到的单一度量指标，学者们还采用复合度量指标衡量投资者情绪，复合度量指标避免了单一指标的片面性，目前采用的复合度量指标主要基于贝克和沃格勒（2006）提出的主成分分析法，通过对 IOP 首日收益率、换手率、封闭式基金折价等变量进行主成分分析来衡量投资者情绪。

由于本节基于媒体对单个公司的持续报道衡量公司的股价崩盘风险，因此采用公司而非市场层面投资者情绪更为合理，参照 Rhodes-kropf 等（2004）的研究，本节采用分解托宾 Q 方法来衡量公司层面投资者情绪，其中 $Q_{i,t}$ 为公司 i 第 t 期的托宾 Q 值，托宾 Q 值采用国泰安数据库（CSMAR）中的托宾 Q 值 A 计量，托宾 Q 值 A = 市值 A/资产总计。ROE 为公司 i 的净资产收益率，GROWTH 为公司 i 主营业务收入增长率，LEV 为公司 i 资产负债比，SIZE 为公司 i 资产规模。具体衡量方法如下，回归残差即为投资者情绪：

$$Q_{i,t} = \beta_0 + \beta_1 ROE_{i,t} + \beta_2 GROWTH_{i,t} + \beta_3 LEV_{i,t} + \beta_4 SIZE_{i,t}$$
$$+ \sum Industry + \sum Year + \varepsilon \qquad (5-4)$$

（4）控制变量。借鉴以往文献，本节选取了周特有收益率平均值 AVEWIT、周特有收益率标准差 STDWIT、公司规模 SIZE、公司透明度 OPAQUE、市值账面比 BM 等作为控制变量，其中公司透明度 OPAQUE 计算方法为根据修正后琼斯模型所得可操纵应计利润绝对值计量，可操纵应计利润绝对值越大，说明公司透明度越低，具体回归计算方法如下：

$$TA_{i,t}/A_{i,t-1} = \beta_1(1/A_{i,t-1}) + \beta_2(\Delta REV_{i,t}/A_{i,t-1})$$
$$+ \beta_3(PPE_{i,t}/A_{i,t-1}) + \beta_4 ROA_{i,t} + \delta \qquad (5-5)$$

$TA_{i,t}$ 代表本期总应计利润，具体计算方法为本期营业利润减经营活动现金流

---

① http://news.baidu.com/

量；$A_{i,t-1}$ 为上期总资产；$\Delta REV_{i,t}$ 为本期与上期营业收入之差；$PPE_{i,t}$ 为本期固定资产总额；$ROA_{i,t}$ 为本期总资产报酬率。回归以后所得残值即为可操纵应计利润 OPAQUE——公司透明度的衡量指标。

具体变量定义见表 5.2。

表 5.2 变量定义

变量类型	符号	定义
被解释变量	DUVOL	以 DUVOL 来测度，该指标越大则说明企业股价崩盘的风险越大
解释变量	LNMEDIA	等于百度新闻网页搜索得到的报道数量加 1 取对数
中介变量	SENTIMENT	基于分解托宾 Q 的公司层面投资者情绪
控制变量	AVEWIT	股票 i 在第 t 年的周特有收益率的平均值
	STDWIT	股票 i 在第 t 年的周特有收益率的标准差
	ROA	公司本期的资产报酬率
	LEV	公司 i 第 t 年资产负债率
	GROWTH	公司本期主营业务收入增长率
	SIZE	资产规模，为本期总资产的自然对数
	CFO	公司 i 本年经营活动现金流量与期初总资产之比
	BIGHOLD	为企业的前五大的股东持股的比例
	BM	股票 i 年末的市值账面比
	BIG4	哑变量，若公司 i 本年所选择会计师事务所是"四大"则该变量取 1，否则取 0
	TURNOVER	公司 i 第 t 年月均换手率年平均值
	OPAQUE	利用修正的 Jones 模型得到的可操纵应计的绝对值计量，该指标如果越大则说明公司透明度越低

3. 模型构建

为了检验媒体报道与股价崩盘风险的关系以及投资者情绪的中介作用，我们分别构建了如下 4 个模型：

首先，构建媒体报道与股价崩盘风险相关模型，若假设 1 得证，β_1 系数应显著为负。

$$DUVOL_{i,t} = \beta_0 + \beta_1 LNMEDIA_{i,t-1} + \sum \beta \times CONTROL_{i,t-1} + \varepsilon \quad (5-6)$$

其次，构造媒体报道与投资者情绪相关模型，若假设 2 得证，β_1 系数应显著为负，说明媒体对公司的持续报道能够改善信息不对称，缓解过度高涨的投资者情绪。

$$SENTIMENT_{i,t} = \beta_0 + \beta_1 LNMEDIA_{i,t-1} + \sum \beta \times CONTROL_{i,t-1} + \varepsilon$$

$$(5-7)$$

接下来，我们构造投资者情绪与股价崩盘风险相关模型，若假设 3 得证，β_1 系数应显著为正。

$$DUVOL_{i,t} = \beta_0 + \beta_1 SENTIMENT_{i,t-1} + \sum \beta \times CONTROL_{i,t-1} + \varepsilon \quad (5-8)$$

最后，为了验证投资者情绪的中介效应，我们在媒体报道与股价崩盘风险模型中加入投资者情绪这一中介变量，相关模型如下：

$$DUVOL_{i,t} = \beta_0 + \beta_1 LNMEDIA_{i,t-1} + \beta_2 SENTIMENT_{i,t-1}$$
$$+ \sum \beta \times CONTROL_{i,t-1} + \varepsilon \quad (5-9)$$

4. 研究框架

　　根据假设 1，我们相应构建模型（5-4）并研究了媒体报道与股价崩盘风险的关系；根据假设 2，我们相应构建了模型（5-5）并研究了媒体报道与投资者情绪的关系；根据假设 3，我们相应构建了模型（5-6）并研究了投资者情绪与股价崩盘风险的关系；为了研究投资者情绪的中介效应是基于部分中介还是完全中介，我们在模型（5-4）的基础上加入了投资者情绪中介变量并构建了模型（5-7），以检验投资者情绪在媒体报道和股价崩盘风险相关性中的中介作用类型。中介效应检验程序见图 5.1。

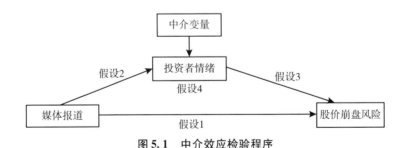

图 5.1　中介效应检验程序

5.1.5　实证结果分析

1. 描述性统计

　　表 5.3 是描述性统计相关结果，可以看出，股价崩盘风险 DUVOL 均值为 0.300，中位数为 0.290，标准差为 0.79，说明该指标波动较大，这和已有研究类似（Kim et al.，2011）；媒体报道 LNMEDIA 均值为 -5.600，最小值为 -14，

最大值为0，说明不同公司受媒体关注度区别很大；投资者情绪 SENTIMENT 均值为 -0.0690，最小值为 -3.200，说明我国股市投资者的情绪波动较大，可能极度的情绪高涨或是低落；周特有收益率均值 AVEWIT 为 -0.00200，说明大部分公司该指标为负；资产负债率 LEV 均值为 0.460，表明大部分公司负债占比较高，该指标最大值竟达到了 0.900，部分公司负债占比竟达到了90%；主营业务收入增长率 GROWTH 均值为 0.440，最大值竟达到了 9.100，表明不同公司主营业务增长速度差距极大。其他指标描述性统计结果与现有研究相似。

表 5.3　　　　　　　　　　　　　　　描述性统计

变量名	平均值	标准差	最小值	中位数	最大值	样本量
DUVOL	0.300	0.790	-4.900	0.290	9.600	14387
LNMEDIA	-5.600	1.300	-14	-5.700	0	14387
SENTIMENT	-0.0690	1.500	-3.200	-0.350	10	14387
AVEWIT	-0.00200	0.00870	-0.120	-0.00260	0.160	14387
STDWIT	0.0510	0.0230	0.0120	0.0460	0.750	14387
ROA	0.0460	0.910	-6.800	0.0340	108	14387
LEV	0.460	0.210	0.0480	0.450	0.900	14387
GROWTH	0.440	1.300	-0.650	0.140	9.100	14387
SIZE	22	1.300	20	22	26	14387
CFO	0.0430	0.120	-10	0.0430	0.880	14387
BIGHOLD	0.530	0.160	0.00810	0.530	0.990	14387
BM	1.100	1.100	0.00290	0.710	16	14387
BIG4	0.0670	0.250	0	0	1	14387
TURNOVER	47.514	36.845	0.181	37.437	386.86	14387
OPAQUE	0.0582	0.0596	0.000739	0.0398	0.311	14387

2. 相关性分析

表 5.4 中列出了各变量的相关系数，由表 5.4 可知，股价崩盘风险 DUVOL 和媒体报道 LNMEDIA 负相关，相关系数为 -0.158，说明媒体报道可以降低股价崩盘风险；投资者情绪 SENTIMENT 和媒体报道 LNMEDIA 显著负相关，相关系数为 -0.094，说明媒体报道可以缓解过度高涨的投资者情绪。此外投资者情绪 SENTIMENT 和股价崩盘风险 DUVOL 正相关，相关系数为 0.086，说明投资者情绪越高涨，股价崩盘风险越高。总的来说，相关性分析结果与假设一致，初步验证了本节的假设，但仍需进一步实证分析。

表 5.4　相关性分析

变量	DUVOL	LNMEDIA	SENTIMENT	STDWIT	ROA	LEV	GROWTH	SIZE	CFO	BIGHOLD	BM	BIG4	TURNOVER	OPAQUE
DUVOL	1.000													
LNMEDIA	-0.158***	1.000												
SENTIMENT	0.086***	-0.094***	1.000											
AVEWIT	0.597***	-0.031***	0.205***											
STDWIT	0.401***	-0.026**	0.381***	1.000										
ROA	-0.014	0.014	0.013	-0.003	1.000									
LEV	0.055***	-0.033***	-0.513***	-0.033***	-0.042***	1.000								
GROWTH	0.048***	0.044***	0.017*	0.074***	0.034***	0.113***	1.000							
SIZE	0.091***	-0.232***	-0.685***	-0.222***	-0.015	0.461***	0.024***	1.000						
CFO	0.046***	-0.038***	0.035***	-0.023***	-0.692***	-0.109***	-0.091***	0.042***	1.000					
BIGHOLD	0.025**	-0.074***	-0.199***	-0.039***	-0.003	-0.048***	0.004	0.251***	0.094***	1.000				
BM	-0.081***	-0.032***	-0.622***	-0.266***	-0.020**	0.558***	0.075***	0.613***	-0.053***	0.063***	1.000			
BIG4	0.057***	-0.136***	-0.273***	-0.093***	0	0.101***	-0.025***	0.364***	0.037***	0.196***	0.174***	1.000		
TURNOVER	0.279***	-0.073***	0.115***	0.469***	0	0.035***	0.020*	0.0120	0.00800	-0.031***	-0.037***	0.0120	1.000	
OPAQUE	0.057***	-0.130***	0.215***	0.062***	0.0150	-0.160***	-0.00700	-0.156***	0.00800	0.00400	-0.149***	-0.098***	0.044***	1.000

3. 回归结果分析

表 5.5 是各模型回归结果，可以看到，在控制了周特有收益率标准差 STD-WIT、周特有收益率平均值 AVEWIT、营业收入增长率 GROWTH、公司透明度 OPAQUE、股权集中度 BIGHOLD 以及账面市值比 BM 等变量之后，各模型回归结果均显著：模型（5-4）检验媒体报道对股价崩盘风险的影响，二者之间显著负相关，相关系数 -0.0547，说明媒体对公司的持续报道可以缓解信息不对称，增加投资者对该公司的了解，有效降低公司股价崩盘风险。另外媒体对公司的持续报道对管理层形成了监督，减少管理层的利己行为，缓解代理问题从而降低股价崩盘风险；模型（5-5）检验媒体报道对投资者情绪的影响，由表 5.5 可知，二者之间显著负相关，相关系数为 -0.0882，说明媒体对公司的持续报道可以减少信息不对称，增进投资者对公司的了解，缓解过度高涨的投资者情绪，使投资者更为理性；模型（5-6）检验投资者情绪对股价崩盘风险的影响，可以看到，在控制了相关变量以后，投资者情绪与股价崩盘风险正相关，相关系数为 0.0173，且在 1% 水平上显著，说明投资者情绪越高涨，股价崩盘风险越高，投资者情绪越高涨，越容易高估企业股价，大量购买股票，使得企业股价有效性偏低，而当投资者们发现了真实情况，便会抛售手中持有的股票，造成股价崩盘；由模型（5-4）回归结果知，媒体报道与股价崩盘风险显著负相关。根据假设 4，投资者情绪在媒体报道对股价崩盘风险的影响中起到了中介作用，媒体报道可以缓解过度高涨的投资者情绪，从而有效降低了被审计单位股价崩盘风险，但到底是基于部分中介效应还是完全中介效应不得而知，若为部分中介效应，则在模型（5-4）回归结果的基础上加入投资者情绪中介变量后，回归结果依然显著，但相关系数及显著性水平均有所下降；若为完全中介效应，则在模型（5-4）回归结果的基础上加入投资者情绪中介变量后，回归结果不再显著。由模型（5-4）回归结果可以看出，在加入投资者情绪中介变量前，媒体报道与股价崩盘风险显著负相关，相关系数为 -0.0547，显著性水平为 -13.59；在加入投资者情绪中介变量 SENTIMENT 后，由模型（5-7）回归结果可以看出，相关系数由 -0.0547 变为 -0.0535，相关性降低，t 值由 -13.59 变为 -13.26，显著性水平下降，但仍为显著负相关。由此可以得出投资者情绪是媒体报道与股价崩盘风险的部分中介变量，从而假设 4a 得证。

表 5.5　模型（5-4）、模型（5-5）、模型（5-6）、模型（5-7）回归结果

变量	模型（5-4）	模型（5-5）	模型（5-6）	模型（5-7）
	DUVOL	SENTIMENT	DUVOL	DUVOL
LNMEDIA	-0.0547 *** (-13.59)	-0.0882 *** (-9.70)	—	-0.0535 *** (-13.26)

续表

变量	模型（5-4）	模型（5-5）	模型（5-6）	模型（5-7）
	DUVOL	SENTIMENT	DUVOL	DUVOL
SENTIMENT	—	—	0.0173 *** (4.69)	0.0134 *** (3.62)
AVEWIT	45.93 *** (68.07)	25.77 *** (16.88)	45.40 *** (66.30)	45.59 *** (66.93)
STDWIT	5.025 *** (17.17)	19.14 *** (28.92)	4.864 *** (16.09)	4.769 *** (15.85)
ROA	0.0251 (0.47)	0.501 *** (4.18)	0.0170 (0.32)	0.0184 (0.35)
LEV	0.133 *** (4.12)	0.522 *** (7.17)	0.112 *** (3.47)	0.126 *** (3.90)
GROWTH	0.00774 * (1.90)	-0.0338 *** (-3.67)	0.00644 (1.58)	0.00819 ** (2.01)
SIZE	0.110 *** (18.72)	0.171 *** (12.88)	0.126 *** (21.90)	0.108 *** (18.24)
CFO	0.0901 (1.50)	0.424 *** (3.12)	0.0861 (1.43)	0.0844 (1.40)
BIGHOLD	-0.0791 ** (-2.35)	0.439 *** (5.78)	-0.0922 *** (-2.73)	-0.0849 ** (-2.52)
BM	-0.0734 *** (-11.53)	-0.238 *** (-16.50)	-0.0775 *** (-12.03)	-0.0702 *** (-10.93)
BIG4	0.0474 ** (2.15)	0.394 *** (7.90)	0.0574 *** (2.59)	0.0421 * (1.91)
TURNOVER	0.00129 *** (5.51)	-0.00419 *** (-7.90)	0.00148 *** (6.25)	0.00135 *** (5.74)
OPAQUE	0.0444 *** (4.18)	-0.112 *** (-4.67)	0.0706 *** (6.70)	0.0459 *** (4.32)
cons	-2.588 *** (-21.34)	-5.537 *** (-20.18)	-2.629 *** (-21.35)	-2.515 *** (-20.45)
N	14387	14387	14387	14387
adj. R^2	0.414	0.182	0.408	0.415

4. 进一步分析

前述分析表明，信息不透明是造成股价崩盘风险的重要原因，而媒体对企业的持续报道，一方面可以披露更多与企业有关的信息，增进外部投资者对企业的了解，降低信息不对称；另一方面也起到了对企业的监督作用，缓解了代理问题，但不同企业本身信息透明度差异很大，在信息透明度低的企业，管理层隐匿的负面消息可能更多，外部投资者由于获取信息不足更容易对股价误判，股价的有效性可能更低，那么是否在这些企业中媒体报道所起的作用更大呢？另外，当企业的所有权性质不同，即在"国企"和"非国企"中，媒体报道与股价崩盘风险的关系又有什么不同呢？当企业的机构投资者持股比例不同时，媒体报道与股价崩盘风险的相关性又会有何不同？本节按照企业的透明度、企业产权性质、机构投资者持股比例进行分组，进一步考察在机构投资咨持股比例、企业产权性质和企业透明度存在差异时媒体报道与股价崩盘风险的关系是否会改变。

第一，借鉴罗进辉等（2014）、权小峰等（2015）的研究，以可操纵应计利润绝对值来衡量企业透明度，可操纵应计利润越高，说明企业透明度越低。分组回归后可见，对于透明度较低的企业，媒体报道与股价崩盘风险相关系数为 −0.0158，且回归结果显著，而透明度较高的企业媒体报道与股价崩盘风险负相关，但回归结果并不显著。分组回归结果表明，对于透明度较低的企业媒体报道降低股价崩盘风险的效果更显著，信息透明度低，说明外部投资者所获得的企业有效信息更少，更不易了解企业真实情况，外部投资者更容易高估估价，企业崩盘风险更大。此时媒体对企业的持续报道可以让外部投资者获得更多、更有效的信息，降低股价崩盘风险。

第二，参照霍姆斯特罗姆等（Holmstrom et al.，1993）的研究，按照机构投资者持股比例分为机构投资者持股比例较高组和机构投资者持股比例较低组展开研究，机构投资者持股比例相关数据来自万德数据库（WIND），由表5.6可知，对于机构投资者持股比例较高组，媒体报道与股价崩盘风险相关系数为 −0.0211，且显著为负；对于机构投资者持股比例较低组，媒体报道与股价崩盘风险相关系数为 −0.00684，但不显著。即对于机构投资者持股比例较高的公司，媒体报道降低股价崩盘风险的作用更强。可能的解释是：机构投资者基于短期获利目的频繁买进卖出加大了股价波动，机构投资者并没有起到缓解信息不对称的作用，且机构投资和管理层的"合谋"更加加剧了代理问题，因此，机构投资者持股比例高的公司信息不对称和代理问题更严重，而媒体对企业的持续报道更能有效缓解信息不对称，增加外部投资者对企业的了解。另外媒体的持续报道起到了一定的监督作用，减少了管理层和机构投资者"合谋"行为的出现，因而降低股价崩盘风险的作用更显著。

第三，参照熊家财（2015）等的研究，按照企业产权性质分为"国有"和"非国有"。企业性质相关数据来自国泰安数据库（CSMAR），由表 5.6 可见，当企业为"非国有"时，媒体报道与股价崩盘风险相关系数为 - 0.00316，且不显著；当被审计企业为"国有"时，媒体报道与股价崩盘风险相关系数为 - 0.0277，且显著性水平较高，即国有企业审计师性别与股价崩盘风险相关性更强。可能的解释为：造成股价崩盘风险的两个重要原因是代理问题和信息不对称，而国有企业所存在的"一股独大"现象，代理问题更为严重。陈冬华（2005）认为，在国企存在薪酬管制的情况下，国企经理人潜在的在职消费现象较为普遍，代理问题更为严重；李寿喜（2007）也认为，国有企业代理成本较高，在职消费问题严重，且主管国有企业的行政部门或政府等由于激励不足，没有足够的动力去实行监督，更加剧了经理人的在职消费及国有企业的代理问题。由此，国有企业信息透明度更低，代理问题更严重，媒体对企业的持续报道能够发挥更大的作用，从而有效降低股价崩盘风险。

表 5.6 进一步分析回归结果

变量	企业透明度较低组	企业透明度较高组	机构投资者持股比例较高组	机构投资者持股比例较低组	"国有"企业组	"非国有"企业组
	DUVOL		DUVOL		DUVOL	
LNMEDIA	- 0.0158 ** (- 2.40)	- 0.0167 (- 1.53)	- 0.0211 *** (- 2.64)	- 0.00684 (- 0.88)	- 0.0277 *** (- 3.82)	- 0.00136 (- 0.16)
AVEWIT	76.68 *** (61.03)	72.27 *** (49.02)	76.21 *** (56.65)	74.63 *** (53.78)	90.10 *** (54.17)	67.93 *** (58.70)
STDWIT	3.765 *** (6.55)	- 0.890 (- 1.43)	4.077 *** (6.41)	- 0.819 (- 1.43)	4.901 *** (7.12)	0.0642 (0.12)
ROA	0.0676 (0.67)	0.0167 (1.05)	- 0.00898 (- 0.68)	- 0.00418 (- 0.04)	- 0.0708 (- 0.78)	0.0151 (1.14)
LEV	- 0.0541 (- 0.92)	0.0417 (0.57)	- 0.0759 (- 1.19)	0.0646 (1.01)	- 0.214 *** (- 3.13)	0.0397 (0.66)
SIZE	0.0352 *** (3.12)	0.0215 (1.57)	0.0136 (1.14)	0.0477 *** (3.90)	0.0350 *** (2.91)	0.00781 (0.64)
CFO	- 0.0979 (- 0.96)	0.261 * (1.78)	- 0.0261 (- 0.24)	0.0801 (0.59)	- 0.304 ** (- 2.47)	0.249 ** (2.20)
TOBINQ	- 0.0563 *** (- 8.31)	- 0.0272 *** (- 3.44)	- 0.0524 *** (- 6.71)	- 0.0344 *** (- 5.03)	- 0.0673 *** (- 6.95)	- 0.0284 *** (- 4.63)

续表

变量	企业透明度较低组	企业透明度较高组	机构投资者持股比例较高组	机构投资者持股比例较低组	"国有"企业组	"非国有"企业组
	DUVOL		DUVOL		DUVOL	
BIGHOLD	-0.0207 (-0.33)	0.0874 (1.21)	-0.123 * (-1.86)	0.187 *** (2.68)	0.133 * (1.83)	-0.0731 (-1.19)
BM	0.000526 (0.05)	0.0274 (1.49)	0.0148 (1.24)	0.0000485 (0.00)	0.00692 (0.63)	0.0156 (0.93)
BIG4	0.0907 ** (2.48)	0.0382 (0.65)	0.0129 (0.28)	0.126 *** (2.99)	0.0669 * (1.77)	0.0245 (0.47)
TURNOVER	-0.00185 *** (-4.23)	0.0000235 (0.05)	-0.00139 *** (-2.92)	-0.00109 ** (-2.36)	-0.00206 *** (-4.16)	-0.00108 ** (-2.48)
cons	-0.630 *** (-2.63)	-0.329 (-1.17)	-0.150 (-0.59)	-0.882 *** (-3.43)	-0.644 ** (-2.53)	0.0659 (0.26)
N	8309	6078	7276	7111	6574	7813
adj. R^2	0.366	0.366	0.360	0.375	0.380	0.372

5.1.6 稳健性检验

为了保证回归结果的可靠性，本节进行了如下稳健性检验：（1）将被解释变量股价崩盘风险衡量指标由涨跌波动率 DUVOL 替换为负收益偏态系数 NCSKEW，中介变量和解释变量不变并重新回归；（2）改变中介变量衡量指标投资者情绪 SENTIMENT 的计量方法，被解释变量股价崩盘风险 DUVOL 和解释变量媒体报道 LNMEDIA 不变重新进行稳健性检验；（3）同时改变被解释变量股价崩盘风险 DUVOL 和中介变量投资者情绪 SENTIMENT，解释变量媒体报道 LNMEDIA 不变并重新回归。

1. 仅替换被解释变量的稳健性检验

我们将被解释变量股价崩盘风险的衡量指标由涨跌波动率 DUVOL 替换为负收益偏态系数 NCSKEW，保持其他变量不变并重新回归，根据本节之前构造的周特有收益率指标 $W_{i,t}$，股价崩盘风险新的衡量指标 NCSKEW 计算模型如下：

$$NCSKEW_{i,t} = -\left[n(n-1)^{3/2} \sum W_{i,t}^3 \right] \Big/ \left[(n-1)(n-2) \left(\sum W_{i,t}^2 \right)^{3/2} \right]$$

$$(5-10)$$

由表 5.7 可以看到，在控制了其他变量后，回归结果依然显著，与之前回归结论一致，稳健性检验结果（1）检验媒体报道与股价崩盘风险的关系，在控制了其他变量后，二者之间显著负相关，相关系数为 - 0.0520, t 值为 - 12.86, 说明媒体报道可以有效降低股价崩盘风险，这与之前假设 1 回归结果一致；稳健性检验结果（2）检验媒体报道与投资者情绪的关系，在控制了其他变量后，二者之间显著负相关，相关系数为 - 0.0862, t 值为 - 1.93, 说明媒体对企业的持续报道，可以有效平抑过度高涨的投资者情绪，这与之前假设 2 回归结果一致；稳健性检验结果（3）检验投资者情绪与股价崩盘风险的关系，在控制了其他变量后，二者之间显著正相关，相关系数为 0.0488, 说明投资者情绪越高涨，企业股价崩盘风险越高，投资者情绪对股票市场产生了一定的影响；由稳健性检验结果（4）可知，在加入了投资者情绪中介变量后，媒体报道与股价崩盘风险回归结果依然显著，但相关系数由加入投资者情绪中介变量前的 - 0.0520 变为 - 0.0481, 相关性下降；t 值也由 - 11.26 变为 - 10.42, 显著性水平明显下降，由此可知投资者情绪在媒体报道与股价崩盘风险相关性中起部分中介作用，这与之前假设 4 所得回归结果结论一致。

表 5.7　　　　稳健性检验 1——更换股价崩盘风险的衡量指标

变量	检验结果（1）	检验结果（2）	检验结果（3）	检验结果（4）
	DUVOL	SENTIMENT1	DUVOL	DUVOL
LNMEDIA	- 0.0520 *** (- 11.26)	- 0.0862 *** (- 9.43)	—	- 0.0481 *** (- 10.42)
SENTIMENT	—	—	0.0488 *** (11.64)	0.0454 *** (10.83)
STDWIT	13.15 *** (42.47)	24.16 *** (39.38)	12.11 *** (37.20)	12.05 *** (37.13)
ROA	0.216 *** (3.56)	0.565 *** (4.70)	0.189 *** (3.12)	0.190 *** (3.15)
LEV	0.139 *** (3.79)	0.423 *** (5.82)	0.108 *** (2.95)	0.120 *** (3.27)
GROWTH	0.0132 *** (2.83)	- 0.0327 *** (- 3.53)	0.0133 *** (2.86)	0.0147 *** (3.16)
SIZE	0.115 *** (16.76)	0.150 *** (10.97)	0.125 *** (18.65)	0.109 *** (15.77)
BIGHOLD	- 0.198 *** (- 4.87)	0.157 * (1.95)	- 0.212 *** (- 5.21)	- 0.205 *** (- 5.07)

变量	(1)	(2)	(3)	(4)
	DUVOL	SENTIMENT1	DUVOL	DUVOL
BM	−0.0859 *** (−11.69)	−0.232 *** (−15.97)	−0.0819 *** (−11.11)	−0.0753 *** (−10.21)
BIG4	0.0744 *** (2.94)	0.394 *** (7.84)	0.0703 *** (2.78)	0.0566 ** (2.24)
TURNOVER	0.00255 *** (9.48)	−0.00386 *** (−7.23)	0.00284 *** (10.54)	0.00273 *** (10.16)
OPAQUE	0.0677 *** (5.55)	−0.0917 *** (−3.80)	0.0939 *** (7.81)	0.0719 *** (5.92)
INSHOLD	0.275 *** (9.24)	0.675 *** (11.44)	0.243 *** (8.15)	0.244 *** (8.21)
cons	−3.258 *** (−23.06)	−5.442 *** (−19.43)	−3.111 *** (−21.83)	−3.011 *** (−21.12)
N	14387	14387	14410	14387
adj. R^2	0.228	0.172	0.229	0.234

2. 仅替换中介变量的稳健性检验

为了确保回归结果的稳健性，我们替换中介变量投资者情绪，保持被解释变量和解释变量不变重新进行回归，以检验回归结果是否稳健。中介变量投资者情绪依旧采用分解托宾 Q 的方法回归残差得到，托宾 Q 值由之前的采用国泰安数据库（CSMAR）的托宾 Q 值 A 改为采用国泰安数据库（CSMAR）中托宾 Q 值 B，托宾 Q 值 A 的计算方法在变量定义中已说明故不再重述，托宾 Q 值 B = 市值 A/（资产总计 − 无形资产净额 − 商誉净额），分解托宾 Q 法计算投资者情绪方法如下，回归残差即为投资者情绪：

$$Q_{i,t} = \beta_0 + \beta_1 ROE_{i,t} + \beta_2 GROWTH_{i,t} + \beta_3 LEV_{i,t} + \beta_4 SIZE_{i,t}$$
$$+ \sum Industry + \sum Year + \varepsilon \tag{5-11}$$

由表5.8可知，在更换了中介变量投资者情绪的衡量指标而被解释变量和解释变量保持不变的情况下，回归结果依旧显著，稳健性检验结果（1）检验媒体报道和股价崩盘风险的相关性，回归结果显著负相关，相关系数为 −0.0179，说明媒体报道可以有效降低股价崩盘风险，这与之前假设 1 回归结果一致；稳健性检验结果（2）检验媒体报道与投资者情绪的关系，在控制了其他变量后，二者之间显著负相关，相关系数为 −0.111，说明媒体对企业的持续报道，可以有效

平抑过度高涨的投资者情绪，这与之前假设 2 回归结果一致；稳健性检验结果
（3）检验投资者情绪与股价崩盘风险的关系，在控制了其他变量后，二者之间显
著正相关，相关系数为 0.0130，说明投资者情绪越高涨，企业股价崩盘风险越
高，投资者情绪对股票市场产生了一定的影响；由稳健性检验结果（4）可知，
在加入了投资者情绪中介变量后，媒体报道与股价崩盘风险回归结果依然显著，
但相关系数由加入投资者情绪中介变量前的 −0.0179 变为 −0.0166，相关性下
降；t 值也由 −2.73 变为 −2.52，显著性水平明显下降，由此可知投资者情绪在
媒体报道与股价崩盘风险相关性中起部分中介作用，这与之前假设 4 所得回归结
果结论一致。

表 5.8　　　　　　　　稳健性检验 2——更换投资者情绪的衡量指标

变量	检验结果（1）	检验结果（2）	检验结果（3）	检验结果（4）
	DUVOL	SENTIMENT1	DUVOL	DUVOL
LNMEDIA	−0.0179 *** (−2.73)	−0.111 *** (−12.40)	—	−0.0166 ** (−2.52)
SENTIMENT1	—	—	0.0130 ** (2.15)	0.0116 * (1.90)
TURNOVER	0.00159 *** (4.08)	−0.00362 *** (−6.79)	0.00169 *** (4.33)	0.00164 *** (4.19)
STDWIT	13.00 *** (29.06)	23.59 *** (38.57)	12.72 *** (27.07)	12.73 *** (27.08)
ROA	0.420 *** (4.80)	0.745 *** (6.23)	0.419 *** (4.78)	0.412 *** (4.69)
LEV	0.200 *** (3.86)	0.561 *** (7.94)	0.194 *** (3.76)	0.193 *** (3.73)
GROWTH	0.00316 (0.46)	−0.0347 *** (−3.74)	0.00315 (0.47)	0.00356 (0.52)
BIG4	0.164 *** (4.62)	0.552 *** (11.39)	0.168 *** (4.75)	0.157 *** (4.42)
BM	0.0231 ** (2.42)	−0.158 *** (−12.09)	0.0255 *** (2.66)	0.0250 *** (2.60)
INSHOLD	0.286 *** (7.31)	0.902 *** (16.88)	0.282 *** (7.16)	0.275 *** (6.98)
OPAQUE	−0.0101 (−0.57)	−0.111 *** (−4.58)	−0.00161 (−0.09)	−0.00881 (−0.50)

续表

变量	检验结果（1）	检验结果（2）	检验结果（3）	检验结果（4）
	DUVOL	SENTIMENT1	DUVOL	DUVOL
cons	−0.887*** （−17.96）	−2.366*** （−35.04）	−0.774*** （−19.98）	−0.860*** （−16.71）
N	14387	14387	14410	14387
adj. R²	0.091	0.165	0.091	0.091

3. 同时替换被解释变量和中介变量的稳健性检验

为保证回归结果准确性，采取了同时替换被解释变量和中介变量的稳健性检验，其中被解释变量股价崩盘风险由主回归中的涨跌波动率 DUVOL 替换为负收益偏态系数 NCSKEW 衡量，中介变量改变计算所需数据，计算方法不变，依然采用分解托宾 Q 的方法求得投资者情绪 SENTIMENT，但托宾 Q 的值由之前的采用国泰安数据库（CSMAR）的托宾 Q 值 A 改为采用国泰安数据库（CSMAR）中托宾 Q 值 B，托宾 Q 值 A 的计算方法在变量定义中已说明故不再重述，托宾 Q 值 B = 市值 A/（资产总计 − 无形资产净额 − 商誉净额），具体计算方法同稳健性检验结果（2）中投资者情绪回归计算方法。

由表5.9可知，在更换了被解释变量股价崩盘风险和中介变量投资者情绪的衡量指标而解释变量保持不变的情况下，回归结果依旧显著，稳健性检验结果（1）检验媒体报道和股价崩盘风险的相关性，回归结果显著负相关，相关系数为 −0.0172，t 值为 −2.63，说明媒体报道可以有效降低股价崩盘风险，这与之前假设 1 回归结果一致；稳健性检验结果（2）检验媒体报道与投资者情绪的关系，在控制了其他变量后，二者之间显著负相关，相关系数为 −0.109，t 值为 −12.23，说明媒体对企业的持续报道，可以有效平抑过度高涨的投资者情绪，这与之前假设 2 回归结果一致；稳健性检验结果（3）检验投资者情绪与股价崩盘风险的关系，在控制了其他变量后，二者之间显著正相关，相关系数为 0.0117，t 值为 1.93，说明投资者情绪越高涨，企业股价崩盘风险越高，投资者情绪对股票市场产生了一定的影响；由稳健性检验结果（4）可知，在加入了投资者情绪中介变量后，媒体报道与股价崩盘风险回归结果依然显著，但相关系数由加入投资者情绪中介变量前的 −0.0172 变为 −0.0160，相关性下降；t 值也由 −2.63 变为 −2.44，显著性水平明显下降，由此可知投资者情绪在媒体报道与股价崩盘风险相关性中起部分中介作用，这与之前假设 4 所得回归结果结论一致。

表 5.9　稳健性检验 3——同时更换股价崩盘风险和投资者情绪的衡量指标

变量	检验结果（1） DUVOL	检验结果（2） SENTIMENT1	检验结果（3） DUVOL	检验结果（4） DUVOL
LNMEDIA	−0.0172 *** （−2.63）	−0.109 *** （−12.23）	—	−0.0160 ** （−2.44）
SENTIMENT1	—	—	0.0117 * （1.93）	0.0104 * （1.70）
TURNOVVER	0.00150 *** （3.84）	−0.00357 *** （−6.69）	0.00159 *** （4.07）	0.00154 *** （3.93）
STDWIT	13.11 *** （29.26）	23.56 *** （38.46）	12.86 *** （27.34）	12.87 *** （27.34）
ROA	0.453 *** （5.16）	0.749 *** （6.23）	0.452 *** （5.15）	0.445 *** （5.06）
LEV	0.237 *** （4.49）	0.647 *** （8.99）	0.232 *** （4.40）	0.230 *** （4.35）
GROWTH	0.00572 （0.84）	−0.0321 *** （−3.45）	0.00566 （0.84）	0.00606 （0.89）
BIG4	0.161 *** （4.51）	0.522 *** （10.69）	0.166 *** （4.65）	0.156 *** （4.34）
BM	0.0245 ** （2.56）	−0.160 *** （−12.27）	0.0266 *** （2.77）	0.0261 *** （2.72）
CEO	0.556 *** （5.57）	0.669 *** （4.90）	0.558 *** （5.59）	0.549 *** （5.50）
INSHOLD	0.281 *** （6.67）	0.806 *** （13.98）	0.279 *** （6.57）	0.273 *** （6.43）
OPAQUE	−0.00934 （−0.53）	−0.113 *** （−4.68）	−0.00124 （−0.07）	−0.00817 （−0.46）
BIGHOLD	−0.0698 （−1.19）	0.257 *** （3.19）	−0.0705 （−1.20）	−0.0725 （−1.23）
cons	−0.896 *** （−16.26）	−2.515 *** （−33.41）	−0.788 *** （−16.96）	−0.870 *** （−15.21）
N	14387	14387	14387	14387
adj. R^2	0.093	0.167	0.093	0.093

5.1.7 结 论 与 启 示

股价崩盘使得投资者财富瞬间蒸发，使投资者丧失信心，严重影响资本市场发展，探寻股价崩盘风险成因及治理措施，对于缓解投资者情绪，促进资本市场良好发展有很大帮助。本节基于 2011～2018 年的所有 A 股上市公司数据，以投资者情绪作为中介变量，实证检验了媒体报道通过影响投资者情绪对股价崩盘风险的影响，探讨了媒体报道对于降低管理层的代理问题以及改善信息不对称的有效作用，并考察了投资者情绪在媒体报道对股价崩盘风险的影响中是起到部分中介效应还是完全中介效应。研究发现：媒体的持续报道有助于稳定企业的股价，降低企业股价崩盘的概率；媒体的持续报道能够使缓解过度积极乐观的投资者的情形；投资者情绪越是过度乐观，公司股价崩盘的风险越高；投资者情绪在媒体报道对股价崩盘风险的影响中仅起到部分中介效应；该中介影响在企业透明度较低组、机构投资者持股比例较高组、"国有"组的公司中更加显著。

本节研究结论具有较为重要的意义及启示：以往研究较少关注审计师性别与股价崩盘风险及审计质量与股价崩盘风险的关系，本节从审计角度入手，探讨审计师性别与股价崩盘风险的关系，丰富了股价崩盘风险相关文献，具有较为重要的理论意义。此外，本节结论还有如下几点启示：首先，本节证实了媒体的有效报道对于降低股价的崩盘风险显著作用，为监管部门利用媒体监督报道降低股价崩盘风险提供了思路，通过增加媒体对上市公司的报道，起到了良好的监督作用和信息披露作用，加强了对企业的监管。其次，本节将投资者情绪作为中介变量，探讨了媒体报道、投资者情绪与股价崩盘风险之间的关系，实证检验了媒体报道通过影响投资者情绪对股价崩盘风险的影响，对于因地制宜改善现实状况和降低股价的崩盘风险具有很大作用。

5.2 媒体报道、投资者情绪与公司稳定性研究
——基于复星医药的案例分析

5.2.1 引 言

媒体指的是一种传播信息的媒介。而媒体报道，则是通过媒体将信息传播出去，令更多的人了解到新闻中的信息。近来，媒体报道的监督作用得到了大多数研究者的认可，媒体通过信息的传递，引导了社会舆论与投资者的投资行为，因

此，间接起到了对公司经济活动的监督作用。除此之外，对于不了解上市公司具体经济行动的投资者来说，媒体报道也是一种提供信息，弥补市场不完全信息的方式。投资者情绪是投资者对于市场经济状况估计的偏差。投资者情绪被认为是投资者对于市场状况的认知，以及对于所要投资的公司股票状况的预测及随即的投资行为。在早期对于市场的研究中并没有考虑到投资者情绪的存在，但随着对投资行为研究的不断深入，对投资者情绪的研究也逐渐增加。

上市公司的股价会受到多种因素的影响，其中，突发的不利事件往往会影响上市公司股东的投资热情，可能会导致其减少投资，抛售股票，从而使股价受到影响，而股价的下跌又容易引发投资者对公司期望的下降，从而影响到公司的筹资和正常经营。当上市公司面临突发不利事件时，在短时间内往往难以将真实情况传递给投资者，在投资者对真实情况不了解的情况下可能会抛售股票，使得上市公司遭受不必要的损失。因此，在上市公司面临突发事件时，管理层应当通过多种方法令投资者了解到突发事件的真实情况与公司的实际情况，从而稳定投资者的情绪，进而稳定股价，这对于公司应对危机以及维持正常经营都尤为重要。

而伴随着对于媒体报道的研究，越来越多的学者认为媒体报道能够对投资者情绪起到一定程度上的引导作用。其中，一方面是对于投资者信息不对称的弥补，投资者远离公司的决策层，对于公司的真实状况不能够完全了解，对公司股票的准确价值也不确定；另一方面，一部分投资者在进行投资时难以保持完全理性的状态，容易受到媒体宣传的影响。因此，媒体的报道对于投资者的投资会起到引导的作用，也就间接地影响了公司的股票收益。

由于媒体对于引导投资者的经营决策方面起到着重要的作用，且媒体传播的手段和途径也在不断地改进，也就有越来越多的投资者注重通过媒体发布的信息来了解公司的经营现状，媒体报道对于投资者而言起到的影响作用更在逐渐增加。因此，管理层将更加注重通过媒体报道来传递公司的实际状况，从而改善投资者对于公司的印象，引导投资者情绪，进而影响投资者对于公司股票的选择，从而稳定股价，达到应对突发事件，减少其不利影响的目的。

而投资者在公司面临突发事件时，由于其不能准确得到公司内部资料，往往需要通过媒体获得相关信息，因此投资者对于媒体发布的公告会较平时更加关注，此时公司管理层通过媒体报道传递的有利信号就更容易被投资者所了解并相信，有利于其选择对于公司较为有利的投资抉择，也有利于引导股东增强对于公司的信心，减少其抛售股票的可能性，维持公司股价的平稳、经营的稳定。在投资者难以通过其他渠道了解公司真实经营状况时，通过媒体的报道可以将公司真实状况传递给投资者，从而减少投资者盲目恐慌的行为，有利于维持公司正常发展与投资者的利益。

复星医药即是遵照这一原则，在公司出现临时突发事件时，及时通过媒体引导投资者情绪，从而稳定了公司股价。该案例的理论逻辑推导见图5.2。

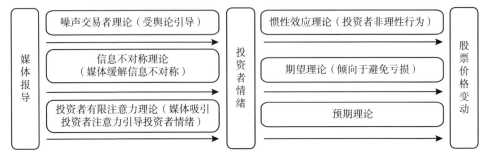

图5.2　媒体报道通过投资者情绪影响公司股价变动的逻辑传导

本节选择复星医药作为研究案例企业主要有以下几个原因，第一，复星医药作为上市公司，且位于行业前列，在文中案例发生前经营状况良好，公司正常运转。因此选取该公司运用媒体报道引导投资者情绪以影响股价及应对突发事件，较为客观，减少了公司股价受到其他无关因素影响的可能性，具有代表性。第二，在面对董事长郭广昌失联的这一突发事件中，复星集团管理层及时应对，积极主动与媒体沟通，将郭广昌失联与公司无关且不会影响公司正常经济活动的事实通过媒体传达给投资者，且对于投资者的疑问给予了正面回应，以稳定投资者情绪。第三，通过对公司股价及市场绩效，经营绩效的对比中可以发现，复星集团管理层在面对突发事件时采取的利用媒体向投资者发出有利信号这一举动，在一定程度上稳定了股价，并使公司交易量保持平稳，经营状况并未受到严重影响，从而平稳地度过了这次突发事件，这为其他上市公司提供了借鉴。

5.2.2　案例分析

1. 复星医药基本情况

复星医药，全称为上海复星医药（集团）股份有限公司，是我国位居前列的医疗健康产业集团，其专注于现代生物医药健康产业，既在中国医药行业快速发展，国家对于医药行业加以重视的时间段迅速上市，又抓住了我国医药企业进入世界市场的大潮流，因此得以飞速发展。

与普通医药公司专注于药品销售不同，复星医药对于药品的研制格外注重，在其上市之后不断投资其他企业，使得复兴医药在药品研发、医药销售、医药服务和医疗器械四方面齐头并进，加强了集团的竞争能力与经营范围。在药品研发方面，复星医药更是加以重视，以自身对药品的研发促进药品的营销推广，为药品的推广打下了良好的基础，研发部门成为公司强有力的产品营销中心。除了对于研发的注重以外，优异的管理制度也是复星医药得以发展的重要原因。复星医药提出"推进人才、产品和资本共同经营"相结合的发展战略，在进行企业经营的同时加强对公司的内部管理，其目标是把复星医药打造成为"全球化、资本市场化、经理职业化"的强势企业。这种注重技术，专心研发，以研究成果推动销售的理念，促成了复星医药的辉煌。目前，复星医药主要产品均在各自市场上占据领先地位。

2. 复星医药案例经过及其动因分析

（1）案例经过。郭广昌是现任复星医药董事长，也是复星医药的创始人之一，他提出的"推进人才、产品和资本共同经营"的管理理念促进了复星医药的发展与腾飞，在复星医药介入生物医药行业，上市改制等多个关键的转折点中均有郭广昌的身影，在复星医药中的地位举足轻重。其旗下掌管近 2000 亿元的资产，投资范围涉及生物制药、房地产、信息产业、保险、金融等领域。目前，复星直接和间接控股的公司已超过 100 家，其中包括控股了 4 家 A 股上市公司：复星医药、复星实业、豫园商城、南钢股份。

2015 年 12 月 10 日下午，有社交媒体传出消息称，有人看到郭广昌乘机自中国香港返回上海，在机场被警察带走，但复星集团内部并未对此事给予回应。12月 11 日上午，复星国际与复星医药在港交所同时发布停牌公告，表示"因涉及股价敏感信息，公司今日停牌，目前公司运营一切正常。"而公告最后的签字人由以前的复星国际董事长郭广昌变为复星国际副董事长梁信军，市场为此引发了多种猜测。12 月 11 日晚间 10 时，复星国际等复星系旗下多家控股公司发出公告确认，郭广昌现正在协助相关司法机关调查。复星集团称郭广昌可以以适当方式参与公司重大事项之决策，其公司董事认为这并未对集团的财务或经营有任何重大不利影响，公司目前运营一切正常，且表示对于 11 日上午停牌的股票，将在14 日恢复交易。12 月 13 日下午，复星集团召开了全球电话会议，集团副董事长兼 CEO 梁信军表示："郭广昌目前人在上海，正在配合司法机关对一些事实进行查证工作。有关部门让其参与公司安排做了很多考虑，郭总通过多种方式参与了公司多项重大决策，公司运营稳定。"同时，梁信军还表示，复星集团目前无法告知郭广昌何时能结束调查，一切将以公告信息为准。12 月 14 日上午，复星集团董事长郭广昌现身复星集团年度工作会议，并发表了主题为"复星组织的自我生长"的演讲。

（2）突发事件对复星医药造成的具体影响。由 12 月 11 日公司的停牌可见，这一突然出现的事件引发了投资者的恐慌。类似郭广昌这样的董事长失联事件在上市公司中并不少见，如兴蓉集团董事长谭建明、金路集团董事长刘汉等，在

2013 年都曾出现过被警方带走的失联事件。而与他们的失联相呼应的，则是兴蓉集团和金路集团的股价大跳水，兴蓉集团在董事长谭建明被带走后，股价大跌，公司内机构股东全部撤离；而金路集团在董事长失联之后更是出现了股价的大跳水，绵延 3 个月仍未有所回升，反而几近跌落一半。

基于前述董事长失联事件引发的严重后果及郭广昌本人在复星医药的重要地位，在郭广昌失联之初，复星医药各方面都受到了很大影响。

首先，财经媒体对此事的纷纷关注。由于在事件之初信息量较少，投资者对此事了解不够，一时间网络上众说纷纭，投资者情绪大受影响。在 12 月 10 日下午，一则《郭广昌被抓？上海滩超级大地震》的消息在社交媒体上流传①，财经网、中国证券网等财经类媒体也对此事发布报道表示关注。各个财经媒体纷纷关注且报道的几乎都是负面消息，众多投资者在网络上也不断对此事进行讨论，使得复星医药等复星系公司的形象均受到质疑。

其次，从股价上可以看出投资者对此事也感到恐慌。12 月 10 日下午，郭广昌失联的消息刚刚传出，其真实性尚未得到证实，股票市场就已经有了反应，复星系多只股票下跌。而在此次事件基本确定之后，据"中国证券报"等网站所发布的信息，12 月 11 日早间，豫园商城、南钢股份、复星医药、海南矿业、上海钢联 5 家复星系控股公司的股价全部临近跌停②。另外，在控股公司停牌之后，复星系参股的上市公司也出现了全线下跌。猛烈的跌价趋势说明复星系公司的股价也受到了较为严重的影响。

最后，此事也影响到了外部评级机构对复星医药等复星系公司的评级，国际权威投资信用评估机构穆迪公司表示正在密切关注复星集团的情况，如果此次事件继续恶化则可能会对复星集团的评级造成影响。

由此可见，郭广昌失联事件对复星医药等复星系公司造成了巨大影响，投资者纷纷通过各方渠道了解此事，网络上对于此次事件有各种传言，使得公司形象受到了严重的影响。投资者受此事影响，投资信心受到了严重打击；公司股价直线下跌直至停牌，参股公司也受到影响，这证明投资者对复星系公司并不看好，股价的下跌也使得公司经济效益受到影响，且股价的跳水更加剧了投资者对于复星系公司的不信任；投资信用评估机构也对此事件表示关注，若信用评级下降则会影响公司长期的融资活动，进而对公司生产经营造成影响。因此，此次突发事件对复星医药的影响很大，如此事件处理不好，则会引发公司形象、股价、融资与后续经营等多方面的问题，必然会对公司的经济利益造成严重损害。

---

① 北京晚报. 复星董事长郭广昌"失联"[EB/OL]. 新华网：2015（12）.
② 传郭广昌失联，复星系控股上市公司全部停牌 [EB/OL]. 中国证券网：2015（12）.

3. 复星医药引导媒体报道的具体措施

在郭广昌失联当日，复星医药的股价有所下跌，由于公司董事长涉嫌被警方带走属于公司重大事项，为了避免股价大幅变动，公司通常进行停牌，待该事项结束后再复牌。因此在 12 月 11 日，复星医药及复星系多家公司宣布停牌。在停牌过程中，复星医药进行了一系列媒体报道，最终稳定了公司股价。

11 日，在复星系公司刚刚停牌的当天，复星医药就不断通过媒体发布相关信息，以稳定投资者。新华社报道称，复星医药在 12 月 11 日上午在港交所发布公告，公告内容大致为公司股票由 2015 年 12 月 11 日上午 9 时起短暂停止买卖，待公司发出一项载有内幕消息的公告[①]；12 月 11 日晚，新浪财经、上海证券报、中国证券报等财经媒体也发布新闻"复星系多家公司公告：郭广昌正协助司法机关调查"，新闻中称郭广昌现正因个人原因协助相关司法机关调查、可以以适当方式参与复星集团重大事项之决策、复星集团目前运营一切正常及公司股票将于 14 日复盘。这些报道也给公司股东吃了一颗定心丸，表明并非是由于复星本身公司出了问题而招致警方调查，仅出于郭广昌的个人原因，与公司无关，公司的业务还可以正常履行，这为担心公司有重大财务漏洞或可能会难以持续经营的股东稳定了情绪。而报道中也说明了复星医药将于 12 月 14 日复盘，因公司重大事项而停盘的公司通常会在重大事项结束之后复盘，而由于 11 日是周五，在 14 日复盘即在 11 日之后可以进行股票交易的第一时间复盘。复星医药发公告称将于 14 日复盘从侧面说明了该事项将会在 14 日结束，其停盘时间很短也说明复星医药及其子公司并无任何重大问题，确与郭广昌事件无关。在复星医药发布该公告之后，复星系其他公司也纷纷发布同样内容的公告，释放了积极信号，显示复星系公司内部运转一切正常，并未影响公司运营，给予了投资者信心。

在 12 日，中国证券报、上海证券报等纷纷报出，在 11 日晚公司公告最后的署名是郭广昌。在复星医药，发布的公告通常由董事长郭广昌在最后署名，而在郭广昌被带走而发布的停牌公告上，最后的署名是副董事长梁信军，这也证明了郭广昌失联的确属实。而现在各个媒体纷纷报出郭广昌在复牌公告上署名，也证明了其确实可以参与公司的经营决策，且从侧面呼应了郭广昌属于协助调查及复星医药本身并无问题的说法，与复星系的公告相呼应。媒体这样发出积极信号的报道，更说明了公司公告的真实性，对于给予投资者信心，稳定公司股东情绪起到了很大的作用。

此后，在 13 日，各大媒体纷纷报出副董事长梁信军召开的电话会议，在电话会议中，梁信军对于郭广昌协助调查的事件做了进一步的说明，并着重强调了

---

① 证券之星. 复星系股票宣布停牌，集团业务涉医药房地产钢铁等 [EB/OL]. 新华网：2015 (12).

六点：（1）郭属于配合调查，这种情况在案件侦破中很常见，并非公司经营出现问题。（2）公司目前的经营状况非常稳定，不存在影响公司经营的情况，并且公司治理结构分工明确，具备现代的企业治理结构和管理制度，内部的决策非常顺畅，不会因为个别管理人员不在岗位而受到影响。因此郭广昌未在公司并不会影响公司的各项经济活动。（3）公司的战略不会因个人而受到影响，而从已经取得的成就看，公司的战略是完全可行的。（4）复星集团目前现金流充足，不存在现金流断裂的问题。（5）投资者所看好的复星并非只是郭广昌一人，复兴具有的整个管理层和公司战略才是投资者所应当关注的地方。（6）复星将会采取回购或管理层增持的方式稳定股价，因此投资者不必因担心而抛售股票。梁信军在电话会议中的说明对于稳定投资者的情绪起到了非常大的作用，前3点分别说明了复星作为管理层分工明确的上市公司，具有成熟处理突发事件的能力，郭广昌一人的状态不会影响到整个公司的经济活动、治理结构、公司战略等各个方面。这就将郭广昌失联的事件与复星整个公司的状态区分开，向投资者展示了复星作为一个成熟的公司，不会因管理层中的一人失联而受影响，也对复星医药的整体战略与已完成的成就作出说明，让投资者对复星更加信任，这就减少了投资者对于复星系公司的顾虑。第四点针对投资者普遍关注的财务状况作出解释，财务状况是对于一家公司的经营发展无比重要的要素，突发的财务危机往往能够导致公司受到严重影响甚至破产，而在复星医药面对突发情况时，财务状况是否良好也就成为投资者非常关心的问题，因此副董事长梁信军在电话会议中特意说明公司财务状况良好，从公司经济活动方面打消投资者对于公司能否持续运营的担心。第五点解释了投资者没有必要因郭广昌失联而担心的原因，即投资者信任的是整个复星而非郭广昌本人。第六点针对股价，通常情况下，在公司认为股票有升值空间时才会进行股票回购或者管理层增持，这一举动也说明了管理层了解企业内部状况的大股东对于公司状况表示非常信任，从侧面说明了公司经营状况良好，股价仍有上升空间，打消了投资者的顾虑。

14日，多家媒体纷纷报道郭广昌现身复星年度会议，用实际情况证明了之前的公告属实，郭广昌的失联确实不会对复星的经营造成影响，且显示了此事与公司的经营无关，复星医药的经营状况依然如常，并未受到影响。媒体纷纷释放积极的信号，这也会减弱投资者的担心，向投资者展示出复星一切平稳的现状，增强投资者对于复星的信心。

16日，中国证券网等媒体报道了复星医药拟出资4亿元合资成立医药管理投资公司，将与地方大型国有企业合作并协同重点大学附属医院、国家级卫计委部属医院医教研平台共同发展。这项报道在郭广昌失联事件之后一天出现，向投资者展示了复星医药并未受到郭广昌失联事件的影响，目前公司营运平稳可控的现状，也显示了公司现金流充裕，有利于使投资者走出郭广昌失联事件的疑云。

20 日，媒体报道出复星医药控股子公司在中国香港上市，这一积极报道也向投资者展示了复星医药的实力，提升了投资者信心。

通过表 5.10 能够更清晰地看出复星医药进行的媒体报导情况。

表 5.10　　　　　　　复星医药通过媒体报道发布的公告情况

日期	通过媒体报道发布的公告情况
2015 年 12 月 11 日	发布公告称此事与公司经营无关，并发布公司股票复盘时间
2015 年 12 月 13 日	发布副董事长梁信军召开的电话会议
2015 年 12 月 14 日	报道郭广昌现身复星年度会议
2015 年 12 月 16 日	报道复星医药拟出资四亿合资成立医药管理投资公司
2015 年 12 月 20 日	报道复星医药控股子公司在香港上市

资料来源：《中国证券网》《上海证券网》《新浪财经》。

4. 案例公司市场绩效分析

（1）股价变动。公司股价变动是反映公司经营状况的重要因素，也反映了投资者对于公司的投资热情，表 5.11、图 5.3 分别为复星医药自事件发生前 10 天至事件结束后 10 天的股价情况数据。

表 5.11　　　　复星医药 2015 年 12 月 4 日 ~ 2015 年 12 月 24 日的区间股价　　　　单位：元

日期	前一日收盘价	收盘价
2015 年 12 月 4 日	25.38	25.02
2015 年 12 月 7 日	25.02	26.00
2015 年 12 月 8 日	26.00	25.6
2015 年 12 月 9 日	25.6	25.32
2015 年 12 月 10 日	25.32	25.21
2015 年 12 月 14 日	25.21	24.26
2015 年 12 月 15 日	24.26	23.88
2015 年 12 月 16 日	23.88	23.82
2015 年 12 月 17 日	23.82	24.22
2015 年 12 月 18 日	24.22	23.99
2015 年 12 月 21 日	23.99	24.54
2015 年 12 月 22 日	24.54	24.28

续表

日期	前一日收盘价	收盘价
2015 年 12 月 23 日	24.28	24.09
2015 年 12 月 24 日	24.09	23.82

资料来源：WIND 数据库。

通过表 5.10、图 5.3 中我们可以看出，复星医药股价在 2015 年 12 月 11 日 ~ 2015 年 12 月 15 日有一个明显的下跌，这与案例中事件发生时间相对应。而在 15 日 ~ 16 日，下跌明显放缓，这说明投资者对于复星医药的信任程度上升，对其投资热情较前日高，这与复星集团电话会议及郭广昌现身 14 日晚复星医药年度会议不无关系。16 日之后股价出现了波动上升，说明投资者对于复星医药的投资热情正在逐渐回升，投资者情绪逐渐高涨，逐渐接近该事件发生之前的股价水平。而 17 日与 21 日出现的股价峰值也与复星医药被多家媒体报道的合资成立医药管理投资公司与子公司上市相对应。

从图 5.3 中可以看出，在郭广昌失联事件后仅 7 天，股价就出现了两次明显上扬，这意味着投资者对于复兴医药的投资热情被逐渐点燃，复星医药逐渐平稳地度过了郭广昌失联事件的消极影响。其中，复星医药利用媒体报道，在事件发生初期及时发布公告安抚投资者，并说明事件对公司的影响程度；在事件过程中及时报道有利于公司的实际情况，让广大投资者了解到具体情况，避免对公司的盲目怀疑；在事件结束之后利用合资成立公司与子公司上市的机会，通过多家媒体发布消息，因此，令此事件对公司有所疑虑的投资者能够在各大媒体中看到公司经济活动正常，发展良好的消息，及时扭转了此次事件给投资者带来的不利影响。

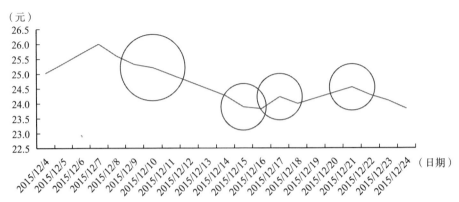

图 5.3 复星医药 2015 年 12 月 4 日 ~ 2015 年 12 月 24 日的股票收盘价折线

资料来源：WIND 数据库。

而从图 5.4 中可以看出，复星医药 12 月份的股价在后期趋向平稳，与此次事件发生之前的股价相比波动不大，说明复星医药平稳地度过了这次突发事件，维持了投资者对于公司的投资热情，对于公司的经营活动并未产生明显影响。这也从长远角度说明了公司管理层利用媒体引导投资者情绪，从而稳定股价的行为是有效果的。

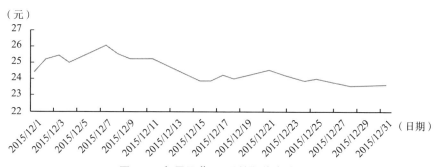

图 5.4　复星医药 12 月份股价变动折线

资料来源：WIND 数据库。

（2）成交量。股票成交量为股票买卖双方达成交易的数量，表 5.12、图 5.5、图 5.6 分别是复星医药成交量的数据、成交量与股价的对比折线及成交量长期折线。

表 5.12　　　　　　　　**复星医药 12 月 4 日至 12 月 24 日成交量数据**

日期	成交量
2015 年 12 月 4 日	1050
2015 年 12 月 7 日	2092
2015 年 12 月 8 日	1345
2015 年 12 月 9 日	892
2015 年 12 月 10 日	989
2015 年 12 月 14 日	6634
2015 年 12 月 15 日	3416
2015 年 12 月 16 日	2272
2015 年 12 月 17 日	3190
2015 年 12 月 18 日	2079

续表

日期	成交量
2015 年 12 月 21 日	3199
2015 年 12 月 22 日	2805
2015 年 12 月 23 日	3084
2015 年 12 月 24 日	1929

资料来源：国泰君安数据库。

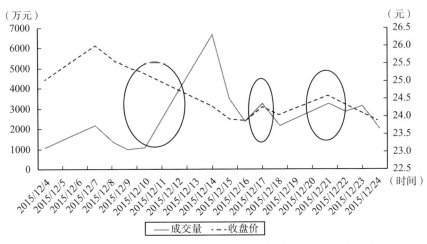

图 5.5　复星医药 12 月 4 日 ~ 12 月 24 日成交量与股价对比折线

资料来源：WIND 数据库及国泰君安数据库。

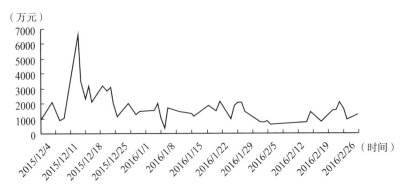

图 5.6　复星医药 2015 年 12 月 ~ 2016 年 2 月成交量折线

资料来源：国泰君安数据库。

　　从图 5.5 中可以看出，在此次事件发生的时间即 11 日～14 日，成交量出现较大波动，同时股价下跌，说明突发事件本身确实对投资者情绪及公司的股价带来了巨大影响。而 14 日之后成交量出现大幅下降，但相对于之前的成交量来说仍然较高，这说明不确定因素的存在，使投资者仍处于观望、动荡的状态。成交量与股价同向上涨，是股价上涨的正常特性，这意味着股价将继续上升，而复星医药的交易量在 16 日～17 日、18 日～21 日分别出现了成交量与股价的同向上涨，这在 11 日～14 日的股价下跌，交易量急剧上升之后出现，意味着投资者对于复星医药重拾信心，也意味着公司的股价即将走上正常的上涨轨道，这也与公司在 13 日、14 日和 16 日通过媒体所发布的公告相对应。

　　而从图 5.6 中可以看出，复星医药在 2015 年 12 月成交量波动较大之后的 3 个月内，又回归了平稳，这也表示公司从长远情况看股价交易状况良好，投资者对公司总体来讲比较信任，公司经营状况也回归正常，并未收到此次事件的影响。这意味着公司利用媒体引导投资者投资热情的举措效果较为明显，对稳定投资者情绪、稳定公司股票交易起到了良好作用。

　　（3）超额收益率变动。通过收集公司在事件发生当日至事件结束当日（共 5 天）、事件发生当日至事件结束后一天（共 6 天）、事件发生当日至事件结束后 3 天（共 8 天）、事件发生当日至事件结束后 5 天（共 10 天）以及事件发生当日至事件结束后 10 天（共 15 天）这五个区间的公司股价，计算出五个区间内的超额收益率（即 AR 和 CAR），用于描述该事件所引起的市场反应。本节中，超额收益率（AR 和 CAR）的计算方法如下：首先在数据库中找到复星医药在对应时间中的历史股价数据和这段时间的大盘指数，先用当日收盘价减去前一天的收盘价之差除以前一天的收盘价得到每日股票收益率，用加权平均法算出一天后、3 天后、5 天后和 10 天后的超额收益率。用同样的方法算出每日指数收益率以及五个区间内的指数收益率，用每日股票收益率减去每日指数收益率得到 AR，累加得到 CAR。得到表 5.13 及图 5.7。

表 5.13　　　　　　　　　　　　　　超额收益率变动　　　　　　　　　　　　　　单位：%

日期	超额收益率（AR）	累计超额收益率（CAR）
[0，5]	－2.80	－5.60
[0，6]	－2.29	－6.87
[0，8]	－1.49	－7.43
[0，10]	－1.12	－7.83
[0，15]	－1.00	－9.97

　　资料来源：WIND 数据库。

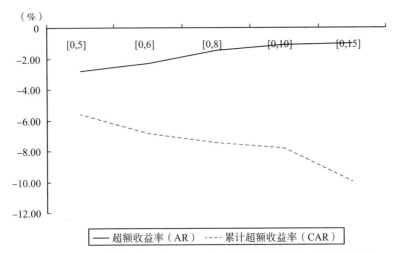

图 5.7 复星医药超额收益率（AR）与累计超额收益率（CAR）折线

资料来源：WIND 数据库。

由表 5.13 和图 5.7 中可以看出，在该事件发生日至截止日之间，超额收益率最低，此后稳步上升，该事件结束 10 天后已经接近 0 值。超额收益率即在事件期内股票实际收益率与正常收益率的差值，其中正常收益率指的是在事件不发生时股票的预期收益率。公司遇到有不良影响的突发事件必然会对股票产生负面影响，而超额收益率也就表现出公司股价受到影响的情况。由图 5.7 可看出，在该事件发生日至该事件结束 10 天之间的超额收益率 AR 已经接近 0 值，且上升较快，这意味着投资者对公司的投资热情与信任程度随着媒体的正面、积极、及时报道得以恢复，公司受到该突发事件影响较小，在较短的时间后就走上了正常的发展轨道。这一突发事件在超额收益率方面表现出的现象说明公司利用媒体报道向信息相对于内部管理层来说较为闭塞的投资者传递公司正面真实信息，从而维护公司形象、引导投资者投资热情的行为是较为有效的。

5. 案例公司经营绩效分析

从短期经营绩效的角度，本节从盈利能力、偿债能力、营运能力、成长能力四部分按照 2015 年与 2016 年两年的季度数据进行分析。

（1）盈利能力指标。盈利能力指标衡量的是企业获取利润的能力，其作为企业生存发展的重要因素，对于企业的发展至关重要。本节主要使用股东权益报酬率（ROE）、总资产报酬率、营业利润率和销售净利率四种比率来对复星集团的盈利能力作出评价。表 5.14、图 5.8 和图 5.9 分别是两年每季度的盈利能力指标数据表和数据折线图。

表 5.14　　　　　　　　　　股东权益报酬率与总资产报酬率数据　　　　　　　　单位：%

项目	2015 年第一季度	2015 年第二季度	2015 年第三季度	2015 年第四季度	2016 年第一季度	2016 年第二季度	2016 年第三季度
股东权益报酬率	4.10	4.53	3.32	3.36	4.02	4.52	3.47
总资产报酬率	2.03	3.05	2.07	2.12	2.20	2.66	2.18
营业利润率	25.14	34.74	23.20	22.00	25.58	27.59	22.84
销售净利率	21.98	28.86	20.96	19.62	23.61	26.59	21.19

资料来源：复星医药 2015 年及 2016 年报。

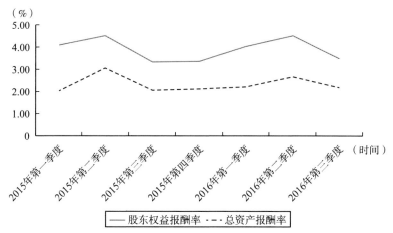

图 5.8　股东权益报酬率与总资产报酬率折线

资料来源：复星医药 2015 年及 2016 年报。

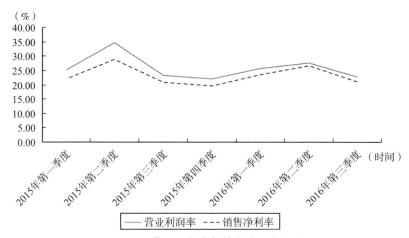

图 5.9　营业利润率与销售净利率折线

资料来源：复星医药 2015 年及 2016 年报。

从表 5.14 和图 5.8 中可知，复星医药股东权益报酬率从 2015 年第二季度 ~ 2015 年第三季度略有下降；三四季度持平；而 2015 年第四季度 ~ 2016 年有所上升，但总体相差不大，在同类型的医药行业中处于较为优势的地位，高于中国医药、上海医药、浙江医药等同类型公司。这表明，复星医药的投资者所获得的报酬率较大部分同类型公司高，投资具有较强的盈利能力，有利于复星医药吸引投资者投资。此外，公司也可以通过增收节支，提高资产利用效率或者提高权益乘数的方法提高股东权益报酬率。总资产报酬率和股东权益报酬率类似，在 2015 年第四季度中略低，但总体仍然保持稳定，高于南京医药等大多数医药公司，这说明公司通过资产取得了较好的收益。在营业利润率方面，复星医药营业利润率 2015 年第四季度处于最低值，但是从图 5.9 中可以看出波动并不太大，在 2015 年第四季度后开始上升，最高达到了 34%，处于较高水平，明显高于同行业一些总资产报酬率相差不大的公司，这说明复星医药在成本使用效率方面有较大优势，有利于其盈利。在销售净利率方面，复星医药 2016 年的销售净利率较 2015 年而言相差不大，且总体水平较高，这表明其在增加销售额时所获得的收益逐渐提升，说明企业目前的销售规模能给企业带来不错的收益率，盈利水平较高。

综合以上盈利能力指标来看，复星医药在 2015 年第三季度 ~ 第四季度之间都有小幅下降，但在第四季度之后又开始上升，且波动浮动并不大。从两年的季度数据折线图看来，公司普遍在第二季度盈利能力较好，两年的各季度波动情况较为一致，总体盈利水平较高且基本保持稳定。从图 5.8 和图 5.9 来看，公司此次在 2015 年底发生的突发事件并没有影响复星医药的盈利能力状况，在 2015 年第四季度之后盈利能力均处于上升状态，说明公司依然处于正常的发展状态，经济活动也未受到突发事件的影响。由此看来，此次突发事件并未影响复星医药的盈利能力与总体发展，其中，公司对于媒体的积极引导具有很重要的意义。

（2）偿债能力指标。偿债能力是公司能否持续经营的重要标志，若企业难以偿还债务，靠举债进行发展，这无疑会影响企业的持续经营。公司的偿债能力指标包括短期偿债能力和长期偿债能力两方面，本节选取流动比率来说明复星医药的短期偿债能力，选取资产负债率来说明其的长期偿债能力。表 5.15 和图 5.10 分别是两年每季度的偿债能力指标数据表和数据折线图。

表 5.15　　　　　　　　　复星医药偿债能力指标数据　　　　　　　单位：%

项目	2015 年第一季度	2015 年第二季度	2015 年第三季度	2015 年第四季度	2016 年第一季度	2016 年第二季度	2016 年第三季度
资产负债率	43.56	45.35	46.73	45.89	46.19	46.69	46.47
流动比率	89.55	75.83	73.66	76.11	98.81	86.58	92.63

资料来源：复星医药 2015 年及 2016 年报。

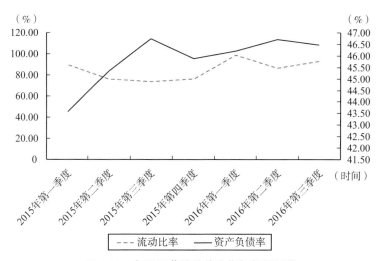

图 5.10　复星医药偿债能力指标数据折线

资料来源：复星医药 2015 年及 2016 年报。

　　资产负债率作为衡量企业长期偿债能力的重要指标，其过高表明企业资产难以偿还债务，处于负债经营，不利于企业的存续与发展；但如资产负债率过低也说明企业没有将资产得以很好运用，获取收益，从而将不利于股东的利益。资产负债率超过 70% 一般为危险心理警戒线，通常以不超过 50% 为宜。复星医药的资产负债率一直保持在 45% 左右，既保持了一定的收益能力，又避免了资产负债率过高难以偿债的情况，总体来看较为适宜，表明复星医药的长期偿债能力较强且较为稳定。而作为衡量短期偿债能力的流动比率，复星医药的水平则较正常水平低，流动比率一般以 1.5 ~ 2 为宜，而复星医药的流动比率与速动比率在 2015 年远远低于适宜比率，在 2016 年第一季度虽然有一定程度上的上升，但仍然低于正常水平。公司也在财报中表明了 2015 年出现这种情况的主要原因在于借入了一笔以建筑物和土地使用权作抵押的短期借款，因此导致流动比率较低。且在公司集团财报附注中注明，复星医药不存在到期未还的应付款项。这表明复兴集团虽短期偿债能力较差，但截至目前资金流相对稳定，信用较好。

　　从图 5.10 中可以看出，复星医药资产负债率走势相对平稳，在 2015 年第四季度虽然有所下跌，但是波动不大，且在 2016 年第一季度又有所上升，总体来讲在两年的折线图中并不突出，这说明资产负债率并未受到此突发事件影响。而流动比率总体来讲也保持平稳上升状态，在 2016 年初有所上升，说明在 2015 年底公司的偿债能力没有受到影响，现金流较为充裕。公司出现突发情况影响公司经营，往往会从资金流中表现出来，若资金流较为充足则证明公司短时间内不容易出现财务危机，资金流短缺甚至断裂则往往意味着公司经营困难。在面临突发状况时，公司如未能及时弥补突发状况带来的影响，往往会被质疑公司信誉，从

而影响现金流。但截至目前公司资金流相对稳定，说明公司经营状况，信誉状况
都相对比较好，也说明公司对于 2015 年底的突发状况控制得较好。从另一个角
度看来，公司资金流相对稳定也意味着公司能够较为稳妥地应对突发事件，即便
在事件发生时对公司稍有影响，也能够靠着相对充裕的资金流完成周转。这也与
此次事件发生时，管理层的电话会议上所说的公司财务状况较好相呼应，意味着
公司管理层并未利用媒体进行虚假报道，迷惑投资者，而是向投资者展示了公司
的真实状况，起到了良性的作用。

（3）营运能力指标。营运能力是指企业进行经营运行的能力，一般用总资产
周转率来对其进行说明。由于复星医药属于医药行业，对于存货的要求也较高，
因此本节综合考虑总资产周转率和存货周转率对企业的营运能力作出分析。通常
来说，公司的营业额越高，总周转率或存货周转率越大反映企业越强的经营能
力，管理层运用资金的能力越强。表 5.16 和图 5.11 分别是两年每季度的营运能
力指标数据表和数据折线图。

表 5.16　　　　　　　　　　　　　**复星医药营运能力指标数据**

项目	2015 年第一季度	2015 年第二季度	2015 年第三季度	2015 年第四季度	2016 年第一季度	2016 年第二季度	2016 年第三季度
总资产周转率	0.08	0.09	0.09	0.09	0.08	0.09	0.09
存货周转率	0.88	0.92	0.95	1.12	0.97	1.02	1.02

资料来源：复星医药 2015 年及 2016 年报。

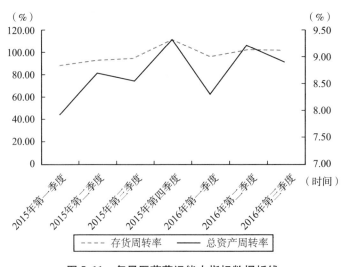

图 5.11　复星医药营运能力指标数据折线

资料来源：复星医药 2015 年及 2016 年报。

由表 5.16 可知，复星医药营运能力相对较差，总资产周转率与存货周转率都较大多数同类型公司低，存货的周转天数更是达到了 93 天，如此长的周转天数势必会影响企业对于存货的及时调用，有碍于企业经营。综合以上说明，复星医药在资产的周转效率方面较低，对资产的经营利用效率不高。将公司的总资产周转率和存货周转率的两年每个季度进行比较，可以看出这两种比率在 2016 年比 2015 年略有上升，但是总体情况都比较低。这种情况不利于企业持续运营，可能会出现存货供应断裂，难以持续经营的情况，且这两项周转率指标普遍低于同类型公司，这使得复星医药在与其他公司在营运能力的竞争上不具有优势地位，可能会因此而影响企业的正常经济活动。因此，复星集团应综合企业各个环节，找出运营上的冗杂之处，尽可能地减少资产周转时间，提高资产使用效率。

虽然公司营运能力较差，周转率较低，但从图 5.11 中可以看出，存货周转率总体变化不大，而总资产周转率虽然变化比较大，但是总体上来讲处于波动上升，且 2015 年第四季度位于最高点，这说明公司在营运能力这方面虽然与同类公司相比较低，但是并没有受到突发事件影响的表现，也即此次事件并未对公司的营运能力造成影响。

（4）成长能力指标。成长能力是对公司发展的趋势和能力的分析。本节中用每股收益指标对公司的成长能力进行分析。每股收益，是企业中每一股所要承担的企业获得的利润与损失，它反映了公司普通股的获利能力，是公司股东最看重的指标之一。股东通常通过每股收益对公司的获利水平，成长能力进行评估，并且做出是否持有公司股票的选择。表 5.17 和图 5.12 分别是两年每季度的成长能力指标数据表和数据折线图。

表 5.17　　　　　　　　　　　　复星医药成长能力指标数据

项目	2015 年第一季度	2015 年第二季度	2015 年第三季度	2015 年第四季度	2016 年第一季度	2016 年第二季度	2016 年第三季度
基本每股收益	0.23	0.33	0.25	0.26	0.27	0.38	0.29
基本每股收益同比增长率（%）	21.05	26.92	4.17	13.04	17.39	15.15	16.00

资料来源：复星医药 2015 年及 2016 年报。

复星医药的每股收益在 2015 年与 2016 年的数值都比较高，高于中国医药等同行业公司，这表明复星医药成长能力较强，股东可以获得较高收益。且在 2015 年与 2016 年的季报数据中可以看出，复星医药每股收益同比均为增长，增长率总体看来也比较高，除了 2015 年第三季度较低以外，均属于比较高的水平，在同类型公司中也处于较为优势的位置。这说明复星医药经营状况良好，成长能力较强，获得投资者的认可。2015 年公司每股收益水平较高，同比增长率处于优势地位说明了此次突发事件对于公司的股东获利水平没有造成较大影响，公司成长能力依然处于良好状态。而 2016 年第一季度基本每股收益的同比增长也说明了，在 2015 年底发生的突发事件在结束之后并未对公司的成长能力和收益水平造成很大影响，公司仍然处于平稳发展的状态。由此看来，公司管理层在事件中作出的媒体公告是有一定效果的。

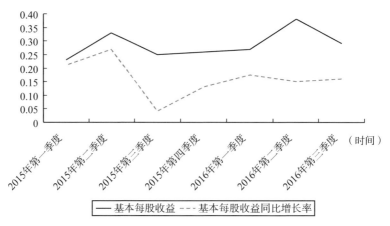

图 5.12　复星医药成长能力指标数据折线

资料来源：复星医药 2015 年及 2016 年报。

5.2.3　上市公司面临突发不利因素的对策与建议

复星医药在公司出现突发事件时，充分利用媒体等信息平台，在依托公司本身经济状况良好，突发事件与公司经营无关的基础上，及时、准确地发布相关信息，减缓了不利突发事件对于投资者的冲击，加强了投资者对于公司信誉的信心；在事件当中，公司不断通过媒体说明公司现状，表明公司具有长远发展的战略能力以及公司管理层对于公司股票具有足够的信心，让投资者对于公司的经济状况有了充分的了解，从而理智对待突发事件；在突发事件结束后，公司通过尽快传递公司上市等有利于公司发展的良好消息，引导投资者尽快走出不利事件的阴影，对公司依然保有足够的信心，从而平稳地度过了风险。从复星医药对于此次事件的应对中，能够得出以下几点启示与建议。

1. 及时准确发布信息，稳定公司形象

在公司出现不利的突发事件时，管理层应当在第一时间了解情况，结合公司现状及突发事件具体内容，通过媒体告知公众，尽量挽回公司信誉。

（1）及时性。对于突发事件的处理，最重要的是要及时回应，投资者相对于管理层而言，信息量相对较少，在面对公司出现突发状况时往往不了解真实情况，在信息量较少的情况下投资者可能会因为突发事件而想到对公司影响较为严重的可能性，从而造成对公司股价盲目失去信心，持这样观点的投资者人数增多则会造成公司股价下跌。而此时公司管理层应当及时将事件的具体情况及其对公司可能造成的影响、公司实际经营情况通过媒体告知投资者，让投资者了解到突发事件只是影响到了公司的一部分经营，并不会影响公司的整体运营情况，让其不致对公司失去信心。在本案例中，复星医药在此次事件发生当晚就发布公告，澄清了事件与公司的经营无关，也不会对公司的日后经营产生影响，公司的生产经营依然维持着正常的状态。这就及时给了投资者信心，令投资者在得知这一突发事件的同时了解到公司并未受到影响，从而在一定程度上减弱了公司股票下跌的局面，并对公司平稳渡过此次事件做了铺垫。由此可见，在公司处理突发事件时，及时性是重要的一方面。

（2）全面性。公司管理层在通过媒体传递信息的过程中，应当注重所传递信息的全面性。投资者，尤其是中小投资者，作为信息量相对较为闭塞的群体，往往格外关注公司的各方面经营信息，在公司出现突发事件时尤其如此。公司管理层传递了越多的公司经营信息，就越能够使得投资者全面了解公司，从而对公司的发展前景持较为乐观的态度，有利于公司走出不利事件所带来的影响，尽快走上正轨，另外，保持信息的全面性也能够让投资者感受到公司的诚意与可信度，从而更增加了管理层的说服力。在此案例中复星医药在电话会议中所标明的公司信息包括公司管理结构、经营战略、财务状况、现金流等多方面内容，比较全面的概括了公司的经营现状，让投资者可以从各个方面了解公司，从而了解到公司发展前途光明，公司战略很可能达到预期，进而使得公司管理层的解释更加具有可信度。由此可见，复星医药传递出来的信息的全面性对于帮助公司走出突发事件具有重要的作用。因此，在公司应对突发事件，通过媒体传递信息的过程中，保持信息的全面性是重要的一部分。

（3）体现管理层对公司的信心。公司管理层作为公司内部事务的执行机构，对公司的了解程度是最高的，而投资者，尤其是个人投资者，由于其规模较小，信息量较差，对于公司内部的状况不能够得到最详细的了解。由此可见，对于公司是否经营良好，前途是否光明，管理层的态度能够成为投资者判断的关键因素之一，能对投资者的投资情绪和决定造成一定的影响。因此，在公司遇到突发不利事件时，管理层为了增加投资者的投资热情，引导积极的投资者情绪，就应当及时通过媒体传递管理层对于公司经营的信心，说明公司具有投资的潜力，管理层的积极态度也会在一定程度上影响投资者对于公司投资的热情，有利于公司平稳渡过突发事件。在此案例中，复星医药管理层在 13 日的电话会议中表明公司管理层将会采取回购或者管理层增持的方式稳定股价，因此说明管理层对于公司经营状况的信任，并打消投资者对于公司股价的顾虑，为公司股价的上升起到了积极的作用。由此可见，在公司通过媒体传播信息的过程中，适时地表达公司管理层对于公司状况的信任，令投资者能够更加信任公司的发展前景，从而提升对公司的投资热情是很重要的。

2. 发布有利信息，提高投资者投资热情

公司在解决了突发事件之后，虽然对于公司而言，不利事件已经结束，但是往往投资者对于公司的前景仍持怀疑态度，公司股价也往往停滞不前，甚至一蹶不振。在这种情况下，如何尽快减少不利消息对投资者的冲击，使公司重新回到正轨，是管理层最需要关注的问题。

在突发事件刚刚结束时，投资者的信息还停留在不利事件给公司造成的影响上，对于公司的经营状况也持不太乐观的态度，对于是否要继续投资于这家公司，投资者往往持观望态度。此时，公司管理层需要提高投资者的热情，让公司在投资者心中尽快摆脱不利印象。而在管理层可以采取的诸多方法中，通过发布公司经营的有利信息，用媒体的宣传来扭转投资者的印象，以达到平稳渡过突发事件的目的，不失为一项较为有用的途径。

在本次案例中，复星医药在突发事件结束两天后即12月16日，通过中国证券网等各大媒体平台，发布了复星医药拟出资4亿元合资成立医药管理投资公司，将与地方大型国有企业合作并协同重点大学附属医院、国家级卫计委部属医院医教研平台共同发展的报道，在12月20日，又发布了复星医药控股子公司在中国香港上市的报道。这两次报道对复星医药的经营状况良好作出了实际行动上的证实，在两次报道之后，复星医药的股价都分别有所上升，也是促使股价最终平稳回升的原因之一。

公司及时发布有利报道，有以下几点作用。首先，这样的报道可以展示公司的实力。经营的有利报道往往是诸如投资分公司，获得专利，公司上市等，投资分公司等说明了公司具有一定的经济实力，现金流也比较充足才能完成投资，而公司财务状况良好，现金流充裕也是投资者评价公司实力的重要因素；获得专利等技术方面的优势则说明了公司有先进的技术能力，如果作为一家技术型企业，拥有技术性优势将成为其领先其他公司的重要因素；而公司上市等方面的优势报道说明了公司发展势头良好，能够满足上市的要求，也意味着公司的发展潜力较强，会吸引投资者的投资热情。诸如此类的报道可以向投资者展示公司各方面的实力，引导投资者提高对于公司的投资评价。其次，此时发布的有利报道也可以与公司之前作出的对公司经营情况的展示相对应，意在向投资者显示公司在对于突发事件的解释当中并未欺骗投资者，而是将公司的实际情况告知，这样能够使得投资者对于公司对突发事件的解释及对于公司所发布的良好发展情况更加信任，从而更倾向于投资该公司。在本案例中，复星医药在对于突发事件的解释中说明了公司财务状况较为良好，不存在资金链断裂的情况，而在随后 16 日的报道中公司拟出资 4 亿元合资成立医药管理投资公司，这一报道也从侧面展示了复星医药的财务状况，投资者将此报道与之前公司的说明联系起来，更增强了对于公司的信任感；20 日控股子公司上市，显示了公司具有一定的实力，与管理层在电话会议中说明公司有宏大的战略目标并且将完成公司战略相呼应。这两件有利于公司的报道令投资者对于公司的实力和公司此前披露的事实可信度都有了一定的了解，对于引导投资者情绪起到了很积极的作用。

公司在突发事件之后发布有利报道，也应注意以下三点：一是及时性，公司对于有利报道的发布应当注意时效性，最好能够在突发事件结束后及时报出，令投资者能够在短时间内扭转对于公司之前不好的印象。二是准确性，公司在此时发布报道更要注重准确性，因为在突发事件刚刚结束时，如果公司发布的报道不准确，将会造成投资者对于公司更加的不信任，起到反效果。三是与公司本身经营战略的相符性，虽然发布有利的报道能够帮助公司平稳渡过风险，但是公司的经营活动还要考虑到整体战略，不能为了平息突发事件而盲目行动，而要在考虑到公司整体经营活动的前提下，作出对于公司最有利的选择。

3. 随时传递信息，及时引导投资者

公司在面临突发事件时，投资者对具体的情况并不了解，此时公司为了让投资者可以保持对公司的投资热情，不仅应当将突发事件的情况及公司接下来的对策以及相应的解决方式及时的告知投资者，除此以外，还应当将出现的情况随时向投资者传递，让投资者对于公司处理此次事件的情况随时保持了解，从而能够对公司的整体情况有最清楚的认识。

公司通过媒体不断传播信息，既可以让投资者尽快摆脱因突发事件而对于公司的负面看法，又可以让投资者看到公司对于投资者的重视与对于问题处理及时的态度，这有助于引导投资者的投资热情，从而令公司尽快走出突发事件带来的负面影响。

在本案例中，复星医药在此次突发事件发生之后，连续在 11 日、13 日、14 日对此次事件进行解释说明，达到了对于事件情况的随时传递，令投资者对于这一事件了解得非常清楚。在此次事件中公司股价波动幅度较低与事件结束之后股价的平稳上升，包括公司在 2015 年第四季度到 2016 年第一季度中经营绩效的稳定，都与公司在突发事件中通过媒体将事件情况的随时传递有不可忽视的关系。

公司在处理突发事件的过程中随时向投资者传递信息，对于稳定投资者，对突发事件的平稳渡过以及之后的稳定股价、公司的持续运营，都起到了一定的作用。

4. 正确利用媒体，保证信息准确性

媒体作为公司管理层与投资者之间的桥梁，能够将公司的各项信息传递给所知信息量较少的投资者，从而让投资者能够科学合理的作出对于公司的决策。然而，媒体在传递信息时也具有双面性，它既能够通过传递准确的信息使得投资者正确了解公司情况，合理选择对公司的投资热情，也能够通过可以传播不准确的信息来误导投资者，掩盖不利于公司的现状，使得投资者作出错误的选择。前者属于对媒体的恰当利用，是媒体作为桥梁的正面作用，有利于市场经济的健康发展和对公司价值的正确评估，从而有利于维持市场秩序稳定正常的发展，同时也是公司应对突发事件的良好方式；而后者则是对媒体的错误利用，是欺骗投资者的表现，如果公司在面对突发事件时不采取正确的方法应对，而是通过对媒体的不良利用欺骗误导投资者，那么不仅仅会使得投资者对媒体产生不信任，也会有损公司形象，最终造成公司、媒体、投资者三方受损的局面。

由此可见，公司在通过媒体向投资者传递事件情况时，最重要的一点是要保持信息的准确性。准确性，包括公司所传递的与突发事件相关信息的准确性、公司在说明其对公司造成的影响时的准确性以及公司所透露的公司经营状况，财务状况，现金流等有可能影响投资者对于公司评价的相关内容的准确性。投资者作为享有信息的弱势一方，媒体所传播的信息对其来说格外重要，而投资者也会对媒体所传播的信息相对比较信任，并将其作为自己投资公司的重要依靠。因此，公司在通过媒体传递信息时，必须要求准确性，要正确利用媒体，这样既可以促使投资者了解公司，使公司的状况更加明晰，也可以使投资者更加信任媒体报道，从而有利于市场秩序的维持和投资者与公司的良好互动。在此案例中，首先，复星医药在11日、13日、14日中通过媒体说明此次事件并不严重而是属于正常的司法程序，并且不会对公司的整体运营造成影响。而公司较快的复盘和14日事件的解决也说明了公司所说情况的准确性；其次，在电话会议中，复星医药管理层对公司的经营状况，资金流和财务状况等进行了说明，此后在16日公司宣布出资4亿元创建合资公司，体现出了公司的资金流较为充裕，有能力进行一定的投资行为，从而与公司在电话会议中所说的相对应；而公司20日宣布子公司上市也体现了公司的经营状况受到了认可，处在正常经营的情况之中，而且公司的经营战略很有可能实现，这些都体现了公司发布的消息具有准确性；再次，复星医药2015年和2016年的年度指标中可以看出，公司的经营绩效和市场绩效情况都比较良好，在同类型的公司中处于比较优势的地位，这也说明了公司管理层在13日电话会议中所说的公司情况是属实的。投资者从这些信息中可以看出公司在突发事件中传递的信息具有准确性，这也使得投资者对于复星医药在应对突发事件时传递的信息增加了可信度。在14日之后，复星医药的股价在较

快时间内恢复到了与之前相差不大的水平，与投资者了解到复星医药传递的信息具有准确性，增强了对其的信心不无关系。

由此可见，在公司通过媒体传递消息的过程中，准确性是务必注意的一点，如果信息被证明了不具有准确性，而是通过媒体欺骗投资者，那么不单单会被投资者所不信任，将对公司的下一步投资产生影响，也是对于媒体的不良利用，最终会对公司产生更大的损害。而如果传递的信息具有准确性，则会受到投资者的信任，进而有利于公司的进一步发展。因此，在公司通过媒体向投资者传递信息的过程中，其中信息的准确性是最重要的一点。

5.3 投资者情绪、分析师预测与股价崩盘风险

5.3.1 引言

进入 21 世纪以来，全球的经济环境趋于稳定，但 2008 年全球性金融危机打破了整个市场的正常秩序，2007 年 4 月美国次贷危机引发了此次的全球性金融危机。由于美国当时宽松的货币政策和优越的经济环境，房价不断上涨，房地产行业不断扩张，由此带来的次贷链条一环紧扣一环，房价下跌，产生次贷危机。同时，房地产行业的急剧扩张并占据很大部分的消费市场，其他行业相应变得萧条，进一步加剧了次贷危机产生。这次全球性金融危机，使全球的股市遭到重创，世界贸易环境恶化，失业人口增加，严重影响世界经济的发展。2015 年恐慌的情绪，甚至危及全球资本市场。我国股市多次出现了"千股跌停"的异象。我国资本市场从成立以来，股价崩盘也多次发生，例如 2007 年 10 月和 2015 年 6 月，我国股市发生暴跌。2015 年 9 月，习近平总书记曾在不同场合多次提及中国股市，向世界传递"中国信心"。9 月 22 日，习近平总书记对美国进行国事访问，在接受《华尔街日报》采访时，他表示"政府的职责是维护公开、公平、公正的市场秩序，保护投资者特别是中小投资者的合法权益，促进股市长期稳定发展，防止发生大面积恐慌"。当晚习总书记在参加欢迎宴会时，再次强调了要维护公开、公平、公正的市场秩序，预防大面积恐慌的发生。十八届五中全会期间，习近平总书记再次提出：要通过改革保障金融安全，有效防范系统性风险。2017 年 7 月 14 日~15 日，全国金融工作会议在北京召开，习近平总书记出席会议时表示，对于做好金融工作，要"防止发生系统性金融风险"，并强调"金融安全是国家安全的重要组成部分"。因此，中国资本市场发展尚不完善，一旦发生股价崩盘现象，如何迅速有效地采取措施或如何预警崩盘风险是现在亟须解决

的问题。

目前，学者们对股价崩盘风险的成因和影响因素研究，大多从委托代理理论和信息不对称理论出发，认为管理层存在机会主义将负面信息进行隐藏，投资者对企业的相关信息无法及时准确地获取，加剧了信息不对称。现有研究大多从公司内部特征展开对股价崩盘风险的研究，而机构投资者和证券分析师在我国资本市场中扮演了非常重要的角色，市场投资者情绪从外部影响股价崩盘风险，而分析师预测从公司外部信息媒介的角度影响股价崩盘风险，本书研究市场投资者情绪对股价崩盘风险的影响，并进一步从分析师预测准确度与方向的调节作用角度进行研究。

本书从新的视角，将投资者情绪、分析师预测偏差与股价崩盘风险纳入同一研究框架，从非理性因素的角度研究分析，丰富了投资者情绪产生的经济后果与股价崩盘风险的影响因素方面的理论研究。从资本市场中投资者参与经济活动、作出投资决策的实际角度来看，本书的研究有助于拓宽证券监管机构或国家监管部门防范股价崩盘风险的思路，同时监管部门应该加强对投资者和分析师的监管和引导，降低股价崩盘风险的发生。

5.3.2 文献综述

1. 投资者情绪经济后果的相关文献综述

（1）投资者情绪与股票市场错误定价。基于传统金融学的理性经济人假设，市场参与者对信息进行正确的加工处理，股票价格充分反映价值，而实际中存在金融异象，投资者能够获得超额收益。学术界的噪声交易模型表明噪声交易者会降低资产定价的效率，即股票价格会偏离其实际的内在价值，而投资者情绪与噪声交易者存在紧密联系，因此，投资者情绪会对股票价格产生影响。施梅林（2009）认为投资者的认知偏差、心理活动等心理因素影响其对股票市场的观念和判断，并最终影响股票价格。而洪等（Hong et al.，2006）从异质信念的角度分析，资本市场中持悲观态度的市场参与者会受到市场中的卖空限制，使得他们不能充分地参与交易，因此，股票价格更多地反映乐观投资者的意见或判断，导致了股票价格的高估。宋云玲和李志文（2009）研究 A 股公司存在的应计异象时指出我国资本市场的异象存在与投资者情绪有关。岑等（Cen et al.，2013）从理论模型分析发现投资者情绪越高，股票价格就越易被高估，而未来股票收益越低；钱（2014）则运用实证的方法证明了投资者情绪阻止了价格发现并最终导致股票错误定价。我国的股票市场存在更多的散户，而非理性因素对市场的影响更大，常常出现股价暴涨暴跌的现象。张强等（2007）运用 GARCH - M(1，1)

模型实证研究投资者情绪对股票收益的影响时，从投资者的不同形态出发，研究认为相对于个人投资者，机构投资者的非理性情绪导致的认知偏差对股票价格的影响更显著。王美今和孙建军（2004）通过模型推导发现投资者情绪会影响股票价格，验证了投资者情绪是影响均衡资产价格的系统性因子。刘志远和花贵如（2009）在系统梳理投资者情绪与企业投资行为的相关研究文献时提出，投资者情绪是由于市场中投资者的非理性情绪以及现有市场中有限套利理论的作用，使得股票价格不能完全反映其基本面的信息，甚至会偏离其基本价值的一种市场表象。陆静和周媛（2015）研究投资者情绪对 AH 股交叉上市的股票价格的影响，同时控制了 Fama－French 三因子和宏观经济因子，研究结果仍表明投资者情绪具有显著的定价作用。刘维奇和武翰章（2018）结合 Fama－French 三因子模型研究投资者情绪与股票市场误定价的关系时发现，我国股票市场整体存在误定价，且股价整体被高估，投资者情绪尤其是乐观的投资者情绪与股票市场的误定价正相关。

（2）投资者情绪与投资行为。通过上面梳理现有研究的文献发现，股票的错误定价会受到投资者情绪的高涨或低落的影响，进一步发现股票的错误定价或是投资者情绪会直接对我国上市公司的实际投资产生影响。贝克等（2004）指出股票的错误定价会通过多种途径使不同市场个体间财富转移，但由此导致的公司实际投资效率的下降（投资过度或投资不足出现）以及宏观层面的资本配置效率的低下和损失更为严重。斯坦（1996）在非完全有效的市场中对市场时机与公司实际投资进行分析时，建立了管理者理性而投资者非理性的资本预算模型，作者分析研究了企业经理人进行投资决策时会受到投资者非理性情绪影响的两种途径：一是股权融资途径，二是迎合途径。贝克等（2003）为股权融资渠道提供了实证支持，认为在资本市场非有效的前提下，市场的错误估价会受到投资者情绪波动的影响，进一步导致企业的股权融资的成本和数量变动，企业的投资行为相应的也会发生变化。张戈和王美今（2007）以公司层面的投资者情绪证明投资者情绪对企业投资产生正向影响，且投资质量信息不对称程度严重时，短视的经理为了谋求公司股价的短期上涨，迎合渠道的作用更为明显。波尔克和萨皮恩扎（2009）基于股东利益最大化的管理目标，企业经理人在进行投资决策时，如果放弃认为在未来能够获得盈利的项目，其持股周期的意愿可能发生改变，给管理层带来压力，那么管理者会迎合投资者的情绪对投资行为进行调整。阿里夫和李（2014）也发现管理者会迎合噪声交易者的情绪，实证结果证明了投资者情绪与企业累计投资正相关。任碧云和任毅（2017）将企业操纵性应计利润作为投资者情绪的度量指标，从迎合渠道和股权融资渠道两个视角，来分析研究企业的投资水平会如何受到资本市场中投资者情绪的影响，文章通过分析研究发现，投资者情绪会通过迎合渠道和股权融资渠道同时影响中国资本市场的企业投资决策，并且在整个过程中迎合渠道所发挥的作用更大。翟淑萍等（2017）在研究投资者情绪对企业研发投资的影响时，实证支持了迎合理论，即管理者会迎合投资者情绪的高涨而增加研发投资。此外，现有理论的研究中关于投资者情绪影响企业投资的渠道还有：债权融资渠道（黄宏斌和刘志远，2014）、管理者乐观的中介渠道（花贵如等，2011）。在市场中的投资者和企业的管理者都是有限理性的框架下，研究市场参与者的非理性因素——投资者情绪是如何对企业的投资活动起到作用的，花贵如等（2011）通过理论分析与实证研究发现，管理者的乐观主义在投资者情绪正向影响企业投资的过程中起到中介作用。黄宏斌和刘志远（2014）在研究投资者情绪除了通过股权融资渠道、迎合渠道和管理者乐观渠道三种途径影响企业投资规模，是否还有其他途径？研究发现投资者情绪可以通过信贷融资渠道影响企业的投资规模。

（3）投资者情绪与股票市场波动。近年来学者们的研究大多立足于投资者的非理性视角，他们的结果表明投资者情绪可以对股票市场的波动作出解释。杜马斯等（Dumas et al.，2009）认为投资者的过度自信、损失厌恶等非理性情绪对股价的波动具有显著的正向影响。张宗新和王海亮（2013）通过构建理论模型和实证研究，采用多元回归法和脉冲响应函数研究股市的波动如何受到投资者情绪的影响，作者的研究结论认为投资者情绪会显著地正向作用于市场波动率。胡昌生和池阳春（2013）研究不同的资产估值水平下投资者情绪对市场波动性影响的差异，发现理性投资者和非理性投资者均对市场的波动产生影响，但非理性投资者对波动性的影响更显著；区分不同估值阶段研究后发现，在高估值阶段时相较于非理性情绪，市场的波动性会更多地受到理性情绪的影响；低估值阶段恰恰与之相反。陈其安和雷小燕（2017）理论和实证结果均证明了中国资本市场的股票价格显著地受到投资者情绪的正向影响，并且进一步分析发现，投资者情绪在一定程度上对货币政策对股票市场波动性的调控起到弱化的作用。王（2018）认为股票市场的波动性会同时受到机构投资者和个体投资者的情绪的影响。

2. 股价崩盘风险影响因素的相关文献综述

（1）股价崩盘风险的内部影响因素。首先，从管理层特征的角度分析股价崩盘风险的内部影响因素。现有研究普遍认为公司管理层出于机会主义而出现的代理问题是股价崩盘风险的根本影响因素，这一观点的提出是基于金和梅尔斯（2006）提出的"信息隐藏假说"。孙刚等（2013）实证研究税收规避程度与股价异动的关系时发现，企业的税收规避程度越高越会加剧股价发生"暴跌"。同年江轩宇（2013）在代理理论的框架下研究税收征管、税收激进与股价崩盘风险的关系时也证明了上述相关性，同时进一步研究发现税收征管会约束管理层的机会主义，因此，股价崩盘风险在其调节作用下，受到税收激进的正向影响降低。基姆等（2011）在研究公司 CEO 与财务总监的股权激励与股价崩盘风险的相关性时发现，二者均会加剧股价崩盘风险的发生，而且由于财务总监对公司财务信息的披露具有更强的专业性，股价崩盘风险受到财务总监对期权激励的敏感性的作用更明显。李小荣和刘行（2012）在研究股市波动情况时，从管理层的个人特征——性别角度研究，发现女性 CEO 可以降低股价崩盘风险发生的概率，同时 CEO 年龄越大或者股市处于"熊市"时，女性 CEO 的作用更为显著。而艾永芳等（2017）认为 CEO 与 CFO 的任期交错能够在一定程度上缓解代理问题、抑制 CEO 过度自信而造成的盲目投资、提高企业信息透明度，进而降低股价崩盘风险。CFO 兼任董秘有助于从信息沟通角度提高信息沟通效率、从风险规避角度更负责任地披露信息，提高资本市场的效率，缓解股价崩盘风险（彭情和郑宇新，2018）。周松和冉渝（2019）提出管理层能力越高，企业可以提供更高质量的信息，减少"坏消息"在企业中累积，进一步缓解"坏消息"释放带来的股价崩盘风险。此外，高管过度自信可能高估企业的业绩、低估发生失败的可能性、投资一些净现值小于 0 或者高风险的项目，从而加剧了股价崩盘风险的发生（Kim et al.，2015；曾爱民等，2017）。

其次，基于会计信息透明度、信息披露、盈余管理、会计稳健性、内部控制等角度，分析会计信息质量如何对股价崩盘风险产生作用。金和梅尔斯（2006）、赫顿等（2009）先后证明了会计信息质量与股价崩盘风险负相关，即可以通过提高会计信息透明度来降低企业的股价崩盘风险，随后我国学者施先旺等（2014）也证明了以上结论。王冲和谢雅璐（2013）采用 Logistic 回归和 OLS 回归模型实证研究发现，会计稳健性会对公司的股价暴跌产生明显的负向作用。进一步地研究发现，公司的信息不透明程度越大，会计稳健性对其股价崩盘风险的治理效应越显著，王雷（2015）、基姆和张（2016）也证明了会计稳健性可以缓解股价崩盘风险的结论。牛冬梅（2014）从会计信息质量——盈余管理的角度来研究其对股价崩盘风险产生的影响时，通过理论分析发现，公司的盈余质量越低，投资者和管理层之间的信息不对称更显著，使"坏消息"窖藏，加大股价崩盘的风险，实证也证明了盈余质量降低股价崩盘风险。杨棉之和刘洋（2016）也认为盈余质量与股价崩盘风险显著负相关，进一步分析发现公司的外部监督力量：证券分析师跟踪和机构投资者持股，能够缓解信息不对称，抑制盈余管理行为，从而减弱盈余质量对股价崩盘风险的负向作用。郑建明等（2018）认为公司管理层出于利己主义考虑，会运用各种途径来抑制公司负面信息公布，进而导致公司的盈余质量下降，最终可能会引发股价突然大幅下降，也就是说，盈余管理的一个经济后果是导致公司发生股价崩盘。进一步研究发现，由于内部监督因素的存在，具有高学历、财务背景以及海外留学经历的 CEO 利用自身较高的专业能力能够进一步改善公司的信息质量，进一步地能够缓解盈余管理行为对股价崩盘风险的正向作用。叶康涛（2015）认为公司通过披露其内部控制信息，缩小外部投资者与公司之间的信息"鸿沟"，能够进一步提高企业的信息质量，进而股价能够更真实地反映企业信息，降低股价崩盘风险。黄政和吴国萍（2017）进一步研究发现信息披露质量和代理成本在内部控制质量对股价崩盘风险的负向影响中起到中介作用，即高质量的内部控制可以通过提高信息披露质量和降低代理成本来缓解股价崩盘风险。

此外，企业的其他内部要素也对股价崩盘风险产生影响。股东与管理层之间的代理冲突和大股东与小股东之间的代理冲突这两类代理问题都会受到大股东持股比例的影响，股东与管理层之间存在"监督效应"，大股东与小股东由于利益趋于一致存在"更少掏空效应"，王化成等（2015）研究发现大股东持股比例越高，股价崩盘风险越小，而且从影响路径进一步分析发现，大股东持股一方面会通过"监督效应"来对股价的大幅下跌产生影响，另一方面也会通过"更少掏空效应"来降低股价短期内断崖式下跌的风险。然而，大股东大规模抛售股票会加剧股价崩盘风险的发生（吴战篪和李晓龙，2015），大股东减持股票加大了代理成本，外部投资者要求压低股票价格来补偿风险，进而加大股价突然大幅下跌的概率。谢德仁等（2016）在分析研究股票市场的波动性时，认为公司如果存在控股股东股权质押行为，控股股东最有动力和能力来降低公司发生股价崩盘风险的概率，进一步研究发现，由于非国有控股上市公司控股股东一旦发生股权质押行为，面临强制平仓和控制权转移的风险，因此在非国有控股上市公司中控股股东股权质押对股价崩盘风险的负向影响更为显著。姜付秀等（2018）研究发现公司存在多个大股东时，控股股东隐藏坏消息以及利己主义会受到大股东监督和控制，从而进一步降低企业股价崩盘的风险。

（2）股价崩盘风险的外部影响因素。目前，学者们大多从机构投资者、分析师、审计师以及会计师事务所、外部宏观环境及政策、宗教信仰等外部影响因素来研究对股价崩盘风险的影响。

首先，从企业外部利益相关者方面来看，许年行等（2013）从机构投资者"羊群效应"的角度来研究其对股价崩盘风险的影响时发现，机构投资者作出投资者决策时忽略自己已经掌握的私有信息，此时的机构投资者羊群行为表现为"真羊群行为"，降低信息透明度，进而提高股价崩盘风险发生的概率。曹丰等（2015）也证实了上述观点，机构投资者持股加剧了信息不对称程度，进而提高了股价崩盘风险。李昊洋等（2017）实证分析了投资者情绪对股价崩盘风险的影响，研究结果表明，投资者情绪会显著加剧股价发生崩盘的可能性，进一步研究发现投资者情绪通过影响股价同步性进而影响股价崩盘风险。

其次，与企业相关的审计师、分析师及其相关机构会影响股价崩盘风险。吴克平和黎来芳（2016）认为上市公司聘请较高声誉的审计师，有助于缓解管理层隐藏"坏消息"，进一步提高企业的信息质量，缩小企业与外部投资者之间的信息"鸿沟",进而降低股价发生短时暴跌的概率,实证研究结果表明审计师声誉对股价崩盘风险存在显著的负向影响。黄宏斌和尚文华(2019)从审计师性别特征的角度研究其对股价崩盘风险的影响,分析认为女性审计师更厌恶风险并作出更谨慎的判断,提高信息披露质量,降低股价崩盘风险。实证研究发现被女性审计师审计的公司发生股价崩盘风险的概率较低,而且审计质量在二者关系中起到部分中介的作用。此外,张瑞军和徐鑫(2017)研究了母子公司统一审计对上市公司未来股价崩盘风险的影响,他们提出被同一审计师事务所审计的集团上市公司能够便于审计师掌握集团的经营特点、交易方式等等,审计师能够辨别公司所出具的财务报告是否存在操纵行为,进而抑制管理层的利己主义,并最终证明母子公司统一审计与未来股价崩盘风险显著负相关。潘越等(2011)认为上市公司信息透明度与股价崩盘风险负相关,基于此进一步研究发现,证券分析师的关注会提高公司信息透明度,进而缓解股价崩盘风险。分析师过于乐观时,会影响负面消息的及时披露,增加股价崩盘的风险,许年行等(2012)研究了分析师乐观偏差对股价崩盘风险的影响,研究发现分析师乐观偏差与股价崩盘风险显著正相关,并且分析师面临的"利益冲突"显著增强二者的正相关关系。牛冬梅(2014)将分析师作为信息环境的代理变量,研究发现分析师关注度显著影响盈余质量与股价崩盘的相关关系。

最后,有些学者从加强投资者保护环境建设研究对股价崩盘风险的影响。王化成等(2014)在我国高度重视投资者保护的背景下,从股价崩盘风险的视角研究投资者保护对我国资本市场的积极作用,实证研究发现投资者保护水平的提高能够显著降低企业未来发生股价崩盘风险的可能性,并且企业业绩和成长性差的公司,二者的负相关性越显著。基于代理理论,张宏亮和王靖宇(2018)认为投资者保护会降低企业产生负面信息的可能性和隐藏负面信息代理成本,因此投资者保护会缓解股价崩盘风险,随后他们采用层次分析法,对企业会计信息质量、内部控制有效性、外部审计报告可靠性、管理控制效率及财务运行质量五个指标构建投资者保护指数,实证研究公司层面的投资者保护与股价崩盘风险的相关性,结果证实了上述理论推导的结论。丁慧等(2018)借助社交媒体平台"上证 e 互动"的外界环境,研究投资者信息能力与股价崩盘风险的相关性,实证研究发现社交媒体条件下投资者信息能力与企业未来股价崩盘风险显著负相关,进一步分析影响路径发现,投资者信息能力的提高有助于降低投资者之间的意见分歧,并降低股价崩盘风险。

除此之外,其他外部因素也会对股价崩盘风险起到作用。从宏观角度来说,在货币政策方面,紧缩的货币政策给市场中的投资者带来信贷压力,投资者为了获得资金抛售股票,而其他投资者出于融资能力低或者无法识别抛售股票的价值而谨慎购买,导致股价崩盘风险(代冰彬和岳衡,2015)。褚剑和方军雄

（2016）基于中国 2010 年实施的融资融券制度，采用双重差分的方法研究了融资融券制度对股价崩盘风险的影响，其一由于融资融券标的选择的标准使股票本身价格暴跌的可能性小，使得股票卖空机制基本不发挥作用，其二同时实施融资和融券这两种机制，促使投资者跟风追涨，因此融资融券制度的实施反而加剧了股价崩盘风险。刘春和孙亮（2015）从股价崩盘风险的角度研究税收征管对投资者保护是否具有积极作用，实证研究发现，加强税收征管力度，会促使企业释放负面信息，降低股价崩盘风险。权小峰等（2015）从非对称风险的视角分析企业社会责任的经济后果，研究发现强制披露企业社会责任的公司，管理层利用企业社会责任掩盖公司"坏消息"的释放及自利主义行为，恶化信息环境，因此企业社会责任会加剧股价崩盘风险的发生。此外从企业政治关联角度，袁军和潘慧峰（2018）实证研究证实企业的政治关联通过政府偏袒机制降低股价崩盘风险。

3. 股价崩盘风险影响因素的相关文献综述

投资者情绪的经济后果大多导致股票市场的错误定价，影响市场参与者的投资决策，进一步导致股票市场的波动。股价崩盘风险的影响因素研究大多集中于管理层特征、会计信息质量、企业代理问题、大股东持股比例等内部因素和企业外部利益相关者、审计师、分析师及相关机构、投资者保护、宏观政策、企业社会责任披露等外部因素两方面。本书通过梳理股价崩盘风险和投资者情绪的相关理论文献及实证研究的结果，发现国内外学者们对投资者情绪的经济后果的研究较为成熟，而对股价崩盘风险影响因素的研究大多基于客观因素或指标进行研究，从非理性层面的研究角度较少，尤其对投资者非理性因素投资者情绪的研究较少。

在有限理性的框架下，市场参与者会受到投资者情绪的影响，进而对自己的判断产生偏差，而股价除了表示公司基本面信息外，还包含了投资者情绪等非理性信息，投资者情绪的存在导致股价波动，进一步影响市场的稳定性。同时，分析师作为资本市场中信息的使用者和提供者，其利用自己通过各种渠道得到的信息对企业作出预测研究报告，并将这一信息提供给市场参与者。现有文献对从非理性角度研究投资者情绪对股价崩盘风险的研究较少，并结合信息媒介——分析师预测进一步研究其对二者的作用，能在一定程度上丰富现有的理论研究。

5.3.3　理论分析与研究假设

1. 投资者情绪对股价崩盘风险的影响

梳理现有的理论研究发现，之前学者们对传统的金融学的研究，认为投资者都是理性趋利的，他们认为资产的内在价值可以完全由价格表示，通过资产选择与组合理论、期权定价理论、资本资产定价模型、套利定价模型等在资本市场谋求利益最大化。但是随着国内外学者的深入研究发现，事实上投资者在资本市场中往往没有遵循传统的资产定价理论进行投资来获得利益最大化，其投资行为并非只是受到市场层面信息的影响，往往还会受到投资者心理、情绪、想象力、认知等非理性因素的影响。因此，投资者基于某些外部因素和非理性的价值判断，进而做出非理性的投资决策，甚至进行盲目投资，导致股价偏离正常的市场价值，加剧资本市场的不稳定性。早期学者基于传统金融学理论在完全理性的假设下，对股价崩盘风险的研究只能解释股价变动的非对称性特征。在代理理论和信息不对称理论的基础上，现有文献从管理层利己主义而隐藏坏消息的角度，从降低代理成本、缓解信息不对称的思路，对股价崩盘风险进行了较为深入的研究，但忽略了对非理性市场下投资者情绪的研究。

随着行为金融学的发展，越来越多的研究发现投资者情绪会对资本市场的各种决策施加影响，公司基本面的因素固然会影响股价的波动性，但投资者情绪也可能是股价崩盘风险的影响因素之一。早在 1990 年金诺特和利兰（Gennotte & Leland，1990）就曾研究发现，由于外部信息环境的一个非常细微的变化都可能会引起市场参与者情绪的恐慌，进而导致股票价格的剧烈波动。李昊洋等（2017）提出我国大多数投资者体现出明显的情绪化特征，当市场的投资者情绪高涨时，投资者由于过度自信或盲目投资行为，而忽略了投资过程中的坏消息，随之股价被高估，而背离市场价值，形成股价泡沫，加剧了股价崩盘风险。其实证研究结果发现投资者情绪显著的正向影响股价崩盘风险。林川（2016）提出企业管理层会从信息层面迎合投资者情绪，表现为释放更多的企业新增投资信息，而实际的股价就会隐藏更多的坏消息，加重了信息不对称程度，导致股价暴跌。

因此，投资者情绪一方面加重了企业的信息不对称程度，造成股价虚高，产生股价泡沫；另一方面，投资者情绪高涨使投资者忽略了市场中存在的不利消息，高估股价导致股价崩盘风险。基于以上分析，提出假设 1。

假设 1：投资者情绪与股价崩盘风险正相关，即投资者情绪高涨会加剧股价崩盘风险。

2. 分析师预测对投资者情绪与股价崩盘风险相关性的影响

现有文献较早对股价崩盘风险的研究大多从代理理论和信息不对称理论的角度展开研究，随着研究的不断深入，近年来学者们逐渐将研究视角拓宽到资本市场的参与者在经济活动中所扮演角色的角度。资本市场中的重要信息媒介——分析师，一方面其是信息的使用者，他们通过自己搜集到的企业相关信息对企业的财务状况、经营成果、成长性等作出研究报告；另一方面其是信息的传递者，资本市场的其他参与者会根据分析师发出的研究报告作出投资决策或其他经济行为。此外，因为分析师具有较高的专业能力及较为宽阔的获取信息的渠道，他们能够通过发布研究报告向投资者们传递公司相关的内部信息，进而缩小公司与市场投资者之间的信息"鸿沟"，使市场的股价较为合理地反映基本价值。而在市场中具有举足轻重地位的分析师对资本市场的稳定性、对股价波动的影响却少有研究，因此，本书从分析师预测准确度偏差和分析师预测方向偏差两个角度来研究分析师预测对投资者情绪与股价崩盘风险相关性的作用。

（1）分析师预测准确度偏差的调节作用。希利和帕利普（Healy & Palepu，2001）在研究分析师对资本市场稳定性的作用时提出，分析师一方面可以运用资本市场中公开的各种信息，从企业基本的财务相关数据方面给出合理解释；另一方面他们可以通过公司管理层进行深度挖掘他们内部的相关信息，在原有基本分析报告的基础上，加上获得的企业内部信息，使得分析师发布的研究报告更加地合理、贴近企业的基本价值。分析师所公布的研究报告越贴近实际价值，越能够缓解由于代理问题导致的信息不对称，提高企业与市场投资者之间的信息透明度，进一步防止由于坏消息的过度"窖藏"而引发的股价短期内大幅度下跌的现象。蔡庆丰等（2011）采用面板数据模型分析发现，证券分析师的羊群行为会进一步加剧市场投资者的羊群行为，而且证券分析师和机构投资者羊群行为的叠加会导致市场信息含量降低甚至引发信息堵塞、催生资产泡沫，加剧了市场的波动性。戴方哲（2016）认为我国资本市场尚不完善，仍然存在诸多问题，整个市场的有效性会受到整体浓重的投机氛围和资本市场参与者之间的利益冲突的影响，投资者会受分析师盈余预测的"变脸行为"的影响，进而加剧"追涨杀跌"行为，最终导致股价崩盘风险。

因此，分析师在企业管理层与投资者之间承担了"信息使者"的角色，分析师通过发布企业研究报告来展示企业公开的财务信息，更重要的是披露信息劣势方所不能够获取的信息，来缓解代理问题和信息不对称问题。分析师预测能够从侧面反映公司隐藏的一部分信息，缓解信息不对称带来的企业信息透明度低下的问题，而分析师预测偏差越大，会降低研究报告的可信度，降低投资者的投资效率，甚至带来股价的波动。基于以上分析，提出假设2。

假设2：从分析师预测准确度偏差的角度来看，分析师预测偏差越大，投资者情绪对股价崩盘风险的正向作用越显著。

（2）分析师预测方向偏差的调节作用。国内外文献研究发现分析师盈余预测具有显著的乐观倾向的特点，即分析师预测具有显著的方向性偏差。早在1982年国外学者弗里德和吉沃利（Fried & Givoly，1982）就证明了证券分析师在预测评级的过程中存在乐观偏差。吴东辉和薛祖云（2005）在研究财务分析师盈利预测的投资价值时，对数据进行描述性统计时发现分析师预测值高于实际值，即分析师盈余预测存在乐观倾向。随后李文贵（2007）实证分析了我国财务分析师盈余预测行为的特征，研究结果证实了财务分析师的预测行为具有显著的乐观倾向。分析师本应该遵循职业操守发布客观、准确的分析报告，但由于分析师声誉、地位、报酬等利益的诱惑，其无法坚持自己独立的判断，发布乐观的预测信息，刺激投资者的投资欲望。

大量研究表明分析师盈余预测行为存在乐观偏差，研究者们大多从两个角度给出解释。一是由于分析师自身的认知偏差而作出乐观预测行为。分析师本是出于自身的客观判断作出真实的价值判断，但从行为学和心理学的角度来说，由于自身认知过程中有偏差，导致其作出乐观的预期。研究者发现无论是分析师还是资本市场其他的参与者，都会对好消息作出过度反应，而忽视不利信息，因此分析师出于自身认知偏差而具有乐观倾向。二是外界的利益冲突驱动分析师作出乐观判断。分析师会受到证券公司、所分析的公司经理人、机构客户、分析师自身利益等多方面的压力（李丽青，2013）。分析师出于从所分析公司经理人得到私有信息的目的，彼此之间友好合作，往往会拖延发布甚至规避掉公司的负面消息，作出乐观态度的预测结果。由于分析师的乐观预测，公司的股票价格会相应地提高，而股价的上升势必会给公司经理人带来报酬等方面实质性的收益，因此，分析师的乐观预测会"讨好"企业经理人，进而获得更多隐藏信息。证券公司为了维护与公司客户的关系，往往要求分析师不发布对其不利的报告，此外证券公司凭借"买入"建议而不是"卖出"建议来提高经营业绩，因此，分析师会发布利好消息。

资本市场中投资者的投资决策会受到分析师乐观偏差的影响。米勒（Miller，2002）认为美国在 20 世纪 90 年代发生的互联网股价泡沫危机受到分析师乐观盈余预测的影响。当资本市场的大环境处于上升的态势时，投资者由于缺乏专业知识技能无法判断或识别分析师预测报告的有用信息，因而投资者会根据分析师的乐观预测高估股价，造成股价泡沫。此外，分析师所分析的企业经理人会受到分析师预测的影响，经理人为了达到分析师预测的水平，会采取激进的投资策略和经营战略，投资者投资于高风险的项目或者进行盈余管理，来达到分析师盈余预测的水平。由于分析师乐观的预测会导致市场的股价泡沫产生，进而带来股价崩盘风险。因此，分析师乐观偏差会通过"信息传递"效应导致投资者情绪乐观，进一步加剧股价崩盘风险。基于以上分析，提出假设 3。

假设 3：从分析师预测方向偏差的角度来看，分析师乐观偏差越大，投资者情绪对股价崩盘风险的正向影响越强。

5.3.4　研究设计

1. 样本选取与数据来源

本节将 2010～2018 年沪深 A 股上市公司的相关数据作为研究样本，由于实证研究的需要，部分变量需要滞后，故最终样本区间为 2011～2018 年。为了保证研究结果的准确性，对样本数据进行以下处理：（1）剔除金融业和 ST 的上市公司样本；（2）剔除有缺失值的样本。为了避免某些样本中异常值的存在对研究结果的准确性造成影响，对剔除后的样本进行 Winsorize 缩尾处理，最终得到 8287 个样本。本节数据全部来自国泰安数据库，并采用 EXCEL 对数据进行整理，采用 Stata12 对数据进行处理分析。

2. 变量的度量

（1）解释变量。本节的解释变量是投资者情绪。本节研究市场层面的投资者情绪与股价崩盘风险的相关性，从国泰安数据库可以直接下载投资者情绪指数作为代理变量。投资者情绪指数的构建是易志高和茅宁（2009）、魏星集等（2014）效仿 Baker 和 Wurgler（2006），对 6 个相关变量采用主成分分析法构建，分别得到 CICSI、ISI 投资者情绪指数，分别为模型（5 – 12）、模型（5 – 13）。本节取后半年的月均投资者情绪指数作为当年的投资者情绪指数。

$$CICSI = 0.231 \times DCEF + 0.224 \times TURN + 0.257 \times IPON$$
$$+ 0.322 \times IPOR + 0.268 \times CCI + 0.405 \times NIA \qquad (5-12)$$
$$ISI = 0.64 \times NA + 0.521 \times TURN + 0.229 \times CCI + 0.351 \times DCEF$$
$$+ 0.227 \times NIPO + 0.463 \times RIPO \qquad (5-13)$$

（2）被解释变量。本书的被解释变量是股价崩盘风险。参考许年行等（2012），赫顿等（2009）、基姆等（2011）、江轩宇（2013）等文献，本节采用收益上下波动率（DUVOL）和负收益偏态系数（NCSKEW）来度量股价崩盘风险。

首先，采用模型（5 – 12）对周个股收益率和周市场收益率进行回归，计算经过周市场收益率调整后的周个股收益率即残差 ε。

$$r_{i,t} = \alpha_0 + \beta_1 r_{m,t-2} + \beta_2 r_{m,t-1} + \beta_3 r_{m,t} + \beta_4 r_{m,t+1} + \beta_5 r_{m,t+2} + \varepsilon_{i,t} \qquad (5-14)$$

其中，$r_{i,t}$ 为股票 i 第 t 周考虑现金红利再投资的周个股回报率，$r_{m,t}$ 为股票 i 所对应的市场第 t 周经流通市值加权平均的周市场回报率。参考迪姆松（Dimson，1979）的研究，在模型中加入 $r_{m,t}$ 的滞后项和前推项来控制股票非同步性交易的影响。残差 $\varepsilon_{i,t}$ 为个股 i 周特有收益率。

其次，对周特有收益率取自然对数，来降低数据分布偏度的影响。

$$W_{i,t} = \ln(1 + \varepsilon_{i,t}) \qquad (5-15)$$

最后，基于周特有收益率 $W_{i,t}$ 构建衡量股价崩盘风险的两个指标：

①收益上下波动比率（DUVOL）

$$DUVOL = \log\{[(n_u - 1) \sum_{DOWN} W_{i,t}^2]/[(n_d - 1) \sum_{UP} W_{i,t}^2]\} \qquad (5-16)$$

其中，$n_u(n_d)$ 为股票 i 的周特有收益率 $W_{i,t}$ 大于（小于）年平均收益 W_i 的周数，DUVOL 的数值越大，表示公司的股价崩盘风险越大。

②负收益偏态系数（NCSKEW）

$$\text{NCSKEW}_{i,t} = -\left[n(n-1)^{3/2} \sum W_{i,t}^3 \right] / \left[(n-1)(n-2)\left(\sum W_{i,t}^2 \right)^{3/2} \right] \tag{5-17}$$

其中，n 为股票 i 每年的交易周数，NCSKEW 的数值越大，表示公司的股价崩盘风险越大。

（3）调节变量。本节的调节变量是分析师预测准确度偏差和分析师预测方向偏差。借鉴王玉涛和王彦超（2012）、谭松涛等（2015）的现有计量方法，对分析师预测行为进行度量。

从分析师预测的准确度方面考虑，将分析师预测的每股收益与每股收益的实际值之差的绝对值定义为分析师预测准确度偏差，见模型（5-18）。

$$\text{FERROR}_{i,t} = \frac{\left| \text{Mean}(\text{Feps}_{i,t}) - \text{Meps}_{i,t} \right|}{\left| \text{Meps}_{i,t} \right|} \tag{5-18}$$

其中，Feps 为分析师所预测的 i 公司在第 t 年的每股收益值，取所有分析师对 i 公司在第 t 年预测值的平均值 Mean(Feps)，Meps 为 i 公司公告的第 t 年的实际每股收益。FERROR 的值越大，分析师的预测准确度偏差越大。

$$\text{FERROR\_opt}_{i,t} = \frac{\text{Mean}(\text{Feps}_{i,t}) - \text{Meps}_{i,t}}{\left| \text{Meps}_{i,t} \right|} \tag{5-19}$$

与分析师预测准确度偏差从偏差的绝对水平考虑不同，模型（5-19）从分析师预测的方向角度分析，当预测的每股收益大于实际值时，存在正向的预测偏差，即分析师乐观偏差；与之相反，则存在负向的预测偏差。

（4）控制变量。

表 5.18　　　　　　　　　　　　　　　变量定义

变量类型	变量符号	变量定义及度量
被解释变量	NCSKEW	股价崩盘风险，以负收益偏态系数来衡量，该指标越大说明股价崩盘风险越大
解释变量	ISI	投资者情绪，参考魏星集等（2014）的方法
调节变量	FERROR	分析师预测准确度偏差，分析师预测的绝对水平，每股收益预测值与实际值之差的绝对值
调节变量	FERROR_opt	分析师预测的正向偏差，即分析师乐观偏差，每股收益预测值大于实际值的样本
控制变量	FOLLOW	分析师跟踪，Follow = Ln（1 + 分析师跟踪人数）
控制变量	AVEWIT	股票 i 在第 t 年的周特有收益率的平均值
控制变量	STDWIT	股票 i 在第 t 年的周特有收益率的标准差

续表

变量类型	变量符号	变量定义及度量
控制变量	BIGHOLD	股权集中度，公司前五大股东持股比例
	BM	公司 i 的账面市值比
	AVETURN	公司 i 的年均换手率
	LEV	财务杠杆，资产负债率
	ROA	资产收益率，净利润/总资产
	SIZE	企业规模，$SIZE = Ln(1 + 总资产)$
	ACC	利用修正的琼斯模型求出可操纵性应计
	GROWTH	公司成长性，公司本期主营业务收入增长率
	CFO	公司当年经营活动净现金流量与期初总资产之比
	BIG4	哑变量，公司 i 是否被四大会计师事务所审计，是取 1，否取 0
	INSHOLD	公司当期机构投资者持股比例

3. 模型设计

根据提出的研究假设及已有文献的研究，提出模型（5 - 20）进行实证检验：

$$NCSKEW_t = \alpha_0 + \alpha_1 \times ISI_{t-1} + \alpha_2 \times FOLLOW_{t-1} + \alpha_3 \times AVEWIT_{t-1}$$
$$+ \alpha_4 \times STDWIT_{t-1} + \alpha_5 \times BIGHOLD_{t-1} + \alpha_6 \times BM_{t-1}$$
$$+ \alpha_7 \times AVETURN_{t-1} + \alpha_8 \times LEV_{t-1} + \alpha_9 \times ROA_{t-1}$$
$$+ \alpha_{10} \times SIZE_{t-1} + \alpha_{11} \times ACC_{t-1} + \alpha_{12} \times GROWTH_{t-1}$$
$$+ \alpha_{13} \times CFO_{t-1} + \alpha_{14} \times BIG4_{t-1} + \alpha_{15} \times INSHOLD_{t-1} \qquad (5-20)$$

模型（5 - 20）中，解释变量 ISI 和控制变量对被解释变量 NCSKEW 产生的影响具有滞后性，为了研究结果的准确性，因此本书用 t - 1 期的投资者情绪和控制变量来解释 t 期的股价崩盘风险。根据理论分析及假设的提出，可以推测模型中 α_1 的符号应为正，即投资者情绪加剧了股价崩盘风险的发生。

5.3.5 实证结果与分析

1. 描述性统计与相关性检验

（1）描述性统计。本节主要相关变量的描述性统计结果见表 5.19。表 5.19 给出了主要变量的描述性统计结果，根据上表可以得出以下结论：①本节实证研究所需数据的样本容量为 8287。②被解释变量股价崩盘风险（NCSKEW）的均

值为 - 0.15，中位数为 - 0.17，说明所研究样本企业的股价崩盘风险大都处于低风险，其最大值为 4.5，最小值为 - 5，标准差为 1，说明所研究企业的股价崩盘风险具有较大差距，有些企业存在极高的崩盘风险，而有些企业发生股价崩盘风险的概率较低。③解释变量投资者情绪（ISI）的最小值为 32，最大值为 83，标准差为 15，说明投资者的情绪不尽相同，投资者情绪波动很大。

表 5.19　　　　　　　　　　　主要变量描述性统计结果

变量	均值	标准差	最小值	中位数	最大值	样本数
NCSKEW	- 0.150	1	- 5	- 0.170	4.500	8287
ISI	53	15	32	48	83	8287
FOLLOW	2.100	0.880	0	2.200	4.300	8287
AVEWIT	- 0.00170	0.00800	- 0.0750	- 0.00230	0.110	8287
STDWIT	0.0480	0.0200	0.0120	0.0440	0.190	8287
BIGHOLD	54	16	11	54	99	8287
BM	1.100	1.200	0.0320	0.730	16	8287
AVETURN	- 2.300	22	- 107	- 1.800	114	8287
LEV	0.450	0.200	0.00800	0.450	0.950	8287
ROA	0.0540	0.0440	- 0.280	0.0440	0.590	8287
SIZE	23	1.300	19	22	29	8287
ACC	- 0.0330	0.430	- 22	- 0.0450	14	8287
GROWTH	0.480	6.400	- 2.700	0.130	435	8287
CFO	0.0650	0.200	- 7.200	0.0610	9.300	8287
BIG4	0.0920	0.290	0	0	1	8287
INSHOLD	0.460	0.230	7.00e - 06	0.480	1.400	8287

资料来源：原始数据来自国泰安数据库，作者用 STATA、EXCEL 进行处理。

（2）相关性检验。本节主要相关变量的相关性检验结果见表 5.20。表 5.20 为主要变量间的相关性检验结果。在未控制其他变量的情况下，投资者情绪（ISI）与股价崩盘风险（NCSKEW）之间的相关系数为 0.059，且在 1% 的水平下显著正相关，这与假设 1 是相符的。

表 5.20

Person 相关系数矩阵

变量	MCSKEW	ISI	FOLLOW	AVEWIT	STDWIT	BIGHOLD	BM	AVETURN	LEV	ROA	SIZE	ACC	GROWTH	CFO	BIG4	INSHOLD
NCSKEW	1															
ISI	0.059***	1														
FOLLOW	0.036***	−0.00600	1													
AVEWIT	−0.612***	−0.098***	0.040***	1												
STDWIT	−0.278***	0.123***	−0.077***	0.464***	1											
BIGHOLD	−0.028**	−0.037***	0.099***	−0.00100	−0.051***	1										
BM	0.00200	−0.111***	−0.022**	−0.132***	−0.266***	0.084***	1									
AVETURN	−0.157***	−0.206***	0.00600	0.291***	0.487***	0.00500	−0.050***	1								
LEV	−0.062***	−0.039***	0.00200	−0.023**	−0.081***	0.024**	0.610***	−0.0170	1							
ROA	−0.019*	−0.034***	0.366***	0.107***	−0.0160	0.115***	−0.345***	0.0100	−0.420***	1						
SIZE	−0.060***	0.139***	0.317***	−0.072***	−0.217***	0.263***	0.617***	0.00100	0.548***	−0.131***	1					
ACC	0.0170	0.027**	−0.00800	−0.0100	−0.00400	−0.032***	−0.022**	0.032***	−0.055***	−0.024**	−0.021*	1				
GROWTH	−0.044***	0.018*	−0.018*	0.054***	0.051***	0.00300	0.055***	0.0140	0.032***	0.00500	0.029***	0.074***	1			
CFO	−0.033***	0.0120	0.086***	0.052***	0.0130	0.072***	−0.067***	−0.00200	−0.092***	0.243***	0.00500	−0.328***	0.269***	1		
BIG4	−0.050***	0.0170	0.158***	−0.0120	−0.106***	0.242***	0.193***	0.0150	0.140***	0.00100	0.428***	−0.026**	0.028***	0.055***	1	
INSHOLD	−0.061***	−0.00400	0.226***	0.032***	−0.123***	0.431***	0.150***	0.0180	0.190***	0.093***	0.386***	−0.033***	−0.0130	0.027**	0.230***	1

注：***、**、*分别表示在1%、5%、10%的水平下显著。

2. 多元回归及其结果分析

根据表 5.21 中的结果显示，回归结果（1）表示在控制了分析师跟踪、周特有收益率标准差和平均值、企业股权集中度、公司规模、资产负债率、资产收益率、换手率、可操纵性应计利润等多方面的因素对股价崩盘风险的影响后，投资者情绪对股价崩盘风险具有正向作用，即股价崩盘风险发生的概率会随着投资者情绪的高涨而变大。实证研究结果相关系数为 0.0017，在 5% 的水平上显著正相关，证明了假设 1 是正确的。

表 5.21 模型（5-20）回归结果

| 变量 | NCSKEW | | | | |
| | （1） | （2）分析师预测准确度偏差 | | （3）分析师预测方向偏差 | |
	全样本	偏差大	偏差小	乐观偏差	悲观偏差
ISI	0.00170 ** （2.16）	0.00530 ** （2.26）	0.00135 （1.60）	0.00201 * （1.77）	0.00259 （0.88）
FOLLOW	0.0608 *** （5.87）	0.0246 （0.83）	0.0663 *** （5.96）	0.00589 （0.32）	0.00699 （0.14）
AVEWIT	-86.25 *** （-65.07）	-80.88 *** （-21.77）	-87.67 *** （-60.84）	-87.80 *** （-47.94）	-84.94 *** （-16.11）
STDWIT	-2.795 *** （-4.68）	-2.807 * （-1.71）	-2.618 *** （-4.05）	-2.638 *** （-3.15）	-6.622 *** （-2.69）
BIGHOLD	-0.000190 （-0.30）	-0.00285 （-1.61）	0.000195 （0.29）	0.000468 （0.26）	0.00990 * （1.92）
BM	-0.117 * （-1.90）	0.134 （0.77）	-0.150 ** （-2.25）	0.104 （0.87）	-0.796 ** （-2.58）
AVETURN	0.00337 *** （6.63）	0.00329 ** （2.52）	0.00341 *** （6.16）	0.00340 *** （4.94）	0.00497 *** （2.86）
LEV	0.0335 （0.57）	0.0729 （0.45）	0.0242 （0.38）	0.232 （1.64）	-0.467 （-1.25）
ROA	0.290 （1.00）	0.968 （1.14）	0.156 （0.50）	0.716 （1.38）	0.228 （0.18）
SIZE	-0.0914 *** （-7.44）	-0.120 *** （-3.12）	-0.0897 *** （-6.85）	-0.0954 *** （-3.15）	0.0816 （0.99）

变量	NCSKEW				
	（1）	（2）分析师预测准确度偏差		（3）分析师预测方向偏差	
	全样本	偏差大	偏差小	乐观偏差	悲观偏差
ACC	- 0. 00336 （- 0. 08）	- 0. 174 （- 1. 46）	0. 0187 （0. 42）	- 0. 119 （- 1. 36）	- 0. 264 （- 1. 13）
GROWTH	- 0. 00438 （- 0. 40）	- 0. 0474 （- 1. 62）	0. 000372 （0. 03）	- 0. 00733 （- 0. 42）	- 0. 0696 （- 1. 30）
CFO	- 0. 0599 （- 0. 60）	- 0. 165 （- 0. 55）	- 0. 0855 （- 0. 80）	- 0. 0116 （- 0. 07）	0. 178 （0. 42）
BIG4	- 0. 0699 ** （- 1. 97）	0. 0515 （0. 41）	- 0. 0733 * （- 1. 96）	- 0. 00648 （- 0. 05）	- 0. 296 （- 1. 04）
INSHOLD	0. 0177 （0. 40）	0. 238 * （1. 89）	- 0. 0162 （- 0. 34）	0. 347 *** （3. 88）	0. 0709 （0. 26）
cons	1. 723 *** （7. 57）	2. 112 *** （2. 93）	1. 713 *** （7. 07）	1. 484 ** （2. 38）	- 1. 905 （- 1. 12）
N	8287	982	7305	6632	1655
adj. R^2	0. 426	0. 436	0. 426	0. 401	0. 378

注：***、**、*分别表示在1%、5%、10%的水平下显著。

资料来源：原始数据来自国泰安数据库，作者采用 STATA、EXCEL 进行处理。

回归结果（2）从分析师预测准确度的角度进行研究，分析师预测准确度偏差大小对投资者情绪与股价崩盘风险相关性的影响。取平均数作为划分分析师预测准确度偏差大小的依据，分析师预测准确度偏差大和分析师预测准确度偏差小的样本分别有 982 个和 7305 个。实证研究结果分两组呈现，分析师预测准确度偏差大的样本组相关系数为 0. 0053，在 5% 的水平上显著相关；而分析师预测准确度偏差小的样本组回归结果并不显著，因此假设 2 得以验证。

回归结果（3）从分析师预测的方向研究，分析师乐观偏差是否会对投资者情绪与股价崩盘风险相关性的产生影响。分析师乐观偏差根据分析师作出的预测是否高于实际值来分组，如果二者差值大于零，则为分析师预测乐观偏差组；反之，为分析师预测悲观偏差组。分析师预测乐观偏差与悲观偏差组的样本分别为 6632 个和 1655 个，可见资本市场中分析师普遍存在乐观偏差，因此也符合米勒（2002）、李丽青（2013）等的观点。实证研究结果分两组呈现，分析师乐观偏差的样本组相关系数为 0. 00201，在 10% 的水平上显著相关；而分析师悲观偏差的样本组回归结果并不显著，因此假设 3 得以验证。

3. 稳健性检验

本节采用两种方法来检验实证回归的结果具有稳健性：其一是改变解释变量投资者情绪或者被解释变量股价崩盘风险的度量方法；其二是从信息透明度的角度，改变调节变量分析师预测准确度偏差的度量方法。

首先，只替换一个变量，把被解释变量股价崩盘风险的度量指标由负收益偏态系数（NCSKEW）变为收益上下波动比率（DUVOL），计算方法详见研究设计，此处不再赘述。表 5.22 为替换股价崩盘风险度量指标为 DUVOL 的实证结果。根据表 5.22 显示的结果可以看出，全样本时，投资者情绪与股价崩盘风险的相关系数为 0.00451，在 1% 的水平上显著正相关，即随着投资者情绪的高涨，企业发生股价短时间急剧下跌的可能性加大。当区分分析师预测准确度偏差大小时，分析师预测准确度偏差大的样本组相关系数为 0.02，分析师预测偏差小的样本组相关系数为 0.0186，两组在 1% 的水平上显著正相关，因此进一步做似不相关检验验证两组的差异，结果在 10% 的水平上存在显著差异。因此，分析师预测准确度偏差越大，投资者情绪对股价崩盘风险的正向影响越显著。当区分分析师乐观与悲观偏差时，分析师乐观偏差样本组相关系数为 0.00502，在 1% 水平上显著正相关；而分析师悲观偏差的样本组回归结果并不显著。根据表 5.22 中的结果进行上述分析，可以看出将股价崩盘风险的度量指标由 NCSKEW 换为 DUVOL，对假设进行回归验证的结果仍然保持不变。

表 5.22　　　　　　　　稳健性检验（NCSKEW 替换为 DUVOL）

变量	DUVOL					
	（1）	（2）分析师预测准确度偏差			（3）分析师预测方向偏差	
	全样本	偏差大	偏差小	分组差异检验	乐观偏差	悲观偏差
ISI	0.00451 *** (7.47)	0.0200 *** (11.68)	0.0186 *** (31.22)	3.07 * P = 0.0796	0.00502 *** (7.08)	0.00299 (1.47)
FOLLOW	0.0880 *** (7.37)	0.0577 *** (2.66)	0.0737 *** (9.66)		0.0837 *** (5.95)	0.0618 (1.55)
AVEWIT	−43.40 *** (−36.52)	−37.99 *** (−16.99)	−43.76 *** (−46.11)		−42.98 *** (−30.96)	−38.80 *** (−9.22)
STDWIT	−8.531 *** (−16.00)	−9.223 *** (−8.34)	−7.039 *** (−15.85)		−8.064 *** (−13.08)	−12.92 *** (−6.76)
BIGHOLD	0.00151 (1.27)	−0.00244 * (−1.91)	0.00193 *** (4.30)		0.000523 (0.38)	0.00784 * (1.94)

续表

变量	DUVOL					
	(1)	(2) 分析师预测准确度偏差			(3) 分析师预测方向偏差	
	全样本	偏差大	偏差小	分组差异检验	乐观偏差	悲观偏差
BM	− 0. 207 *** (− 10. 79)	0. 439 *** (3. 54)	0. 203 *** (4. 54)		− 0. 173 *** (− 7. 39)	− 1. 251 *** (− 5. 09)
AVETURN	0. 00267 *** (5. 74)	0. 00192 ** (2. 02)	0. 00185 *** (4. 70)		0. 00282 *** (5. 12)	0. 00433 *** (2. 95)
LEV	0. 468 *** (5. 06)	0. 227 * (1. 95)	0. 282 *** (6. 56)		0. 525 *** (4. 80)	0. 530 * (1. 81)
ROA	0. 734 ** (2. 30)	1. 448 ** (2. 32)	0. 614 *** (2. 88)		0. 957 ** (2. 49)	− 0. 427 (− 0. 43)
SIZE	− 0. 123 *** (− 6. 42)	− 0. 195 *** (− 7. 02)	− 0. 172 *** (− 19. 83)		− 0. 143 *** (− 6. 19)	− 0. 00897 (− 0. 14)
ACC	− 0. 0963 * (− 1. 70)	− 0. 0318 (− 1. 16)	− 0. 00666 (− 1. 16)		− 0. 0901 (− 1. 36)	− 0. 233 (− 1. 28)
GROWTH	0. 0138 (1. 20)	− 0. 00338 (− 0. 16)	− 0. 00187 (− 0. 23)		0. 0113 (0. 84)	− 0. 0122 (− 0. 29)
CFO	− 0. 251 ** (− 2. 33)	− 0. 0567 (− 0. 26)	− 0. 368 *** (− 4. 98)		− 0. 249 * (− 1. 95)	− 0. 166 (− 0. 49)
BIG4	− 0. 115 (− 1. 50)	0. 0396 (0. 43)	− 0. 0281 (− 1. 17)		− 0. 0594 (− 0. 65)	− 0. 207 (− 0. 93)
INSHOLD	− 0. 183 *** (− 3. 12)	0. 0464 (0. 51)	− 0. 144 *** (− 4. 45)		− 0. 105 (− 1. 55)	− 0. 607 *** (− 2. 88)
_cons	2. 319 *** (5. 68)	3. 092 *** (5. 93)	2. 441 *** (15. 20)		2. 666 *** (5. 44)	0. 454 (0. 35)
N	8287	982	7305		6632	1655
adj. R^2	0. 207	0. 475	0. 445		0. 125	0. 331

注：*** 、 ** 、 * 分别表示在1% 、5% 、10% 的水平下显著。
资料来源：原始数据来自国泰安数据库，作者用STATA、EXCEL进行处理。

其次，同时替换解释变量和被解释变量，将投资者情绪 ISI（魏星集等，2014）替换为 CICSI（易志高和茅宁，2009），同时将股价崩盘风险 NCSKEW 替换为 DUVOL，回归结果见表 5.23。根据表 5.23 中的结果可以看出 3 个原假设仍然得到验证。因此，从解释变量和被解释变量的角度来验证结果的稳健性，无论是单变量替换还是同时替换，回归结果没有发生变化，说明稳健性较好。

表 5.23　　　　稳健性检验（ISI 替换为 CICSI，NCSKEW 替换为 DUVOL）

变量	DUVOL						
	(1)	(2) 分析师预测准确度偏差			(3) 分析师预测方向偏差		
	全样本	偏差大	偏差小	分组差异检验	乐观偏差	悲观偏差	分组差异检验
CICSI	0.0755 *** (45.39)	0.0699 *** (15.30)	0.0663 *** (43.28)	6.10 ** P = 0.0135	0.0684 *** (41.78)	0.0612 *** (19.43)	4.02 *** P = 0.0450
FOLLOW	0.0370 *** (3.52)	0.0313 (1.54)	0.0497 *** (6.96)		0.0472 *** (6.19)	0.0376 ** (2.55)	
AVEWIT	−53.51 *** (−50.82)	−49.72 *** (−19.41)	−52.88 *** (−54.01)		−51.37 *** (−50.89)	−55.30 *** (−25.89)	
STDWIT	−3.990 *** (−8.10)	−6.581 *** (−5.82)	−5.228 *** (−11.97)		−5.220 *** (−11.62)	−6.874 *** (−7.21)	
BIGHOLD	0.00488 *** (4.69)	−0.00345 *** (−2.87)	0.000880 ** (2.09)		0.000251 (0.57)	0.000468 (0.51)	
BM	−0.0323 (−0.52)	0.311 *** (2.76)	0.110 *** (2.74)		0.163 *** (3.85)	0.00498 (0.06)	
AVETURN	0.00153 *** (3.95)	0.00202 ** (2.26)	0.00165 *** (4.46)		0.00186 *** (4.83)	0.00120 (1.64)	
LEV	0.420 *** (5.27)	0.116 (1.06)	0.241 *** (5.96)		0.233 *** (5.45)	0.211 ** (2.54)	
ROA	0.779 *** (2.75)	0.856 (1.47)	0.341 * (1.71)		0.369 * (1.76)	0.134 (0.32)	
SIZE	−0.309 *** (−19.31)	−0.169 *** (−6.67)	−0.156 *** (−19.88)		−0.161 *** (−19.03)	−0.140 *** (−8.58)	
ACC	−0.194 *** (−3.91)	−0.0872 (−1.08)	−0.0554 ** (−1.97)		−0.0700 ** (−2.31)	−0.0205 (−0.37)	
GROWTH	0.0120 (1.19)	0.00307 (0.15)	−0.00403 (−0.53)		−0.00559 (−0.71)	0.00336 (0.20)	
CFO	−0.216 ** (−2.28)	−0.00772 (−0.04)	−0.326 *** (−4.66)		−0.246 *** (−3.32)	−0.350 ** (−2.38)	
BIG4	−0.152 ** (−2.28)	0.0619 (0.71)	−0.0344 (−1.52)		−0.0316 (−1.25)	−0.0144 (−0.33)	

续表

	DUVOL						
变量	（1）	（2）分析师预测准确度偏差			（3）分析师预测方向偏差		
	全样本	偏差大	偏差小	分组差异检验	乐观偏差	悲观偏差	分组差异检验
INSHOLD	0.00238 (0.05)	0.130 (1.51)	−0.0288 (−0.94)		0.00574 (0.18)	−0.0389 (−0.57)	
_cons	3.230*** (9.67)	0.820 (1.65)	0.463*** (3.01)		0.501*** (3.01)	0.467 (1.45)	
N	8287	982	7305		6632	1655	
adj. R²	0.391	0.534	0.508		0.508	0.517	

注：***、**、*分别表示在1%、5%、10%的水平下显著。
资料来源：原始数据来自国泰安数据库，作者用STATA、EXCEL进行处理。

最后，从信息透明度的角度来考虑分析师预测准确度偏差大小，国内外大量研究证实，分析师跟踪和分析师预测准确度都可以作为信息透明度的代理变量。根据前文的分析可知，分析师预测准确度偏差越大，反映了市场的信息不对称程度越高，信息透明度越低，进一步加剧了股价崩盘风险的发生。而布尚（Bhushan，1989）提出，分析师跟踪人数较多的公司大多集中在盈余操纵行为少、信息披露水平高的企业，即分析师跟踪具有选择性。基于信息透明度的角度，分析师跟踪越多的企业，其信息透明度越高，相应的分析师预测准确度偏差会较小。因此，将分析师预测准确度偏差用分析师跟踪替换后，回归结果见表5.24。表5.24的回归结果（1）是基于分析师跟踪来研究投资者情绪 ISI 指数对股价崩盘风险 DUVOL 的影响。结果显示，分析师跟踪人数少的样本组相关系数为0.024，分析师跟踪人数多的样本组相关系数为0.0168，其均在1%的水平上显著正相关，进一步进行似不相关检验结果在1%水平上显著差异，即分析师跟踪人数少的样本组，投资者情绪对股价崩盘风险的正向作用更显著。因此，分析师跟踪人数越少，分析师预测准确度偏差越大，信息不透明程度越高，进一步对股价崩盘风险的影响越显著，原回归结果得到验证。表5.24的回归结果（2）是基于分析师跟踪人数多少来研究投资者情绪 CICSI 指数对股价崩盘风险的影响，其结果与结果（1）相符，同样证实了回归结果的稳健性。

表 5.24　　　　　　　　稳健性检验（分析师预测偏差替换为分析师跟踪）

变量	DUVOL					
	（1）			（2）		
	跟踪人数多	跟踪人数少	分组差异检验	跟踪人数多	跟踪人数少	分组差异检验
ISI	0.0168 *** （25.67）	0.0240 *** （22.05）	30.20 *** P = 0.0000			3.94 ** P = 0.0472
CICSI				0.0649 *** （38.80）	0.0720 *** （24.52）	
AVEWIT	− 49.35 *** （− 44.64）	− 51.96 *** （− 28.08）		− 54.42 *** （− 51.71）	− 48.94 *** （− 27.39）	
STDWIT	− 7.364 *** （− 14.85）	− 9.904 *** （− 12.65）		− 5.475 *** （− 11.40）	− 5.973 *** （− 7.84）	
BIGHOLD	0.00134 *** （2.68）	0.00102 （1.31）		− 0.000314 （− 0.67）	0.00191 ** （2.48）	
BM	0.195 *** （4.01）	0.303 *** （3.72）		0.123 *** （2.84）	0.106 （1.40）	
AVETURN	0.00253 *** （5.62）	0.00330 *** （5.40）		0.00180 *** （4.19）	0.00186 *** （3.27）	
LEV	0.265 *** （5.46）	0.304 *** （4.34）		0.240 *** （5.22）	0.205 *** （3.01）	
ROA	1.319 *** （5.77）	0.194 （0.49）		0.828 *** （3.86）	− 0.304 （− 0.79）	
SIZE	− 0.146 *** （− 16.21）	− 0.219 *** （− 12.54）		− 0.145 *** （− 17.67）	− 0.164 *** （− 10.14）	
ACC	− 0.0791 ** （− 2.37）	0.0286 （0.56）		− 0.0595 * （− 1.89）	− 0.0526 （− 1.05）	
GROWTH	− 0.00498 （− 0.55）	− 0.00222 （− 0.17）		− 0.00767 （− 0.87）	0.00225 （0.18）	
CFO	− 0.385 *** （− 4.67）	− 0.167 （− 1.30）		− 0.304 *** （− 3.87）	− 0.258 ** （− 2.10）	
BIG4	− 0.0367 （− 1.44）	− 0.0231 （− 0.41）		− 0.0245 （− 1.03）	− 0.0681 （− 1.18）	
INSHOLD	− 0.0717 ** （− 2.01）	− 0.196 *** （− 3.50）		0.0112 （0.33）	− 0.0623 （− 1.11）	

续表

变量	DUVOL					
	(1)			(2)		
	跟踪人数多	跟踪人数少	分组差异检验	跟踪人数多	跟踪人数少	分组差异检验
cons	2.075 *** (11.97)	3.448 *** (10.56)		0.401 ** (2.40)	0.513 (1.62)	
N	5951	2336		5951	2336	
adj. R²	0.431	0.529		0.502	0.524	

注: *** 、 ** 、 * 分别表示在 1% 、 5% 、 10% 的水平下显著。
资料来源: 原始数据来自国泰安数据库, 作者用 STATA 、 EXCEL 进行处理。

5.3.6 研究结论与建议

近年来, 我国资本市场虽然在不断快速发展, 但仍然存在市场参与者不理性、各项政策不完善等问题, 在 2008 年、2015 年相继出现股价暴跌的现象, 严重损害了股东的利益, 市场投资者的信心受到动摇, 阻碍了我国资本市场的稳定发展, 甚至波及我国的实体经济。本书选取 2010 ~ 2017 年全部 A 股非金融类上市公司的数据为研究样本, 实证检验了市场层面的投资者情绪对股价崩盘风险的影响, 并进一步探讨分析师盈余预测准确度偏差与预测方向偏差对二者相关性的影响, 最终得出以下结论: (1) 市场层面的投资者情绪对股价崩盘风险具有显著的正向影响, 也就是说, 随着投资者情绪的高涨, 企业会发生股价崩盘风险的概率变大。(2) 从公司重要信息媒介——分析师预测的角度研究其对投资者情绪与股价崩盘风险相关性的影响。研究发现, 分析师预测准确度偏差越大、分析师乐观偏差越大, 在一定程度上加剧了投资者情绪对股价崩盘风险的正向影响, 即随着投资者情绪的高涨, 分析师预测准确度偏差越大或分析师乐观偏差越大时, 企业发生股价崩盘风险的概率越大。

根据本书的研究结论, 为了提高资本市场的稳定性, 提出以下建议: (1) 健全市场监管制度, 相关部门切实发挥市场监督作用。我国的股票市场起步较晚, 目前发展并不健全和完善, 监管部门应该发挥其作用, 建立健全资本市场的监管制度, 从规则制度上规范投资者、分析师等市场参与者的各项经济活动。(2) 加强对投资者和行业分析师的引导教育。投资者的情绪往往由于非理性因素的影响而发生变化, 应该加强对投资者的引导教育, 对其进行专业知识的培养, 提高自身的专业判断能力。其次, 分析师会受到内外部压力或诱惑的影响, 进而作出有悖于真实情况的非客观判断, 进一步误导投资者投资行为。加强对分析师的引导教育, 应该使分析师有一颗中立的心, 作出准确客观的判断, 引导资本市场的稳健运行。（3）完善企业内部监督制度，提高企业管理者的综合素质。企业的管理者对企业的正常运营起着重要的作用，而管理者在决策时，往往会受到投资者情绪和分析师盈余预测的影响，干扰自己的判断，甚至其中存在利益关系。企业的内部监督应及时指出并惩处相关责任人，避免管理者自利主义引发市场的波动，同时提高管理者的综合素质，提高其决策效率。

第6章

研究结论与未来研究展望

6.1 研 究 结 论

本书选取资本市场中投资者情绪这一独特视角，探讨由于投资者情绪而引起的资产价格非理性波动如何显著影响企业的股权、信贷等各种融资决策，以及由于投资者情绪波动而引起的控股股东股权质押融资行为。进而，在企业进行了各种融资后，其融资约束状况是否得以缓解，利用高涨投资者情绪而进行的融资是否会对企业投资效率及后续经营绩效产生影响？投资者情绪下的企业融资决策将引发后续资源配置效率怎样的波动？再进一步，投资者情绪既是公司股价波动的原因，也是公司股价波动的表现，当加入外部主流媒体、分析师等第三方后，投资者情绪所引起的企业市场绩效将如何变化？基于此，本书分为4个章节展开系列讨论：

第2章：投资者情绪的计量及影响因素研究

第3章：投资者情绪对企业融资决策的影响研究

第4章：投资者情绪、企业融资行为与资源配置效率

第5章：外部环境、投资者情绪与公司市场绩效

各部分主要内容之间的逻辑架构见图6.1。

围绕第2章，即投资者情绪的计量及影响因素研究，本书已经尝试使用"文本分析"的新方法对投资者情绪进行分门别类的计量。但是投资者是资本市场中极其众多与复杂的群体，作为每个投资者的个体本身又存在着非常大的个性差异，基于此，本书第一部分对投资者情绪指数构建进行了述评与展望。结合投资者情绪的计量，也进一步探究了投资者情绪的影响因素。从市场层面研究了媒体情绪对投资者情绪的影响，探究媒体情绪在不同投资者情绪状态下所发挥的作用，以及不同的媒体类型对投资者情绪的影响。研究发现，当投资者情绪低落

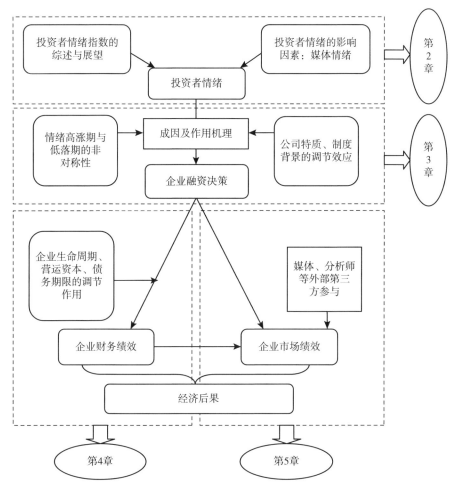

图 6.1　本研究内容总体框架

时，媒体情绪与投资者情绪显著负相关，未能起到平抑低落投资者情绪的作用；而在高涨区间，媒体情绪与投资者情绪显著正相关，媒体情绪的助推效果显著；在理性区间，媒体情绪对投资者情绪没有影响。不同类型媒体在高涨区间对投资者情绪的影响存在显著差异，政府控制型媒体的拉动效果更加明显。通过深入分析媒体情绪对投资者情绪影响的门槛非线性关系，并梳理不同投资者情绪状态下媒体情绪对其产生影响的具体作用机制，有助于我国媒体以更加公正无偏的文字加以报道，对于加强信息的发布源——媒体及其情绪的控制，以达到正本清源的目的具有重要的参考与借鉴。

　　围绕第 3 章，即投资者情绪对企业融资决策的影响研究。首先选取典型案例进行了股权再融资的分析。任何一家上市公司都会面临融资决策和融资选择，其影响了企业的投资行为，更是股利分配决策的延伸。除了公司自身的融资需求，投资者情绪也会深深影响企业的股权再融资行为。国电电力发展股份有限公司是中国国电集团公司控股的全国性上市发电公司，是中国国电集团公司在资本市场的直接融资窗口和实施整体改制的平台，2014 年被评为最佳主板蓝筹公司。国电电力的案例以上市公司股权再融资的制度环境为背景，通过分析国电电力历次再融资行为及其后续的绩效影响，探讨了投资者情绪对上市公司股权再融资决策的驱动作用。

同时，也探讨了投资者情绪高涨期和低落期对企业信贷融资的非对称性影响的作用机理。研究发现：在低落期，投资者情绪对企业信贷融资的下行拉动力更强，且与高涨期的上推拉动存在显著差异；现有贷款规模越高的企业，高涨的投资者情绪对其信贷融资的增加效应越小，低落的投资者情绪对其信贷规模的减少效应越大；投资者情绪对民营企业信贷融资的影响更为显著，在低落期给民营企业信贷融资带来更大的下行拉动力。投资者情绪高涨与低落状态对企业信贷融资总额，不同信贷规模的企业，及不同产权性质下不同信贷规模的企业，均存在非对称性影响，加剧了经济波动的顺周期效应。因此可通过减少投资者情绪波动及合理引导投资者预期以减少信贷融资而引致的周期波动。

现有研究在考证投资者情绪对企业融资决策的影响时，往往忽略了投资者情绪对商业信用供给的影响及其作用机理。本书通过对商业信用决策动机，供给意愿和财务能力三个方面的分析，证实了投资者情绪对企业商业信用供给的正向影响，并在此基础上进一步探究了分别处于强市场竞争和弱市场竞争环境时，投资者情绪对商业信用供给作用的差异，即与处于弱市场竞争的企业相比，投资者情绪上涨，强市场竞争企业的商业信用供给增长更为显著。这一研究拓宽了虚拟经济对实体经济的影响思路，并为企业商业信用管理提供一定的参考与借鉴。

同时，本书利用上市公司股权质押公告数据，基于投资者情绪视角，考察了股权质押的时机选择及质押公告披露后的市场反应。研究发现：股权质押存在明显的择时效应，投资者情绪直接影响了控股股东质押融资的意愿和规模；股权质押公告的市场反应在情绪高涨和低落期存在显著差异，并且是公司内外部因素交织后的综合结果；在情绪高涨期，未发生过重大违规和掏空程度较低的上市公司对股权质押公告的反应更为积极。投资者情绪和公司治理因素均是股权质押市场反应差异的重要原因，这有助于从市场层面理解股权质押的影响因素及经济后果。

现有研究不仅尚未关注股权质押所带来的市场反应，同时也忽视了 2013 年以来中国股权质押业务模式创新及渠道特征给资金流向和用途带来的潜在影响。本书进一步从控股股东的行为逻辑及股权质押业务渠道的特征出发，探讨了控股股东股权质押之后正向市场反应的成因。研究发现：触发股权质押公告后正向市场反应的因素与质押渠道密切相关。银行渠道下的正向市场反应更多是因为控股股东面临短期资金压力，将股权质押所融资金支持上市公司发展，此时市场对质押行为解读为"支持"，从而带来正向的市场反应；而非银行渠道下的正向市场反应，更多是控股股东出于套利动机进行自买自卖"操纵"行为的结果。股权质押行为所带来的正向市场反应，会因控股股东在不同资金压力，及不同动机下的渠道选择存在明显差异。同时，信息透明度和机构投资者作为独立的监督治理机制，能够有效放大积极动机下的正向市场反应并缩小消极动机下的正向市场反应，两种外部监督机制均是有效的。本书丰富了股权质押经济后果和中小投资者利益保护的相关研究，也从股权质押市场反应与渠道选择的视角，为监管部门制定新规以填补政策漏洞提供了新的启示。

围绕着第 4 章，即投资者情绪、企业融资行为与资源配置效率。首先选取了融资约束的视角，进一步放松企业资金需求同质性假设，基于企业不同生命周期的组织特征、融资需求、融资能力差异，以不同生命周期企业融资约束差异作为切入点，融入投资者非理性情绪对企业外部融资环境的影响，动态考察投资者情绪变化对不同生命周期企业融资选择及融资约束缓解效应的影响。研究发现：不同生命周期企业融资约束状态不同，利用高涨投资者情绪缓解融资约束的程度及途径均存有差异：成长期企业融资约束程度最大，利用投资者情绪择时融资以缓解融资约束的程度也最强，衰退期企业次之，成熟期企业最小；高涨的投资者情绪改变了企业的外部融资环境和相对成本，各生命周期企业均会利用投资者情绪变化选取最适宜自身的融资方式：处于生命周期各阶段的企业均会利用投资者的高涨情绪进行信贷融资以缓解融资约束，而相对于衰退期企业，成长期企业更偏好利用股权融资缓解融资约束，成熟期企业更偏好利用债券融资缓解融资约束。因此，投资者情绪不仅对生命周期影响企业融资约束具有调节效应，而且对企业生命周期影响融资方式的选择也具有调节效应。

尽管投资者情绪对企业融资、投资行为的研究已经累积了丰硕的成果，然而系统性梳理企业在利用投资者情绪择时融资、适时投资后的经营绩效及市场表现的研究仍存在着部分空白。本书通过长安汽车两次基于市场择时的股权再融资行为，分析了其融资后的投资决策、投资效率，并结合该公司 2008 ~ 2014 年的财务及市场数据，从投资者情绪变化的视角对公司经营绩效及市场绩效的变化成因进行了分析，以解释基于投资者情绪而做出的投融资决策对上市公司的经营绩效及其市场表现的潜在影响及其联动关系。研究发现，符合择时理论，利用高涨投资者情绪而进行的企业股权再融资和适时的投资行为能够有效地提高公司的投资效率，进而提升后续的经营业绩和市场表现。本书结论为我国资本市场制度的完善以及上市公司融资时机的选择提供了参考与借鉴。

与此同时，以企业营运资本管理水平的差异作为切入点，考察投资者情绪对企业投资规模和投资效率产生影响的过程中，营运资本管理所发挥的调节作用。研究发现：投资者情绪正向影响企业投资规模，营运资本管理在其中起到了一定的"平抑"作用，良好的营运资本管理可以弱化投资者情绪对企业投资规模的影响，进而对外部冲击产生平滑作用；投资者情绪加剧了过度投资，缓解了投资不足，而良好的营运资本管理可通过双向调节提升企业投资效率，即减弱投资者情绪对过度投资的恶化效应，强化其对投资不足的校正效应。科学的营运资本管理便于管理层灵活修正企业投资的外来扰动，平滑投资，更加自主地进行最优决策，以达到资源的优化配置。

继续拓展投资者情绪对资源配置效率的影响，将债务期限结构融合进来，采用投资——投资机会敏感性方法和 Richardson 模型，研究上市公司投资者情绪对企业投资效率的影响，并进一步分析投资者情绪对投资过度和投资不足两种非效率投资的影响机理，以及基于不同债务期限结构对投资效率影响的差异性。研究发现：投资者情绪一定程度上提高了企业整体的投资效率；具体而言，投资者情绪恶化过度投资，而改善投资不足，并且改善作用大于恶化作用。而根据债务期限结构对样本进行分组，得出以下结论：以长期债务为主的企业，投资者情绪会提高其投资效率，而以短期债务为主的企业投资者情绪不会对其投资效率整体产生影响。以 Richardson 模型作为补充方法后进一步发现，企业长期债务比例较高时，投资者情绪降低企业的投资不足，进而提高投资效率；企业短期债务比例较高时，投资者情绪容易加剧企业的过度投资，而缓解企业的投资不足，整体对投资效率无影响。

围绕第 5 章，即外部环境、投资者情绪与公司市场绩效。尝试使用实证研究与案例研究相结合的方法进行深入分析。在我国，中小投资者多为短期获利投资者，具有非理性特征，且存在一定的从众行为。投资者情绪波动较大，高涨的投资者情绪更容易导致对股价的高估，进而加剧股价崩盘风险。因此，缓解信息不对称，抚平投资者情绪，让投资者更趋于理性，是降低股价崩盘风险的重要途径。媒体作为投资者了解企业信息的重要来源，对于缓解信息不对称有着重大作用，媒体报道越多，关注度越大，越有助于投资者全面了解企业信息，从而降低非理性的投资者情绪，最终降低股价崩盘风险。本书以投资者情绪作为中介变量，探讨媒体报道数量通过影响投资者情绪进而对股价崩盘风险的影响，并探究媒体报道降低股价崩盘风险的作用机理。研究发现：媒体报道数量越多，股价崩盘风险越低；媒体报道能够有效抚平过度高涨的投资者情绪；投资者情绪越高涨，公司股价崩盘风险越高；投资者情绪在媒体报道对股价崩盘风险的影响中起到部分中介作用，且该中介影响在企业透明度较低组、机构投资者持股比例较高组、企业性质为"国有"组中更加显著。本书对缓解股价崩盘风险、建立投资者保护机制，促进资本市场有效运行具有重要意义。

　　与此同时，在上市公司面临突发事件的情况下如何运用媒体报道将公司经营信息告知投资者，引导投资者情绪，继而影响股票价格和后续绩效呢？通过对复星医药在面临公司突发事件时，运用媒体向投资者报道出公司对突发事件的应对情况及公司存在的优势，扭转投资者因突发事件而对公司产生的不良印象，引导投资者情绪，从而稳定股价及其后续经营状况。案例分析了复星医药应对此次事件的行为并结合其在此次不利事件发生前后两个阶段的股票价格、股票成交量、超额收益率以及 2015 年、2016 年两个年度经营绩效的对比数据，对于媒体报道如何通过引导投资情绪影响股票价格和公司后续绩效的机理进行了相关分析。研究发现，媒体对于上市公司的相关报道能够对投资者情绪带来影响，从而引导投资者决策，对上市公司的股价带来波动，也间接影响到公司的后续经营。该案例对于上市公司利用媒体进行正面、真实报道与公司在面临不利突发事件时如何运用媒体报道稳定外部投资者情绪进而稳定公司的股价与经营状况提供了参考和借鉴。

　　与媒体的作用类似，分析师也是资本市场的重要参与者与资本市场信息的重要提供源。分析师从专业视角对企业的财务状况、经营成果、成长性等发布研究报告，指导市场参与者做出决策。因此，在投资者情绪对股价崩盘风险产生影响的基础上，分析师预测能够起到何种作用变得尤为重要。本书不仅探讨了投资者情绪对股价崩盘风险的影响，也进一步从分析师预测准确度偏差和分析师预测方向偏差两个角度研究了分析师预测对二者相关性的调节作用。研究发现：投资者情绪与股价崩盘风险显著正相关，即随着投资者情绪的高涨，股价崩盘风险增大；分析师预测准确度偏差越大、分析师乐观偏差越大，投资者情绪对股价崩盘风险的正向作用越显著。本研究基于行为金融学理论，从非理性视角研究投资者情绪对股价崩盘风险的影响，并进一步探究了分析师预测的作用，为相关部门对资本市场的稳定性调控提供一定的参考依据。

6.2　未来研究展望

　　有关投资者情绪对企业融资，投资及经济后果的文献已经累积了大量的成果。作为资本市场中造成股票价格波动系统性偏差的投资者情绪，渐渐为人所熟知，进入理论界与实务界的共同讨论话题，其影响路径和机理也依次清晰。尽管如此，投资者情绪的前因后果，就如同其"前世今生"，要远远比我们目前所探究的更为广森复杂。特别是随着网络和计算机科技的发展，在人人都能表达自我观点的时代，投资者情绪的界定和影响必然会变得更加错综复杂。

　　随着互联网的发展，网络信息内容开始逐步成为投资者获取信息的主要途径。Web2.0 时代的到来，以互动为特点的社交媒体被逐渐应用到市场行为中，投资者不再是被动地接收信息，而是主动地发布信息，信息的提供者和使用者之间的关系变成了双向行为，信息的发布从少数人的权利变成了众多用户自发的大众行为，用户通过社会化媒体沟通的工具获取和发布信息，他们既是信息的提供者也是信息的接收者。投资者也可以通过论坛、微博、微信群等实时获取证券市场的相关资讯，同时也可以与他人就市场和个股的看法感受进行交流，并且积极地参与到各类的讨论中，不同渠道的信息最大限度地得到分享、聚集和传播，为投资者提供了丰富的参考信息。而我国目前正处于新兴加转型的市场阶段，个人投资者所占比重很大，机构投资者占比较小，个人投资者的投机心理和各种不成熟的投资理念使他们很难对信息作出正确的判断和决策，社交媒体成为大多数投资者寻找投资机会的场所，当投资者认为某一信息对自己或他人有一定价值时，他可能会进行转发，将信息推送给更多人；当认为某一信息内容很重要，对自身有帮助有启发时，他们会倾向于撰写评论来表达自己的看法，并和他人进行讨论；当希望某一信息被更多的人看到，扩大其覆盖面时，他可能会对信息进行整理，然后将帖子发布到各大财经论坛中，抒发自己的感受。由此可见，投资者宣泄的情绪在社交媒体中聚集并放大，形成网络媒体情绪或自媒体情绪，而自媒体情绪其实就是投资者对其讨论、感兴趣话题意见的直接表达。由此可知，在互联网极速发展的今天，已经很难明确地划分清楚信息中包含的情绪在最初形成时所处的身份或角色，换句话说，很难通过信息来确定某一情绪产生发展的源头究竟是媒体还是投资者或是分析师，进而很难确定其中包含的情绪究竟是媒体情绪还是投资者情绪或是分析师情绪，投资者成为一种特定的媒体，传播表达自身的情绪，因此投资者情绪，特别是自媒体的投资者情绪将成为本书后续的研究方向。

延续着同样的逻辑框架，自媒体时代的到来，对于传统信息传播和市场信息不对称的思考，会带来哪些冲击和影响，进而，这种冲击和影响会对资本市场和上市公司带来哪些挑战和机遇，成为当下亟待研究的焦点问题。因此，立足于理性、自利的经济主体，上市公司开通微博、微信公众号等自媒体，如何去引导投资者情绪，并利用投资者情绪作出有利于自身效益最大化的各种决策，也将成为本书的后续方向。

参 考 文 献

1. CNNIC. 中国互联网络发展状况统计报告 [R]. 北京：中国互联网络信息中心，2015.

2. Yin R K. 周海涛等译. 案例研究：设计与方法 [M]. 重庆：重庆大学出版社，2004.

3. 艾大力，王斌. 大股东股权质押与上市公司财务：影响机理与市场反应 [J]. 北京工商大学学报，2012（4）：72 –76.

4. 艾永芳，佟孟华，孙光林. CEO 与 CFO 任期交错的公司治理效果研究——基于股价崩盘风险的实证分析 [J]. 当代财经，2017（12）：120 –132.

5. 巴曙松，朱虹. 融资融券、投资者情绪与市场波动 [J]. 国际金融研究，2016（8）：82 –96.

6. 白俊，连立帅. 信贷资金配置差异：所有制歧视抑或禀赋差？[J]. 管理世界，2012（6）.

7. 才国伟，邵志浩，徐信忠. 企业和媒体存在合谋行为吗？——来自中国上市公司媒体报道的间接证据 [J]. 管理世界，2015（7）：158 –169.

8. 蔡庆丰，杨侃，林剑波. 羊群行为的叠加及其市场影响——基于证券分析师与机构投资者行为的实证研究 [J]. 中国工业经济，2011（12）：111 –121.

9. 曹丰，鲁冰，李争光等. 机构投资者降低了股价崩盘风险吗？[J]. 会计研究，2015（11）：55 –61，97.

10. 曹仙叶，刘咏梅. 个人与机构投资者情绪对个股异常收益率的非对称影响 [J]. 中南大学学报（社会科学版），2016，22（6）：92 –101.

11. 曹裕，陈晓红，万光羽. 基于企业生命周期的上市公司融资结构研究 [J]. 中国管理科学，2009（3）：150 –158.

12. 曹裕，陈晓红，万光羽. 控制权、现金流权与公司价值——基于企业生命周期的视角 [J]. 中国管理科学，2010（3）：185 –192.

13. 陈冬华，陈信元，万华林. 国有企业中的薪酬管制与在职消费 [J]. 经济研究，2005（2）：92 –100.

14. 陈红兵. 财务弹性对企业投资水平和投资效率的影响 [J]. 会计与金融，2013（10）：109 –118.

15. 陈建青，蔡宏波，李宏兵. 中国资本市场制度变迁与股市运行周期研究 [J]. 金融经济学研究，2011（2）：107 – 118.

16. 陈菊花，隋珊珊，王建将. 薪酬管制降低了经理人的激励效率吗？——基于迎合效应的薪酬结构模型分析 [J]. 南方经济，2011（10）：38 – 46.

17. 陈其安，雷小燕. 货币政策、投资者情绪与中国股票市场波动性：理论与实证 [J]. 中国管理科学，2017，25（11）：1 – 11.

18. 陈艳，李鑫，李孟顺. 现金股利迎合、再融资需求与企业投资——投资效率视角下的半强制分红政策有效性研究 [J]. 会计研究，2015（11）：69 – 75.

19. 陈艳. 宏观经济环境、投资机会与公司投资效率 [J]. 宏观经济研究，2013（8）：66 – 99.

20. 程书强. 机构投资者持股与上市公司会计盈余信息关系实证研究 [J]. 管理世界，2006（9）：129 – 136.

21. 程琬芸，林杰. 社交媒体的投资者涨跌情绪与证券市场指数 [J]. 管理科学，2013（10）：111 – 119.

22. 程新生，谭有超，刘建梅. 非财务信息、外部融资与投资效率——基于外部制度约束的研究 [J]. 管理世界，2012（7）：138 – 150.

23. 池睿，陈震. 大股东掠夺还是债权人治理？——基于上市公司债务期限结构的视角 [J]. 金融理论与实践，2016（6）：68 – 74.

24. 迟骏，杨春鹏. 投资者情绪、买卖非均衡性对基金收益的影响研究——来自中国证券市场基金指数的经验证据 [J]. 价格理论与实践，2018（12）：131 – 134.

25. 仇晓洁，刘亚男. IPO市场择机与资本结构关系的实证研究 [J]. 浙江金融，2014（2）：42 – 46.

26. 褚剑，方军雄. 中国式融资融券制度安排与股价崩盘风险的恶化 [J]. 经济研究，2016，51（5）：143 – 158.

27. 崔丰慧，陈学胜，方红星. 经济周期、投资者情绪对企业融资影响分析 [J]. 证券市场导报，2016（2）：38 – 46.

28. 崔亮. 投资者情绪的统计测评及其应用研究 [D]. 成都：西南财经大学，2013.

29. 崔晓蕾，何婧，徐龙炳. 投资者情绪对企业资源配置效率的影响——基于过度投资的视角 [J]. 上海财经大学学报，2014（3）：86 – 94.

30. 代冰彬，岳衡. 货币政策、流动性不足与个股暴跌风险 [J]. 金融研究，2015（7）：135 – 151.

31. 戴方哲. 分析师"变脸"行为会加剧个股暴跌风险吗？[J]. 投资研究，2016，35（10）：143 – 160.

32. 戴亦一，潘越，刘思超．媒体监督、政府干预与公司治理：来自中国上市公司财务重述视角的证据 [J]．世界经济，2011 (11)：121 - 144.

33. 丁慧，吕长江，陈运佳．投资者信息能力：意见分歧与股价崩盘风险——来自社交媒体"上证 e 互动"的证据 [J]．管理世界，2018，34 (9)：161 - 171.

34. 方明月．市场竞争、财务约束和商业信用——基于中国制造业企业的实证分析 [J]．金融研究，2014 (2)：111 - 124.

35. 冯慧群．私募股权投资对控股股东"掏空"的抑制效应 [J]．经济管理，2016 (6)：41 - 58.

36. 高大良，刘志峰，杨晓光．投资者情绪、平均相关性与股市收益 [J]．中国管理科学，2015，23 (2)：10 - 20.

37. 高兰芬．董监事股权质押之代理问题对会计资讯与公司绩效之影响 [D]．中国台湾：国立成功大学，2002.

38. 葛永波，张振勇，张璐．投资者情绪、现金持有量与上市公司投资行为 [J]．宏观经济研究，2016 (2)：106 - 112.

39. 耿成轩，李南．基于生命周期的家族企业融资行为动态变迁探析 [J]．管理世界，2009 (9)：180 - 181.

40. 龚朴，杨博理．知情交易度量的 Lévy 跳方法及实证研究 [J]．管理科学学报，2014 (10)：82 - 94.

41. 苟琴，黄益平，刘晓光．银行信贷配置真的存在所有制歧视吗？[J]．管理世界，2014 (1).

42. 顾煜等．国有公司董事会结构与经营绩效的关系研究 [J]．会计之友，2017 (15)：34 - 37.

43. 郭杰，张英博．企业择时还是政府择时？——中国特定制度背景下 IPO 市场时机选择对资本结构的影响 [J]．金融研究，2012 (7)：137 - 153.

44. 郭亭亭，程曦．投资者情绪与投资效率的关系研究：基于融资约束的调节作用 [J]．商业经济，2018 (5)：79 - 81.

45. 郝项超，梁琪．最终控制人股权质押损害公司价值么？[J]．会计研究，2009 (7)：57 - 96.

46. 郝颖，刘星．上市公司股权融资与投资行为研究——基于非有效市场视角 [J]．科研管理，2008 (5)：126 - 137.

47. 何平，吴添，姜磊等．投资者情绪与个股波动关系的微观检验 [J]．清华大学学报（自然科学版），2014 (5)：655 - 663.

48. 贺刚，朱淑珍，顾海峰．投资者情绪综合测度指数的构建 [J]．统计与决策，2018 (17)：149 - 153.

49. 胡昌生，池阳春. 投资者情绪、资产估值与股票市场波动 [J]. 金融研究，2013 (10)：181 – 193.

50. 胡启明，马如飞，王国顺. 债务期限结构与企业投资关系——基于流动性风险视角的实证研究 [J]. 系统工程，2015 (4)：24 – 31.

51. 花贵如，刘志远，许骞. 投资者情绪、管理者乐观主义与企业投资行为 [J]. 金融研究，2011 (9)：178 – 191.

52. 花贵如，刘志远，许骞. 投资者情绪、企业投资行为与资源配置效率 [J]. 会计研究，2010 (11)：49 – 55.

53. 花贵如，郑凯，刘志远. 政府控制、投资者情绪与公司资本投资 [J]. 管理评论，2014 (3)：53 – 60.

54. 黄宏斌，刘志远，靳光辉. 投资者情绪、预算软约束预期与投资现金流敏感性 [J]. 经济与管理研究，2014 (2)：56 – 62.

55. 黄宏斌，刘志远. 投资者情绪、信贷融资与企业投资规模 [J]. 证券市场导报，2014 (7)：28 – 34，39.

56. 黄宏斌，刘志远. 投资者情绪与贷款规模对信贷配置效率的影响 [J]. 系统工程，2013 (4)：1 – 12.

57. 黄宏斌，刘志远. 投资者情绪与企业信贷资源获取 [J]. 投资研究，2013 (2)：13 – 29.

58. 黄宏斌，尚文华. 审计师性别、审计质量与股价崩盘风险 [J]. 中央财经大学学报，2019 (1)：80 – 97.

59. 黄宏斌，翟淑萍，陈静楠. 企业生命周期、融资方式与融资约束——基于投资者情绪调节效应的研究 [J]. 金融研究，2016 (7)：96 – 112.

60. 黄俊，郭照蕊. 新闻媒体报道与资本市场定价效率——基于股价同步性的分析 [J]. 管理世界，2014 (5)：121 – 130.

61. 黄少安，张岗. 中国上市公司股权融资偏好分析 [J]. 经济研究，2001 (11)：12 – 20.

62. 黄世忠. 公允价值会计的顺周期效应及其应对策略 [J]. 会计研究，2009 (11)：23 – 29.

63. 黄兴孪，邓路，曲悠. 货币政策、商业信用与公司投资行为 [J]. 会计研究，2016 (2)：58 – 65.

64. 黄政，吴国萍. 内部控制质量与股价崩盘风险：影响效果及路径检验 [J]. 审计研究，2017 (4)：48 – 55.

65. 黄志忠，谢军. 宏观货币政策、区域金融发展和企业融资约束——货币政策传导机制的微观证据 [J]. 会计研究，2013 (1)：63 – 69.

66. 黄智杰. 四大行业商业信用风险研究 [J]. 统计与决策，2013 (15)：

158 – 160.

67. 江曙霞，陈玉婵. 货币政策、银行资本与风险承担 [J]. 金融研究，2012（4）：1 – 16.

68. 江伟，曾业勤. 金融发展、产权性质与商业信用的信号传递作用 [J]. 金融研究，2013（6）：89 – 103.

69. 江轩宇，许年行. 企业过度投资与股价崩盘风险 [J]. 金融研究，2015（8）：141 – 158.

70. 江轩宇. 税收征管、税收激进与股价崩盘风险 [J]. 南开管理评论，2013，16（5）：152 – 160.

71. 姜付秀，蔡欣妮，朱冰. 多个大股东与股价崩盘风险 [J]. 会计研究，2018（1）：68 – 74.

72. 姜付秀，马云飙，王运通. 退出威胁能抑制控股股东私利行为吗？[J]. 管理世界，2015（5）：147 – 159.

73. 姜付秀，张敏，陆正飞等. 管理者过度自信、企业扩张与财务困境 [J]. 经济研究，2009（1）：131 – 143.

74. 蒋舒，郑辉. 金融市场操纵行为研究综述 [J]. 经济学动态，2005（11）：94 – 97.

75. 蒋玉梅，王明照. 投资者情绪、盈余公告与市场反应 [J]. 管理科学，2010.（3）：70 – 78.

76. 蒋玉梅，王明照. 投资者情绪与股票横截面收益的实证研究 [J]. 经济管理，2009（10）：134 – 140.

77. 金鑫，雷光勇，王文. 国际化经营、机构投资者与股价同步性 [J]. 科学决策，2011（8）：1 – 21.

78. 金秀，姜尚伟，苑莹. 基于股吧信息的投资者情绪与极端收益的可预测性研究 [J]. 管理评论，2018（7）：16 – 25.

79. 靳光辉，刘志远，花贵如. 政策不确定性、投资者情绪与企业投资——基于战略性新兴产业的实证研究 [J]. 中央财经大学学报，2016（5）：60 – 69.

80. 靳光辉，刘志远，黄宏斌. 投资者情绪与公司投资效率——基于薪酬激励与债务融资治理效应的实证研究 [J]. 当代财经，2015（3）：119 – 129.

81. 靳光辉. 投资者情绪、高管权益激励与公司投资——基于迎合渠道的实证检验 [J]. 中央财经大学学报，2015（6）：65 – 74.

82. 鞠晓生，卢荻，虞义华. 融资约束、营运资本管理与企业创新可持续性 [J]. 经济研究，2013（1）：4 – 16.

83. 康俊. 创业板上市融资结构对经营绩效影响的实证研究 [J]. 中国注册会计师，2017（8）：87 – 89.

84. 孔东民，付克华. 中国股市增发的市场反应及影响因素分析 [J]. 世界经济，2005（10）：1 – 14.

85. 孔东民，刘莎莎，应千伟. 公司行为中的媒体角色：激浊扬清还是推波助澜 [J]. 管理世界，2013（7）：145 – 162.

86. 孔东民，王江元. 机构投资者信息竞争与股价崩盘风险 [J]. 南开管理评论，2016（5）：127 – 138.

87. 况学文，彭迪云. 市场择时、大股东控制与现金持有量研究 [J]. 山西财经大学学报，2008（4）：112 – 120.

88. 雷倩华，柳建华，龚武明. 机构投资者持股与流动性成本——来自中国上市公司的经验证据 [J]. 金融研究，2012（7）：182 – 195.

89. 黎来芳. 商业伦理诚信义务与不道德控制——鸿仪系"掏空"上市公司的案例研究 [J]. 会计研究，2005（11）：8 – 14.

90. 李广子，唐国正，刘力. 股票名称与股票价格非理性联动——中国 A 股市场的研究 [J]. 管理世界，2011（1）：40 – 51.

91. 李昊洋，程小可，郑立东. 投资者情绪对股价崩盘风险的影响研究 [J]. 软科学，2017，31（7）：98 – 102.

92. 李丽青. 证券分析师乐观倾向行为研究综述 [J]. 财会通讯，2013（21）：92 – 94.

93. 李旎，郑国坚. 市值管理动机下的控股股东股权质押融资与利益侵占 [J]. 会计研究，2015（5）：42 – 49.

94. 李培功，沈艺峰. 媒体的公司治理作用：中国的经验证据 [J]. 经济研究，2010（4）：14 – 27.

95. 李培功，徐淑美. 媒体的公司治理作用——共识与分歧 [J]. 金融研究，2013（4）：196 – 206.

96. 李琦，罗炜，谷仕平. 企业信用评级与盈余管理 [J]. 经济研究，2011（2）：88 – 99.

97. 李强，纪佳君，巨航宇. 非效率投资与债务结构：来自中国的实证证据 [J]. 投资研究，2014（3）：66 – 79.

98. 李寿喜. 产权、代理成本和代理效率 [J]. 经济研究，2007（1）：102 – 113.

99. 李双海，李海英. 机构持股、中小外部投资者保护与会计盈余质量 [J]. 山西财经大学学报，2009（12）：107 – 114.

100. 李四海，邹萍，宋献中. 货币政策、信贷资源配置与金融漏损——来自我国上市公司的经验证据 [J]. 经济科学，2015（3）：77 – 88.

101. 李文贵. 财务分析师盈余预测特性研究——中国 A 股市场的实证检验 [J]. 财会通讯（学术版），2007（9）：52 – 55.

102. 李文泓. 关于宏观审慎监管框架下逆周期政策的探讨 [J]. 金融研究, 2009 (7): 7-24.

103. 李文耀, 许新霞. 公允价值计量与盈余管理动机: 来自沪深上市公司的经验证据 [J]. 经济评论, 2015 (6): 118-131.

104. 李小荣, 刘行. CEO vs CFO: 性别与股价崩盘风险 [J]. 世界经济, 2012, 35 (12): 102-129.

105. 李岩, 金德环. 投资者情绪与股票收益关系的实证检验 [J]. 统计与决策, 2018 (15): 166-169.

106. 李颖, 伊志宏. 女性分析师更能预测股价崩盘风险吗? [J]. 经济与管理研究, 2017 (6): 124-136.

107. 李云鹤, 李湛, 唐松莲. 企业生命周期、公司治理与公司资本配置效率 [J]. 南开管理评论, 2011 (3): 110-121.

108. 李云鹤, 李湛. 管理者代理行为、公司过度投资与公司治理——基于企业生命周期视角的实证研究 [J]. 管理评论, 2012 (7): 117-131.

109. 梁上坤. 媒体关注、信息环境与公司费用粘性 [J]. 中国工业经济, 2017 (2): 154-173.

110. 林川. 过度投资、市场情绪与股价崩盘——来自创业板上市公司的经验证据 [J]. 中央财经大学学报, 2016 (12): 53-64.

111. 林振兴. 网络讨论、投资者情绪与 IPO 抑价 [J]. 山西财经大学学报, 2011 (2): 23-29.

112. 刘春, 孙亮. 税收征管能降低股价暴跌风险吗? [J]. 金融研究, 2015 (8): 159-174.

113. 刘端, 陈收, 陈健. 市场时机对资本结构影响的持续度研究 [J]. 管理学报, 2006 (1): 85-90.

114. 刘端, 陈收. 股票价格对中国上市公司投资行为的影响——基于不同股权依赖型公司的实证. 管理评论, 2006 (9): 31-33.

115. 刘端, 陈收. 上市公司权益再融资的股价效应和中长期市场绩效 [J]. 系统工程, 2006 (12): 60-65.

116. 刘端, 陈收. 中国市场管理者短视、投资者情绪与公司投资行为扭曲研究 [J]. 中国管理科学, 2006 (2): 16-23.

117. 刘飞, 郑晓亚. 融资约束条件下我国中小板上市公司投资效率测度 [J]. 商业经济与管理, 2014 (6): 76-85.

118. 刘锋, 叶强, 李一军. 媒体关注与投资者关注对股票收益的交互作用: 基于中国金融股的实证研究 [J]. 管理科学学报, 2014 (1): 72-85.

119. 刘红忠, 赵玉洁, 周冬华. 公允价值会计能否放大银行体系的系统性风

险 [J]. 金融研究, 2011 (4): 82 – 99.

120. 刘怀义. 营运资本管理政策影响因素实证研究 [J]. 南开经济研究, 2010 (3): 105 – 115.

121. 刘康兵. 融资约束、营运资本与公司投资: 来自中国的证据 [J]. 复旦学报 (社会科学版), 2012 (2): 43 – 53.

122. 刘力, 李广子, 周铭山. 股东利益冲突、投资者情绪与新股增发折价 [J]. 财经问题研究, 2010 (5): 53 – 59.

123. 刘丽文, 王镇. 投资者情绪对不同类型股票收益影响的实证研究 [J]. 金融理论与实践, 2016 (2): 90 – 97.

124. 刘仁伍, 盛文军. 商业信用是否补充了银行信用体系 [J]. 世界经济, 2011 (11): 103 – 120.

125. 刘维奇, 武翰章. 投资者情绪会影响股票市场的误定价吗? ——基于上证 A 股市场的实证研究 [J]. 金融与经济, 2018 (3): 19 – 25.

126. 刘星, 杨亦民. 融资结构对企业投资行为的影响——来自沪深股市的经验证据 [J]. 预测, 2006, 25 (3): 33 – 37.

127. 刘学文. 中国股市投资者情绪测度指标的优选研究 [J]. 中国管理科学, 2019, 27 (1): 22 – 33.

128. 刘志远, 花贵如. 投资者情绪与企业投资行为研究述评及展望 [J]. 外国经济与管理, 2009, 31 (6): 45 – 51.

129. 刘志远, 靳光辉, 王勇. 截面特征差异、投资者情绪与企业投资 [J]. 经济与管理研究, 2012 (5): 89 – 97.

130. 刘志远, 靳光辉. 投资者情绪与公司投资效率——基于股东持股比例及两权分离调节作用的实证研究 [J]. 管理评论, 2013, 25 (5): 82 – 91.

131. 卢文彬, 官峰, 张佩佩等. 媒体曝光度、信息披露环境与权益资本成本 [J]. 会计研究, 2014 (12): 66 – 71.

132. 鲁思·本德 (Ruth Bender), 基思·沃德 (Keith Ward). 公司财务战略 [M]. 杨农等译. 清华大学出版社, 2013.

133. 陆江川, 陈军. 极端投资者情绪对股价指数影响的非对称研究 [J]. 系统工程, 2013 (2).

134. 陆江川, 陈军. 投资者情绪对股票横截面收益的非对称性影响研究 [J]. 预测, 2012 (5).

135. 陆静, 周媛. 市场情绪、机构投资者情绪和个人投资者情绪对交叉上市股票定价的影响 [J]. 东南大学学报 (哲学社会科学版), 2018, 20 (5): 80 – 90, 147.

136. 陆正飞, 杨德明. 商业信用: 替代性融资, 还是买方市场? [J]. 管理世界，2011（4）：6 - 14.

137. 陆正飞，祝继高，樊铮. 银根紧缩、信贷歧视与民营上市公司投资者利益损失［J］. 金融研究，2009（8）：124 - 136.

138. 逯东，付鹏，杨丹. 媒体类型、媒体关注与上市公司内部控制质量［J］. 会计研究，2015（4）：78 - 85.

139. 罗斌元. 内部控制、投资者情绪与企业投资效率［J］. 中南财经政法大学学报，2017（6）：12 - 21，159.

140. 罗进辉，杜兴强. 媒体报道、制度环境与股价崩盘风险［J］. 会计研究，2014（9）：53 - 59.

141. 罗琦，付世俊. 控股股东市场择时行为研究［J］. 中国软科学，2014（2）：140 - 149.

142. 罗琦，贺娟. 股票市场错误定价与控股股东投融资决策［J］. 经济管理，2015，37（1）：109 - 118.

143. 罗琦，张标. 股权特性、投资者情绪与企业非效率投资［J］. 财贸研究，2013（4）：148 - 156.

144. 罗荣华，黄皖璇，陶启智. 银根紧缩与银行信贷的监督作用——基于贷款公告反应的视角［J］. 金融研究，2014（7）：63 - 75.

145. 马黎珺，张敏，伊志宏. 供应商—客户关系会影响企业的商业信用吗——基于中国上市公司的实证检验［J］. 经济理论与经济管理，2016，36（2）：98 - 112.

146. 马若微，张娜. 我国股票市场投资者情绪 SENT 指数的构建——基于上证 A 股公司的面板数据［J］. 中央财经大学学报，2015（7）：42 - 49.

147. 马松. 资本结构决定于市场择时——基于中国 1999 - 2009 年上市公司的实证检验［J］. 首都经济贸易大学学报，2012（4）：46 - 54.

148. 马晓逵，杨德勇，李亚萍. 投资者情绪视角下上市公司定向增发的宣告反应［J］. 中国经济问题，2012（2）：98 - 108.

149. 孟雪井，孟祥兰，胡杨洋. 基于文本挖掘和百度指数的投资者情绪指数研究［J］. 宏观经济研究，2016（1）：144 - 153.

150. 倪中新，武凯文. 我国上市公司股权融资偏好的影响因素——基于 Cox 比例危险模型的实证研究［J］. 华东经济管理，2015，29（9）：165 - 173.

151. 牛冬梅. 盈余质量、分析师与股票价格暴跌风险［J］. 当代经济科学，2014，36（4）：94 - 100，127 - 128.

152. 牛彦秀，吉玖男. 上市公司股权再融资的市场时机选择实证研究［J］. 经济与管理评论，2014，30（4）：108 - 115.

153. 潘敏，朱迪星，熊文静. 市场时机效应难以对资本结构产生持久性影响的原因——基于债务成本视角的实证研究 [J]. 技术经济，2011, 30 (1).

154. 潘敏，朱迪星. 企业的投资决策在迎合市场情绪吗？——来自我国上市公司的经验证据 [J]. 经济管理，2010 (11)：124-131.

155. 潘敏，朱迪星. 市场周期、投资者情绪与企业投资决策——来自中国上市公司的经验证据 [J]. 经济管理，2011 (9)：122-131.

156. 潘越，戴亦一，林超群. 信息不透明、分析师关注与个股暴跌风险 [J]. 金融研究，2011 (9)：138-151.

157. 彭情，郑宇新. CFO兼任董秘降低了股价崩盘风险吗——基于信息沟通与风险规避的视角 [J]. 山西财经大学学报，2018, 40 (4)：49-61.

158. 蒲祖河. 中小企业融资需求层次研究——基于美国经验数据的分析及政策启示 [J]. 财贸经济，2007 (10)：48-51.

159. 屈耀辉，黄连琴. 商业信用供给决策动因验证——兼对我国上市公司赊销战略萎缩之谜的破解 [J]. 山西财经大学学报，2012 (1)：27-36.

160. 权小锋，吴世农，尹洪英. 企业社会责任与股价崩盘风险："价值利器"或"自利工具"？[J]. 经济研究，2015, 50 (11)：49-64.

161. 饶育蕾，蒋波. 行为公司金融：公司财务决策的理性与非理性 [M]. 高等教育出版社，2010.

162. 任碧云，任毅. 投资者情绪、企业投资水平与投资偏好——基于股权融资渠道与迎合渠道的对比 [J]. 云南财经大学学报，2017, 33 (4)：123-132.

163. 尚煜. 产权异质性、投资者情绪与管理者投资行为 [J]. 经济与管理研究，2019, 40 (2)：135-144.

164. 邵新建，薛熠，江萍等. 投资者情绪、承销商定价与IPO新股回报率 [J]. 金融研究，2013 (4) 127-141.

165. 申璐. 机构投资者对上市公司绩效的影响——基于A-H股的自然实验 [J]. 金融论坛，2015 (9)：60-68.

166. 施先旺，胡沁，徐芳婷. 市场化进程、会计信息质量与股价崩盘风险 [J]. 中南财经政法大学学报，2014 (4)：80-87, 96.

167. 石善冲，康凯立，赵志刚. 机构与个体投资者情绪对IPO抑价影响研究——基于微信文本挖掘 [J]. 经济与管理，2019, 33 (1)：51-58.

168. 石晓军，张顺明，李杰. 商业信用对信贷政策的抵消作用是反周期的吗？来自中国的证据 [J]. 经济学，2010, 9 (1) 213-236.

169. 史金艳，李燕，李延喜. 投资者情绪下企业投资行为及其成长性研究——来自中小企业板上市公司的经验证据 [J]. 大连理工大学学报（社会科学版），2012 (2)：60-64.

170. 宋福铁，屈文洲. 基于企业生命周期理论的现金股利分配实证研究

[J]. 中国工业经济, 2010 (2): 140 - 149.

171. 宋云玲, 李志文. A 股公司的应计异象 [J]. 管理世界, 2009 (8): 17 - 24 + 187.

172. 苏冬蔚, 曾海舰. 宏观经济因素、企业家信心与公司融资选择 [J]. 金融研究, 2011 (4): 129 - 142.

173. 孙刚, 陶李, 沈纯. 企业避税与股价异动风险的相关性研究 [J]. 现代财经 (天津财经大学学报), 2013, 33 (2): 53 - 64.

174. 孙谦, 石松. 管理者个人偏好对企业资本结构的影响 [J]. 当代经济科学, 2015, 37 (5): 78 - 88, 127.

175. 孙铮, 刘凤委, 李增泉. 市场化程度、政府干预与企业债务期限结构——来自我国上市公司的经验证据 [J]. 经济研究, 2005 (5): 52 - 63.

176. 谭松涛, 崔小勇, 孙艳梅. 媒体报道、机构交易与股价的波动性 [J]. 金融研究, 2014 (3): 180 - 193.

177. 谭松涛, 甘顺利, 阚铄. 媒体报道能够降低分析师预测偏差吗? [J]. 金融研究, 2015 (5): 192 - 206.

178. 谭显东, 胡兆光. 我国电力工业在国民经济中的地位和作用研究 [J]. 能源技术经济, 2010, 22 (11): 6 - 12.

179. 谭燕, 吴静. 股权质押具有治理效应吗?——来自中国上市公司的经验证据 [J]. 会计研究, 2013 (2): 45 - 53.

180. 童盼, 陆正飞. 负债融资、负债来源与企业投资行为——来自中国上市公司的经验证据 [J]. 经济研究, 2005 (5): 75 - 85.

181. 童盼, 王旭芳. 公开增发市场反应与市场环境——基于投资者情绪的研究 [J]. 中国会计评论, 2010 (3): 53 - 72.

182. 万良勇, 廖明情, 胡璟. 产融结合与企业融资约束——基于上市公司参股银行的实证研究 [J]. 南开管理评论, 2015 (2): 64 - 72.

183. 汪昌云, 武佳薇, 孙艳梅等. 公司的媒体信息管理行为与 IPO 定价效率 [J]. 管理世界, 2015 (1): 37 - 48.

184. 汪强. 我国投资者情绪研究: 度量、"误定价"与公司投融资行为 [M]. 经济科学出版社, 2013.

185. 王斌, 蔡安辉, 冯洋. 大股东股权质押、控制权转移风险与公司业绩 [J]. 系统工程理论与实践, 2013 (7): 1762 - 1773.

186. 王昶, 王敏, 左绿水. 机构投资者、媒体报道与股价崩盘风险——来自创业板的证据 [J]. 财会月刊, 2017 (14): 3 - 10.

187. 王冲, 谢雅璐. 会计稳健性、信息不透明与股价暴跌风险 [J]. 管理科学, 2013, 26 (1): 8 - 79.

188. 王飞. 投资者情绪对上市公司投资行为的影响分析 [D]. 内蒙古大学, 2017: 31 - 33.

189. 王化成, 曹丰, 高升好等. 投资者保护与股价崩盘风险 [J]. 财贸经济, 2014 (10): 73 - 82.

190. 王化成, 曹丰, 叶康涛. 监督还是掏空: 大股东持股比例与股价崩盘风险 [J]. 管理世界, 2015 (2): 45 - 57, 187.

191. 王家庭, 赵亮. 我国上市公司的融资约束及其影响因素的实证分析 [J]. 产业经济研究, 2010 (3): 77 - 84.

192. 王健俊, 殷林森, 叶文靖. 投资者情绪、杠杆资金与股票价格——兼论 2015 - 2016 年股灾成因 [J]. 金融经济学研究, 2017 (1): 87 - 100.

193. 王俊秋, 张丹彧. 企业的盈余管理策略在迎合投资者情绪吗? ——来自中国上市公司的经验证据 [J]. 华东理工大学学报 (社会科学版), 2017, 32 (1): 55 - 66, 99.

194. 王克岭, 刘春江, 付宇翔. 利率与公司债务期限结构的实证研究——基于制造业的经验分析 [J]. 华东经济管理, 2015, 29 (1): 103 - 111.

195. 王雷. 会计稳健性、产品市场竞争与股价崩盘风险 [J]. 南京审计学院学报, 2015, 12 (6): 35 - 44.

196. 王美今, 孙建军. 中国股市收益、收益波动与投资者情绪 [J]. 经济研究, 2004 (10): 75 - 83.

197. 王闻达, 林芸. 真实活动盈余管理对企业投资效率的影响 [J]. 现代管理科学, 2016 (3): 100 - 102.

198. 王学超, 陈伟忠, 陈国文. 投资者情绪对非理性波动的影响研究 [J]. 价格理论与实践, 2015 (9): 70 - 72.

199. 王云, 李延喜, 宋金波等. 企业生命周期视角下盈余管理方式研究——基于债务契约理论 [J]. 管理评论, 2016, 28 (12): 75 - 91.

200. 王镇, 郝刚. 投资者情绪指数的构建研究——基于偏最小二乘法 [J]. 金融理论与研究, 2014 (7): 1 - 6.

201. 王正位, 朱武祥, 赵冬青. 发行管制条件下的再融资市场时机行为及其对资本结构的影响 [J]. 南开管理评论, 2007 (10): 40 - 46.

202. 王志宏, 张怡, 郭剑锋等. 双重信息非对称下供应链的商业信用契约 [J]. 中国管理科学, 2017 (9): 148 - 158.

203. 魏星集, 夏维力, 孙彤彤. 基于 BW 模型的 A 股市场投资者情绪测度研究 [J]. 管理观察, 2014 (33): 71 - 73, 76.

204. 魏志华, 曾爱民, 李博. 金融生态环境与企业融资约束——基于中国上市公司的实证研究 [J]. 会计研究, 2014 (5): 73 - 80.

205. 温忠麟, 张雷, 侯杰泰等. 中介效应检验程序及其应用 [J]. 心理学报, 2004 (5): 614 – 620.

206. 文婕. 上市公司股权再融资时机选择行为效应 [J]. 人民论坛, 2015 (11): 94 – 96.

207. 闻岳春, 夏婷. 大股东股权质押对公司价值影响的机理分析与研究综述 [J]. 上海金融学院学报, 2016 (2): 5 – 13.

208. 吴秉恩. 台湾电子业上市公司内部关系人股权质押与估价关系之研究 [D]. 台湾: 台湾高雄第一科技大学, 2001.

209. 吴东辉, 薛祖云. 财务分析师盈利预测的投资价值: 来自深沪 A 股市场的证据 [J]. 会计研究, 2005 (8): 37 – 43, 96.

210. 吴昊旻, 王杰, 买生等. 多元化经营、银行信贷与商业信用提供——兼论融资约束与经济周期的影响 [J]. 管理评论, 2017 (10): 223 – 233.

211. 吴克平, 黎来芳. 审计师声誉影响股价崩盘风险吗——基于中国资本市场的经验证据 [J]. 山西财经大学学报, 2016, 38 (9): 101 – 113.

212. 吴世农, 汪强. 迎合投资者情绪? 过度保守? 还是两者并存——关于公司投资行为的实证研究 [J]. 北京: 经济科学出版社, 2009.

213. 吴水亭, 徐扬. 管制条件下的跨境上市公司市场时机研究 [J]. 华东经济管理, 2010, 24 (11): 83 – 85.

214. 吴溪, 张俊生. 上市公司立案公告的市场反应及其含义 [J]. 会计研究, 2014 (4): 10 – 18.

215. 吴先聪, 张健, 胡志颖. 机构投资者特征、终极控制人性质与大股东掏空——基于关联交易视角的研究 [J]. 外国经济与管理, 2016 (6): 3 – 20.

216. 吴战篪, 李晓龙. 内部人抛售、信息环境与股价崩盘 [J]. 会计研究, 2015 (6): 48 – 55, 97.

217. 伍燕然, 韩立岩. 不完全理性、投资者情绪与封闭式基金之谜 [J]. 经济研究, 2007, 42 (3): 117 – 129.

218. 肖土盛, 宋顺林, 李路. 信息披露质量与股价崩盘风险: 分析师预测的中介作用 [J]. 财经研究, 2017 (2): 110 – 121.

219. 肖作平, 李孔. 负债到期结构: 理论和证据 [J]. 证券市场导报, 2004 (3): 24 – 29.

220. 肖作平. 制度因素对资本结构选择的影响分析 [J]. 证券市场导报, 2009 (12): 40 – 47.

221. 谢德仁, 郑登津, 崔宸瑜. 控股股东股权质押是潜在的"地雷"吗?——基于股价崩盘风险视角的研究 [J]. 管理世界, 2016 (5): 128 – 140, 188.

222. 谢金贤. 台湾上市公司董事会股权结构及持股质押因素与企业风险、经营绩效关联性之研究 [D]. 厦门: 厦门大学, 2001.

223. 熊家财. 产权性质、股票流动性与股价崩盘风险 [J]. 当代经济科学, 2015 (1): 67 - 77.

224. 徐飞, 宋波. 企业发展理论与成长机理 [M]. 西南交通大学出版社, 2014.

225. 徐枫, 胡鞍钢. 异质信念、投资者情绪与企业增发偏好 [J]. 经济科学, 2012 (5): 81 - 91.

226. 徐浩萍, 杨国超. 股票市场投资者情绪的跨市场效应——对债券融资成本影响的研究 [J]. 财经研究, 2013, 39 (2): 47 - 57.

227. 徐莉萍, 辛宇. 媒体治理与中小外部投资者保护 [J]. 南开管理评论, 2011 (6): 36 - 47.

228. 徐寿福, 贺学会, 陈晶萍. 股权质押与大股东双重择时动机 [J]. 财经研究, 2016 (6): 74 - 86.

229. 徐天晓. 股权质押市场券商咄咄逼人, 信托 "失地" 份额急降 [A]. 证券日报, 2013 年 8 月 16 日, 第 B03 版.

230. 徐细雄, 刘星. 金融契约、控制权配置与企业过度投资 [J]. 管理评论, 2012, 24 (6): 20 - 26.

231. 徐向艺, 张立达. 上市公司股权结构与公司价值关系研究——一个分组检验的结果 [J]. 中国工业经济, 2008, 241 (4): 102 - 109.

232. 许年行, 江轩宇, 伊志宏等. 分析师利益冲突、乐观偏差与股价崩盘风险 [J]. 经济研究, 2012, 47 (7): 127 - 140.

233. 许年行, 于上尧, 伊志宏. 机构投资者羊群行为与股价崩盘风险 [J]. 管理世界, 2013 (7): 31 - 43.

234. 薛有志, 吴超, 周杰. 代理成本、信息不对称与 IPO 前媒体报道 [J]. 管理科学, 2014 (5): 80 - 90.

235. 闫伟, 杨春鹏. 金融市场中投资者情绪研究进展 [J]. 华南理工大学学报 (社会科学版), 2011, 13 (3): 33 - 42.

236. 杨德明, 赵璨. 媒体监督、媒体治理与高管薪酬 [J]. 经济研究, 2012 (6): 116 - 126.

237. 杨继东. 媒体影响了投资者行为吗? ——基于文献的一个思考 [J]. 金融研究, 2007 (11): 93 - 102.

238. 杨棉之, 刘洋. 盈余质量、外部监督与股价崩盘风险——来自中国上市公司的经验证据 [J]. 财贸研究, 2016, 27 (5): 147 - 156.

239. 杨世鉴. 媒体报道与分析师跟踪能够提高信息披露质量吗? ——基于我国上市公司业绩预告的分析 [J]. 中国注册会计师, 2013 (7): 72 - 77.

240. 叶康涛，曹丰，王化成．内部控制信息披露能够降低股价崩盘风险吗？[J]．金融研究，2015（2）：192 – 206．

241. 叶康涛，祝继高．银根紧缩与信贷资源配置 [J]．管理世界，2009（1）．

242. 仪峰等．融资融券、投资者情绪与股市波动的关系 [J]．山东工商学院学报，2018，32（3）：70 – 72．

243. 易洪波，蔡玉叶，董大勇．我国股市投资者情绪指数构建及其影响研究 [J]．价格理论与实践，2017（10）：130 – 133．

244. 易洪波，赖娟娟，董大勇．网络论坛不同投资者情绪对交易市场的影响——基于 VAR 模型的实证分析 [J]．财经论丛，2015（1）：46 – 54．

245. 易志高，茅宁，汪丽．投资者情绪测量研究综述 [J]．金融评论，2010（3）：113 – 121．

246. 易志高，茅宁．中国股市投资者情绪测量研究：CICSI 的构建 [J]．金融研究，2009（11）：174 – 184．

247. 殷建红，杜亚怀，张瑞君．商业信用评级模型的构建与优化——P 公司案例研究 [J]．经济理论与经济管理，2014，34（8）：89 – 102．

248. 尹海员，华亦朴．基于实验经济学的投资者情绪对股票流动性影响研究 [J]．中央财经大学学报，2018（11）：38 – 49．

249. 尹海员．新闻媒体报道对投资者情绪影响效应研究——来自我国股票市场的经验证据 [J]．厦门大学学报（哲学社会科学版），2016（2）：92 – 101．

250. 游家兴，吴静．沉默的螺旋：媒体情绪与资产误定价 [J]．经济研究，2012（7）：141 – 152．

251. 于博，吴娜，陈红．融资约束、预防性动机与营运资本平滑——基于房地产行业的实证分析 [J]．云南财经大学学报，2013（7）：115 – 125．

252. 于博．货币政策、异质效应与营运资本管理——基于中国房地产上市企业的实证分析 [J]．中央财经大学学报，2014（9）：55 – 63．

253. 于博．商业信用、信号效应与银行融资——基于 A 股制造业上市企业的实证分析 [J]．证券市场导报，2017（1）：34 – 42．

254. 余丽霞，王璐．投资者情绪、管理者过度自信与企业投资行为——基于中介效应检验 [J]．社会科学研究，2015（5）：137 – 144．

255. 袁军，潘慧峰．企业政治关联与股价崩盘风险 [J]．系统工程，2018，36（7）：1 – 8．

256. 袁卫秋，董秋萍．营运资本管理研究综述 [J]．经济问题探索，2011（12）：157 – 162．

257. 袁卫秋．上市公司债务期限结构的经验研究——来自汽车制造业的证据 [J]．经济评论，2005（3）：75 – 80．

258. 翟胜宝, 徐亚琴, 杨德明. 媒体能监督国有企业高管在职消费么 [J]. 会计研究, 2015 (5): 57 - 63.

259. 翟淑萍, 黄宏斌, 毕晓方. 资本市场业绩预期压力、投资者情绪与企业研发投资 [J]. 科学学研究, 2017, 35 (6): 896 - 906.

260. 张丞, 卢米雪, 桑璇. 投资者情绪、银行管理者乐观与风险承担 [J]. 山西财经大学学报, 2014 (4).

261. 张戈, 王美今. 投资者情绪与中国上市公司实际投资 [J]. 南方经济, 2007 (4): 3 - 14.

262. 张宏亮, 王靖宇. 公司层面的投资者保护能降低股价崩盘风险吗? [J]. 会计研究, 2018 (10): 80 - 87.

263. 张建平. 媒体报道对资本市场的影响研究述评 [J]. 财会通讯, 2013 (30): 113 - 116.

264. 张腊凤, 刘维奇. 投资者情绪、过度投资与资产增长效应 [J]. 求索, 2015 (5) 37 - 41.

265. 张泪红. 高管权力因素对商贸流通领域企业绩效影响机制研究 [J]. 商业经济研究, 2019 (2): 97 - 100.

266. 张前程, 杨德才. 货币政策、投资者情绪与企业投资行为 [J]. 中央财经大学学报, 2015 (12): 57 - 68.

267. 张强, 杨淑娥, 杨红. 中国股市投资者情绪与股票收益的实证研究 [J]. 系统工程, 2007 (7): 13 - 17.

268. 张庆, 朱迪星. 投资者情绪、管理层持股与企业实际投资——来自中国上市公司的经验证据 [J]. 南开管理评论, 2014, 17 (4): 120 - 127.

269. 张瑞君, 徐鑫. 母子公司统一审计与股价崩盘风险 [J]. 会计研究, 2017 (9): 76 - 82, 97.

270. 张新民, 王珏, 祝继高. 市场地位、商业信用与企业经营性融资 [J]. 会计研究, 2012 (8): 60 - 67.

271. 张旭. 股票市场投资者情绪对上市公司投资行为影响研究 [D]. 哈尔滨商业大学, 2017: 12 - 15.

272. 张延宇. 投资者情绪对上市公司投资行为的影响 [D]. 南京航空航天大学, 2017: 33 - 35.

273. 张宗新, 王海亮. 投资者情绪、主观信念调整与市场波动 [J]. 金融研究, 2013 (4): 142 - 155.

274. 章卫东, 张洪辉, 邹斌. 政府干预、大股东资产注入: 支持抑或掏空 [J]. 会计研究, 2012 (8): 34 - 40.

275. 章细贞, 曾宇虹. 投资者情绪对企业投资行为的影响 [J]. 求索, 2016

(2)：118 – 122.

276. 郑国坚，林东杰，林斌. 大股东股权质押、占款与企业价值 [J]. 管理科学学报，2014（9）：72 – 87.

277. 郑国坚，林东杰，张飞达. 大股东财务困境、掏空与公司治理的有效性——来自大股东财务数据的证据 [J]. 管理世界，2013（5）：157 – 168.

278. 郑建明，孙诗璐，靳小锋. 盈余质量、CEO 背景特征与股价崩盘风险 [J]. 财经问题研究，2018（12）：82 – 89.

279. 支晓强，童盼. 公允价值计量的逻辑基础和价值基础 [J]. 会计研究，2010（1）：21 – 27.

280. 周必磊. 美国债券市场热效应与公司资本结构 [J]. 世界经济，2010（9）：100 – 121.

281. 周春生，杨云红，王亚平. 中国股票市场交易 4 型的价格操纵研究 [J]. 经济研究，2005（10）：70 – 78.

282. 周冬华，魏灵慧. 媒体报道、环境不确定性与股价同步性 [J]. 财务研究，2017（3）：54 – 64.

283. 周开国，应千伟，钟畅. 媒体监督能够起到外部治理的作用吗？[J]. 金融研究，2016（6）：193 – 206.

284. 周松，冉渝. 管理层能力能够降低股价崩盘风险吗 [J]. 财会月刊，2019（2）：22 – 31.

285. 周业安，周洪荣，孙瑞. 市账率：权衡还是择时？[J]. 管理世界，2011（4）：15 – 25.

286. 朱朝晖，杨滨，毛愫璜等. 投资者情绪与上市公司投资水平——迎合还是保守？[J]. 应用心理学，2012（3）：232 – 238.

287. 朱迪星，潘敏. 迎合投资一定非效率吗？——基于利益相关者的视角 [J]. 南开管理评论，2012，15（6）：14 – 24.

288. 朱武祥. 企业融资行为与资本结构研究的新发展及启示 [J]. 证券市场导报，2002（8）：50 – 53.

289. 曾爱民，林雯，魏志华等. CEO 过度自信、权力配置与股价崩盘风险 [J]. 经济理论与经济管理，2017（8）：75 – 90.

290. 曾义. 营运资本能够平滑公司资本性投资吗？——基于产权性质和金融发展的经验证据 [J]. 中央财经大学学报，2015（2）：60 – 68.

291. Ahern, Kenneth, Denis Sosyura. Who Writes the News? Corporate Press Releases during Merger Negotiations [J]. Journal of Finance, 2014, 69（1）：241 – 291.

292. Akerof G. The Market for Lemons：Quality Uncertainty and the Maretmachanism [J]. The Querterly Journal of Economics, 1970（84）：488 – 500.

293. Alicia M. , Robb T. , Robinson David. The Capital Structure Decisions of New Firms [J]. Review of Financial Studies, 2014, 27 (1): 153 – 179.

294. Alimov A. , Mikkelson W. Does Favorable Investor Sentiment Lead to Costly Decisions to Go Public? [J]. Journal of Corporate Finance, 2012, 18 (3): 519 – 540.

295. Allen F. , D. Gale. Bubbles and Crises [J]. The Economic Journal, 2000 (110): 236 – 255.

296. Allen F. , D. Gale. Stock – Price Manipulation [J]. Review of Financial Studies, 1992 (5): 503 – 529.

297. Almeida H. M. , Campello, M. S. Weisbach. The Cash Flow Sensitivity of Cash [J]. The Journal of Finance, 2004, 59 (4): 1777 – 1804.

298. Alti A. How Persistent Is the Impact of Market Timing on Capital Structure [J]. The Journal of Finance, 2006, 61 (4): 1681 – 1710.

299. Anthony J. , K. Ramesh. Association Between Accounting Performance Measures and Stock Prices [J]. Journal of Accounting and Economics, 1992, 15 (2 – 3): 203 – 227.

300. Antonio E. , Bernardo, Hongbin Cai, et al. Earnings VS Stock-price Based Incentives in Managerial Compensation Contracts [J]. Review of Accounting Studies, 2016, 21 (1): 316 – 348.

301. Arif S. , Lee C. M. C. Aggregate Investment and Investor Sentiment [J]. Review of Financial Studies, 2014, 27 (11): 3241 – 3279.

302. Bailey W. , W. Huang, Z. Yang. Bank Loans with Chinese Characteristics: Some Evidence on Inside Debt in A State—controlled Banking System [J]. Journal of Financial and Quantitative Analysis, 2011 (46): 1795 – 1830.

303. Baker M. , Wurgler J. Investor Sentiment and the Cross – Section of Stock Returns [J]. The Journal of Finance, 2006, 61 (4): 1645 – 1680.

304. Baker M. , J. Wurgler. Behavioral Corporate Finance: An Updated Survey [J]. Handbook of Economics and Finance, 2013.

305. Baker M. , Stein J. C. Market Liquidity as a Sentiment Indicator [J]. Journal of Financial Markets, 2004, 7 (3): 271 – 299.

306. Baker M. , Stein J. , Wurgler J. When Does the Market Matter? Stock Prices and the Investment of Equity-dependent Firms [J]. Quarterly Journal of Economics, 2003 (118): 969 – 1005.

307. Baker M. , Wurgler J. , Yuan Y. Global, Local and Contagious Investor Sentiment [J]. Journal of Financial Economics, 2012, 104 (2): 272 – 287.

308. Baker M. , Wurgler J. Investor Sentiment in the Stock Market [J]. Journal of

Economic Perspectives, 2007, 21 (2): 129 – 151.

309. Baker M. , Wurgler J. Market Timing and Capital Structure [J]. The Journal of Finance, 2002, 57 (1): 1 – 32.

310. Baker M. , Wurgler. A Catering Theory of Dividends [J]. Journal of Finance, 2004 (59): 1125 – 1165.

311. Balakrishnan K. , R. Vashishtha, R. Verrecchia. Aggregate Competiton, Information Asymmetry and Cost of Capital: Evidence from Equity Market Liberalization [Z]. SSRN Working Paper, 2014.

312. Banerjee S. , Green B. Signal or Noise? Uncertainty and Learning about Whether Other Traders are Informed [J]. Journal of Financial Economics, 2015, 117 (2): 398 – 423.

313. Barber B. M. , Odean T. , Zhu N. Systematic noise [J]. Journal of Financial Markets, 2009 (12): 547 – 569.

314. Barber B. M. , Odean T. All That Glitters: The Effect of Attention and News on the Buying Behavior of Individual and Institutional Investors [J]. Review of Financial Studies, 2008, 21 (2): 785 – 818.

315. Barclay M. J. , Smith Jr. The Maturity of Corporate Debt [J]. Journal of Finance, 1995 (50): 609 – 631.

316. Basley T. , Prat A. Handcuffs for the Grabbing Hand? Media Capture and Government Account Ability [J]. American Economic Review, 2006 (96): 720 – 736.

317. Bassi A. , Colacito R. , Fulghieri P. O sole mio: An Experimental Analysis of Weather and Risk Attitudes in Financial Decisions [J]. Review of Financial Studies, 2013 (26): 1824 – 1852.

318. Berger N. A. , F. G. Udell. The Economics of Small Business Finance: the Roles of Private Equity and Debt Markets in the Financial Growth Cycle [J]. Journal of Banking and Finance, 1998, 22 (6 – 8): 613 – 673.

319. Bernanke B. S. , M. Gertler. Inside the Black Box: The Credit Channel of Monetary Policy Transmission [J]. Journal of Economic Perspectives, 1995 (9): 27 – 48.

320. Bernanke B. , M. Gertler. Financial Fragility and Economic Performance [J]. Quarterly Journal of Economics, 1990 (105): 87 – 144.

321. Bhattacharya U. , N. Galpin, R. Ray, et al. The Role of the Meida in the Internet IPO Bubble [J]. Journal of Financial and Quantitative Analysis, 2009, 44 (3): 657 – 682.

322. Biddle G. C. , G. Hilary, R. S. Verdi. How does Financial Reporting Quality

Relate to Investment Efficiency? [J]. Journal of Accounting and Economics, 2009, 48 (2 – 3): 112 – 131.

323. Bird R. , G. Menzies, P. Dixon, et al. The Economic Costs of US Stock Mispricing [J]. Journal of Policy Modeling, 2011 (33): 552 – 567.

324. Birru J. Inefficient Markets, Efficient Investment? [Z]. The Ohio State University Working Paper, 2014.

325. Black L. Ervin. Life – Cycle Impacts on the Incremental Value – Relevance of Earnings and Cash Flow Measures [J]. Journal of Financial Statement Analysis, 1998, 4 (1): 40 – 56.

326. Bleck A. , Liu X. Market Transparency and the Accounting Regime [J]. Journal of Accounting Research, 2007, 45 (2): 225 – 296.

327. Bonner S. , J. Hugon, B. Walther. Investor Reaction to Celebrity Analysts: The Case of Earnings Forecast Revisions [J]. Journal of Accounting and Economics, 2007, 45 (3): 481 – 513.

328. Booth L. , Sean Cleary, L. Purda. Debt Rating Initiations: Natural Evolution or Opportunistic Behavior? [J]. Journal of Modern Accounting and Auditing, 2013, 9 (12): 1574 – 1595.

329. Bradshaw M. T. , Richardson S. A. , Sloan R. G. The Relation Between Corporate Financing Activities, Analysts' Forecasts and Stock Returns [J]. Social Science Electronic Publishing, 2006, 42 (1 – 2): 53 – 85.

330. Brown G. W. , Cliff MT. Investor Sentiment and the Near-term Stock Market [J]. Journal of Empirical Finance, 2004, 11 (1): 1 – 27.

331. Brown J. , Petersen B. Cash Holdings and R&D Smoothing [J]. Journal of Corporate Finance, 2011, 17 (3): 694 – 709.

332. Bulan L. , Z. Yan. The Pecking Order Theory and the Firm's Life Cycle [J]. Banking and Finance Letters, 2009, 1 (3): 129 – 140.

333. Bushee B. J. , Core W. , Guay, et al. The Role of the Business Press as an Information Intermediay [J]. Journal of Accounting Research, 2010 (48): 1 – 19.

334. Bushee B. J. , Miller G. S. Investor Relations, Firm Visibility and Investor Following [J]. Journal of Accounting Research, 2009, 48 (1): 1 – 19.

335. Cai K. N. , Jiang X. , Lee H. W. Debt IPO Waves, Investor Sentiment, Market Conditions and Issue Quality [J]. Journal of Financial Research, 2013, 36 (4): 435 – 452.

336. Campello M. , Graham J. R. Do Stock Prices Influence Corporate Decisions? Evidence from the Technology Bubble [J]. Journal of Financial Economics, 2013,

107 (1)：89 – 110.

337. Campello M. , J. Graham. Z. Harvey. The Real Effect of Financial Constraints：Evidence from a Financial Crisis [J]. Journal of Financial Economics, 2010 (97)：470 – 487.

338. Carlson M. , Fisher A. , R. Giammarino. Corporate Investment and Asset Price Dynamics：Implications for SEO Event Studies and Long-run Performance [J]. Journal of Finance, 2006 (61)：1009 – 1034.

339. Chaibi, Hasna. Adverse Selection, Debt Capacity and Corporate Growth：An Industry Life Cycle Perspective [J]. Journal of Applied Business Research, 2014, 30 (1)：173 – 182.

340. Chan K. , Hameed A. Stock Price Synchronicity and Analyst Coverage in Emerging Markets [J]. Journal of Financial Economics, 2006 (80)：115 – 147.

341. Chang X. , Tam L. , Tan T. J. , et al. The Real Impact of Stock Market Mispricing—Evidence from Australia [J]. Social Science Electronic Publishing, 2007, 15 (4)：388 – 408.

342. Chen C. , Pantzalis C. , Park J. C. Press Coverage and Stock Prices' Deviation from Fundamental Value [J]. Journal of Financial Research, 2013 (36)：175 – 214.

343. Chen J. , Hong H. , Stein J. C. Forecasting Crashes：Trading Volume, Past Returns and Conditional Skewness in Stock Price [J]. Journal of Financial Economics, 2001 (61)：345 – 381.

344. Chen W. J. Can Corporate Governance Mitigate the Adverse Impact of Investor Sentiment on Corporate Investment Decisions? Evidence from Taiwan [J]. Asian Journal of Finance and Accounting, 2013, 5 (2)：101 – 126.

345. Cheung Y. L. , Jing L. , Lu T. et al. Tunneling and Propping up：An Analysis of Related Party Transactions by Chinese Listed Companies [J]. Pacific – Basin Finance Journal, 2009, 17 (3)：372 – 393.

346. Clara Maria Verduch Arosa, Nivine Richie, Peter W. Schuhmann. The Iimpact of Culture on Market Timing in Capital Structure Choices [J]. Research in International Business and Finance, 2014 (31)：178 – 192.

347. Collin-dufresne, Fos V. Do Prices Reveal the Presence of Informed Trading [J]. The Journal of Finance, 2015, 70 (4)：1555 – 1582.

348. Cook. Douglas, Robert Kieschnick, Robert Van Ness. On the Marketing of IPOs [J]. Journal of Financial Economics, 2006, 82 (1)：35 – 61.

349. Cooper M. J. , Gulen H. Rau P. R. Changing Names with Style：Mutual

Fund Name Changes and Their Effects on Fund Flows [J]. Journal of Finance, 2005, 60 (6): 2825 – 2858.

350. Cooper R. W. , Haltiwanger J. C. On the Nature of Capital Adjustment Costs [J]. The Review of Economic Studies, 2006, 73 (3): 611 – 633.

351. Daniel K. , V. Amos. Prospect Theory: An Analysis of Decision under Risk [J]. Econometrica, 1979 (47): 263 – 291.

352. Danshan Huang, Fuwei Jiang, Jun Tu, et al. Investor Sentiment Aligned: A Powerful Predictor of Stock Returns [Z]. Working Paper, 2014.

353. Datst D. M. The Art of Asset Allocation: Asset Allocation Principles and Investment Strategies for Any Market [J]. The McGraw – Hill Companies, 2003.

354. David McLean R. , Mengxin Zhao. The Business Cycle, Investor Sentiment, and Costly External Finance [J]. The Journal of Finance, 2014, 61 (4): 1645 – 1680.

355. De long, Shleifer J. B. , Summers A. Noise Trader Risk in Markets [J]. Journal of Political Economy, 1990 (98): 703 – 738.

356. DeAngelo H. , L. DeAngelo, R. M. , et al. Seasoned Equity Offerings, Market Timing, and the Corporate Lifecycle [J]. Journal of Financial Economics, 2010, 95 (3): 275 – 295.

357. DeAngelo H. , L. DeAngelo. Dividend Policy and the Earned Contributed Capital Mix: A Test of the Life – Cycle Theory [J]. Journal of Financial Economics, 2006, 81 (2): 227 – 254.

358. Dickinson V. Cash Flow Patterns as a Proxy for Firm Life Cycle [J]. The Accounting Review, 2011, 86 (6): 1969 – 1994.

359. Ding S. , Guariglia A. , Knight J. Investment and Financing Constraints in China: Does Working Capital Management Make a Difference? [J]. Journal of Banking & Finance, 2011, 37 (5): 1490 – 1507.

360. Dong M. , Hirshleifer D. , Teoh S. Stock Market Misvaluation and Corporate Investment. MPRA Paper, University Library of Munich, 2007.

361. Dow S. , McGuire J. Propping and Tunneling: Empirical Evidence from Japanese Keiretsu [J]. Journal of Banking & Finance, 2009, 33 (10): 1817 – 1828.

362. Dyck A. , D. Moss, L. Zingales. Media Versus Special Interests [J]. Journal of Law and Economics, 2013, 56 (3): 521 – 553.

363. Dyck A. , Volchkova N. , Zingales L. The Corporate Governance Role of the Media: Evidence from Russia [J]. Journal of Finance, 2008, 63 (3): 1093 – 1135.

364. Dyck A. , Zingales L. Private Benefits of Control: An International Compari-

son ［J］. Journal of Finance，2004（59）：537 – 600.

365. Eichengreen，G. Hale，A. Mody. FLIGHT TO QUALITY：Investor Risk Tolerance and the Spread of Emerging Market Crises ［J］. International Financial Contagion，2001（36）：129 – 155.

366. Fabbri D. ，Klapper L. F. Trade Credit Supply，Market Power and the Matching of Trade Credit Terms ［J］. SSRN Electronic Journal，2008（52）：1 – 52.

367. Fabbri D. ，Menichini A. M. C. Trade Credit，Collateral Liquidation and Borrowing Constraints ［J］. Journal of Financial Economics，2010（96）：413 – 432.

368. Fang L. H. ，J. Peress. Media Coverage and the Cross-section of Stock Returns ［J］. Journal of Finance，2009（64）：2023 – 2052.

369. Faulkender M. Hedging or Market Timing? Selecting Interest Rate Exposure of Corporate Debt ［J］. The Journal of Finance，2005，60（2）：931 – 962.

370. Fazzari S. ，Hubbard R. G. ，Petersen B. Financing Constraints and Corporate Investment ［J］. Brookings Papers on Economic Activity，1988，17（1）：141 – 195.

371. Fazzari S. ，Petersen B. Working Capital and Fixed Investment：New Evidence on Financing Constraints ［J］. The RAND Journal of Economics，1993，24（3）：328 – 342.

372. Feldman T. A More Predictive Index of Market Sentiment ［J］. Journal of Behavioral Finance，2010，11（4）：211 – 223.

373. Ferris J. S. A Transactions Theory of Trade Credit Use ［J］. Quarterly Journal of Economics，1981，96（96）：243 – 270.

374. Fisman R. ，Raturi M. Does Competition Encourage Credit Provision? Evidence from African Trade Credit Relationships ［J］. Review of Economics & Statistics，2004，86（1）：345 – 352.

375. Friedman E. ，Johnson S. ，Mitton T. Propping and Tunneling ［J］. Journal of Comparative Economics，2003，31（4）：732 – 750.

376. G. Ahmad，B. S. Hani. The Study of Financial Reporting Quality，Debt Maturity and Investment Efficiency in Listed Firms at Tehran Stock Exchange（TSE）［J］. Magament Accounting，2016，8（27）：105 – 117.

377. Garcia D. Sentiment during Recessions ［J］. The Journal of Finance，2013（68）：1267 – 1300.

378. Gilchrist S. ，C. Himmelberg，G. Huberman. Do Stock Price Bubbles Influence Corporate Investment? ［J］. Journal of Monetary Economics，2005（52）：805 – 827.

379. Goyal V. ，T. Yamada. Asset Price Shocks，Financial Constraints and Investment：Evidence From Japan ［J］. Journal of Business，2004，77（1）：175 – 199.

380. Graham J. , C. Harvey, M. Puri. Capital Allocation and Delegation of Decision-making Authority within Firms [J]. Journal of Financial Economics, 2015 (115): 449 – 470.

381. Graham J. , C. Harvey. The Theory and Practice of Corporate Finance: Evidence from the Field [J]. Journal of Financial Economics, 2001, 60 (2 – 3): 187 – 243.

382. Greiner L. Evolution and Revolution as Organizations Grow [J]. Harvard Business Review, 1972 (50): 37 – 46.

383. Griffin J. M. , Hirschey N. H. , Kelly P. J. How Important Is the Financial Media in Global Markets [J]. Review of Financial Studies, 2011, 24 (12): 3941 – 3992.

384. Grundy B. D. , Li H. Investor Sentiment, Executive Compensation and Corporate Investment [J]. Journal of Banking and Finance, 2010, 34 (10): 2439 – 2449.

385. Guedes J. , Opler T. The Determinants of the Maturity of Corporate Debt Issues [J]. Journal of Finance, 1996 (51): 1809 – 1833.

386. Gumn Uarit G. , Alexander W. Butler. Don't Believe the Hype: Local Media Slant, Local Advertising, and Firm Value [J]. Journal of Finance, 2012 (67): 561 – 598.

387. Habib A. , Hasan M. M. Firm Life Cycle, Corporate Risk-taking and Investor Sentiment [J]. Accounting & Finance, 2015.

388. Haiqiang Chen, Terence Tai Leung Chong, Yingni She. A Principal Component Approach to Measuring Investor Sentiment in China [J]. Quantitative Finance, 2014 (14): 573 – 579.

389. Hansen B. E. The Grid Bootstrap and the Autoregressive Model [J]. Review of Economics and Statistics, 1999 (81): 594 – 607.

390. Henderson B. J. , Jegadeesh N. , Weisbach M. S. World Markets for Raising New Capital [J]. Journal of Financial Economics, 2006 (82): 63 – 101.

391. Hennessy, Christopher A. , Toni M. Whited. How Costly Is External Financing? Evidence from a Structural Estimation [J]. The Journal of Finance, 2007, 62 (4): 1705 – 1745.

392. Hirsch J. , U. Walz. Financing Decisions along a Firm's Life – Cycle: Debt as a Commitment Device [J]. European Financial Management, 2011, 17 (5): 898 – 927.

393. Holmstrom. Market Liquidity and Performance Monitoring [J]. Journal of Political Economy. Journal of Political Economy, 1993 (1101): 678 – 709.

394. Hong H. , Seheinkman J. , Xiong W. Asset Float and Speculative Bubbles [J]. Journal of Finance, 2006 (61): 1073 – 1117.

395. Hong H. , Stein J. C. Disagreement and the Stock Market [J]. The Journal of Economic Perspectives, 2007 (5): 109 – 128.

396. Hong H. , T. Lim, J. C. Stein. Bad News Travels Slowly: Size, Analyst Coverage, and the Profitability of Momentum Strategies [J]. Journal of Finance, 2000 (55): 265 – 295.

397. Hong Qian. The Timing of Seasoned Equity Offerings: a Duration Analysis [J]. Managerial Finance, 2014 (6): 565 – 586.

398. Horen N. V. Trade Credit as a Competitiveness Tool: Evidence from Developing Countries [J]. Mpra Paper, 2005.

399. Houston J. F. , C. Lin, Y. Ma. Media Ownership, Concentration and Corruption in Bank Lending [J]. Journal of Financial Economics, 2011, 100 (2): 326 – 350.

400. Hovakimian A. , Hu H. Stock Prices and Corporate Investment [Z]. Working Paper, Baruch College, 2010.

401. Hovakimian A. , T. Opler, S. Titman. The Debt – Equity Choice [J]. Journal of Financial and Quantitative Analysis, 2001, 36 (1): 1 – 24.

402. Huang H. B. , Jin G. H. , Chen J. N. Investor Sentiment, Property Nature and Corporate Investment Efficiency: Based on the Mediation Mechanism in Credit Financing [J]. China Finance Review International, 2016, 6 (1): 56 – 76.

403. Huang W. , A. Schwienbacher, S. Zhao. When Bank Loans are Bad News: Evidence from Market Reactions to Loan Announcements under the Risk of Expropriation [J]. Journal of International Financial Markets, Institutions and Money, 2012 (22): 233 – 252.

404. Huberman G. , T. Regev. Contagious Speculation and A Cure for Cancer: A Nonevent that Made Stock Prices Soar [J]. Journal of Finance, 2001 (56): 387 – 396.

405. Huina Mao, Johan Bollen. Predicting Financial Markets: Comparing Survey, News, Twitter and Search Engine [Z]. Working Paper, 2011.

406. Hutton A. P. , Marcus A. J. , Tehranian H. Opaque Financial Reports, R2 and Crash Risk [J]. Journal of Financial Economics, 2009, 94 (1): 67 – 86.

407. Ivashina Victoria, Z. Sun. Institutional Stock Trading on Loan Market Information [J]. Journal of Financial Economics, 2011 (100): 284 – 303.

408. Jarrow R. Market Manipulation Bubbles, Corners and Short Squeezes [J]. Journal of Financial and Quantitative Analysis, 1992 (3): 311 – 336.

409. Jensen M. C. , Meckling W. H. Theory of the Firm: Managerial Behavior,

Agency Costs and Ownership Structure [J]. Journal of Financial Economics, 1976 (3): 305 – 360.

410. Jensen M. C. Agency Costs of Free Cash Flow, Corporate Finance, and Takeovers [J]. American Economic Review, 1986 (76): 323 – 339.

411. Jenson M., W. Meckling. Theory of the Firm: Managerial Behavior, Agency Costs and Ownership Structure [J]. Journal of Financial Economics, 1976, 3 (4): 305 – 360.

412. Jeremy C. Stein. Rational Capital Budgeting In An Irrational World [J]. The Journal of Business, 1996, 69 (4): 429 – 455.

413. Jin L., S. C. Myers. R2 Around the World: New Theory and New Tests [J]. Journal of Financial Economics, 2006, 79 (2): 257 – 292.

414. Johnson S., R. La Porta, A. Shleifer, et al. Tunneling [J]. American Economic Review, 2000, 90 (1): 22 – 27.

415. José L., S. Francisco. Financial Constraints and Cash-cash Flow Sensitivity [J]. Applied Economics, 2015, 47 (10): 1037 – 1049.

416. Kang J. K., M. S. Rene. Is Bank—Centered Corporate Governance Worth It? A Cross Sectional Analysis of the Performance of Japanese Firms during the Asset Price Deflation [Z]. NBER Working Paper, 1997: 1 – 25.

417. Kao L., Chiou J., Chen A. The Agency Problems, Firm Performance and Monitoring Mechanisms: The Evidence from Collateralized Shares in Taiwan [J]. Corporate Governance: An International Review, 2004 (3): 389 – 402.

418. Kaya H. D. Market Timing and Firms' Financing Choice [J]. International Journal of Business and Social Science, 2012, 3 (13): 51 – 59.

419. Ke Bin, Santhosh Ramalingegowda. Do Institutional Investors Exploit the Post-earnings Announcement Drift? [J]. Journal of Accounting and Economics, 2005 (39): 25 – 53.

420. Keynes M. J. The Genernal Theory of Employment, Interest and Money. London: Macmiallan, 1936.

421. Kim C. S., Marcus D. C., Stohs M. H. Corporate Debt Maturity Policy and Investor Tax Timing Options: Theory and Evidence [J]. Financial Management, 1995 (24): 33 – 46.

422. Kim J. B., Li Y. H., Zhang L. D. CFOs Versus CEOs: Equity Incentives and Crashes [J]. Journal of Financial Economics, 2011, 101 (3): 713 – 730.

423. Kim J., L. D. Zhang. Accounting Conservatism and Stock Price Crash Risk: Firm-level Evidence [J]. Contemporary Accounting Research, 2016, 33

(1)：412 - 441.

424. Kim K. S. , Byun J. Effect of Investor Sentiment on Market Response to Stock Splits [R]. Korea：Graduate School of Pan - Pacific International Studies, 2009.

425. Kothari S. P. , X. Li, J. E. Short. The Effect of Disclosures by Management, Analysts and Business Press on Cost of Capital, Return Volatility and Analyst Forecasts：A Study Using Content Analysis [J]. The Accounting Review, 2009 (84)：1639 - 1670.

426. Kristle Cortes, Ran Duchin, Denis Sosyura. Clouded Judgment：the Role of Sentiment in Credit Origination [J]. Journal of Financial Economics, 2016 (8)：392 - 413.

427. Lamont, Owen A. , Jeremy C. Stein. Investor Sentiment and Corporate Finance：Micro and Macro [J]. American Economic Review, 2006, 96 (2)：147 - 151.

428. Lee Tsun Siou, Yin-hua Yeh. Corporate Governance and Financial Distress：Evidence from Taiwan [J]. Corporate Governance An International Review, 2004, 12 (3)：378 - 388.

429. Lee Y. W. , Stowe J. D. Product Risk, Asymmetric Information and Trade Credit [J]. Journal of Financial & Quantitative Analysis, 1993, 28 (2)：285 - 300.

430. Lemmon, Michael L. , Karlv L. Ownership Structure, Corporate Governance, and Firm Value：Evidence from the East Asian Financial Crisis [J]. The Journal of Finance, 2003 (4)：1445 - 1468.

431. Li B. , Sun Q. , Wei Z. Market Investors Sentiment, IPO Pricinga and the Stock Falls Below IPO Price on the Initial Trading Day——the Empirical Evidence on Chinese Listed Companies [J]. Review of Investment Studies, 2015.

432. Liang C. J. , Y. L. Lin, T. T. Huang. Does Multidimensional Ownership Structure Matter in Firm Performance? A Dynamic Firm's Life Cycle Perspective [J]. International Journal of Business &Finance Research, 2011, 5 (2)：1 - 19.

433. Liu B. , McConnell. The Role of the Media in Corporate Governance [J]. Journal of Financial Economics, 2012, 110 (1)：1 - 17.

434. Liu L. X. , Sherman A. E. , Zhang Y. The Long - Run Role of the Media：Evidence from Initial Public Offerings [J]. Management Science, 2014, 60 (8)：1945 - 1964.

435. Ljungqvist A. , Nanda V. , Singh R. Hot Markets, Investor Sentiment, and IPO Pricing [J]. Journal of Business, 2006 (79)：1667 - 1702.

436. Loughran Tim, Jay Ritter, Kristian Rydqvist. Initial Public Offerings：International Insights [J]. Pacific Basin Finance Journal, 1994, 2 (2 - 3)：165 - 199.

437. Love I. , Preve L. A. , Sarria – Allende V. Trade Credit and Bank Credit: Evidence from Recent Financial Crises [J]. Journal of Financial Economics, 2007, 83 (2): 453 – 469.

438. Maksimovic V. , Demirgüçkunt A. Firms as Financial Intermediaries: Evidence from Trade Credit Data [J]. Policy Research Working Paper, 2016.

439. Mark Bayless, Nancy R. Jay. What Motivates Seasoned Equity Offerings? Evidence from the Use of Issue Proceeds [J]. Managerial Finance, 2013, 39 (3): 251 – 271.

440. Maryam Asoudeh, Mehrdad Ghanbari, Babak Jamshidinavid. The Study Impact of Financial Reporting Quality and Maturity Debt on Investment Efficiency in Listed Companies in Tehran Stock Exchange [J]. Journal of Applied Environmental and Biological Sciences, 2015, 5 (5): 378 – 384.

441. May D. O. Do Managerial Motives Influence Firm Risk Reduction Strategies? [J]. The Journal of Finance, 1995 (50): 1291 – 1308.

442. Mcwilliams T. P. , Mcwilliams V. B. Another Look At Theoretical And Empirical Issues In Event Study Methodology [J]. Journal of Applied Business Research, 2011, 16 (3): 1 – 12.

443. Mian G. M. , Sankaraguruswamy S. Investor Sentiment and Stock Market Response to Earnings News [J]. The Accounting Review, 2012, 87 (4): 1357 – 1384.

444. Ming Dong, David Hirshleifer, Siew Hong Teoh. Overvalued Equity and Financing Decisions [J]. The Review of Financial Studies, 2012 (25): 3645 – 3683.

445. Mullainathan, Sendhil, Andiei Shleifer. The Market for News [J]. American Economic Review, 2005, 95 (4): 1031 – 1053.

446. Myers S. The Capital Structure Puzzle [J]. Journal of Financial, 1984, 39 (3): 575 – 592.

447. Nayak S. Investor Sentiment and Corporate Bond Yield Spreads [J]. Review of Behavioral Finance, 2010, 2 (2): 59 – 80.

448. Newey, Whitney K. , West. Kenneth D. A. Simple, Positive Semi-definite, Heteroskedasticity and Autocorrelation Consistent Covariance Matrix [J]. Econometrica, 1987, 55 (3): 703 – 708.

449. Nofsinger J. The Impact of Public Information on Investor [J]. Journal of Banking and Finance, 2001 (25): 1399 – 1366.

450. Peng W. Q. , Wei K. C. J. , Yang Z. Tunneling or Propping: Evidence from Connected Transactions in China [J]. Journal of Corporate Finance, 2011, 17 (2): 306 – 325.

451. Petersen M. , R. Rajan. Trade Credit: Theories and Evidence [J]. Review of Financial Studies, 1997 (10): 661 –691.

452. Pinková P. , P. Kamínková. Corporate Life Cycle as Determinant of Capital Structure in Companies of Czech Automotive Industry [J]. Acta Universitatis Agriculturae et Silviculturae Mendelianae Brunensis, 2012, 60 (2): 255 –260.

453. Polk C. , Sapienza P. The Real Effects of Investor Sentiment. NBER Working Paper, 2004.

454. Polk Christopher, Paola Sapienza. The Stock Market and Corporate Investment: A Test of Catering Theory [J]. Review of Financial Studies, 2009, 22 (1): 187 –217.

455. Pollock T. G. , Rindova V. P. Media Legitimation Effects in the Market for Initial Public Offerings [J]. Academy of Management Journal, 2003 (5): 631 –642.

456. R. David McLean, Mengxin Zhao. The Business Cycle, Investor Sentiment, and Costly External Finance [Z]. Working Paper, 2011.

457. Rhodes-kropf M. , Visvanathan S. Market Valuation and Merger Waves [J]. Journal of Finance, 2004 (59): 2685 –2718.

458. Richardson S. Over-investment of Free Cash Flow [J]. Review of Accounting Studies, 2006, 11 (3): 159 –189.

459. Roman Kraussl, Elizaveta Mirgorodskaya. Media, Sentiment and Market Performance in the Long Run [J]. Social Science Electronic Publishing, 2015: 1 –24.

460. Schiantarelli F. , Srivastava V. The Maturity Structure of Debt: Determinantes and Effects on Firm's Performance: Evidence from the UK and Italy [R]. Policy Reaearch Working Paper, World Bank, 1997.

461. Schmeling M. Institutional and Individual Sentiment: Smart money and Noise Trader Risk? [J]. International Journal of Forecasting, 2007, 23 (1): 127 –145.

462. Schmeling M. Investor Sentiment and Stock Returns: Some International Evidence [J]. Journal of Empirical Finance, 2009 (3): 394 –408.

463. Schwartz R. A. An Economic Model of Trade Credit [J]. Journal of Financial & Quantitative Analysis, 1974, 9 (4): 643 –657.

464. Shiller Robert J. Irrational Exuberance [M]. Princeton University Press: 2001.

465. Shleifer A. , V. Robert. Unstable Banking [J]. Journal of Financial Economics, 2010 (97): 306 –318.

466. Shleifer Andrei, Robert W. , Vishny. Stock Market Driven Acquisitions [J]. Journal of Financial Economics, 2003, 70 (3): 295 –311.

467. Stein J. Rational Capital Budgeting in An Irrational World [J]. Journal of Business, 1996, 69 (4): 429 – 455.

468. Stigler G. J. The Theory of Economic Regulation [J]. Bell Journal of Economic and Management Science, 1971 (2): 3 – 21.

469. Stiglitz J. E., Weiss A. Credit Rationing in Markets with Imperfect Information [J]. American Economic Review, 1981 (71): 393 – 410.

470. Stohs M. H., Mauer D. C. The Determinants of Corporate Debt Maturity Structure [J]. Journal of Business, 1996 (69): 279 – 312.

471. Tetlock P. C., Saar – Tsechansky M., Macskassy S. More than Words: Quantifying Language to Measure Firms' Fundamentals [J]. Journal of Finance, 2008 (63): 1437 – 1467.

472. Tetlock P. C. Does Public Financial News Resolve Asymmetric Information? [J]. Review of Financial Studies, 2010 (9): 3520 – 3557.

473. Tetlock P. C. Giving Content to Investor Sentiment: The Role of Media in the Stock Market [J]. Journal of Finance, 2007, 62 (3): 1139 – 1168.

474. Warusawitharana M., Whited T. M. Equity Market Misvaluation, Financing, and Investment [J]. Social Science Electronic Publishing, 2014, 29 (3): 603 – 654.

475. Wilson N., Summers B. Trade Credit Terms Offered by Small Firms: Survey Evidence and Empirical Analysis [J]. Journal of Business Finance & Accounting, 2002, 29 (3 – 4): 317 – 351.

476. Wong G., Faff R. W., Chun W. K., et al. Financial Constraints, Mispricing and Corporate Investment [Z]. The Hong Kong Polytechnic University Working Paper, 2009.

477. Wong T. J. Corporate Ownership Structure and The Informativeness of Accounting Earnings in East Asia [J]. Journal of Accounting and Economics, 2002, 33 (3): 401 – 425.

478. Wu W., Wang L. Institutional Ownership Mispricing and Corporate Investment [J]. Open Journal of Business and Management, 2016 (4): 282 – 290.

479. Xin Chang, Lewis Tam, Tek Jun Tan, et al. The Real Impact of Stock Market Mispricing: Evidence from Australia, Pacific – Basin [J]. Finance Journal, 2007, 15 (5): 388 – 408.

480. Yeh Y. H., Ko C. E. Ultimate Control and Expropriation of Minority Shareholders: New Evidence from Taiwan [J]. Academic Economic Papers, 2003, 31 (3): 263 – 299.

481. Ying Q. W., Wang L. Propping by Controlling Shareholders, Wealth Trans-

fer and Firm Performance: Evidence from Chinese Listed Companies [J]. China Journal of Accounting Research, 2013, 6 (2): 133 – 147.

482. Zhi D. , Engelberg J. , Gao P. The Sum of All FEARS Investor Sentiment and Asset Prices [J]. Social Science Electronic Publishing, 2015, 28 (10): 1 – 32.

483. Zhu Zhaohui, Song Xiaoyan, Huang Wen Sheng. Top Management Team Demography, Investor Sentiment, and the Investment Levels of Listed Companies [J]. Asia – Pacific Journal of Accounting and Economics, 2018, 25 (3 – 4): 481 – 495.

484. Zyglidopoulos S. C. , Georgiadis A. P. , Carroll C. E. , et al. , Does Media Attention Drive Corporate Social Responsibility? [J]. Journal of Business Research, 2011, 65 (11): 1622 – 1627.

后 记

　　每一个研究的搁笔，心中总是思绪和感慨万千。自2013年6月取得南开大学管理学博士学位，到2015年1月进入天津财经大学博士后流动站，再到今天，完成该本专著，我对"研究"、对"学术"又有了更深一层次的理解和认知。这份专著，与其说是自己的一份成果汇编，倒不如说是自己为自己熬制的一碗"心灵鸡汤"。它告慰着我，每一个阅读文献的日日夜夜，每一个回归数据的日日夜夜，每一个与审稿人竭力讨论的日日夜夜，和每一个自我挣扎的日日夜夜，这些时间和精力，终究汇总成一本自己通往所谓"科研圣殿"的"真经"，求取真经的过程，既是产生成果的过程，更是自我建设的过程。

　　什么是科研？可能不同的人会给出不同的答案。即使同一个人，在不同的时期也会给出不同的答案。科研工作是如此的枯燥与烦闷，同时又是如此的灵动与美好，以至于这种感受，只有做科研的人，深入其中的人，才能够深刻的感悟。在每个思索的深夜，常常会叩问自己，自己所研究的问题，到底有几许意义？在网上看到过一段话："在若干年的时间里，在成千上万的研究人员中，在数以百万的学术论文中，才会有那么几篇真正改变我们认知的成果。这也许是一个不得不经历的从量变到质变的过程。"的确，我的研究，从人类浩渺的发展长河来看，真真正正的是一文不值，但我仍坚持至今的一个原因，在于，思考，也许思考，是人类进步的最原始的推动力。同时，思考，也正是思考，是一个人自我建设的推动力。哪怕我们思考的东西，本身确实一文不值。

　　直至有一天，我看到余秋雨老师的《北大授课》，其对学术的理解让我产生了深刻的共鸣。"什么是'学术'？我想，这个问题一定会让很多从事学术研究的人张口结舌。如果问到的是外国人，他很可能结结巴巴说出一大串不同的词语：Scholarism？Academic Research？Learning？Theory？Teaching？Science？……断断续续，没完没了，却更不知道怎么定义了。我只能说，学术，这是一群奇怪的人所做的奇怪的事，做得专注、沉闷、漫长。远离身边实例，远离流行热点，远离通俗话语，既缺少表情，又缺少色彩，更缺少社会关注。但他们相信，自己是在寻找种种事物的来龙去脉，前因后果，高低美丑。如果找出，就有可能贯穿时空，推进文明，教育后代。对此，我还要做一个特别的补充。我认为，学术研究的最大意义，是研究者本人的自身建设。学术，只有学术，才有可能使我们的人生更理性、更宏观、更周密、更深入、更清晰。其实，除了研究者之外，对学术著作的阅读者来说，也是这样。因此，不管周边的世界多么诱人，自己的生命多么强劲，都应该静下心来接触一点学术，哪怕是一段时间也好。否则，我们很可能在潇洒喜乐间，失去重量，失去根基，失去制衡。学术，是人生长途中的'必要枯燥'。"

是的，正如余秋雨老师所说："学术，是人生长途中的'必要枯燥'。"因此，也可以开玩笑地说，当我完成了这本博士后出站报告，我的人生，即"圆满无缺"了！

就此搁笔，释怀的同时，心中充满感恩。非常感谢我的博士后导师——天津财经大学商学院院长彭正银教授，对我学习和工作上的支持和关怀。虽然领域不同，但总是倾听我论文的汇报，给予我宝贵的修改建议，对我提供全方位的科研支持，在我拿到自然科学基金面上项目的时候欣喜地鼓励和肯定我的工作；感谢我的博士研究生导师——南开大学商学院刘志远教授，永远让我更缜密地追求事物的本质，毫不松懈地训练我的逻辑思维和批判性思维；感谢天津财经大学会计学院院长——韦琳教授，对我的理解、包容和随时随地的鼓励；特别感谢我的多篇论文合作者——天津财经大学会计学院翟淑萍教授，既是我的良师，更是我的益友，帮我修正思考中的错误逻辑，为我讲解实证中的先进方法，逐字逐句地帮我批改完善论文，助力每一篇论文的写作与发表。浓浓恩情，感激在心！

最后，真诚感恩我的家人——我的父母公婆，我的丈夫和我的孩子。家人的深深理解和时时关怀，让我每一天，每一时，都生活在踏实又平实的幸福里，这种感觉胜过所有，也没有任何世间的华丽辞藻可供形容！

感恩生活，感恩生活赋予我的一切！唯愿自己，成为更优秀的自己！加油！

黄宏斌

2019 年 5 月